# 종교적 페미니스트의 현대문학 읽기

## & 위기에 대한 소고

김명주 논문집

**종교적 페미니스트의**
**현대문학 읽기**
**& 위기에 대한 소고**

저자 김명주
발행일 2025년 2월 20일 발행인 김정겸
펴낸곳 충남대학교출판문화원 주소 대전광역시 유성구 대학로 99 전화 042-821-6045
홈페이지 http://www.cnupress.co.kr E-mail cnupress@cnu.ac.kr

ISBN 979-11-6503-302-6 93840
정가 25,000원



이 책은 2024년 대학육성사업 영어영문학과 출판저서 지원사업의 지원을 받아 출판되었음.

# 종교적 페미니스트의 현대문학 읽기

## & 위기에 대한 소고

김명주 논문집

충남대학교출판문화원

## 목차

## 2부 페미니스트 & 종교 문학 비평



## 3부 위기 소론

## 서문

나는 지도 보기를 좋아한다. 작은 개천이 어디에서 발원하여, 어디쯤 다른 천과 합류하여 결국 강으로 흘러 들어가는지, 산을 돌아 굽이굽이 흐르는 물의 흐름을 추적하길 좋아한다. 군산과 서천 사이 바다로 흘러 들어가는 금강의 하구로부터 발원지 뜬봉샘까지 자전거로 물길 따라 여행하는 것이 버킷리스트 중 하나다. 금강 여행이 너무 힘들면 갑천이라도 훑을 참이다. 물길의 시원에 대한 나의 오랜 관심이 실상 종교적임을 알게 된 것은 나중이다. 물길이든 삶이든 우주이든, 존재의 시원에 대한 궁금증, 그리고 궁극적 의미에 대한 관심은 본질적으로 종교적이니까.

여기 모은 16편의 논문은 내가 대학에 몸담기 시작했던 1995년 이후 저널에 발표된 논문들이다. 더러 급히 쓴 엉성한 논문이나 다른 책에 포함시켰거나 포함시킬 논문은 제외했다. 논문을 쓸 때엔 논문 속에 나의 모든 것을 쏟아 담아내고 싶었다. 당면한 고민과 해법을 포함하여 머리 속에 유영하는 생각의 파편을 엮어 빠짐없이 논문에 담고자 했다. 학문과 삶은 유리되지 않는다고 생각했고, 당장 내게 절박하고 절실한질문이 논문의 문제의식과 같아야 한다고 믿었다. 늘 미진한 마음으로 논문을 마무리했는데 긴 시간이 지나 다시 읽으니 논문을 쓰던 젊은 나의 고민들이 나름 감동적이고 소중하게 느껴졌다.

이 책의 제목과 각 장의 제목만 보아도 금방 알 수 있듯이 내가 문학 작품을 해석하는 관점은 언제나 종교로 수렴되었다. 물론 나의 '종교적 관심'은 누누이 논문마다 정의하듯이 제도종교가 천명하는 '교리'가 아니라, 개인의 삶과 우주의 궁극적인 의미를 천착하고, 인간의 한계를 깨닫고 그 한계를 넘어서는 신비를 존중한다는 의미다. 그런 의미에서 나의 모든 논문은 고루한 신화적 세계관과 고착된 교리를 주입하는 제도종교에 대해 비판적이다. 제도종교를 비판적으로 바라볼 때 문학과 종교는 서로 닮은 점이 많았다. 그래서 명확한 답변을 제시하지 않고 질문과 탐색에 수사적 역량을 집중하는 문학을 종교적인 관점에서 해석하는 것이 가능했고, 윌리엄 포크너, 토니 모리슨, 플래너리 오코너, 실비아 윈터의 작품들을 분석해서 그들 특유의 종교성과 '새로운 대안적 영성'을 제안했다.

말콤 X, 제임스 콘, 앨리스 워커를 다루는 4장의 경우 1부에 포함시키기에 적절하지 않음을 잘 알고 있다. 내가 4장에서 분석하는 말콤 X의 『전기』나 제임스 콘의 『해방신학』이 문학 작품은 아니기 때문에 1부의 제목인 "현대문학과 종교적 사유"에 어울리지 않는다. 4장의 앨리스 워커 섹션에서는 그의 소설을 분석하고 있기 때문에 1부엔 적절하지만, 페미니스트 영성적 사유에 더욱 어울리는 까닭에 따로 2부에 포함시키는 것이 더욱 잘 어울린다. 부적절함에도 불구하고 흑인의 종교적 상상력의 특징을 일반화하기 위한 목적으로 쓴 4장 논문의 일관성을 유지하기 위해 부득이 1부에 포함시켰음을 변명한다.

2005년 이후 내 논문 작업에는 '여성'이라는 키워드가 추가됐다. 이후 나는 페미니즘 관점에서 기존의 제도종교를 비판했고, 비판적인 페미니스트 영성의 관점에서 문학 작품들 해석하기 시작했다. 토니 모리슨, 토니 케이드 뱀버러, 앨리스 워커, 존 스타인벡, 한강의 작품을 분석했다. 특히 한강에 대한 페미니스트 영성 관점의 내 해석은 내 딴엔 주목할 만한 논문이라고 생각한다. 2016년 한강이 부커상을 수상하여 세계인의 주목을 받기 시작하기 2년 전 나는 2014년 벨기에 루벤에서 열린 국제문학종교문화학회(ISLRC)에서 한강의 『채식주의자』에 대한 논문을 발표했고, 발표 후 한강의 작품에 매료된 몇몇 청중이 내게 다가와 질문했다. 그때만 해도 『채식주의자』가 영역되기 전이라서 청중들은 한강의 작품을 읽을 수 없음에 못내 아쉬워했다. 이후 2018년 한강은 부커상을 수상했고, 이어 올해 노벨상을 수상했다. 자랑스러운 쾌거였다. 한강이 세계적인 주목을 받기 훨씬 전 그를 유럽에 소개한 어쩌면 첫 연구자가 나였다는 자부심은 착각이겠지만 그래도 암튼 자랑스럽다. 여전히 『채식주의자』의 진면목을 오해하는 사람들에게 내 논문이 도움이 되었으면 한다.

2부에 포함된 조선의 송덕봉과 에비게일 아담스에 대한 연구 역시 딱히 문학 텍스트 분석이 아니라서 2부의 종교 문학 비평에 어울리지 않는다. 시공의 차이를 넘어서는 두 여성의 저항과 순응의 길항에 대한 이야기는 단지 페미니스트의 관점에서 쓰였다는 이유로 2부에 포함시켰음을 이해해주시기 바란다.

3부는 '위기 소론'이다. '종교'와 '페미니즘'이라는 키워드 못지않게 '위기'는 언제나 나를 사로잡는 주요 관심사였다. 인문학의 위기, 대학의 위기, 민주주의의 위기, 지역의 위기, 환경위기, 지구 행성의 위기, 불평등의 위기, 과학기술의 위기, 청년의 위기, 문명의 위기, 이성의 위기, 중년의 위기, 결혼의 위기, 돌봄의 위기, 팬데믹의 위기 등등, 꽤 오랫동안 우리는 다양한 "위기"를 우려하고 해법을 모색하는 담론을 생산해왔다. 나 역시 우리가 직면한 도전과 위기에 민감하게 반응했고 해법 모색에 적극적이었다. 나의 문학 연구가 고담준론에 그치지 않고 실질적 문제 해결에 기여하길 바라는 소망 때문이었다. 해법 모색의 결과인 논문 세 편을 이 책에 포함시켰다. 문학의 위기, 포스트모더니즘의 위기, 이성 중심적 휴머니즘의 위기를 세 편의 논문에서 다루고 있고, 노드롭 프라이, 테리 이글턴, 실비아 윈터가 제시하는 각각의 대안에 주목하는 논문들이다. 우리가 직면한 "위기 사회"는 이론과 실천적 대응을 함께 필요로 한다.

그래서 “위기 사회”에 관심 있는 몇몇이 모여 2023년 비영리 단체인 “위기사회연구원”를 조직했고, 그 단체를 통해서 우리 사회가 당면한 다양한 위기를 기술하고 분석할 뿐만 아니라 대안을 제시하고 실천하는 연구를 지속하고자 한다.

이 책은 술술 읽히지 않는다. 논문의 특성상 표현이 압축적이고 친절한 설명이 부족하다. 일독을 권한다면 내 욕심일 게 뻔하다. 그래도 종교와 페미니스트 영성에 관심 있는 문학인이나 대학원생이라면 권하고 싶다. 사유의 지평이 넓어지고 어쩌면 갈등의 한복판에서 훨씬 여유있고 너그러워질지도 모른다.

책의 표지는 추상 작가 김훈 선생의 작품 “생성” 시리즈의 하나다. 지층을 뚫고 기원을 탐색하는 듯한 이 그림이 이 책의 전반적인 기조와 맞닿을 듯하여, 김훈 선생님의 작품 제작 의도와 상관없이 표지로 삼았다. 소중한 그림을 이 책의 표지로 사용할 수 있도록 허락해 주신 김훈 선생님께 감사드린다. 또한 이 책은 2024년도 대학육성사업의 지원을 받아 출판되었고, 편집을 위해서 수고해주신 충남대학교 출판문화원 양광준 과장님과 편집위원들, 또 행정지원을 위해 아낌없이 수고해주신 영문과 조교 김용남 선생님께 감사드린다.

2024. 12. 21

김명주

# 1부

# 현대 문학과 종교적 사유

# 1장

# 움베르토 에코의 『장미의 이름』 포스트모더니즘 소설과 종교적 신비[1)]

"…the mystery behind knowledge is not darkness but shadow"
(지식의 뒤편에 알 수 없는 미스터리는 암흑이 아닌 그림자이다.)

1990년대 초반부터 한국 학계에서 포스트모더니즘에 관한 논의가 활발히 진행되었다. 지금 2024년에는 포스트모더니즘이 한바탕 유행이 지난 용어처럼 느껴질 수 있지만, 이는 유행이 지난 것이 아니라, 근대성에 대한 비판으로서 포스트모더니즘이 지성사의 지배담론으로 이미 자리를 잡으면서 비판이론으로서 크게 의미가 없어진 까닭에 시들해 보일 뿐이다. 포스트모더니즘은 이성중심주의적 근대성을 비판한다는 점에서 단순히 시절이 지난 유행담론이기 보다는 합리성, 세속성, 탈마법성을 핵심 특징으로 하는 근대성을 정면에서 비판함으로써 21세기 현재까지도 매우 유효한 담론이다.

1) 본 논문은 「움베트로 에코의 『장미의 이름』: 종교적 신비의 세계」라는 제목으로 학술지 『문학과 종교』(한국문학과종교학회) (5.1(2000): 1-19)에 발표되었다.

20세기 후반의 전반적인 문화현상을 묘사적으로 지칭하는 포스트모더니즘이 이성중심적 근대성을 비판하고 있는데도, 포스트모더니즘을 20세기 특유의 무신론적 세계관과 연결하여 이해하는 경향이 지배적이다. 즉 19세기 말엽부터 서서히 서양의 지성사에서 신의 존재가 희미해지기 시작하고 20세기에 이르러 세계를 인식하고 사고하는 배경에서 신이 아예 없어져 버린 것이 일반적 사실이고, 그러한 시대적 흐름의 결정체적 철학인 해체주의의 극단적인 회의주의도 한몫하여, 포스트모더니즘을 정의할 때에도 무신론적인 입장은 매우 당연하게 받아들인다. 포스트모더니즘의 철학적 전제들—모든 존재의 근원으로서의 제 1원인인 신을 부정하고, 현전보다는 부재에 초점을 두며, 영원보다는 변화와 유동성, 불고정성을 부각시키는—이 소위 전통적인 종교들의 신의 절대성과 영원성을 부정한다고 보기 때문이다.

그러나, 필립파 베리Phillipa Berry가 자신이 편집한 책인 『영혼의 그림자』*Shadow of Spirit--Postmodernism and Religion*의 서문에서 지적하듯이, 극단으로 치달은 허무주의는 오히려 그 동안 무시되어 왔던 종교적이고 정신적인 세계에 대한 관심을 높였다고 본다면, 포스트모더니즘을 전혀 비종교적이고 무신론적이라는 종래의 규정적인prescriptive 개념은 다양한 형태의 포스트모더니즘을 포괄하지 못한다. 베리의 서문 중 중요한 부분을 대략 간추려 보면 다음과 같다.

> 예전의 시각 중심적인 사고 안에서 잊혀지거나 주변화되었던 상징적인 그림자의 영역에 최근 많은 관심이 쏟아지고 있다. 이러한 철학적 그림자에 대한 관심은 포스트모던적인 사고에 뜻하지 않았던 영향을 주고 있는데, 아마도 가장 예상 밖인 결과 중의 하나는, 대체로 정신적이라거나 종교적이라 이름하여 한때 터부시되어 왔던 '철학의 이면'에 대한 관심이 되살아났다는 사실이다. (2-3)

존재하는 것은 모두 인식할 수 있고 개념화할 수 있다는 낙관적 합리주의와 인간의 이성에 대한 지나치게 낙관적인 신뢰가 낳은 과학주의가 언어 자체에 대한 회의를 시작으로 송두리째 해체되어지면서, 인간의 이성으로 인식할 수 없고 인간의 언어로 표현할 수 없는 '신비'에 대해 새로운 관심이 생기기 시작한다. 죽음이 삶에 대한 인식의 출발이듯, 이성적, 언어적 존재인 인간의 한계를 인식함은 '신비'에 대한 '향수'를 불러일으키고 이를 향한 순례의 시작이 된다.

포스트모더니즘의 대표적인 작품 중 하나로 여겨지며[2], 종교

---

2) 마크 파커(Mark Parker)는 "*The Name of the Rose* as a Postmodern Novel"이라는 에세이에서 이 작품을 포스트모던 소설로 인식하는 세 가지 이유를 설명한다. 고급한 순수문화와 저급한 대중문화(mass culture)를 뚜렷하게 구분한 것이 모더니즘의 한 특징이라면 포스트모더니즘은 이러한 구분을 없애고 대중문화를 받아들인다. 작품 속에서 단순한 자들(the simple)이 오히려 개개 사물에 대한 직관력이 뛰어나다는 윌리엄의 옹호는 배운 자와 그렇지 못한 자와의 간격을 없앤다. 두 번째 이유로 『후기』에서 보는 바와 같이 모더니즘과 포스트모더니즘의 관계에 대한 비평적 논쟁에 참여하고 있다는 사실이다. 마지막으로 세 번째는, 포스트모더니즘에서 빈번히 사용되는 "미로"를 작품의 중심적인 상징으로 사용하고 있다는 점이다. 이 점에 대해서는 이 논문에서 후에 더욱 구체적으로 다뤄질 것이다.

에 대한 신랄한 비판으로 보이는 움베르토 에코Umberto Eco의 『장미의 이름』The Name of the Rose은[3] 다른 어떤 작품보다도 종교적이며 '신비'를 존중한다. 단순히 중세 기독교 수도원을 작품의 배경으로 사용하고 당시의 신학적 논쟁을 작품의 소재로 사용하기 때문이 아니라, 작품을 다 읽은 후 독자 편에서의 충격과 감동 자체가 종교적이며, 작가의 집필 의도 역시 종교적이라는 의미에서다. 여기서 '종교적'이라는 의미는 결코, 어떤 제도화된institutionalized 종교의 교의를 의도적으로 작품 안에서 전달하려 했다는 뜻은 아니다. 다만 개인의 삶과 우주의 궁극적인 시원과 의미를 천착하고 있는 그의 태도가 종교적이며, 인간의 한계를 깨닫고 그 한계를 넘어서는 궁극적 실재를 갈망한다는 점에서 종교적이다. 에코는 「후기」Postscript에서, "인간이 만들어 낸 질서를 덧없게 하는, 신의 무한한 전능함에 대한 전율"을 독자

3) 『장미의 이름』은 중세 이탈리아를 배경으로 교황과 황제의 권력다툼이 진행되는 가운데 이를 중재할 목적으로 한 수도원을 방문하는 윌리엄 수사와 그의 수도승인 아드소가 수도원에서 일어나는 괴이한 살인사건의 전말을 풀어가면서 생기는 이야기를 먼 훗날 죽음을 목전에 둔 늙은 아드소가 회상하는 형식으로 쓰여있다. 꼬리를 물고 이어지는 살인사건은 결국 아리스토텔레스의 『시학』중 누락된 부분인 희극에 관한 고문서를 감추기 위하여 책 속에 독을 바르고 그것을 읽는 사람마다 죽게 만드는 눈먼 호르헤의 맹목적인 경건주의 때문에 일어나고 있었다. 윌리엄은 논리적, 기호학적 분석에 의하여 사건을 추리해 가지만 결국 우연히 호르헤가 범인임을 밝혀내게 된다. 그 과정에서 천년이 넘는 세월 동안 간직해온 귀중한 도서관의 책들이 불타 없어지고 수도원 역시 풀만 무성한 폐허로 남게 된다. 오랜 시간이 지난 후 이곳을 방문하는 아드소 수사가 과거를 회상하며 글을 남기게 되는데 바로 이것이 『장미의 이름』이다. 그러나 이 원고를 발레 수도사가 훗날 복원하고 다시 미비뇽이 번역하였고 에코가 손에 넣은 원고는 바로 마비뇽의 원고인데 결국 에코를 이 원고를 분실하고 자신의 번역과 메모를 중심으로 작품을 엮게 된다고 서문에 서술한다. 이것은 물론 모두 허구인데, 자신의 기호학적 이론을 형상화하기 위한 수단이다.

가 느끼도록 의도하고 있다고 스스로 밝히고 있다. 인용하면,

> 이때, 독자는 나의 의도대로 되어서 인간이 만들어 낸 질서를 덧없게 하는, 신의 무한한 전능함에 대한 전율을 느끼게 될 것이다. 그리고는 능력 있는 독자라면, 내가 어떻게 그런 느낌을 갖게 하는데 성공하는지 알게 될 것이다. 왜냐하면, 작품의 곳곳마다 내가 이를 말하고 있기 때문이다. (53)

그럼에도 불구하고, 이 작품의 종교적인 측면에 대해 언급하는 비평은 찾아보기 힘들다. 작품에 대한 연구의 상당수가 에코의 기호학적 이론과 작품의 연관이라든지, 기호학자인 동시에 중세학자인 그가 방대한 중세문화 연구를 주석 없이 인용하는 사실에 착안하여 그 출전과 전통을 밝히는 일에 주력하고 있거나, 혹은 작품의 내용이 형이상학적인 문제인데 추리소설이라는 소위 통속의 범주에 속하는 문학 형태를 취하는 이유와 배경 등에 관심을 갖는다.[4] 어디에 주안점을 두고 있든 간에 에세이들 모두 에코의 『장미의 이름』이 포스트모던적 아포리아aporia와 중심이 없는 공간에서의 리좀 미로"rhizome labyrinth"를 상징적으로

---

4) 조셉 P. 콘솔리(Joseph P. Consoli)가 쓴 "Navigating the Labyrinth: A Bibliographic Essay of Selected Criticism of the Works of Umberto Eco"를 보면 *The Name of the Rose* 의 작품에 대한 비평이 어떤 경향을 갖고 있는지 잘 요약하고 있다. 또한, 그가 이 작품의 기본적인 비평서로 제일 먼저 다루는 토마스 인게(Thomas Inge)의 『장미의 이름』(Naming the Rose)라는 비평서는 작품에 대한 에세이를 세 가지 부류로 분류하고 있는데 ("Traditions," "Detectives," "Semiotics"), 이로써 비평의 경향을 위에서처럼 요약할 수 있겠다.

극화함에 동의한다. 그러나 대립되는 개념의 경계가 무너지고 궁극적 의미를 찾아가는 여정이 본질적으로 끝이 없는 미로에서의 헤맴이라는 그의 결론이 사실상 많은 비평가들이 생각하듯 허무주의나 불가지론으로 이어지지는 않는다고 본다. 작가가 작품에서 상징적으로 그리는 그림은 분명히 길이 없는 공간에 무너져 내린 폐허더미지만,[5] 작가가 작품 안에서 말로 설명하지는 않아도 그가 제시하는 그림이 노리는 바는 단순한 허무주의나 불가지론이 아니라 오히려 "형이상학적 전율"이고, 종교적인 체험이다. 에코는 『후기』에서, "나는 소위 형이상학적 전율이라 부르는 것, 두렵고 놀라운 그것을 독자들이 즐겁게 느낄 수 있기를 원했다"(53)고 말한다. 작가가 의도하듯이 작품을 읽은 후 독자가 느끼는 충격과 감동은 이런 의미에서 분명히 종교적이다. 작가의 방대한 독서량도 놀라운 충격이라 할 수 있지만, 무엇보다도 놀라운 것은, 명쾌한 논리로 설명하기 어려운 '형이상학적 신비'를 그리기 위해 작품 전체가 하나의 메타포가 되고 있다는 사실이다. 작품의 어디에도 '신비'의 내용이 무엇인지 정확히 설명되지 않지만, 그 신비를 느낄 수 있는 상황을 극화dramatize함으로써 독자 스스로 그 신비를 느낄 수 있게 만든다.

물론, 작가가 그리고자 하는 포스트모던적 신비가 전혀 새로

---

5) 작품의 끝에 아드소가 다시 찾아간 수도원은 실제로 어디가 어디인지 길도 없고 형체도 알아보기 힘든 폐허 더미다. 에코가 작품 전체를 통해 그려낸 상징적 의미의 그림은 마지막 이 장면에서 요약된다고 할 수 있다.

운 발견은 아니다. 어둠의 끝과 빛의 시작이 어스름한 새벽의 혼돈 속에 맞닿아 있듯, 하늘과 땅의 경계가 바다 안개 속에 아스라이 감춰져 있듯, 극과 극은 본질적으로 정 반대에 위치하면서도 동시에 서로 일직선상에 놓인다는 인식이 결코 새로운 통찰이 아니듯이 말이다. 진통이 극한에 이르러야 비로소 새로운 생명이 탄생하고, 혼돈이 절정에 다다를 때 마침내 개벽이 온다. 어둠이 깊을 대로 깊어 져야 드디어 새벽이 오며, 생명이 다하는 죽음의 마지막 고통 끝에 또 다른 생명의 시작이 있음은 굳이 철학적 증명으로 사변화 되지 않는다 하여도 이미 널리, 또 익히 진리로 인식되어 왔다.

그러나 20세기에 들어서면서 이원론이라는 고질적 한계를 벗어나지 못했던 서양의 철학적 담론 안에서 이러한 직관적 통찰이 구체적으로 논의되기 시작한 것은 과히 혁명적이라고 보는 견해가 많다. 현상과 실재를 철저히 구분하는 형이상학적 이원론과, 주체와 객체를 분리시키는 인식론적 이원론은 다시 기표와 기의를 구별하는 언어학적 이원론으로 이어지다가 마침내 그 대립이 깨어지고 부서지는 부분들에 관심이 주목되기 시작한다. 이러한 변화는 언어 자체에 대한 반성에 의해 초래된다. 철학이든 문학이든 모든 담론이 언어를 통해서만 가능한데, 언어가 지칭하고자 하는 개념을 지칭하는데 실패하고, 문화적으로 또 개인적으로 전혀 다른 의미를 내포할 수도 있다는 인식이다. 결국 언어로만 보면 전혀 상반됨에도 불구하고 본질적으로 비슷한 것, 때로 똑같은 것을 지칭할 수도 있기 때문에, 언어는 더이상 절대적으로 신뢰할 만한 매개체가 되지 못한다. 뿐만아니라, 존재하는 것은 모두 개념화되고 인식할 수 있다는 낙관적 합리주의 역시 이러한 맥락에서 무너지고 만다. 이렇게 언어가 표현할 수 없는 영역, 대립과 상극이 부서지는 지점에 대한 관심이 20세기 철학의 주제가 되었고 소위 포스트모더니즘의 철학적 기반이기도 하다.

세계적인 명성이 있는 기호학자로서 에코 역시, 상호이해와 전달의 토대로서의 언어가 제대로 그 구실을 다하지 못하며 따라서 신뢰할 수 없다고 믿는 학자다Bennett 121.[6] 언어를 더 이상 신뢰할 수 없는 사람이 그 사실 자체를 알리고 언어가 미치지 못하는 영역까지 설명하고픈 바램과 필요성을 느꼈다면 어떤 매개체가 가장 효과적일지, 딜레마가 아닐 수 없다. 教外別傳, 不立文子, 直指人心, 등이 암시하듯 매개체란 전혀 소용이 없을 수도 있다. 하이데거의 "존재의 신비" "Mystery of Being" 처럼, 진리란 잠잠히 기다리는 가운데 형체 없이 다가와 자리 잡는 것인

6) Helen T. Bennett는 "Sign and De-Sign: Medieval and Modern Semiotics in Umberto Eco's *The Name of the Rose*" 라는 논문에서, 14세기 철학자인 William Ockham의 언어에 대한 견해와 에코의 기호학이 어떻게 유사한지에 대해 연구하고 있다. Bennett`는 두 사람 모두가 언어가 신뢰성이 없고 안정성이 없음에 공통적으로 주목하고 있다고 말한다. "…both share common concerns about the instability or unreliability of language"(121).

지도 모른다. 그러나, 그러한 하이데거가 어떤 철학서에서보다 횔더린의 시속에서 진리를 더욱 확연히 깨달을 수 있었듯이, 에코는 이론서보다 이번엔 비언어적 기호로서의 소설을 택하여 본래 진리에 다다르기 위한 도구로서 필요했던 인위적인--종종 대립되는--개념들이 더이상 사물의 본질을 꿰뚫지 못한다는 인식을 극화하고 있는 것이다.

실제로 에코는 이러한 견해를 직설적으로 작품 안에서 피력하기도 한다. "그렇게 다의적인 개념들이 단의적인 방법으로 표현된다는 것이 가능한가요?"(295) 라고 아드소가 회의적인 질문을 하자, 윌리엄은 성인 토마스를 인용하며 다음과 같이 말한다.

> 한 개념이 비유의 형태로 남아있을 때, 그 유사함이 더욱 상이한 비유로써 표현되고 전혀 직설적이지 않을 때, 오히려 그 비유는 더 많은 진실을 드러내게 된다. (295)

진리란 본질적으로 다의적equivocal이라서 단의적인 언어로서 표현되기 곤란할 때가 많다. 이때 비유는 이런 다의적 진리를 표현하기에 가장 적절한 도구인지도 모른다. 철학이나 과학보다 문학이 더욱 효과적으로 진리를 전달할 수 있는 것은 문학이 본질적으로 하나의 비유이기 때문이다.

에코는 이 작품에서, 신앙과 이성, 보편성과 개별성, 과학과 신비주의, 정통과 이단, 신앙과 광신, 사랑과 정욕 등의 대립적 인식이 무너지는 지점에 특별한 관심을 갖고 있다. 이러한 대립된 개념들이 사실상 고정적이 아닌 언제든지 유동적으로 변화될 수 있고 아예 그 위치가 뒤바뀔 수 있다는 사실에 주목하고 있다. 작품 안에서의 도서관은 이런 의미에서 대표적인 상징이 아닐 수 없다. 진리를 보존하고 보급하는 도서관의 역할이 전도되어 오히려 진리의 출현을 연기하는 역기능을 취할 수도 있다는 사실은 다분히 상징적이다. 아드소는 윌리엄에게 묻는다. "그렇다면 도서관은 진리를 보급하는 수단이 아니라 진리가 나타나는 것을 보류하는 하는 수단에 불과한가요?"(343) 근본주의자인 호르헤Jorge가 아리스토텔레스의 시학 중 코미디에 관한 부분이 불경하다고 판단하여 수도승이 읽는 것을 금하고 도서관의 깊은 곳에 숨겨 두며, 살인조차 마다하지 않는 비정한 신념을 보인다. 도서관은 더 이상 지식의 산실이 아니라 이러한 금서를 묻어 두는 장소에 불과하다고 윌리엄은 도서관의 아이러니를 지적한다. 종래의 개념과는 전혀 상반된 의미를 동시에 지니게 되는 도서관은 이야기가 전개되는 과정에서 핵심적인 상징이 된다.

뿐만 아니라, 수도원 교회의 현관에 그려진 그림 역시 의도적인 묘사이다. 천상의 아름다움과 추악한 욕정들이 한데 어우러진 모습, 거룩한 것과 추악한 것들이 경계 없이 섞여 있는 모습--대립되고 모순된 것들이 기둥에 인각된 그림들처럼 어느 정도 구역이 정해진 듯하면서도 정확한 경계를 찾기란 어렵다. 칼로 자르듯 규정할 수 없는 진실의 본질적인 성격을 상징적으로 형상화한다고 볼 수 있다. 에코는 그림을 단적으로 "위대한 천상의 대학살"(46) a great and celestial massacre라고 표현하는데 말 자체가 모순된 단어들의 결합이다. 대학살은 위대할 수도 없고 천국에 속한 일일 수도 없는 까닭이다.

첫 번째 희생자인 아델모가 그리던 바분Baboon역시 이것과 저것의 구분이 없어져 버린 전도된 세계를 그리고 있다. 즉,

> 시냇가에서 물고기를 잡는 독수리, 하늘을 날며 매를 쫓는 곰, 비둘기와 함께 날아가는 게, 그물에 걸려 수탉에게 먹히고 있는 세 사람의 거인이 있는 곳. (87)

이성이나 논리가 더 이상 적용되지 않는 마치 꿈과 같은 비논리적인 세계를 말하는데 근본주의자인 호르헤는 인정할 수 없는 세계이다. 왜냐하면, 이런 세계는 논리 정연한 일상적 세계의 질서를 망가뜨리는 위험스러운 존재이기 때문이다. 호르헤는--어쩌면 보통 사람들처럼-- 옳고 그름의 경계는 명확하고 불변하다고 확신하고, 질서의 이면에 엄연히 존재하는 이러한 혼돈을 인정하길 두려워하고 있다. 이에 대해 윌리엄은 그림이 괴이할수록 도덕적인 훈계 면에서 효과적이라고 반박한다.

> 비유가 서로 전혀 연관성이 없으면 없을수록 무시무시하고 점잖지 못한 비유 속에서 더욱 많은 진리를 담아낼 수 있고 상상력이 정욕에 빠져드는 정도를 덜할 수 있다. 그래서 이러한 배덕한 그림 속에 숨겨진 신비를 감지할 수 있게 된다. (89)

이어서 베르난티우스Vernantius도 아델모의 그림을 옹호하기 위해 아퀴노Aquino를 인용하면서, 신성한 것은 귀한 몸보다 천한 몸을 그 형상으로 취하며 신으로부터 먼 것일수록 오히려 신에 대한 보다 정확한 개념으로 인도한다는 역설을 주장한다 (91).

호르헤가 웃음을 두려워하는 것도 같은 맥락에서 이해될 수 있다. 긴장을 느슨하게 하고 삶의 여유를 주는 웃음이 그에겐 경박함에 불과하고 긴장된 질서를 파괴시켜 버린다고 믿는다. 반면에 윌리엄은 이성을 거스르는 어떤 불합리한 명제의 권위를 쓰러뜨리는데 웃음이 효과적이라고 말하고 그 파괴성을 인정하되 긍정적인 파괴로서 받아들인다. 스스로 옳다고 믿는 확신 때문에 살인까지도 정당화할 수 있는 호르헤는 그의 경건한 신앙에도 불구하고 윌리엄에게 적그리스도로까지 보이게 된다. “적그리스도는 신을 지나치게 사랑하여서 혹은 진리를 지나치게 사랑하는 경건함에서 생겨날 수도 있다. 마치 성인으로부터 이단이 발생하고 선각자로부터 광신자가 나오듯이 말이다”(598). 즉, 진리를 사랑하는 것과 파괴하는 것의 경계가, 이단자와 정통신앙을 구분하는 경계가, 신앙과 광신의 경계가 사실상 애매

모호해짐을 볼 수 있다. 수도원의 모든 수도승이 고해신부로 삼을 만큼 그 신실함이 인정된 호르헤가 바로 그 신실함 때문에 적그리스도적 인물이 되는 사실은 매우 아이러니컬하다. 진리가 베일에 가려진 채 세상이 끝날 때까지 보이지 않도록 되어 있다면, 확실치 않는 것에 대한 확고한 신념이란 맹목적인 완고함에 지나지 않고, "존재하지 않는 유령의 노예"(598)에 지나지 않는다. 정말 인류를 사랑하는 사람이라면 그가 해야 할 일은 "진리를 발견하고 고수하는 일이 아니라, 사람들이 진리에 웃도록 하여, 진리에 대한 광적인 집착으로부터 자유로울 수 있도록 돕는 것"(598)이라고 윌리엄은 말한다.

교황과 황제 사이의 권력과 이권 다툼 가운데 이단과 정통은 끊임없이 새롭게 정의되면서 오늘의 이단이 내일 정통으로 인정받기도 하고, 오늘의 정통이 내일 이단으로 처형받는 역사적 시기를 작품의 시대적 배경으로 에코가 삼은 것은 대단히 의도적이다. 예로부터 이단과 정통에 대한 논란은 항상 정치적인 경향에 좌지우지되었고 따라서 이단과 정통의 경계는 매우 모호하다. 권력 유지에 도움이 되면 정통이고, 그렇지 않고 기존의 권위나 질서에 도전하면 이단으로 취급받는다. 기준이 이렇듯 자의적일 때, 이단을 처단하기 위해 엉뚱한 죄목을 덮어씌우기도 하고 엄청난 희생이 따르는 전쟁조차 마다하지 않게 된다. 똑같은 사람을 지칭함에도 불구하고 어떤 이들은 정통교단

안에서 성인이라 부르고 또 다른 이들은 이단자라고 불렀던 예는 역사 속에 얼마든지 있다. 순교자의 신앙과 이단자의 광신도 마찬가지로 구분하기 힘들 때가 많다. 이단으로 처형되는 프라 돌시노Fra Dolcino와 순교자로 인정되는 시스나의 마이클Michael of Cesena에 대한 이야기는 이런 의미 안에서 이해된다. 두 사람 모두 신념 때문에 죽음을 선택한다. 폭력과 성적인 문란함을 미화시켰던 프라 돌시노도 죽음 앞에서 끔찍할 만큼 의연한 모습을 보이고 마지막 순간에 "내가 삼일만에 부활하리라"(283) 고 외칠 만큼 신념에 차 있다. 마이클 역시 "내 안에 있는 진리를 위하여, 오직 죽음으로서만 선포할 수 있는 진리를 위하여"(283) 기꺼이 죽음을 택한다고 말한다. 확실치 않은 것에 대한 신념과 확신 때문에 죽음까지도 불사하는 그들의 모습은 과연 무엇이 진정으로 옳고그른지에 대해 질문하게 만든다.

윌리엄은 우베르티노Ubertino와의 대화에서 신앙과 광신이 본질적으로 같음을 다음과 같이 말한다. "천사의 열정과 악마의 열정은 거의 다를 바가 없다고 보네. 왜냐하면, 둘 다 모두 인간의 의지가 극도로 발화한데서 생겨나기 때문이지"(61) 우베르티노는 흔히 프라 돌시노와 잘못 동일시되는 자신이 속한 종파의 순수한 종교적 열정을 옹호하면서 프라 돌시노를 광적인 이단으로 규정해 버린다. 그러나 윌리엄은 클래어 성녀Saint Calre에 대한 우베르티노의 열정이 순수한 종교적인 차원을 넘어서 성적인 끌림과 사실상 다르지 않음을 꿰뚫어 보고 있다. 윌리엄이 말하길 "그들 소수파는 클래어와 똑같은 환상에 열광하고 있었다고 보네. 그리고 종종 종교적 법열과 사악한 광란은 거의 같은 것이라네"(61). 마찬가지로 우베르티노가 주장하는 '차이'란 실제로 가름하기 힘들다고 보고 있다.

한편 이와 반대로 윌리엄은 이단에 대한 수도원장과의 대화에서 종파 사이의 미묘한 차이들을 무시한 채 모두 함께 이단으로 매도하는 수도원장에 맞서서 종파들 사이에 분명한 차이가 존재하므로 함부로 이단으로 규정할 수는 없다고 설득한다. 언뜻 상반되어 보이는 두 개의 주장이지만 어느 하나가 옳으면 다른 하나는 당연히 틀릴 수밖에 없는 흑백 논리는 여기서 적용되지 않는다. 서로 상반되면서도 동시에 모두 진리로서 입증되는 것이다. 옳고 그름의 상식적인 경계는 여기서 무너져 버린다. 이마와 눈, 코와 입 등의 확실한 구분이 없이 일그러진 살바토르Salvatore의 얼굴처럼, 바빌론의 창녀 속에서 발견되는 성녀 마리아처럼, 무엇이 독약이고 무엇이 몸의 질병을 치료하는 약이 될지 불분명한 것처럼, 진실과 거짓의 경계는 불분명하다.

경건하고 존경받는 수도승인 아드소가 노년에 이르러 자신이 수련수사 시절 저질렀던 죄를 고백하게 하는 것은 이러한 맥락에서다. 소녀와의 육체적인 만남은 수도승인 그의 입장을 고려할 때 어느 모로 보나 죄악일 수 있지만, 그 후 소녀에게 대한 그의 걷잡을 수 없는 사랑은 지고하고 순수한 종교적 법열과 다름없음을 스스로 고백하고 있다. 또한 그의 사랑의 황홀경이 종교적 황홀경과 같은 언어로 묘사되어 있음을 깨닫고 있다.

> 내 기억의 은밀한 곳에 눌려져 있던 말들이 입술의 표면으로 되살아왔고, 그리고 그 언어는 성경이나 혹은 전혀 다른 좀 더 경건한 진실을 표현하기 위해 성인의 책들에나 쓰일 언어들이었음을 잊고 있었다. 그러나, 성인들이 말한 종교적 기쁨과, 그 순간 흥분된 내 영혼이 느끼던 것과 어떤 차이가 있더란 말인가? 그 순간 차이점에 대한 나의 경계심이 완전히 허물어져 버렸다. (290-91)

사랑과 정욕, 이단과 정통, 신앙과 광신, 진실과 거짓을 구분하는 명확한 경계는 이처럼 매우 모호하다. 이러한 대립적 개념들을 정확하게 구분하여 정의할 수 있는 보편타당한 법칙 “universal law”이란 존재하지 않는다. 개별적인 케이스들 속에서 공통적으로 나타나는 법칙을 추출하는 과학적, 귀납적 사고의 한계가 여기서 드러난다. 윌리엄이 아무런 사전 지식 없이 수도원 사람들이 담장 밖에서 찾아 헤매던 것이 말이었고 그 말이 간 위치를 정확하게 예견할 수 있었던 것은 그의 귀납적 사고 덕이었다. 같은 방식으로 아델모의 죽음이 타살이 아닌 자살임을 밝히며, 베르난티우스의 암호를 해독하고, 마침내 미로의 끝인 피니스 아프리케Finis Africae에 이른다. 예상했던 대로 모든 사건의 원인을 제공하는 호르헤를 그 안에서 발견함에도 불구하고, 그러나 막상 진실에 이른 방법은 그의 귀납적 논리에 의해서가 아니라 우연의 일치였음을 깨닫는다. "범인의 행적을 해석하는데 있어 난 잘못된 패턴에 의존하고 있었고, 그 범인은 그 패턴 속에 우연히 들어 있었을 뿐이었어"(572). 이단에 대한 잔인한 처형에 커다란 충격을 받은 아드소가 진리와 거짓을 구분할 수 있는 기준이 무엇이냐고 회의적으로 질문하자 윌리엄은 "어디에도 정확한 규칙이란 존재하지 않는다. 진리란 단지 개별적인 케이스에 의존하고 상황에 따라 변하는 것이다"(239). 개개의 사실은 진실이라 하여도 그 개별적 사실들이 어떻게 서로 관련되어 있고 반복적으로 일어나는 사실을 패턴으로 일반화하기란 불가능하다. 설사 만들 수 있다해도 주변 상황이 변하면 개별적 사실들로 함께 변화하기 때문에 전체를 포괄하는 규칙이란 존재하지 않는다. 애초부터 과학에 대해 맹목적으로 신뢰한 것은 아니었지만, 과학에 대한 막연한 회의주의가 더욱 분명하게 증명된 것이다.

> 그렇다면 나의 지혜는 다 어디 있단 말인가? 이 우주에는 질서가 존재하지 않는다는 사실을 잘 알면서도 나는 질서[규칙]을 추구하면서 고집스럽게 행해왔지. 내가 상상한 질서란 무엇인가를 포획하기 위한 그물이거나, 무엇인가에 오르기 위한 사다리와 같을 뿐이네. 즉, 결국 버려야 할 것들이지. 유용하긴 해도 그 자체만으로는 무용하기 때문이지. (599-600)

어떤 현상을 이해하기 위해 일반화generalize시키는 규칙을 만들 필요는 분명히 있다. 자연과학이나 사회과학에서 만들어내는 규칙들은 자연, 사회의 제반 현상들을 이해하는데 큰 도움이 되는 것은 사실이다. 그러나 그물이란 본래 잡고 싶은 것만을 걸러내는 도구이고 사다리 역시 오르고 싶은 곳에 이르게 하는 도구이듯이, 규칙 역시 도구일 뿐이다. 에코의 말대로 규칙이 사다리라면, 그 사다리로 지붕에 이를 때 우리의 시야는 더욱 넓어져 있을 것이다. 더욱 넓어진 시야로 평소 못 보던 것이 보인다면 그것은 무엇인가? 마음속에 그려진, 혹은 실제 지도를 보며 짐작하고 추론하던 주변을 더욱 총체적으로 인식할 수 있을 것이다. 그 총체적인 인식은 논리보다는 직관을 통하는 것이기에 말로 표현될 때엔 이미 총체적이 아닌데, 그렇다면 총체적인 인식의 대상은 무엇인가? 그것은 인간의 한계를 뛰어넘는 신비에 대한 직관이며 말로 논리화될 수 없는 영역이다.

포스트모더니즘 소설에서 자주 등장하는 왜곡된 거울의 이미지가 이 작품에서도 사용되는데, 위에서 언급된 귀납적 사고의 한계와 명목주의nominalism의 무익함을 지적하는 상징물로 사용되며, 궁극적으로 모든 것의 한계 저편의 신비를 인식하게 하기 위한 장치로 사용된다. 작품의 첫머리에서 에코는 다음과 같이 말한다.

> 지금은 거울을 통해 보듯 희미하나, 진실을 맞대면하여 [거울이 아닌] 확실히 볼 수 있을 때까지 우리는 세상의 왜곡된 표면

> [거울]에 비친 조각난 진리의 단편만을 볼뿐이다. 그러므로 우리는 그 조각난 단편들만을 신실하게 그려내야 할 것이다. 그것들이 불분명하게 보일지라도…. (3)

아드소가 후에 다시 찾은 수도원이 그 실체는 찾아볼 수 없고 화재 이후 타고 남은 흔적뿐이듯, 우리가 볼 수 있는 것은 서로 연관 없이 세상에 흐트러져 있는 진리의 기표들뿐이고 기표가 가리키는 궁극적인 진리는 역사의 어느 순간까지 베일에 가려져 있을 뿐이다. 아드소는 자신의 원고를 잃어버리고 원고에 대한 기억의 파편과 다른 책의 인용에 의존하여 이 책을 쓴다고 고백하는 서문은 이런 맥락에서 또한 상징적이다. 이야기의 원인origin은 없어져 버리고 그 흔적만 남아 우리가 보는 것은 그 흔적뿐이다. "지난날의 장미는 이제 그 이름뿐, 우리에게 남는 것은 그 덧없는 이름뿐"(610). 범인을 찾아가는 미로의 종착 지점이라 할 수 있는 피니스 아프리케Finis Africae로 들어가는 입구가 거울로 가려져 있음은 이와 관련된 상징물이다. 또한 그 거울은 그나마 보통 거울이 아니라 물체를 형편없이 왜곡 굴절하여 실체를 해체시켜 버리는 거울이다. 세상 혹은 인간이라는 왜곡된 주체에 비춰진 진리란 형체 없이 일그러진 모습이고 일부 조각 안에서 드러난 형체 속에서 원래의 실체를 어림잡아 추측할 수 있을 뿐이다.

그러나, 이러한 해체주의적 입장은 이 작품을 허무주의로 몰아가지는 않는다. 거울에 굴절된 물체의 파편들이 왜곡된 모습이더라도 뭔가 실체가 존재하는 것은 분명하다. 위에서 본 산의 모양과 옆에서 본 산의 모습이 제각각 달라도 산이 거기 존재함은 엄연한 사실이다. 윌리엄이 "세상을 비출 거울이 있기위해서는 먼저 세상이 존재해야 하는 것이다"(136)라고 말한 것은 바로 이러한 의미일 것이다. 거울의 표면이 일정하지 못해 실물을 원래 모습 그대로 굴절하지는 못한다하여 실물의 존재 자체가 부정되지는 않는다. 일반적으로 이해되는 해체주의는 궁극적인 실체의 존재를 부인하지만 에코는 다르다. 궁극적 실재는 존재하나 총체적으로 인식되는 것이기에 다만 언어로 표현함이 불가능하다고 그는 보고 있다. 이 점에서 에코는 스스로 "인간의 질서를 무의미하게 하는 궁극적 존재"를 인정하고 "신의 전능함에 대해 독자가 전율"하도록 만든다.

합리적이고 이성적인 추리로 사건의 전모를 파악할 수 있다고 믿고 그 비밀을 추적해 가지만 엉뚱하게도 도서관은 불타버리고 만다. 거대한 불을 끄기 위해 작은 양동이로 물을 나르고 있는 윌리엄의 모습은 아드소에게 어거스틴Augustin의 이야기를 상기시킨다.

> 나는 어거스틴 성인의 이야기가 생각났다. 바닷물을 스푼으로 모두 떠내려하는 한 소년을 보았을 때 하던 이야기이다. 그 소년은 천사였고, 신의 영역에 속하는 신비를 이해하려 했던 성인

> 을 비웃기 위해 이같이 했던 것이다. 마치 그 천사처럼 문에 기대어 지친 모습으로 내게 말했다. “불가능해. 수도원의 모든 수도승들이 다 동원된다해도 불을 끌 수 없을 거야. 도서관은 이제 끝장이다.” 천사와 다르게 그는 울고 있었다. (492-93)

불가능한 것은 불을 끄는 일만이 아니다. 과학적인 논리로 사건을 이해하는 것도 한계가 있고, 신앙과 광신, 정통과 이단을 구분하는 기준을 찾는 일도 불가능하고, 보편타당하게 적용될 수 있는 법칙도 찾기란 불가능하다. 냉철하고 이성적인 윌리엄이 우는 장면은 가히 충격적이고 그의 절망이 얼마나 큰 것인지를 짐작케 한다. 그러나 윌리엄이 절망적으로 인식하는 인간의 한계는 절대자와의 만남을 위한 필수적인 예비단계이다. 바닷물을 작은 스푼으로 떠내려는 소년의 노력이 헛되듯이 윌리엄의 모든 노력도 헛됨을 독자는 느낄 수밖에 없다. 절망하는 윌리엄에게 아드소가 어쨌든 최선을 다했지 않느냐고 위로하자, “인간이 할 수 있는 최선이지, 그러나 [신의 입장에서 보면] 너무나 작은 최선이지”(600). 이어서 윌리엄은 말한다.

> 우주에 어떤 질서가 존재하지 않는다는 생각을 인정하기란 쉽지 않지. 왜냐하면, 인정한다는 것은 신의 자유와 전능함에 위배되기 때문이지. 그래서 신의 자유롭다는 사실은 우리를 절망하게 하고, 최소한 우리의 교만을 꺾어버리지. (600)

질서에 대한 열망과 탐색은 거의 본능적이다. 자신의 주변을 확실하게 이해하고 싶고, 예외 투성이일지라도 임시적으로나마 질서를 만들어 내지 않으면 견디기 힘든 것이 인간이다. 그러나, 우주의 창조자인 신은 그의 피조물인 인간이 우주 안에서 추출해 낸 질서에 따라 움직이거나 그 질서로 인해 제한받지 않는다. 이렇게 인간이 만들어 낸 질서에 구속되지 않고 자유로운 신의 존재를 깨달을 때 인간의 교만함은 무너져 내린다.

그러나 여기서 아드소는 흥미 있는 질문을 던진다. "그렇다면, 신과 태초의 혼돈과 어떤 차이가 있단 말입니까? 신의 절대적인 전능함과, 신이 선택함에 있어 절대적으로 자유롭다는 사실을 인정한다는 것은, 결국 신이 존재하지 않는다는 것을 증명하지 않나요?"(600). 아무런 규칙 없이, 최소한 인간의 눈에 일정한 규칙이 없이 제멋대로 돌아가는 세상이라면, 모든 이면에 인간의 이해 한계를 넘어서 일하는 신의 존재를 인정하기보다는 오히려 아예 신이 존재하지 않는다고 말하는 편이 낫지 않겠느냐는 말이다.

인간이 한계에 부딪혔을 때 그가 가진 자유의지에 의해 두 가지 선택이 가능하다. 하나는 한계를 넘어서 존재하는 신을 인정하는 것이고, 또 하나는 아예 부정해 버리는 것이다. 아드소의 질문은 허무주의로 빠질 수 있는 가능성에 대한 언급이고 실제로 많은 현대인들이 택한 무신론을 대변하고 있다. 이에 대해 윌리엄은 매우 모호한 대답을 한다. "만약 그렇다고 인정하면 학식 있는 자들이 어떻게 자신의 지식을 교환할 수 있단 말인가?"(600). 이에 아드소는 다시 되묻는다. "무슨 뜻입니까? 진리의 기준이 없을 때 어떤 식으로도 존재가능하거나 상호교환할 수 있는 지식도 없다는 뜻입니까? 아니면, 다른 사람들이 지식을 교환하는 것을 금하기 때문에 당신이 생각하는 것을 더 이상 말할 수 없다는 뜻입니까?"(600). 여기서 아드소의 물음은 매우 의미심장하다. 그의 물음은, 궁극적인 진리가 결국 존재하지 않기 때문에 소통할 수 없는 것인가, 아니면 진리는 있으되 소통이 불가능하기 때문에 전할 수 없다는 뜻인지를 분명히 하고자 한다.

윌리엄은 더 이상 대답하지 않는다. 이렇다 저렇다 확실하게 결론 내릴 만한 논리적 근거가 여기서도 마찬가지로 부재하므로 그는 대답하지 않는다. 인간의 한계를 인식하는 그로서 신의 존재를 밝히는 일 역시 그의 한계 밖에 속한 일이기에 대답할 수 없기도 하고, 신의 존재가 거의 절대적인 중세시대에 어느 형태로든 회의적이고 미온적인 회색지대를 인정하는 발언을 할 수 없는 두 번째 이유가 동시에 사실이기에 그는 대답하지 않는다. 무엇인가에 확실한 답을 내린다는 것은 다른 가능성을 잠정적으로 제한하기 때문이기도 하고, 확실한 답변을 원하기에 인간사회가 종종 빠지는 획일의 오류를 경계하고 있기도 하다.

결정을 보류하고 열려 있어야만 지식의 진정한 발전이 가능하다. 확실하지 않은 상태에서 내린 결론은 허황된 신념만을 낳을 뿐이다.

윌리엄이 신의 존재를 긍정하기를 머뭇거린다. "이런 난장판에는, 이런 난장판에는, 주님이 계시지 않아"(601)Non in commotione, non in commotione Dominus 라고 윌리엄이 말하며 아드소의 옛이야기는 끝을 맺는다. 윌리엄의 표면적인 부정에도 불구하고, 독자들에게 이 말은 정반대, 즉 신의 존재를 긍정하는 발언으로 절묘하게 암시된다. 에코 스스로가 밝힌 이 부분에 대한 주석에 의하면, 열왕기상의 "…그러나 야훼께서는 지진 한가운데도 계시지 않았다…"(19:11-12)를 참조하도록 돼있다. 성경의 이 부분은 엘리야가 갈멜산에서 기적을 행한 후 이세벨이 자신을 죽일 것을 두려워하여 동굴 안에 피신하고 있을 때 일어난 일이다. 신이 자신의 존재를 드러내고 엘리야에게 용기를 주기 위해 산을 가르고 바위를 부수는 바람에 지진과 불을 일으키지만 엘리야는 듣지 못한 채 신을 발견하지 못한다. 불길 가운데 분명히 존재하는 신을 보지 못하는 엘리야처럼, 윌리엄도 역시 "주님은 계시지 않아"라고 말한다. 그러나 엘리야가 보지 못해도 성경 안에서 신이 존재하듯이, 에코는 굳이 이 구절을 삽입함으로써 포스트모더니스트인 윌리엄이 발견하지 못하는 궁극적 실재의 엄연한 존재를 독자가 느끼도록 만들고 있다.

독자의 감정적 동의를 주도하는 작품의 주인공인 윌리엄이 신의 존재를 부인하는 현대적 합리주의자인 것은 매우 절묘한 선택이 아닐 수 없다. 독자는 그를 읽으면서 합리성에 근거하여 종교적 독선과 맹신을 경계할 수 있게 되고, 동시에 그 합리성의 한계에 도달하면서 윌리엄으로부터 벗어나게 된다. 윌리엄을 넘어서 그간 가려졌던 시야에 들어오는 공간은 바로 신비의 공간이다. 비록 그곳이 빛으로 가득한 대명천지가 아니더라도, 산 그림자로 드리워진 그 공간은 그 산 너머 빛의 존재를 짐작케 하는 공간인 것이다.

전통적인 신학도 인간이 신을 이해하기 위해 인간이 만들어 낸 하나의 질서order라고 본다면 신은 그러한 신학에 제한받거나 구속되지 않는다. "인간이 만들어 낸 질서를 덧없게 하는, 신의 무한 전능함에 대한 전율"을 독자가 느끼도록 한다고 에코 스스로 작품의 의도를 밝힐 때, 그가 의미한 신은 전통 신학 안에서 정의된 신과 정확하게 일치하지는 않는 것이 분명하다. 인간의 사고와 언어의 한계 저편에 베일로 가려져 보이지 않는 신비 그 자체이거나 그 신비까지도 포괄하는 어떤 존재를 에코는 의미한다.

죽음을 목전에 둔 노년의 아드소는 이제 말 대신에 침묵해야겠다고 말한다. 이것이다 저것이다를 구분하는 진리에 대한 열정조차 죽음 앞에서 무의미함을 깨닫는다. 죽음은 인간의 역사가 시작된 이래 해결되지 않는 신비다. 죽음은 모든 대립과 다름이 종식된 곳, 태초의 혼돈과도 같다. 죽음은 여기서 에코가 이제까지 말한 신비의 세계에 대한 메타포다. 좀 길지만 '신비'가 집약적으로 묘사된 곳이기에 인용하기로 한다.

> 나는 곧 나의 시작과 합쳐질 것이다. 이 거대한 황무지, 완벽하게 평평하고 끝이 없는 이 곳으로 나는 곧 들어가게 될 것이다. 진정으로 경건한 영혼이 더없이 행복한 그 곳으로 말이다. 무감각한 침묵과 말로 표현할 수 없는 결합 안에서 신의 그림자 안으로 침몰할 것이다. 침몰하면서 모든 같음과 다름이 종식되어질 것이며, 그 혼돈의 심연 속에서 내 영혼조차 잃어지게 될 것이고 무엇이 다르고 무엇이 같은지 알지도 못하게 될 것이다. 고요하고 인간이 살아 본적이 없는 神性안으로 떨어지게 된다. 그곳에선 애쓸 것도 없고, 형체도 없는 곳이다. (611)

에코가 말하는 '신비'는 암흑이 아닌, 규정지을 수 없는 신의 그림자"the divine shadow"인 것이다. 인간의 언어로 표현할 수 없어 "침묵하고," 인간의 능력이 미칠 수 없는 곳이기에 "인간이 살아본 적이 없는" "uninhabited" 세계이다. 이 곳은 포스트모던적으로 해체된 세계이면서도 궁극적인 실재 없이 내던져진 세계가 아니라, 베일에 가려 보이진 않아도 그 존재를 충분히 짐작케 하는 그림자에 드리워진 세계이다. 이 신비를 비언어적 기호인 소설 안에서 형상화하는데 에코는 성공하고 있다. 그리고 이 신비를 독자는 느낄 수 있게 되며, 작품을 읽고 난 후의 충격과 감동은 궁극적 존재에 대한 암시에서 오는 것이기에 작가의 의도대로 종교적이다. 기존의 신학적 교리를 주장해서가 아니라 신비의 세계를 암흑으로 보지 않고 신의 그림자로 보고 있다는 면에서 그러하다.

앞서 말했듯이, 기호학자로서 언어의 한계를 인식하며 그 한계로 인해 모든 대립과 갈등이 만들어지고 있음을 지적하는 에코의 철학적 전제는 포스트모던적이지만, 신비를 그저 암흑으로만 보는 일반적 의미의 포스트모더니즘과는 상당히 다르다. 에코는 분명히 "인간이 만들어 낸 질서를 덧없게 하는, 신의 무한한 전능함에 대한 전율"을 독자가 느끼도록 하는 종교적 의도를 갖고 있으며, 전율의 대상인 '신비'를 작품 속에서 잘 극화dramatize함으로써 실제로 종교적 체험을 가능하게 하고 있다.

## 인용문헌


Bennett, Helen T. "Sign and De-Sign: Medieval and Modern Semiotics in Umberto Eco's *The Name of the Rose*," *Naming the Rose: Essays on Eco's* The Name of the Rose. Ed. M. Thomas Inge. Jackson: University Press of Mississippi, 1988.

Berry, Philippa and Andrew Wernick. Ed. *Shadow of Spirit: Postmodernism and Religion*. London: Routledge, 1992.

Catania, Thomas M. "What is the Mystery of *The Name of the Rose*," *New Catholic World*. 228.1366(1985): 157-161.

Consoli, Joseph P. "Navigating the Labyrinth: A Bibliographic Essay of Selected Criticism of the Works of Umberto Eco," *Style*. 27.4: 478-514.

Eco, Umberto. *The Name of the Rose*. Warner Books Edition, 1984.

______. *Postscript to* The Name of the Rose. Orlando, Florida: Harcourt Brace Jovanovich, 1984.

Flieger, Verlyn. "The Name, the Thing, the Mystery," *The Georgia Review*. 38.1(1984): 178-181.

Hutcheon, Linda. "Eco's Echoes: Ironizing the (post)modern," *Diacritics*, 22.1(1992): 2-16.

Liddelow, Eden. "Eco, Thinking and Faith," *Meanjin*. 50.1(1991):120-28.

Parker, Mary. "*The Name of the Rose* as a Postmodern Novel," *Naming the Rose: Essays on Eco's* The Name of the Rose. Ed. M. Thomas Inge. Jackson: University Press of Mississippi, 1988.

Railsback, Celeste Condit. "Beyond Rhotorical Relativism: A Structural-Material Model of Truth and Objective Reality," *Quarterly Journal of Speech*. 69 (1983): 351-363.

Schiavoni, Franco. "Faith, Reason and Desire: Umberto Eco's *The Name of the Rose*," *Meanjin*. 43.4(1984): 473-481.

# 2장

# 윌리엄 포크너의 『8월의 빛』
# 현대 문학과 종교성[1)]

윌리엄 포크너William Faulkner의 종교성에 대한 논의는 다소 낯설지도 모른다. 국내의 포크너 연구를 살펴보면 대체로 인종과 여성주의, 생태 관점의 연구가 차지하는 비중이 높다. 미국에서도 마찬가지로 근래 들어 부쩍 정치 문화적 연구가 수적으로 우세한 편임은 부인할 수 없으나,[2)] 한 편에서 포크너의 종교성에 관한 논의도 90년대 초반까지 꾸준히 이루어져 왔다. 그중 1973년에 출판된 존 웨슬리 헌트John Wesley Hunt의 『윌리엄 포크너: 신학적 긴장 속의 예술』*William Faulkner: Art in Theological Tension*은 포크너의 신학적 입장을 규명하였고, 그 후 1981년 J 로버트

1) 본 논문은 「윌리엄 포크너의 종교성과 『8월의 빛』」 이란 제목으로 『영어영문학』(한국영어영문학회)(48.2(2002): 479-495)에 최초 발표되었다.

2) 포크너의 『8월의 빛』에 대한 최근 비평 경향은 마이클 밀게이트(Michael Millgate)가 편집한 『「8월의 빛」에 대한 새로운 에세이들』(*New Essays on* Light in August)이란 책과 헤롤드 블룸(Harold Bloom)이 편집한 『20세기 문학 「8월의 빛」』(*20C American Literature*: Light in August)을 보면 알 수 있다. 그러나 언급된 두 권의 책은 주제별로 고르게 안배하려는 의도가 보이므로 수적으로 우세한 경향이 무엇인지 아는 것은 어려울 수도 있다.

바쓰 J. Robert Barth가 『종교적 관점에서 본 포크너 소설』*Religious Perspectives in Faulkner's Fiction*라는 제목으로, 포크너 초기 비평인 클린스 브룩스Cleanth Brooks의 논문을 비롯하여 다른 여러 논문들을 편집 출판한 바 있다. 1989년에는 해마다 미시시피, 옥스퍼드에서 열리는 포크너 컨퍼런스에서 "포크너와 종교"라는 주제를 다루기도 했다. 그만큼 종교와 관련된 포크너에 대한 논의가 중요하게 인식되었다는 뜻이다.

종교와 관련하여 포크너 비평가들 사이에 대체로 합의되는 사항은 포크너가 특정한 제도종교에 뜻을 두고 그것을 대변하는 것은 아니라는 사실이다. 종교에 관련된 기존의 논문들은 대체로 포크너가 작품에서 행하는 신랄한 기독교 비판에 주목하거나, 그의 신학적 입장을 밝히는 전기적인 연구, 당시 남부 사회의 기독교가 포크너의 작품에서 어떻게 반영되는가, 혹은 포크너의 기독교적 상징을 추적하는 연구들이다. 기존의 종교 관련 포크너 연구와 달리, 필자가 본 논문에서 주장하는 것은 흔히 무신론적 세계관을 표방하는 실험적 모더니스트로 알려진 포크너와 특히 편협하고 배타적인 남부 기독교에 대한 비판으로 가득한 그의 주요작품 중의 하나인 『8월의 빛』*Light in August*이 실상 깊고 넓은 의미에서 '종교적'임을 증명하려는 것이다.

## 현대문학과 포크너 문학에서 종교성 논의의 가능성

인간의 이성과 합리성에 대한 낙관적 신념의 쇠퇴와 기존의 믿음 체계에 대한 위기의식과 도전을 특성으로 하는 현대 문학에서 종교성에 대한 논의가 어떻게 가능한가? 더불어, 현대문학의 현대성을 반영하는 작가로 알려진 윌리엄 포크너의 작품 속에서 종교성을 논의하는 것은 과연 가능한 일인가? 삶 자체의 무게에 눌려 움츠린 사람들, 앞뒤를 잴 수 없는 어두운 공간에서 헤매는 사람들로 뒤엉킨 어두운 그림인 포크너의 소설 속에서 어떻게 종교성을 말할 수 있을까?

포크너 소설의 종교성에 대한 논의 가능성은 한 신학교 원장의 다음과 같은 권유에서부터 우회해 타진해 볼 수 있을 것이다. 유럽의 한 신학교 대학원 과정을 마친 학생 하나가 원장에게 물었다. “이제 다음 단계엔 무엇을 해야 합니까?” 그 질문에 원장은 “이제 현대문학을 읽도록 하시오”라고 대답했다. 기독교적 세계관 속에서 글을 썼던 전 시대의 문학이 아닌, 왜 하필 “현대” 문학이었을까? 우주와 인간의 삶을 조리 있게 설명해줄 신을 떠나보내고 자못 무신론적인 현대문학이 신학생에게 어떤 도움을 줄 수 있었을까?

현대문학은 우주와 인간의 의미에 대해 궁극적인 질문을 던진다. 그러나 종교와는 달리 현대문학은 질문에 대해서 명쾌하게 답하지 않는다. 인간 존재의 시원은 신이고, 삶의 기쁨과 고통 모두 신의 뜻이며, 인간의 구원은 위에서 온다고 종교처럼 말하지 않는다. 왜냐하면 현대문학에는 모든 질문에 대해 명쾌한 해답을 내려줄 초월자를 규명할 수 없기 때문이다. 따라서 현대문학은 절망과 허무주의로 치닫거나 혹은 산등성이까지 돌을 굴려 되돌리는 노력 자체에서 의미를 찾으려 한다.

손쉬운 대답에 안주하는 대신 현대문학은 끊임없이 질문하고 탐색한다. 그들은 지도에 명확하게 표시된 성지, 확실한 도착지를 향하여 순례하는 것이 아니라, 길 없는 오지를 오락가락 탐험한다. 비록 탐험이 순례보다 버거워도 분명 순례와 다른 장점과 보상이 있는 까닭이다. 지도에 표시된 길을 따라 오로지 성지만을 바라보며 길을 걷는 순례자보다, 탐험하는 자들은 서 있는 주변의 정황을 더욱 정확하게 파악할 수 있는 장점을 갖는다. 다시 말해서 확실한 목적지를 향해 주변을 살필 여유 없이 외길을 걷는 순례자보다, 시행착오를 겪으며 이정표 없는 길에서 우왕좌왕하는 탐험자가 주변의 지형을 더욱 잘 파악하기 마련이다. 원장이 현대문학 읽기를 권한 이유는 바로 이것이다. 위로부터 계시를 아래로 전달하는 종교보다는, 인간 삶에 허다한 고통과 절망, 열망을 제대로 느끼고 이해하는 현대문학이 훨씬 설득력을 가진 까닭이다. 문학과 종교 담론의 권위자인 내이든 A. 스코트Nathan A. Scott는 『현대문학과 종교적 프론티어』 *Modern Literature and the Religious Frontier* 란 책에서 "전통적으로 종교가 다루었던 영역인 인간 존재의 신비와 비극적 의미는 이제 현대적 상상력에 의하여 진지하게 성찰되고 있다"(46)고 말했다. 또한 아모스 와일더Amos Wilder 역시 『신학과 현대문학』*Theology and Modern Literature*란 저서에서 "인간의 보다 심오한 도덕적, 정신적인 쟁점이 오늘날 신학자들에 의해서보다 작가들에 의해 더욱 힘있게 토의되고 있다"(25)고 말한다.

현대문학과 포크너의 종교성이 논의 가능한 것은 이런 맥락에서다. 특정 종교의 교리를 담고 있어서가 아니라, 고통받는 인간의 운명, 운명을 결정하는 궁극적 실재에 대한 관심, 그리고 '구원'에 대한 열망이라는 맥락에서 종교성이 논의될 수 있다. 비록 초월자의 계시나 특정 제도 종교의 교리를 형상화하는 것이 아닐지라도, 우주와 인간의 삶에 던지는 모든 질문에 명쾌한 해답을 제시하지는 않아도, 질문을 던지고 해답을 추구하려는 모든 탐색과 시도에서 종교성을 발견할 수 있다. 문학은 본래 명쾌한 해답을 제시하기보다는 그저 질문을 던지거나, 해답이 불가능한 딜레마를 제시하거나, 다양한 가능성으로 결말을 열어놓는 것이 자체 특성이 되고 있음은 주지의 사실이다. 따라서 문학은 초월적 존재를 열망하되, 그 존재를 실체적으로 재현하여 유한한 존재로 축소 고정시키지 않는다. 또한 구원의 가능성을 탐색하되, 가능성을 하나로 결론짓지도 않는다. 탐색을 거쳐 도착한 지점을 명명하는 것은 이미 특정한 도그마를 담게 되고, 특정한 도그마는 문학적 상상력을 제한할 뿐 아니라, 다양한 층의 독자를 감동시키는데 실패한다. 독자와의 관계에 있어서 문학이 굳이 목표하는 바가 있다면, 그것은 존재의 확대이지, 특정한 도그마의 주입이 아니기 때문이다.[3)]

한편, 문학의 종교성은, 종교학자 정진홍 교수의 지적대로, 내러티브 자체가 지닌 종교적인 성격에서도 찾아 볼 수 있다. 즉 "없음"을 "있음화"하는 허구로서의 내러티브, 그 자체가 이미 죽어 없어지고 말 인간의 생명을 영속화하려는 가장 원초적이면서 동시에 종교적인 욕구를 담고 있는 것이다.[4)] 그러나 내러티브 자체가 갖는 "구원론적 함의"는 이론적인 논의를 요구하므로 본 논문에서 다루지 않고 『8월의 빛』이란 특정 소설에 나타난 종교성만을 다루기로 한다.

---

3) 물론, 개인의 신념과 문학이 분리될 수는 없을 것이다. 그렇다해도 문학은 자신이 믿는 특정한 믿음을 강요하지 않는다. 영원한 존재가 시간과 역사 속으로 잠시 들어와 구체성을 띠게 되는 것처럼, 궁극적 실재에 대한 인간의 열망은 구체적인 제도로서의 종교 형태를 갖게 되는 것이지만, 그 자체가 이미 지극히 개인적인 선택일 뿐이다. 특정한 문화 안에서 혹은 시공 안에서 살게 된 까닭에 지극히 우연하게 선택하게 된 것이다. 따라서, 우연하고 사적인 선택을 문학이라는 공적 영역에서 강요하지는 않는다.

4) 정진홍교수는 「문학적 상상의 구원론적 함의-멀치아 엘리아데의 『만툴리사 거리』를 중심으로」(『문학과 종교』 제 4호, 1999)에서 문학 자체가 일종의 제의적인 성격을 지니면서 이야기의 짓기, 말하기, 듣기는 구원에의 몸짓과 다르지 않다고 말한다.

## 『8월의 빛』과 종교성

『8월의 빛』은 포크너의 다른 어떤 작품보다 더욱 종교적 색채가 짙은 작품으로 알려져 있다. 작품에 나오는 주요 인물들—맥이천 McEachern, 하인즈 Hines, 하이타워 Hightower—이 기독교인이고, 작품의 모든 인물들이 성경에 나오는 인물의 원형을 닮고 있으며, 내러티브의 틀 자체가 성경적이기 때문이다.[5] 그러나, 본 고에서 다루는 종교성은 표면적인 소재나 틀에 관한 문제는 아니다. 익히 알려진 대로, 포크너는 성경지대 The Bible Belt라고 불리는 남부, 기독교 종교의식이 생활화, 집단 무의식화 되어 있는 문화권 출신이다.[6] 포크너 역시 감리교도인 친부 밑에서 교회에 출석하고 성경을 암송하며 성장했다. 청년기엔 교회와 멀어졌지만 결혼 후 다시 미국 성공회 교회에 정기적으로 출석했는데, 이는 자연스럽게 그가 속한 지역의 문화에 동화되어 살았음을 의미한다. 그러나 그의 작품들 속에 기독교인들이 등장하고 기독교적 상징을 사용하는 것은 작품의 배경일 뿐 그로

---

5) 『8월의 빛』에 대한 종교적 연구들은 상당수 기독교적 상징에 초점을 맞추고 있다. C. 휴 홀만(C. Hugh Holman)은 주인공 죠 크리스마스를 그리스도적 인물로 해석하며 다른 인물들도 그리스도의 성격을 조금씩 나누어 갖고 있다고 설명한다. 버지니아 흘라브사(Virginia Hlavsa)도 바이런을 요셉으로, 레나를 마리아로, 브라운을 유다로, 하이타워를 빌라도, 혹은 니코데모스로 해석하면서 성경과 평행되는 사실들에 주목하고 있다.

6) 「미국 남부의 종교생활」(『미국학논집』제 30집 1호)에서 김병서는 미국남부 근본주의의 특성과 "연방주의"라 불리는 지역적, 문화적 특색에 관하여 잘 요약하고 있다. 그는 남부 근본주의의 특성을 성경무오설, 악의 유혹을 저지하기 위한 신앙생활, 교회 부흥적 추세, 사회정의구현보다는 개인구원에 대한 관심으로 요약한다.

인하여 그의 작품들이 종교적이라고 말하기는 어렵다. 포크너는 오히려 자신이 속한 문화를 비판적으로 바라보았는데, 이는 남부 문학의 르네상스(1920-1950)가 남부의 역사에 대해 아이러니컬한 시각이 있을 때 비로소 가능했던 것과 같다.

따라서 포크너의 『8월의 빛』에 나타난 종교성은 작품의 소재나 기독교적 상징을 넘어서는 다른 차원에서 논의되어야 할 것이다. 앞서 언급되었듯이 종교성이란 대략 두 단계로 구분하여 논의가능하다. 첫째, 종교성이란 인간과 인간의 삶을 바라보는, 결코 소박하게 낭만적일 수 없는 특이한 시각을 의미한다. 즉 인간의 삶은 고통으로 가득하고, 인간에게 선이 있다면 악을 극복하려는 자유의지만이 선하다고 보는 시각이다. 두 번째로 이러한 시각은 자연스럽게 악과 고통으로부터 해방 혹은 구원을 모색하게 한다. 구원을 탐색하는 과정에서 인간은 고통과 악의 근원을 캐묻게 되고, 스스로 고통과 악의 문제를 해결할 수 없는 유한성을 절감한 후 무한한 실재를 열망하게 된다. 이 무한한 실재와 만나는 방법이 무엇이든, 그 만남은 더 이상의 고통과 악, 갈등이 없는 영원으로의 회귀라는 의미를 지닌다.

특별히 포크너는 고통의 근원을 시간으로 보았고, 고통이 없는 영원은 시간이 소멸된 곳으로 묘사된다. 삶 속에서 영원, 혹은 무한한 실재를 체험하는 것이야말로 넓은 의미의 종교체험이라 할 수 있다. 또한 모든 종교적 제의는 영원, 혹은 무한한 실재를 체험하기 위하여 일상적 공간을 비일상적 공간으로, 일상적 시간을 비일상적 시간으로 구분하는 행위가 된다. 그 종교적 제의 안에서 인간은 자신을 재발견하고 그 존재가 확대되는 변화를 겪게 된다.[7] 문학은 일종의 종교적 제의처럼 등장인물들의 변화를 통하여 독자의 의식도 함께 확대시키는 역할을 수행한다. 그렇다고 포크너가 이 작품에서 무한한 실재는 바로 기독교의 하나님이라고, 혹은 불교의 붓다라고 해답을 제시하는 것은 아니다. 도린 파울러Doreen Fowler의 지적처럼 포크너는 "무한한 존재를 정의하는 것이 아니라, 알 수 없는 무한한 실재, 혹은 영원에 대한 한없는 열망만을 드러낼 뿐이다"(ix).

그러한 포크너의 열망은 현실에 대한 비극적 인식에서 비롯된다. 많은 포크너 비평가들이 지적하듯이, 포크너는 인간 존재를 비극적인 것으로 보았다. 포크너는 평론가인 말콤 코울리Malcolm Cowley에게 다음과 같이 말한 적이 있다. "인생이란 목적 없이 달리는 광적인 장애물 경기와도 같아요. 인간은 어느 시간 속에 있든지 간에 늘 부패하기 마련이지요"(Kazin 4, 재인용). 즉 인생은 본질적으로 허무하며 인간은 본질적으로 악하다고 본다. 이러한 포크너 특유의 인간관을 J 로버트 바쓰J. Robert Barth는 칼비니즘적 전통 안에 있음을 지적한 바 있다(11). 인간의 선천적인 죄악성과 예정설을 골자로 하는 칼비니즘의 영향이 포크

7) 엘리아데는 『성과 속』에서, 종교학자 정진홍교수도 그의 저서 『종교문화의 이해』에서 종교를 그와 같이 정의한다. 자세한 인용은 작품을 분석하면서 뒤에 하기로 한다.

너 자신의 칼비니즘에 대한 신랄한 비판에도 불구하고 실제로 작품의 곳곳에 드러나 있다. 작품에서 반복되는 운명, 불운, 저주와 같은 단어들이 이를 증명하고 있다고 말한다.

그러나 인간의 악이 운명적이라면 고통이 있을 까닭이 없다. 조 크리스마스 Joe Christmas를 무참히 살해하는 퍼시 그림 Percy Grimm과 같은 인물에게 고통은 없다. 한 치의 의심도 없이 자신의 종교적, 인종적 신념을 실행하는 맥이천이나 하인즈에게도 고통은 없다. 자신의 이득과 안위만을 생각하는 브라운 Brown 같은 인물에게도 고통은 없다. 정 반대이지만, 천사처럼 착하고 한없이 낙관적이기만 한 레나그로브 Lena Grove같은 인물에게도 흡사하게 고통은 있을 수 없다. 그들 모두에겐 '더 나은 실재'에 대한 열망이 없기 때문에 갈등이란 있을 수 없고 따라서 고통도 있을 수 없다. 고통받을 수 있는 인물은 끊임없이 자신의 현재를 인식하며 더 나은 실재를 향하는 자들이다. 앞에 언급된 인물들의 현실성이 떨어지는 이유는 바로 그들이 보통 인간의 모습이 아니기 때문이다. 인간은 악하지만 그것을 극복하려는 자유의지를 지닌 존재이기 때문에 인간은 고통받는 것이고 그 고통은 인간 조건이다.

고통받을 수 있는 인물 즉 현실성 있는 인물로서 본 작품에서는 세 사람, 크리스마스 Christmas, 하이타워 Hightower, 번취 Bunch를 들 수 있다. 이 세 사람이 겪는 고통의 원인을 살펴보면 그들이 열망하는 지점을 알 수 있다. 왜냐하면 그들이 처한 보편적인 인간 조건인 고통은 더 나은 실재를 향하는 열망으로 인하여 생기기 때문이다. 고통 속에서 자신을 발견하고 존재론적 변화를 일으키는 주제는 많은 문학작품의 전유물이다시피 하지만, 굳이 세 인물의 고통과 열망이 종교적일 수 있는 이유는, 그들의 고통이 시간 속에 머무는 존재이기에 발생하고, 고통을 소멸하기 위하여 열망하는 것이 시간이 소멸된 영원에의 회귀이기 때문이다. 즉 그들이 고통을 겪고 변화하는 모든 과정이 종교적 제의를 닮아 있기 때문이다.

### 1. 조 크리스마스

조 크리스마스가 겪는 고통은 그가 시간 속 존재이기 때문에 발생한다. 자신이 흑인인지 백인인지 알 수 없는 정체성의 위기로 인하여 그는 평생 고통받는데, 흑인이기 때문에 받는 고통은 남부 특유의 역사적 산물이고, 시간이 흐르면서 축적되는 역사가 바로 크리스마스가 겪는 고통의 조건인 인종차별을 만들어 낸 것이기 때문이다. 그가 태어나자 마자 흑인의 피가 섞였다는 추측만으로 자신의 조부에 의하여 버려져 고아원에서 키워지며 흑인이라고 놀림 받으며 유아 시절을 보낸다. 그 후, 맥이천에게 입양되지만 자신이 흑인일지도 모른다는 의심 때문에 누구와도 정상적인 관계를 맺지 못한다. 마침내 집을 떠나 길

위에 있을 때에도 흑인이기 때문에 어느 곳에서도 어느 사람에게도 뿌리를 내리지 못하고 부초처럼 떠돈다. 제퍼슨에 도착하여 3년간 한 곳에 머무르는 듯하나 조애나 버든Joana Burden이 그에게 철저하게 흑인이 되기를 강요하자 그녀를 살해하고 7일 동안 길 밖에서 헤매다 결국 자발적으로 체포되었다가 다시 도망친다. 그리고 도망 중에 퍼시 그림에게 잔인하게 살해 거세된다. 크리스마스가 겪는 고통은 자신이 흑인인지 백인인지 알 수 없는 정체성의 위기에서 비롯되고, 흑인일 수도 있다는 추측이 낳는 위기 자체는 바로 시간이 만들어낸 남부라는 공간의 특수 역사가 만들어낸 편견 탓이다.

시간의 축적인 역사가 만들어내는 고통은 정체성의 위기에서 그치지 않는다. 정체성의 위기가 공동체적 과거의 산물이라면, 크리스마스의 여성에 대한 혐오감은 그의 개인적인 과거의 산물이며 그의 삶을 고통스럽게 하는 또 하나의 원인이다. 그가 다섯 살 때 고아원에서 우연히 목격한 영양사의 불륜은 치약 냄새와 연결되면서 이후 모든 여성과 여성적인 것, 즉 부드럽고 친절한 것, 유약함을 거부하게 된다. 여성적인 것에 대한 거부는 결과적으로 그의 삶을 거친 폭력으로 점철시킨다. 양모인 맥이천 부인의 따뜻한 사랑과 관심을 거부하고 폭력을 선택하는 것도 그녀의 유약한 감성에 대한 거부를 의미한다. 17세 때 친구들과 흑인 소녀를 윤간할 때 불현듯 있지도 않은 치약 냄

새를 기억의 저편으로부터 되살리면서 거의 구토에 가까운 여성에 대한 거부감을 느끼는데, 결국 그의 거부감은 흑인 소녀를 구타하는 폭력으로 치닫는다. 많은 여성들중, 하필 매춘부를 첫 애인으로 삼는 것도 궁극적으로는 여성에 대한 혐오감 탓이다. 여성이면서도 남성처럼 보이는 버든을 처음 범한 후, "마침내 그녀[버든]를 여성으로 만들어 놓았어. 그러니 이제 나를 미워하겠지. 최소한 그것을 가르친 셈이지"(223)[8]라고 의기양양하게 말한다. 강간함으로서 여성으로 만들고, 여성이 되었기 때문에 적대관계가 성립되었다는 논리, 유린함으로써 유약하게 만들어 맘껏 혐오하겠다는 그 의도는 성장 과정에서 삐뚤어진 여성관의 소산이다. 크리스마스가 흑인대학에 가고 흑인들을 위해 일함으로써 흑인이 되기를 요구하는 버든을 살해하는 것도, 앞서 말한 대로 흑인으로 자신의 정체성을 결정하기를 거부하는 탓인 동시에, 여성에게 자신의 의지를 반납하고 좌지우지되면서 유약화, 즉 여성화되는 것에 대한 공포와 불안을 의미한다. 인종차별이라는 남부 역사의 죄악이 크리스마스의 삶을 뒤틀리게 하는 것처럼, 개인의 역사에서 일어난 한 과거의 한 사건이, 또한 여성이라는 타자와의 정상적인 만남을 불가능하게 만든다.

남부라는 역사적 산물인 인종차별에 의한 고통이든, 개인적 역사에서 발생한 한 사건에서 비롯된 고통이든, 크리스마스가

8) 『8월의 빛』(Vintage, 1972)의 인용은 이제부터 쪽수만을 기입한다.

겪는 고통은 모두 시간과 연결되어 있다. 시간이 1차원 공간의 선으로 인식될 때, 과거는 현재로, 현재는 미래로 연결되면서 시간의 축적과 연결이 만들어내는 역사의 공간에서 불행은 끊이지 않는다. 『음향과 분노』*The Sound and the Fury*의 퀜튼 콤슨Quentin Compson이 자살을 선택하는 것은 시간과의 싸움을 이길 수 없다는 절망에서 비롯된다. 그래서 차라리 시간을 소멸시키고자 시계를 부수지만 시계 속 톱니바퀴의 움직임은 멈추지 않는다(73). 그러나 시간의 소멸은 1차원 선을 끊고 단절시킴으로써 가능한 것이 아니라, 삶의 시작과 끄트머리를 하나로 묶어버린 원으로 인식할 때 가능하다. 그 원은 시작도 끝도 없는 영원한 지속을 의미하며 1차원 선상의 인과율이 만들어내던 고통이 사라지게 되는 지점이다. 그러나 시간을 원으로 인식할 수 있는 것은 역설적으로 시간 밖에서만 가능하다. 즉 시간이 멈춘 영원의 순간에만 시간을 제대로 인식할 수 있다는 뜻이다. 시간을 "동그란 줄"(115), 즉 원으로 인식한 『내가 죽어 누워 있을 때』*As I Lay Dying*의 다알 번드런Darl Bundren이 마침내 정신병원에 수감되는 것도, 그가 이미 일상적 시간의 바깥에 서있음을 의미한다.

크리스마스가 자신을 발견하고 평화를 얻는 지점도 일상적 공간이었던 길에서 벗어난 숲속이다. 전통적으로 길은 인생과 시간의 객관적 상관물이 되는데, 길에서 벗어났음은 그가 일상적인 시간과 공간을 떠났음을 의미한다. 마치 헤엄치던 강을 떠나야 강줄기가 보이고, 산을 떠나야 산의 지형이 눈에 들어오듯, 잠시나마 일상적 삶을 떠나야 삶 전체를 조망할 수 있는 안목을 확보하는 것과 같은 이치다. 버든을 살해하고 쫓기면서 길을 벗어나 숲속에서 머무는 7일 동안, 크리스마스는 스스로 자신이 평생 걸어온 거리 보다 훨씬 더 먼 거리를 왔다고 말한다(320). 실상 숲속에서 제자리걸음으로 빙빙 돌던 거리는 그가 평생 도망친 물리적인 거리보다 결코 멀 수는 없는데도 말이다. 역설은 그뿐이 아니다. 숲속을 헤매면서 자신이 어느 지점에 있는지도 전혀 모름에도 불구하고 그는 어느 때보다도 확실하게 "자신이 어디에 있는지 아는 자"(320)라고 말하며, 현재가 구체적으로 언제인지 시간 선상의 어느 지점에 손가락을 짚진 못해도, 시간은 원이기에 어느 지점이든 상관없음을 깨닫게 된다. 흔히, 크리스마스의 자각을 설명하는 "그는 아직도 원 안에 들어있다"(320)를 숙명론적인 자각으로 오인하는 경우가 허다하다. 그러나 여기서의 "원"이란 숙명을 의미하는 것이 아니라, 시작도 끝도 없는 영원을 의미하며 기억된 과거가 크리스마스를 불행하게 하는 선형적 시간관을 뒤바꾸는 인식의 전환을 의미한다. 시간을 제대로 인식하는데 성공했을지라도, 선이 만들어 낸 원의 공간 "안"에 머무르는 한, 시간의 소멸은 불가능하다. 육신의 옷을 입고 있는 한 원이 만든 공간 바깥으로 뛰쳐

나가는 것은 불가능하기 때문이다. 그가 다시 길로 나가는 것처럼 다시 시간 속으로 나갈 수밖에 없다. 잠시 시간에서 빠져나와 시간의 모양이 원임을 발견했으나, 다시 시간 속으로 들어갈 수밖에 없다.

따라서 크리스마스가 절망하고 체념했다고 보는 많은 비평가들의 견해는 옳지 않다. 그는 분명 긍정적으로 변화했다. "수영할 줄 모르면서 실제 물에 대한 느낌을 멋대로 상상하고 기억하고 이제, 실제처럼 알고 믿는 선원"(320)과 자신이 똑같다고 고백하는 장면은, 크리스마스가 이제 더 이상 스스로를 기만하지 않고 있음을 의미한다. 즉 그는 과거에 자신의 흑인성을 거부했으나, 그의 거부는 실상 흑인이 무엇인지 그 실체를 모르는 상태에서 막연히, 역사가 만들어 낸 흑인에 대한 편견을 그대로 답습한 것에 불과했음을 깨닫는 것이다. 허구를 상상하고, 이를 기억한 다음 시간이 지나면서 기억 속에서 허구는 확고한 사실과 신념으로 둔갑해 버리듯이 말이다. 그가 흑인의 신발을 아무런 거부감 없이 신는 장면은 상징적으로 그가 자신의 실체를 있는 그대로 받아들이고 있음을 의미한다. 그 장면은 숙명을 어쩔 수 없이 받아들이는 수동적인 자세가 아니라 적극적으로 숙명을 수용하는 태도라고 볼 수 있다. 그는 마침내 자신을 있는 그대로 발견하게 되고, 새롭게 발견된 자아와 화해할 수 있게 된다.

시간이 소멸하는 영원 안에서의 평화는 종교적인 체험이다. 일상적인 공간이 갑작스럽게 깨달음이 일어나는 성스러운 공간으로 변화하는 것도 종교적인 제의의 일부이다. 『하늘과 순수와 상상』에서 정진홍 교수는 종교라는 것을 "제의를 사는 삶"이라 정의하고 제의의 특징을 다음과 같이 정의한다.

> [종교적] 제의의 가장 특징적인 것은 그것이 지닌 비일상성이다. 일상으로부터의 단절이 극화되고, 그렇게 단절된 시간과 공간 속에 참여하는 그 참여행위 자체와 그 참여 속에서 이루어지는 비상식적인 행위를 통하여 인간은 문제[고통] 있음의 정황을 전도시켜 문제 [고통] 없음이게 하는 것이다. 그러한 과정을 통하여 인간은 자신의 존재 양태가 변화하는 것을 경험한다. 이러한 경험을 우리는 '제의를 사는 삶'이라고 말한다. (365)

크리스마스는 일상적인 길을 떠난 비일상적인 숲이라는 단절된 공간에서 정체성의 위기로 인한 고통의 문제를 해결한다. 그의 깨달음의 과정은 정진홍 교수의 표현대로 "문제 있음의 정황"에서 "문제없음"의 정황으로 옮겨지는 종교적 제의의 성격을 지닌다. 또한 강에서 몸을 빼듯 시간으로부터 단절된 어느 순간 시간의 실체를 발견하며, 동시에 그 안에 들어있는 자신을 발견하는 것도 매우 종교적인 행위이다. 그래서 그의 "존재 양태"는 변화하게 되는 것이다. 시간의 원형 속에 갇혀있는 존재의 작음을 보고서야 비로소 그의 존재는 새롭게 변화하고 확대되듯이 말이다. 일상성과의 단절 속에서 분리된 것은 성스러운 존재로 변화하며 그것은 동시에 궁극적인 실재를 의미한다고 엘리아데는 말한다(50). 또한 인간은 성스러움에 직면할 때, "스스로 전혀 무가치함을 느끼고 자신이 하나의 피조물에 지나지 않음"(48)을 느끼게 된다고 말한다. 크리스마스가 성과 속의 경계를 가로지르는 거대한 심연을 넘어 시간 속에 갇힌 자아를 발견하는 것은 존재의 작음, 유한함을 인식한 것이고, 자연스럽게 무한을 열망하게 되는 것이다.

크리스마스가 스스로 체포되리라는 사실을 알면서도 당당하게 자신이 태어난 태초의 공간인 모츠타운으로 돌아가는 결정 역시 종교적인 행위라고 볼 수 있다. 엘리아데는 모든 종교는 우주가 창조되는 태초의 순간을 재현하고자 한다고 말한다.

> 우주 창조는 신적인 것의 최고의 현현이고, 힘과 충실, 창조성의 가장 강력한 표현이다. 종교적 인간은 실재를 갈망한다. 그는 가능한 모든 수단을 동원하여 세계가 생성의 선상에 있었던 때에, 원초적인 실재의 근원에 머무르려고 한다. (97)
>
> 기원의 시간으로의 복귀하는 희망은 신의 현존으로 회귀하고자 하는 희망인 동시에 그때에 존재했던 강하고 신선하고 순수한 세계를 회복하고자 하는 희망이다. 그것은 성스러운 것에 대한 갈망인 동시에 존재에 대한 향수이다. (107)

종교의 제의가 태초의 시간과 공간으로 되돌아가려는 상징적인 몸짓이라고 본다면, 자신이 태어난 모츠타운으로 돌아가는 크리스마스의 행동은 지치고 체념했기 때문이 아니라 성스러운 영원으로의 회귀를 의미하는 것이다. 흔히 말하듯, 크리스마스가 살기를 체념하고 죽기 위해 모츠타운으로 들어간 것이라면 이후, 그가 다시 도망치는 것에 대해서는 설명할 수가 없게 된다. 죄인수송 중 수갑을 찬 채로 도망하는 것은 분명 살기 위해서였다. 그러나 불운하게도 그는 탈출에 실패하며 잔인한 퍼시 그림의 총에 살해된다. 실패할 수밖에 없었던 그의 상황은 불운하지만, 자신의 불운을 평온하게 바라볼 수 있을 만큼 그의 존재는 이미 확대되어 있다. 후세 사람들이 그의 죽음을 오로지 "평온함과 승리"(440)로 기억하는 것은 바로 그런 까닭이다.

평생 여성에 대한 비뚤어진 인식으로 인하여 스스로 고통을 자초했던 크리스마스가 마지막 순간 퍼시 그림에 의해 거세되어 비남성화 되는 것도 사실상 매우 상징적이고 나아가서 종교적이다. 부드럽고 친절한 여성성을 유약함으로 보고, 유약함을 유린함으로서 스스로 강한 남성이 될 수 있다고 믿었던 그의 믿음이 강제로 제거되는 상징적인 순간이다. 크리스마스는 여성을 "하수구"(246), "바닥을 알 수 없는 늪"(246), "어두운 심연"(246)라는 명사로 은유하고, 형용사로는 '태초'와 '생산'이란 의미가 교묘하게 합성된 "프리모제니티브"primogenitive(107)라는 단어를 사용하여 묘사한다. 여성을 상징하는 이와 같은 이미지는 모두

물과 연관되어 있는데, 이때 물은 창조에 선행하는 카오스의 물인 동시에 죽음, 즉 무정형 상태로의 환원을 상징한다. 여성주의 문학이나 실제 여성작가 중에서 좌절의 끄트머리에 많은 여성들이 익사를 죽음의 방법으로 선택하는[9] 것도 창조 이전의 미분화상태로의 환원을 의미한다. 크리스마스가 두려워하는 것은 여성 그 자체가 아니라, 여성이 상징하는 가장 근원적인 존재에 대한 두려움이다. 깊이를 알 수 없는 심연으로서의 여성이 자신을 함몰시켜버릴 것만 같아서 두려워하는 것이다. 실제로 버든을 죽이기 전 거리를 배회하면서 그는 거리의 사람들의 목소리와 몸, 그리고 빛이 모두 함께 어둠 속으로 함몰되어 액화되는 환상을 보기도 한다(107). 그리고 이어서 그 어둠은 "캄캄하고 뜨겁고, 축축한, 태초의 여성"(107)으로 의인화된다. 그런데 숲속 체험이후, 그에겐 여성에 대한 두려움이 없다. 이제 거세되어 비남성화 됨으로써 창조 이전의 미분화 상태, 가장 태초의 순간을 상징적으로 수용하면서 태초의 순수를 회복하는 순간으로 볼 수 있다. 그렇다면 그의 거세는 할례처럼 오히려 종교적인 정화의식과도 흡사하다.

흔히 사회적 편견의 희생자로 해석되는 크리스마스는 시간 속에서 살아가는 보편적 인간이 겪는 고통, 즉 공동체의 과거와

9) 언뜻, 떠오르는 예로 케이트 쇼팽(Kate Chopin)의 에드나(Edna), 버지니아 울프도 스스로 강에 몸을 던져 목숨을 끊었다.

개인의 과거가 만들어내는 신화로 인하여 고통받지만, 실상 그는 그 고통을 통해서 자신의 정체성을 수용하고, 늘 자신을 함몰시키려는 위협적 존재로 인식되었던 여성을 수용하게 되는 것이다. 그리고 각각의 수용과정은 종교적 제의와 동일하게 그려지고 있다.

2. 하이타워

시간 속 존재이기 때문에 고통받는 사람은 크리스마스 이외에도 하이타워가 있다. 그 역시 과거가 만들어내는 환상 속에서 살다가 아내마저 잃고 평생 고립되어 살아가는 목사다. 번취의 요청으로 레나의 아이를 낳는 과정을 도우면서, 그는 문득 생명의 탄생에 동참하게 되고 그로써 다시금 사람들과 관계를 맺기 시작한다. 그런 과정에서 그는 자신이 진리를 전하는 진정한 목사가 아니라, 과거의 환영에 사로잡힌 거짓 목사였음을 부끄러워하고, 과거 아버지와 어머니, 여자 흑인 노예라는 유령들 속에서 자신이 성장했음을 깨닫게 된다. 그는 목사가 되기 20년 전 제퍼슨에서 전쟁영웅이라 착각했던 조부가 죽는 순간 자신도 죽었다고 믿는다. 그리고 조부와 자신이 함께 죽은 과거 20년 전의 시간과 공간속에서 다시 살기 위하여 그는 신학교를 졸업한 뒤 제퍼슨으로 간다. 제퍼슨에서 그는 20년간의 시간을 소멸시키면서 과거로 돌아가 설교자 대신 전쟁 숭배자로 변신해 버린다. 남부의 역사와 개인적 과거가 만들어 낸 편견으로 인하여 고통받는 크리스마스와 비슷하게, 하이타워도 자신이 스스로 만들어낸 과거의 환영을 진실이라 믿고 스스로 고립과 고통을 자초하면서, 목사직에서 쫓겨나 평생 마을의 한구석에서 사람들과의 발길을 끊고 살아간다. 그리고 그는 고립이라는 고통을 통하여 자신은 "과거의 잘못에 대한 적절한 대가를 지불했다"(464)고 믿는다.

그러나 대가를 지불했다는 나름대로의 판단은 아직 충분하지 않다. 왜냐하면 그는 자신의 광적인 과거 집착으로 인한 무관심 때문에 자살한 아내에 대해서는 거의 마지막 순간에 이르기까지 하등의 책임감도 느끼지 못하기 때문이다. 그의 진정한 각성은 바로 아내의 절망과 죽음이 결국 자신 때문임을 깨닫는 일이다. 시간을 거슬러 회상하면서 갑자기 그는 시간이 멈춘 듯한 순간에 이르게 되고 거기에서 진정한 각성이 이루어진다. 그 순간, 자신의 존재가 긴 시간의 흐름 속에서 "어둠으로 가득한 단 한 순간"(465)에 불과하다는 인식에 도달한다. 자신의 존재가 영원 속에 작은 찰나에 불과하다는 인식에 이어서 여러 사람의 얼굴이 하나로 중첩되어 떠오르는데, 특히 크리스마스의 얼굴과 퍼시 그림의 얼굴이 중첩되는 것은 의미심장하다.

크리스마스에게 시간의 경과가 길로 상징되는 반면에, 하이타워에게는 "바퀴"(465)라는 이미지로 묘사된다. 하이타워에게 이러한 각성이 일어나는 순간 그가 사유하는 속도에 맞춰 움직이던 바퀴가 돌긴 도는데 더 이상 나아가지 않는다(465). 이러한 멈춤의 이미지는 크리스마스와 마찬가지로 일상적 시간에서의 탈출을 의미하며, 이러한 비일상적 순간에 그는 존재의 찰나성과 더불어 개체의 무의미함을 인식하게 된다. 개인의 존재는 찰나에 불과하여 "어둠으로 가득한 단 한순간"으로 응고되고, 동시에 개인의 찰나적인 삶은 역설적으로 뒤이어 태어나는 자녀들에 의하여 그 생명이 이어져 지속된다. 단절 속의 연속, 그것은 계절의 순환과도 같아서 겨우내 생명이 소멸되나 이듬해 다시 생명이 피어나듯, 개체의 죽음과 단절에서 끝나는 것이 아니라 또 다른 개체 속에서 생명이 원처럼 순환되고 지속된다는 의미이다. "조부가 죽은 순간 내가 조부가 되었다면, 나의 아내 즉 그의 손자의 아내는… 또 내 손자의 아내를 파괴하는 자가 될 것이다"(465). 다시 말해, 개인은 죽음과 동시에 사멸하지만 동시에 다음 세대에서 다른 모습으로 생명이 지속된다는 깨달음에 이른다. 그러나 지속되는 생명 안에 꿈틀거리는 것은 생산적인 생명이 아니라, 하이타워에겐 파괴적 생명이다. 고립만으로 결코 속죄될 수 없는 자신과 인간 전체의 파괴성을 인식하는 장면이다. 또한 살해자와 피해자가 하나로 겹치면서 개체의 구분이 더 이상 의미 없는 영원에의 회귀를 상징적으로 말하고 있다. 세대 간의 시간이 소멸해버리고 개체 간의 구분이 무너지는 체험은 분명 종교적인 체험이 아닐 수 없다.

### 3. 바이런 번취

크리스마스와 하이타워만큼 강렬한 경험은 아니지만, 바이런 번취 역시 일종의 종교적 체험을 겪는다. 브라운의 아이를 임신한 레나를 만나는 첫 순간부터 그녀를 사랑하는 번취는 끊임없이 남의 눈을 의식하면서도 임신한 레나를 도와준다. 그녀를 사랑하고 그녀를 돕는 것이 그의 일상이 되어버린 것이다. 그런데 어느 날, 전혀 깨닫지 못한 "무시무시한 일"(377)이 벌어진다. "무시무시한 일"이란 말을 여러 번 반복함으로써 번취에게 일어난 충격과 그로 인한 변화가 심상치 않음을 강조한다. 일상적으로 지속되던 레나에 대한 사랑이 갑자기, 그러니까 레나의 불룩한 뱃속에 실제로 아이가 들어있었고 이제 그 아이가 자신의 아기가 아닌 브라운의 아이라는 사실이 문득 현실로 다가오는 것이다. 모든 것을 분명히 알고 있었으면서도, 그러한 사실은 단지 "아무런 뜻 없이 존재하는 그저 언어에 불과했다"(380)고 깨닫는다. 하이타워가 과거의 환상에 사로잡혀 진실에 무지했다면, 번취는 의식적이든 무의식적이든, 지극히 평범한 진실을 외면하고 있었다는 말이다. 이런 깨달음 이후 번취는 브라운이 레나와 아기를 만날 수 있도록 주선하고, 자신은 다른 지방으로 가기 위해 떠난다. 그러나 차마 떠나지 못하고 머뭇거리다가, 무책임한 브라운이 자신의 아내와 아기를 버리고 도망하는 것을 먼발치에서 지켜보게 된다. 그리곤 자신이 질 것이 뻔한데도 브라운과의 싸움을 마다하지 않고 뒤쫓는다. 체구가 작은 번취는 예상대로 브라운에게 흠씬 얻어맞고 수풀 속에 쓰러진다. "잠시 후에 세상 속으로, 또 시간 속으로 되돌아갈 여유가 있겠지"(416) 라고 그가 말하는데, 이 말은 지금 누워 있는 현재는 세상과 시간 속이 아니라는 의미이다. 마치 일상적 공간인 세상을 떠나 정지된 영원 속에 있는 것처럼 그는 누워있는 것이다. 그 정지된 순간에 그는 이제 의미 없는 그저 "언어"가 아닌, 책임 있는 선택으로서 다시 레나에게 돌아가기로 결심한다. "비록 더 멀리 갈 수는 없을지라도, 문을 열고 들어가서 거기 서 있으리라. 그리고 그녀를 바라보리라"(418) 라고 말한다.

일상으로 돌아와 레나에게 돌아가기 위해 마차를 얻어 타는 번취는 이미 존재론적 변화를 겪은 상태이다. 포크너는 마차 주인의 눈을 통해 번취가 기쁨과 흥분을 동시에 느끼고 있다고 증언하고 있으며 스스로도 번취의 상태를 "황홀경적 경이"(417) 라고 묘사하고 있다. 이러한 다분히 종교적인 체험 이후, 대상과 유리된 "언어"에 불과했던 레나는 이제 마음뿐 아니라 몸으로도 사랑할 수 있는 진정한 실체로 변화되어 있다.

작품의 제목인 8월의 빛은 뜨거운 여름이 서서히 수그러드는

8월 아직도 덥지만 어딘가 시원한 가을을 예감하게 하는 한결 부드러워진 여성적인 빛이다. 인간의 욕정과 폭력이 뜨겁게 난무하는 삶의 한 가운데를 지나 삶의 언저리에서 삶에 대한 보다 지혜로운 전망을 얻게 되는 시점이다. 작품의 세 주인공들--크리스마스, 하이타워, 번취--은 시간이 만들어내는 고통의 한 가운데를 지나 시간의 수레가 멈추는 정지된 비일상적 순간에 자신과 삶에 대한 새로운 전망을 얻게 되는 것이다. 비일상적 영원의 순간, 존재의 심연과의 만남에서 그들의 존재는 변화하고 확대된다. 그리고 그들의 경험은 일반적으로 종교적 체험이라 불리는 제의 과정과 매우 흡사한 것이다.

포크너의 소설이 보편적인 종교성을 지닌다는 사실은 그의 소설 안에서 이처럼 충분히 증명될 수 있다. 그런데 소설뿐 아니라 실제 인터뷰에서도, 포크너가 소설 쓰기에서 종교적인 의도를 지니고 있다고 스스로 밝힌 바 있다. 물론 매번 강조했듯이 그가 특정 종교를 거론하는 것은 아니다. 인간이 보편적으로 지니는 종교성이 문화의 옷을 불가피하게 입는 탓에 그는 기독교라는 특정 종교의 이름을 사용하고 있더라도 말이다. 1956년 『파리리뷰』와 가진 인터뷰에서 포크너는 이렇게 말한다.

> 기독교라는 말의 의미에 대하여 우리가 서로 의견이 일치한다면, 우리들중 누구도 기독교인이 아닌 사람은 없습니다. 기독교란 각 개인의 행동 규범이며, 이런 행동 규범을 통해 개인은

자기의 본성에만 따랐을 경우 본성이 원하는 바보다 더 나은 인간으로 자신을 만들어 나가려고 합니다. 기독교의 상징이 무엇이든--십자가이든, 초승달이든, 혹은 그 어떤 것이든-- 그 상징은 인류 안에서 인간의 의무를 상기시켜 주는 것입니다. 이에 대한 여러 가지 우화는 인간이 자신을 측정하게 하고, 또 자신이 누구인가를 깨닫게 해 주는 지표와도 같습니다. 그것은 교과서로 수학을 가르치듯이 인간에게 선을 가르칠 수 없습니다. 기독교는 다만 인간에게 어떻게 자신을 발견해야 할지, 또 어떻게 인간의 능력과 열망의 범주 안에서 자신의 도덕 규범과 기준을 설정해야 할지를 보여 줍니다. 그것은 바로 인간에게 고통과 희생의 뛰어난 예를 보여 주고, 희망의 약속을 해 줌으로써 가능합니다. 작가들은 항상 도덕적 양심의 우화를 그려 왔고, 또한 앞으로도 그리게 될 것입니다. (250)

포크너의 말에 의하면 인간이 자신을 측정하고 깨닫게 하며, 단순히 본성에 따르지 않고 더 나은 차원을 향하게 하는 무엇이든지 기독교라고 정의할 수 있다는 것이다. 여기서 그는 기독교라는 특정 종교에 무게를 두는 것은 아니고, 자신에 대한 깨달음과 이상적인 행동 규범에 대한 열망을 의미하는 종교성에 대해 언급하고 있는 것이다. 그리고 맨 마지막, 작가의 사명이 그러한 종교적 각성과 열망을 그린다고 말함으로써 작가로서 소설쓰기가 사실상 종교와 다르지 않음을 시사해 주고 있다.

문학과 종교 모두, 인간의 운명을 그리고, 그 운명으로부터 구원을 모색한다는 면에서 서로 다르지 않다. 인간을 불행하게 하는 육신의 한계와 시간에서 탈출하고 영원을 갈망하는 것은 인간 모두에게 내재된 원초적인 욕구이고, 이 원초적인 욕구는 종교라는 이름으로, 때로는 문학이라는 이름으로 표현되는 것이다. 물론 표현의 방식이 결코 동일한 것은 아니지만 말이다. 본 논문의 서두에 인용했듯이 종교가 이러한 원초적인 욕구를 제대로 표현하지 못하는 현대에 이르러 문학이 그 자리를 대신했으니, 문학은 더더욱 종교성을 강하게 지니게 되는 것이다. 포크너의 장편 9권과 단편 30 여 편 전체는 한편의 대하소설처럼 남부의 역사가 남긴 죄악과 고통을 고해하고 이를 구원하려는 열망으로 가득 차 있다. 『8월의 빛』도 마찬가지로, "고통의 뛰어난 예"를 그리면서, 마침내 고통을 추스리고 고통으로부터 구원받는 "희망"을 제시함으로써 종교성을 지닌다.

## 인용문헌

김병서. 「미국 남부의 종교 생활」『미국학논집』 30.1(1998): 229-241.

엘리아데, M. 『성과 속』 이은봉 번역. 서울: 한길사, 1998.

정진홍. 『종교문화의 이해』. 서울: 서당, 1992.

______. 「문학적 상상의 구원론적 함의-멀치아 엘리아데의 『만툴리사 거리』를 중심으로」, 『문학과 종교』제 4호, 1999.

______. 『하늘과 순수와 상상』.서울: 강, 1997.

Barth, J. Robert. "Faulkner and the Calvinist Tradition," *Religious Perspectives in Faulkner's Fiction*. Ed. by J. Robert Barth. Nortre Dame: University of Notre Dame Press, 1972. 217-21.

Bloom, Harold. Ed. *20C American Literature*: Light in August. New York: Chelsea House Publishers, 1988.

Faulkner, William. *As I Lay Dying*. New York: Penguin Books, 1963c.

______. "Interview with Paris Review" 『윌리엄 포크너』. 김욱동 편저. 서울: 문학과 지성사, 1986.

______. *Light in August*. New York: Vintage edition, 1972.

______. *The Sound and the Fury*. New York: Penguin Books, 1964c.

Fowler, Doreen. "Introduction," *Faulkner and Religion*. Eds. Doreen Fowler and Ann J. Abadie. Jackson: University Press of Mississippi, 1989.

Hlavsa, Virginia V. "The Crucifixion in *Light in August*: Suspending Rules at the Post," *Faulkner and Religion*. Eds. Doreen Fowler and Ann J. Abadie. Jackson: University Press of Mississippi, 1991.

______. "The Levity of Light in August," *Faulkner and Humor*. Eds.

Doreen Fowler and Ann J. Abadie. Jackson: University Press of Mississippi, 1986.

Hunt, John Wesley. *William Faulkner: Art in Theological Tension.*. New York: Haskell House Publishers, 1973.

Kazin, Alfred. "William Faulkner and Religion: Determinism, Compassion, and the God of Defeat," *Faulkner and Religion.* Eds. by Doreen Fowler and Ann J. Abadie. Jackson: University of Mississippi, 1991.

Millgate, Michael. Ed. *New Essays on* Light in August. New York: Cambridge University Press, 1987.

Scott, Nathan A. *Modern Literature and the Religious Frontier.* New York: Harper, 1958.

Waggoner, Hyatt H. "*Light in August*: Outrage and Compassion" *Religious Perspectives in Faulkner's Fiction.* Ed. by J. Robert Barth. Notre Dame: University of Notre Dame Press, 1972.

Wilder, Amos N. *Theology and Modern Literature.* Cambridge: Harvard University Press, 1958.

# 3장
# 토니 모리슨의 소설 『재즈』: 금지된 욕망, 위반, 고통, 성스러움[1)]

> "From the days of John the Baptist until now, the Kingdom of Heaven suffereth violence, and **the violent bear it away**."
> **세례 요한의 때부터 천국은 침노를 당하나니 침노하는 자는 빼앗으니라.**
>
> 마태복음 11:12

토니 모리슨의 삼부작 『빌러비드*Beloved*』, 『재즈*Jazz*』, 그리고 『파라다이스*Paradise*』는 미국 흑인의 역사를 소설화하려는 야심찬 시도의 결과다. 세 작품은 각각 다른 시대를 다루면서 구체적인 역사적 공간에서 살아가는 흑인의 개별 삶을 그리고 있다. 보편화된 역사에서는 자세히 서술되기 힘든 개인의 심리적 고통과 변화를 소설이 훨씬 더 잘 그려낼 수 있기 때문이다. 『빌러비드』가 노예제 하에 흑인들이 어떻게 고통 받고 어떻게 고통을 승화하는지 관심을 갖고 있다면, 『재즈』는 1920년대 흑인

1) 본 논문은 「금지된 욕망, 위반, 고통, 성스러움: 토니 모리슨의 『재즈』」라는 제목으로 『문학과 종교』(한국문학과종교학회)(15.3(2010): 67-87)에 발표되었다.

들의 정치적, 경제적, 예술적 힘이 폭발했던 시대를 살아가는 남녀들의 고통을 다루고 있다. 또한 『파라다이스』는 1970년대 분리segregation를 정치적으로 극복했으면서도 흑인 스스로 극단적 분리를 추구하면서 개인이 겪는 갈등과 갈등의 해소에 대해 그리고 있다. 그리고 애초 계획된 삼부작에 포함되지는 않지만, 가장 최근 2008년에 출간된 『자비*Mercy*』도 3부작의 연장선에서 17세기 말엽 노예제가 아직 인종차별과 결합되지 않는 역사적 상황에서 개인이 겪는 아픔과 승화 과정을 그리고 있다. 그런 면에서 네 개의 소설이 '4부작'을 이룬다고 해도 과언이 아니다.

그런데 아주 개략적으로 살펴보아도, 제각각 시대는 달라도 이들 4부작은 흑인이 겪는 고통의 문제를 다루고 있다. 고통이야말로 4부작의 키워드다. 고통은 육체에 가해지는 물리적 고통으로부터 상실의 고통, 자존감의 상처로 인한 정신적 실존적 고통에 이르기까지 아주 다양하다. 노예제하에서 짐승처럼 취급받는 고통, 아내의 강간을 지켜보는 남편, 그래서 마침내 미쳐 버리는 자의 고통, 자식을 죽이는 고통, 고통에서 헤어 나오지 못하는 자를 바라보는 고통, 부모와 배우자로부터 버림받은 자들의 고통 등, 미국에서 흑인이 겪을 수 있는, 상상 가능한 모든 고통을 모리슨은 모조리 모아 소설로 엮고 있다.

그런데 모리슨의 특이성은 고통의 나열에 있는 것이 아니라, 고통을 서술하는 방법과 고통의 문제를 어떻게 해결하는가에 있다. 먼저 고통을 서술하는 방법을 짧게 살펴보면, 모리슨의 방법은 이미 알려진 바와 같이 아주 특이하게 아름답다. 이를 테면, 잔혹한 이야기를 담아내면서도 언어는 고도의 미학적 표현으로 승화되고 있다. 단어의 선택, 문장의 길고 짧음과 단어 자체의 억양이 만들어내는 음악성은 고통의 미학이라고 할 만큼 처절하게 아름답다. 또한 서사의 전개 역시 아주 특이하다. 모리슨의 서사는 사건의 전개에 따른 일직선적 서사가 아니다. 모리슨의 서사는 나선형의 고리형태로 이미 일어난 사건을 반복하면서 조금씩 차이를 드러내는 기법인데, 이런 수법은 사건의 전개 자체에 집중하기보다는, 사건의 함축성과 더불어 사건이 개인에게 미치는 심리적 영향에 더욱 초점을 맞추게 하는 장치가 된다. 특별히 이 논문이 다루는 『재즈』는 모리슨 특유의 서사적 기법이 그 어느 작품보다 아름답게 성공하고 있는 작품이다. 그러나 본 논문에서는 고통을 서술하는 방법적 측면보다는 고통을 해결하는 방법의 내용적 특이성에 더욱 주목하고자 한다.

흑인의 고통은 다분히 사회적 문제다. 흑인이 공통적으로 겪는 고통이 인종차별과 그에 기반한 사회제도에서 비롯되기 때문이다. 그런데 이런 사회적 문제에 접근하고 해결하는 모리슨의 방식은 다분히 종교적이다. 사회적 문제를 사회적으로 해결한다는 것은 인종차별적인 제도를 뜯어고치고, 차별받는 인종에게 동등한 사회적 기회를 제공하는 것이다. 반면 사회적 문제를 종교적으로 해결한다는 뜻은 개인 내면의 성찰과 회심을 통해 아래로부터의 변화를 추구한다는 것을 의미한다.

그러나 사실상 사회적 해결과 종교적 해결이라는 것이 그리 다른 것은 아니다. 버트런드 러셀Bertrand Rusell의 지적대로, 정치적으로 더 이상 희망을 품을 수 없었던 기독교 초기 사람들이 어쩔 수 없이 개인의 영혼을 강조하게 되었고, 점차 개인의 신성함이라는 개념으로 굳어진 것인지도 모른다. 따라서 언제부터인지 사회적 문제 해결력이 기독교윤리에서 배제된 것이 사실이다(55). 이처럼 현실적으로 종교적 문제와 사회적 문제가 분리된 것처럼 보이지만, 실상 이런 현상은 어쩔 수 없는 역사적 상황에서 빚어진 일시적인 현상일 뿐, 본래부터 그런 것은 아니다. 어느 모로 보나 사회적 해결을 모색하는 것이 종교적 해결과 근원적으로 다를 수는 없다.

그럼에도 불구하고 모리슨의 해결방식이 사회적이기보다 종교적이라는 앞의 주장은, 소설이란 장르가 본시 구체적인 상황을 설정하고 그 안에서 고통 받는 흑인 개인을 그리기 때문에 고통의 해결이 적어도 소설 안에서는 개인의 차원에 머무는 것처럼 보인다. 그래서 더러는 모리슨의 해결방식이 뭔가 스케일이 큰 혁명을 모색하지 않는다는 비난을 받을 수 있을지도 모르겠다. 하지만 모리슨은 어떤 소설도 사회적 관심이 없는 소설은 무용하다고 말했다. 그런 의미에서 자신의 소설이 매우 정치적이라고 말한바 있다(Kubitschek 7). 모리슨 자신의 소설이 정치적이라는 것과 필자가 주장한 종교적인 해결이라는 것이 얼핏 모순된 듯하지만, 사실은 그렇지 않다. 모리슨이 흑인의 고통을 해결하는 방식은 개인적이고 종교적이지만, 개인 독자가 작품을 읽고 나서 종교적인 해결을 모색하고 곧 이어 다수 독자의 집단적 변화를 추동한다는 면에서, 작품을 쓰고 읽는다는 행위 자체가 이미 정치적이라고 볼 수 있다. 개인적인 종교적 해결들이 쌓이고 누적될 때 그것은 정치적 행위가 되기 때문이다. 케이트 밀렛의 말처럼 "개인적인 것이 정치적인 것이다."

한편 개인적 · 실존적 해결을 종교적이라고 하기엔 "종교적"이란 수식어가 갖는 함축성의 외연을 지나치게 넓히는 위험이 따른다. 그러나 모리슨의 해결방식이 종교적이라는 것은 단순히 개인 내면의 성찰과 회심을 통해서 해결을 모색한다는 것 이상의 의미가 있다. 모리슨은 인터뷰에서 흑인공동체에서 흑인영가가 하던 역할을 이제 소설이 해야 한다고 말한 바 있다 Jones 183. 그렇다면 흑인 공동체에서 흑인영가가 했던 역할은 무엇일가? 흑인영가를 연구한 로렌스 W. 르바인 Lawrence W. Levine에 따르면, "흑인의 노래와 이야기 등등은 공동체의 가치와 결속을 다지는 기능 외에도 개인과 공동체가 처한 불가피한 장애와 제한을 최소한 상징적으로 초월할 수 있는 기회를 제공했다"(67)고 말한다. 노예음악에는 반드시 영가spiritual만 있었던 것은 아닌데, 그중 영가가 압도적으로 많은 것은 노예문화를 정확하게 반영한 것이라고 말한다. 즉 그들에게는 성속의 구별 없이 일상의 모든 차원에 종교가 침투해있었고, 그런 종교성이 영가를 통해 표출되었다는 것이다. 즉 흑인영가는 흑인의 고통과 애환을 종교적으로 초극할 수 있는 힘이 되었던 것이다.

그렇다면 소설이 흑인영가와 같은 역할을 해야 한다는 뜻인 무엇인가? 모리슨도 지적하듯이 흑인영가가 "참고 견딜 수 있는 힘"(Ruas 116)을 주고 "다른 차원의 삶에 대한 희망"(Ruas 116)을 준다면, 소설도 그런 힘을 줄 수 있어야 한다는 것이다. 그러므로 고통의 문제에 대해 고발하고 원망하는 데서 끝나는 것이 아니라, 모리슨은 고통을 참고 견디는 힘, 다른 차원에서의 희망을 소설을 통해 제시하려고 했던 것이다.

흑인문학과 종교의 상관성을 연구하는 욜란다 피어스Yolanda Pierce는 현대 흑인소설은 겉으로는 종교와 관련이 없어 보여도 종교적 질문을 그 핵심에 두고 있다고 말한다(7). 그래서 흑인소설을 연구할 때 종교적 맥락을 무시하면 작품을 오독할 위험이 있다고 지적한다. 그만큼 종교는 흑인 경험의 중심을 구성하고 있다고 해도 과언이 아니다. 흑인영가와 흑인의 개종서사만 보아도 종교가 흑인의 전반 문화와 뗄 수 없는 관계에 있음을 보여주고 있다.

그렇다고 해도 모리슨이 흑인 개종 서사와 같은 방식으로 전통 종교를 그대로 수용하지는 않는다. 모리슨의 종교성은 흑인 공동체의 종교를 그대로 반영하기보다는, 제임스 W. 콜메인 James W. Colemane이 지적하듯이, 그녀 특유의 포스트모던적 감각으로 "전통적인 종교를 전복하는"(77) 양상을 띠고 있다. 모리슨 자신도 넬리 맥케이 Nellie McKay와의 인터뷰에서 자신의 우주관을 "흑인 우주관 black cosmology"(151)이라고 부르는데, 이는 성스러움에 대한 정의에서 서구의 모델을 뒤집는 것이고 보면[2] 모리슨 스스로도 자신의 종교관이 전통적인 것과는 판이하게 다름을 천명하는 것이라고 볼 수 있다.

흑인의 우주관에서는 성과 속을 구별하지 않는다. 모든 것은 신의 의지에 의해 만들어진 것이기 때문에 뭐든지 다 성스럽다. 아이를 낳은 일이나 바구니를 만드는 일, 글 쓰는 일, 모두 성스러운 창조적 활동이라는 것이다(Schappell 87). 즉 성스러운 일과 속된 일이 따로 따로 분리된 것이 아니라는 것이다. 흔히 서구적 이분법에 의하면 성스러운 영역과 속된 영역을 구분하여, 성스러운 것은 선하고, 속된 것은 악하다고 한다. 그러한 이분법에 따르면 금지된 욕망의 추구는 악한 것이고, 선의 위반도 악한 것이 된다. 하지만, 흑인의 우주관에서는 성과 속이 영

---

2) 그 외, 흑인의 우주관에서는 시간의 정의와 자아에 대한 정의도 서구의 모델과 다르다. 하지만 이 논문에서는 주로 성스러움에 대해 다루므로 시간과 자아의 정의에 대해서는 언급하지 않기로 한다.

역적으로 분리되지 않으면서 선과 악도 그러한 영역적 구분이 없어진다. 금지된 욕망의 추구도, 그로 인한 위반도, 위반에 수반하는 고통도, 모두 성스러움으로 수렴하는 하나의 과정일 뿐이다. 어디에도 선과 악의 절대적 구분은 없다[3]. 그러므로 모리슨의 소설에서는 전통적인 개념에서의 선이 악으로 돌변하고, 악이 선으로 종결되는 전복과 위반이 횡행한다.

이 논문의 첫머리에 인용한 성경 구절을 보자. "세례 요한의 때부터 천국은 침노를 당하나니 침노하는 자는 빼앗느니라"(마태 11:12)는 구절은 매우 난해한 구절로 알려져 있다. 그러나 생각을 뒤집으면 그리 난해하지도 않다. 말 그대로 침노하는 자, 폭력적인 자, 위반하는 자[4]가 천국을 차지하게 될 거라는 해석이다. 흔히 법을 위반하는 사람은 천국에 갈 자격이 없다고 한다. 늘 법을 지키라고 했거늘, 법을 어기는 자가 어떻게 천국에 갈 수 있단 말인가? 이 구절은 우리의 상식에 반하는 진술임에 틀림없다. 그런데 분명히 법을 지키는 자가 아닌, 위반하는 자가 천국을 차지한다고 쓰여 있다. 이 역설적 진술을 이해하려면

3) 심리학자 융에 따르면, 우주에는 밝음과 어둠이 함께 공존한다고 한다. 그래서 물질이 있으면 반물질이 있고 모든 대립된 것이 쌍으로 하나를 이룸에도 불구하고, 유독 개신교만이 어두움을 그들의 우주관에서 제외해버렸다고 한다. 개인의 심리학에서 무의식의 어두움(그림자, 아니마, 아니무스)을 억압해버렸을 때, 신경증세가 일어나는 것처럼, 어둠을 제거해버린 서구의 문화도 일종의 신경증을 앓는다고 볼 수 있다. 치유는 한 가지. 어둠을 인식해서 의식화하는 것이다.

4) 폭력은 영어로 *violence*이고 위반은 *violation*이지만, 두 단어 모두 라틴어의 *violare*라는 동사와 연결되어 있어서, 위반하다(violate)는 "폭력적으로 다룬다"는 뜻이 된다. 따라서 이 논문에서는 어원적 유사성을 기반으로 폭력과 위반을 동의어로 다룬다.

"법"과 "천국"에 대한 새로운 정의가 필요하다. 먼저 천국이란 특정한 물리적 공간이 아니다. 그 공간은 말 그대로 언제든지 맘만 먹으면 속된 공간도 성스러운 공간으로 변하는 유동적인 비실체적 공간을 의미한다. 마치 태풍의 눈처럼 실체적으로는 비어있기 때문에 "없음"이지만, 동시에 분명히 실존하는 위치를 지니고 있기 때문에 "있다"고 말할 수도 있는 공간이다. 태풍의 눈은 공기압력의 움직임에 따라서 있기도 하고 없기고 하는 늘 유동적인 실존이다. 그런 공간을 법을 위반하는 자가 갈 수 있다는 것이다. 여기서 위반의 대상이 되는 법이란 법전에 나와 있는 법이 아니라, 라캉의 "아버지의 법"과 유사한 개념으로 언어에 의해 상징계에 진입하면서 인간의 의식 속에 생기는 "금기"를 말한다. 실재계의 진입이 현실적으로 불가능해도 그것이 최소한 목표라고 본다면, "아버지의 법" 즉 "금기"의 위반은 실재계에 이르기 위한 필수적 단계가 된다. 이런 의미에서 위의 성경구절은 일반적인 교회 가르침과는 전혀 동떨어진 놀라운 전복성을 지니고 있는 것이다. 이러한 성경의 전복성은 모리슨의 전복적 종교성과도 일맥상통한다.

본 논문은 모리슨이 흑인문제의 키워드인 고통을 해결하는 종교적 방식에 주목하고자 한다. 즉 모리슨이 채택하는 종교적 방식은 서구의 이분법을 넘어 앞 단락의 성경 구절처럼 전복적인데 특별히 『재즈』에서는 금지된 것을 욕망함으로서 법을 위반하고, 위반의 고통을 통해서 성스러움으로 나가는 길을 제시함으로써 해결을 모색하는 특수한 방식에 주목하고자 한다. 한 가지 덧붙일 것은 여기서 '성스러움'이란 특정 종교에 대한 헌신이 아니라, 경이로운 세계에 대한 무한한 찬탄, 이해할 수 없는 것에 대한 겸허, 겸허를 바탕으로 한 인간과 자연에 대한 연민과 사랑을 의미한다.

앞서 말했듯이 모리슨의 '4부작'은 제각각 다른 역사적 상황에서 고통받는 흑인들의 구체적 삶을 다룬다. 그런데 그들이 겪는 고통은 각각 역사적·사회적 상황이 빚어내는 것이다. 『재즈』는 모리슨이 스스로 천명하듯이 남녀 간의 사랑을 다루고 있는데, 시골에서 거대 도시로 이주한 50대 부부가 도시라는 새로운 환경에서 애정을 상실했다가 되찾게 되는 이야기다. 얼핏 보면 남녀 간 애정의 상실과 회복이라는 진부한 주제처럼 보이지만, 늘 그렇듯이 문제는 어떻게 상실하고 어떻게 회복하는지가 관건이다. 또한 회복한 사랑의 모습이 어떤 모습인가도 중요하다. 어쩌면 모리슨은 역사적 사회적 상황이 빚어내는 사랑의 결핍과 과잉이 엉키는 사례를 엮으면서 남녀 간에 가장 성스러운 사랑의 가능성을 타진하고 있는듯하다. 모리슨이 클로디아 테이트Claudia Tate와의 인터뷰에서 밝혔듯이, 흔히 작가는 잘 아는 것에 대해 쓰는 것이 상식이지만 모리슨은 자기가 잘 모르는 것을 알아내기 위해서 글 쓴다고 말한 바 있다(169). 모리슨은 이 작품에서 남녀 간의 관계에서 가장 문제적인 것 즉 다른 대상에 대한 욕망과 질투의 서사를 통해, 단순한 열정도 아니고 과거의 이상에 대한 투사도 아닌, 대상에 대한 성스러운 사랑의 가능성에 대해 탐색한다.

흔히 '성스러움'하면, 추악하고 불법적인 것들은 배제하고 순수하고 합법적인 것만을 연상하기 마련이지만, 모리슨의 신성은 추악하고 불법적인 것까지도 '포괄하는' 성스러움이다. 이미 초기 작품인 『술라』에서도 신의 개념에 악마성까지 포함시키면서 신성을 3위가 아닌 4위로 주장한 바 있다. 앞서 말했듯이, 마치 위반하는 자들 the violent, 즉 이방인과 세리, 창녀, 각종 범죄자가 '성스러운' 바리새인들 대신 천국을 차지하는 것처럼 말이다. 모리슨에게 성스러움은 선과 악의 경계가 제거되고 상호 융합되는 차원에 이른다. 그런 의미에서 모리슨은 배타적인 성스러움을 전복하는 흑인적 우주관을 형상화하고 있다.

모리슨의 소설에는 언제나 극단적인 폭력이 존재한다. 근친상간, 살인 등, 잔혹한 폭력이 존재한다. 그러나 폭력이 그냥 폭력으로 끝나는 것이 아니라, 전혀 반대의 결과를 그 안에 내포하게 된다. 헨리 루이스 게이츠 Henry Louis Gates가 말하듯이 흑인문화에서는 한 단어가 전혀 반대의 의미를 내포할 수도 있다고 지적했다. 소문자로 "의미하기 signifying"와 대문자 "Signifying"의 차이점을 지적하면서, 폭력은 폭력이면서 동시에 정반대를 내포할 수도 있음을 말한 적이 있다. 즉 폭력이 가지고 있는 사회적 맥락을 고려하면 폭력이야말로 인종차별로 가득한 미국에 변화를 가져올 수 있는 힘이 될 수도 있다(Burton, 175 재인용)는 것이다. 이처럼 부정적인 것을 긍정적인 것과 섞으면서 전혀 다른 해석을 내는 경우가 많다. 이런 혼종성을 다루는 소설에서 재즈라는 음악은 매우 적절한 배경이 된다(Burton 176). 재즈 자체가 매우 혼종적인 장르이기 때문에 재즈가 연주되는 곳에서는 분리의 법을 어기고 흑백이 섞였으며, 사회적 계급도 상관없이 서로 가까워질 수 있었다. 물론 술도 마실 수 있었다. 마찬가지로 극단적인 폭력으로서의 위반 역시 경직된 것을 해체시키는 역할을 하게 된다.

모리슨의 전복적 성스러움은 작품 전체에 반복되는 "금지된 forbidden 욕망," "위반 (violence, 혹은 breaking the law)" 들의 긍정적인 수용을 통해 구체화된다. 얌전하고 성실한 유부남 조 트레이스 Joe Trace가 18살 소녀 도카스Dorcas와 금지된 사랑에 빠진다. 결혼이 규정하는 배타적 사랑의 의무를 '위반'하고, 딸 같은 나이의 어린 소녀는 성적 대상이 될 수 없는 묵시적 규범을 '위반' 할 뿐 아니라, 그 소녀를 살해하는 극단적 '위반'을 저지른다. 또한 도카스는 이모 앨리스Alice의 억압적 훈육을 가볍게 '위반' 하여 유부남과 치명적 사랑을 나눈다. 바이올렛Violet은 '불법' 미용사이고, 아기 유괴 미수범에다가, 시체에 칼을 들이대서 마침내 "위반자 Violent"라는 별명까지 얻게 된다.

세 사람이 금지된 것들을 욕망하고 위반하는 배경에는 늘 도시와 음악이 있다. "자연은 너를 유혹하고 라일락 가지를 뻗는다Nature freaks for you… spreads lilac branch"(63). 마치 꼬임에 빠져 위반하고 덤불 속에 숨는 것처럼 그렇게 도시는 사람을 유혹한다. 도시 자체는 엄격하게 규격화된 공간이다. 동시에 도시는 도시계획자의 엄격한 계획에 저항하고 반항하고 위반하는 역설적 공간이다. 그렇게 도시는 생김새와 달리 늘 욕망을 부추기고 위반을 꿈꾸게 한다.

그런가 하면 도시의 음악도 도시와 마찬가지로 사람들을 후미진 골목으로 이끌어 "위반하라Do wrong"(67)고 부추기고, 네 맘대로 하라고 유혹한다. 음악은 사랑과 욕망을 혼동하게하고, 금지된 장소로 이끈다. 몸과 관련된 모든 것을 억압하는 도카스의 이모 점잖은 앨리스 조차 음악이 흐르면 갑자기 "유리창을 후려치고 싶은 충동을 느낀다"(59). 음악은 억압된 몸을 위반하게 하며 자유롭게 만든다("Just hearing it was like violating the law")(58).

이렇듯 크고 작은 모든 위반들은 인간 내면에 도사리고 있는 보편적인 위반 충동의 환유들이다. 이들은 궁극적으로 위반자들을 정신적으로 한결 깊이 있게 만들고 성스러움의 차원으로 이끄는 역할을 담당한다5). 즉 성스러움은 금기의 위반을 필수적

5) 폴 틸리히는 종교를 "깊이의 차원"이라고 말한 바 있다.

으로 요구한다는 것이다. 다시 말해서 성스러움의 차원으로 나아가기 위해서는 위반의 과정을 반드시 거쳐야 한다는 것이기도 하다. 무엇에 대한 위반일까? 사회에서 금기로 여기는 것들에 대한 위반을 말한다. 따라서 위반은 도전이고 도약이다[6]. 이에 대해 조르쥬 바타유Georges Bataille는 이렇게 말한다.

> 금기를 범[위반]할 때, 특히 금기가 우리의 마음을 아직 옭아매고 있는데도 불구하고 충동에 무릎을 꿇을 때, 우리는 진실이 무엇인지를 비로소 번뇌[고통]와 함께 깨닫게 되는 것이다. 금기를 준수하고, 금기에 복종하면, 우리는 더 이상 그것을 의식할 수 없다. 그러나 그것을 범하는 순간 우리는 고뇌를 느끼며, 고뇌와 함께 금기가 의식되고 죄의식도 체험하게 된다. […] 욕망과 두려움, 짙은 쾌락과 고뇌를 긴밀히 연결 짓는 그것은 종교적 감정과도 다르지 않다. (41)

> 인간의 위반은 세속을 파괴하지 않은 채 저 너머 신성의 세계에 한번 뛰어드는 행위다. (73)

> 세속이 금기의 세계라면, 신성은 무한한 위반의 세계다. 그것은 축제의 세계이고, 순수의 세계이고, 신의 세계이다. (73)

그러므로 조의 외도와 살해는 일반적인 의미에서 당연히 범

6) 물론, "위반"을 무조건 긍정적으로만 볼 수는 없음이 분명하다. 위반에 수반되는 엄청난 위험들, 무엇보다 죄의식과 일시적으로나마 공동체로부터의 유리 같은 부담이 따른다. 그 부담은 아무나 견딜 수 있는 것은 아니다.

죄지만 모리슨에게서는 범죄로 성립되지 않는다. 오히려 위반은 세속을 넘어 신성의 세계에 뛰어드는 매개적 행위가 된다. 그래서 모리슨의 표현대로 조는 금지된 과일을 먹었지만, "사과를 먹은 대가로 비록 낙원에서 쫓겨나도 아담은 누구보다도 부자다. 그에겐 이브가 있고, 처음으로 사과의 맛을 알게 되었기 때문이다"(133)고 말할 수 있게 된다. 바이올렛과의 결혼은 조의 의지와는 상관없이 이루어진 일이었다. 물론 바이올렛이 싫었던 것은 아니지만, 자신이 '선택'했던 결혼은 아니었다. 그래서 이번엔 자신이 스스로 선택한 사랑을 원한다.

또한 도시에 온 이후, 바이올렛의 말수가 줄어들고, 오로지 앵무새와만 대화하고, 남편 대신 인형과 함께 자게 되면서, 조는 한 번도 의문을 제기함 없이 익숙했던 사랑에 드디어 의문을 품게 된다. 문제는 바이올렛에게만 있는 것은 아니었다. 조 역시 도시에 온 후 "감정"을 잃고 잊어버린다. 바이올렛과 호도나무 아래서 나누었던 사랑이 더 이상 기억나지 않는다. 그래서 "감정"이 부재하는 빈 공간을 메우기 위해 "어린 사랑"(120)을 대신 갈망한다. 그래서 그는 "자유롭고 불법적인 사랑free, illegal love"(34)를 꿈꾼다. 도카스의 관계에 수반된 "거친 공격성racy aggressiveness"(34)은 익숙하고 안락한 현실의 낙원을 거절하고 미지의 땅으로 기꺼이 쫓겨나는 위반 행위다. 그런 사랑의 맛을 알기 때문에, 그리고 무엇보다 그 맛을 통해 진실을 알게 되었기 때문에 그는 그의 위반을 후회하지 않는다. 오히려 자신이 "부자"라고 느끼는 것이다. 위반을 통해 낯선 새로운 세계를 경험하기 때문이다.

이후 나이 어린 도카스가 젊은 애인을 찾아 떠나자 조는 그녀를 살해한다. 사랑을 지키기 위한 욕망 때문에 그는 다시금 위반하는 것이다. 하지만 도카스가 자신을 버렸기 때문에, 또한 욕망의 대상을 스스로 제거했기 때문에 그는 깊이 절망에 빠진다. 그러나 도카스의 친구 펠리스Felice로부터 도카스가 죽은 순간에 조만이 "유일한 사과the only apple"(213)라고 말했음을 듣게 되었을 때 조는 절망에서 벗어나는 듯하다.

그러나 그의 여정은 여기에서 끝나지 않는다. 조가 진입하는 성스러움의 세계는 자신이 추구한 욕망의 실체가 무엇인지 그것을 알아낸 다음에나 가능해진다. 그가 결국 깨닫게 되는 것은 도카스가 욕망의 궁극적인 실체가 아니라 어머니에 대한 결핍에서 유래하는 원초적 욕망의 흔적이었음을 알게 된다. 우리는 주체할 수 없는 욕망의 근원이 무엇인지 알게 되었을 때 비로소 욕망의 실체를 파악하게 되고 마침내 욕망으로부터 자유롭게 된다. 그는 도카스보다 더 큰 무엇인가를 원했던 것이다(221)[7]. 따라서 도카스는 결코 그를 만족시킬 수 없었을 것임을 깨닫게 된다. 그는 스스로에게 지어준 이름(Trace)처럼 욕망의 대

---

7) 화자는 이렇게 말한다. "I do know they[Joe's tears] were for more than Dorcas"(221)

상을 끝내 소유하지 못한 채 영원히 다른 대상을 욕망하면서 미끄러지고, 미끄러진 자리에 흔적만 남길 것임을 그는 알게 되는 것이다. 결국 욕망의 대상을 살해함으로써 살해의 금기를 위반하고, 원초적인 빈자리를 회복한다. 그가 욕망하는 것은 도카스가 아니라, "안락하고 넓게 열린smug and wide open"(221) 공간이었음을 마침내 알게 된다. 비록 영원히 거기에 다다르지 못할지라도 말이다. 그곳은 그의 "꿈이 서린 곳이다"[8]. 최고의 앎은 자신이 모른다는 것을 아는 것이듯이, 욕망의 대상이 궁극적으로 비어있음(넓게 열려있음)을 아는 것이 최상의 앎일 것이다. 그 앎이 바로 성스러움의 경지인 것이다.

한편 바이올렛의 금기는 깊은 우물이다. 땅속의 깊은 심연, 엄마의 기억과 함께 포개진 죽음의 공간이다. 바이올렛이 가장 두려워하는 것이다. 그런 그녀가 상징적인 우물 속으로 자신을 던진다. 길의 틈새fissure에서 느닷없이 주저앉아 버리고, 자아가 쪼개지고, 일상의 불연속선상 즉 일과 일 사이의 틈새에서 견고한 기반이 갑작스레 푹 꺼져버리는 현상(23), 무덤덤한 일상 속 갑작스럽게 치미는 분노와 슬픔(16), 모두가 규칙적 일상으로부터의 일탈, 위반하는 주체를 의미한다. 임옥희는 "기표의 장에 들어온 쥬이상스의 존재는 구멍과 모순과 불일치를 통해서만 감지된다"(47)고 말한다. 일상에 뻥 뚫린 구멍과 분열된 자아의

8) 윌프레드 캔트웰 스미스는 종교란 "인간의 꿈이 서린 곳"이라고 말했다.

불일치는 무의식에서 터져 나오는 쥬이상스라고 할만하다. 도시에 오기 전엔 아무것도 더 이상 필요없다고 느꼈는데, 도시에 오면서 알 수 없는 불일치와 균열을 경험하는 것이다. 그러면서 그 균열에 대한 보상처럼 바이올렛은 간절히 아이를 원하게 된다. "점점 더 섹스보다 강한 동경"(108)이 그녀를 사로잡게 되는데 이것은 바로 아이였다. 어머니가 우물에 몸을 던져 죽었던 충격 때문에 바이올렛은 아이를 갖지 않겠다고 결심했었다. 그런데 이제 그녀는 간절히 아이를 원하게 된다. 아이에 대한 갈망, 즉 모성에 대한 갈망을 모리슨은 "엄마 배고픔mother hunger"(108)이라고 표현하는데, 이는 아이를 원한다는 것은 바이올렛의 기억 속에 깊이 잠재해있던, 어머니와 동일시되던 깊은 우물 같은 상상계가 반란을 일으키고 상징계의 두터운 표면을 뚫고 위반하는 것이다. 위반하는 주체는 느닷없이 아이를 강하게 욕망하고, 그래서 아이를 유괴하는 과잉 상태에 이른다.

그러나 그녀가 가야 할 곳은 유년의 기억, 어머니의 우물, 퇴행적인 상상계는 아니다. 위반은 치유의 한 과정이며, 도약을 향한 이전 단계이지, 궁극적인 도달점은 아니다. 모성에 대한 욕구는 그녀가 궁극적으로 욕망하는 것의 한 과정, 또 하나의 흔적일 뿐이다.

바이올렛의 정신적 여정은 위반에서 끝나지 않는다. 그녀의 위반은 욕망의 실체에 대한 깨달음으로 인도한다. 바이올렛 역시 조에 대한 사랑이 어릴 적부터 욕망의 대상으로 길들여온 골든 그레이Golden Gray의 흔적이었음으로 알게 된다. 어머니가 죽은 후 어머니 자리를 대신한 외할머니 트루벨True Bell이 자신의 백인 주인인 베라 크루즈Vera Louise의 흑인 혼혈 아들인 골든 그레이의 아름다움에 대한 이야기를 들으면서 바이올렛은 성장한다. 그녀는 자신도 모르는 사이 골든 그레이를 욕망의 궁극적인 대상으로 삼게 된다. 그래서 조를 선택하고, 사랑하고, 그와 결혼하지만, 결국 조는 골든 그레이의 "대체물"(97) 에 불과했음을 알게 된다. 또한 놀랍게도 그녀의 원천적 욕망의 대상이었던 골든 그레이 조차 바이올렛이 상상하던 "희고, 밝고, 젊은 white, light, young"(208) 대상이 아니라 실상 혼혈이었던 것이다. 즉 골든 그레이는 실체가 아닌 환상이었던 것이다. 그녀는 환상을 쫓은 것이다.

그래서 바이올렛은 환상을 제거하기로 한다. 골든 그레이든, 조이든, 아기이든지 간에, 대상에 의존하는 사랑을 그만두고, 먼저 자기에 기반을 둔 건전한 사랑의 기초를 닦게 된다. 그 탄탄한 기반 위에서 비로소 사랑을 "만들"(113) 수 있게 된다. "세상에 휘둘리지 않는" "자신의 삶 my life"(208)을 시작한다. 여기서의 "나"는 이기적이고 자기중심적이고 고립된 자아가 아니라, 확고한 자아의 기반 위에서 타인과 건강한 관계를 맺는 자아다. 앵무새로부터 "사랑해"라는 말을 거울처럼 반사하여 얻는 병적 자기만족 대신, 이제 바이올렛은 거꾸로 병든 새에게 음악을 들려주며 새에게 삶의 의욕을 되찾게 해준다. 뿐만아니라, 밀회의 장소 제공자인 말본Malvonne과 화해하고, 보풀 때문에 불편하긴 해도 파란색을 좋아하는 남편을 위해 파란색 이불을 고르며(224), 도카스의 친구를 식사에 초대해서 나무의 숫자가 문제가 아니라, 나무의 정체--암나무인지, 숫나무인지, 어린 나무인지--를 아는 것이 더욱 소중한 지식임을 가르칠 수 있게 된다. 죽은 도카스의 사진을 벽난로 난간에 놓고 남편과 함께 딸처럼 사랑하고자 한다.

어느 소설이든지 초반의 갈등과 고통은 결말에 이르러 해결된다. 앞서 말했듯이 중요한 것은 문제를 어떻게 해결하는가에 있다. 남녀 간 사랑의 갈등과 고통을 해결할 수 있는 방법은 사실 여러 가지가 있다. 한쪽이 영웅적으로 양보할 수도 있고, 극단적인 폭력으로 상대를 살해할 수도 있다. 살해는 얼마든지 상상가능한 설정이지만, 사랑하는 여자를 살해하고, 남편을 빼앗고 남편에게 살해당한 여자를 딸처럼 남편과 함께 사랑하게 되면서 남편과의 관계를 회복하는 이야기가 흔한 설정은 아니다. 모리슨이 『재즈』에서 시도하는 해결방식은 주인공들의 폭력과 위반을 통해 과거에 얽힌 욕망의 정체를 대면하고 통찰하면서 비로소 적대하던 세상과 화해하는 방식이다. 어느 소설이나 화해에 이르게 되지만, 화해로 이끌어 내는 방식이 각각 다르고, 그 방식을 통해서 작가 특유의 세계관이 드러나게 마련이다. 모리슨은 화해의 필요성을 강조함으로써 화해로 이끄는 것이 아니라, 갈등과 고통을 극대화하는 폭력과 위반을 통해서 화해를 이끌어낸다는 것이 특이하다. 즉 규칙에 순종하는 얌전한 성스러움이 아니라, 위반하는 성스러움을 노정한다는 것이 특이한 것이다.

『재즈』의 주인공들은 도시가 부추기는 욕망에 이끌려 위반하고, 위반을 통해 욕망의 정체를 바로 알게 되면서 '진리를 앎으로서 자유로워진 차원'에 이르게 된다. 결국 위반을 계기로 과거와 현재를 총체적으로 성찰하게 되면서 왜 그토록 간절하게 특정 대상을 욕망했는지 마침내 알게 된다. 그렇게 되었을 때야 비로소 욕망에서 자유롭게 되고, 욕망에서 자유로워야 대상에 대한 정확한 통찰을 얻게 되고, 그 통찰의 기반 하에서 상대방에 대한 자유로운 사랑이 가능해진다. 그 자유로운 사랑이야말로 남녀 간의 사랑이 이를 수 있는 지극히 성스러운 사랑일 수 있는 것이다. 남녀 간의 사랑이 성스러워질 수 있는 경지는 몸과 몸이 만나는 욕망의 차원을 넘어서, 욕망의 근원을 통찰함으로써 다가갈 수 있는 곳이다.

성스러움에 필수적인 위반은 자연물의 상징에서도 드러난다. 와일드가 사는 동굴에 이르는 길엔 뿌리가 땅으로 내리다 다시 줄기를 타고 위로 올라가는 나무가 있다(182). 뿌리는 땅속으로 뻗는다는 상식적 논리를 거부하고 위반하면서 뿌리는 줄기를 타고 위로 오른다. 그뿐이 아니다. 조가 기리는 마음의 고향이며 와일드가 사는 동굴에 오르기 위해서는 반드시 건너야할 냇가가 있다. 그런데 그 냇가의 이름이 의미심장하게도 바로 "배신Treason"이다. 조에게 동굴은 지성소와도 같이 매혹적인 장소다. 앞서 언급했던 "안락하고 넓게 열린," 바로 그 공간이다. 작품에 묘사되었듯이 와일드가 사는 동굴은 입구는 작지만, 작은 입구를 기어서 통과하게 되면, 안락하고 널찍한 공간이 나타난다. 바로 그곳이 와일드가 머물던 동굴이다. 그 안락하고 널찍한 동굴에 오르기 위해서는 반드시 강을 건너야 하고, 그 강의 이름이 배신, 즉 신뢰을 위반해야 한다.

여기에서 또 한 가지 짚고 넘어가야 할 것이 있다. 작품에서 "깊은 구멍은 바이올렛을 두렵게 했지만, 조에겐 매혹적이었다The deep holes scare Violet, but Joe is fascinated"(223)이란 구절이 있다. 바이올렛에게 "깊은 구멍"이란 분명히 우물이고, 조에겐 동굴이다. 깊은 구멍은 두려우면서 동시에 매혹적인 존재다. 루돌프 옷토Rudolph Otto는 성스러움의 본질을 '두렵고 매혹적인 것'이라고 정의한 바 있다. 켄 윌버Ken Wilber 역시 눈에 보이지 않는 "깊은 질서the Deep Order"(6), 즉 성스러움의 상징으로서 "신비," "심연," "공空"(7)이라 표현한 바 있는데, 우물이나 동굴 모두 그들과 비슷하게 성스러움의 상징적 공간들이다. 바이올렛은 두려움을 위반하면서 우물로 다가가고, 조 역시 "위반"이란 강을 건너 매혹적인 동굴로 나아간다. 그들 모두 위반을 통해 성스러움으로 나아가는 것이다.

폭풍을 뚫고 지나온 조와 바이올렛의 사랑은 이제 "폭풍의 눈the eye of the storm"(219) 한가운데 있다.

> 그들의 사랑은 더 이상 격렬한 싸움이기보다는 [이제] 나뭇잎의 한숨과 같고, 몸은 이제 중심이 아니라 매개체에 불과하다. 그들은 사물 너머에 이르고, 표면 깊숙이 다가간다.
>
> Their ecstasy is more leaf-sigh than bray and the body is the vehicle, not the point. They reach, grown people, for something beyond, way beyond and way, way down underneath tissue. (228)

앞서 말했듯이 모리슨은 소설 『재즈』에서 남녀가 어떻게 서로 관계를 맺는가에 대해 질문하고 답한다. 위의 인용은 질문에 대한 답이다. 황홀한 관계, 성스러운 관계란 폭풍의 눈처럼 정지된 순간, 서로의 존재를 열고 뚫어 융합되는 관계이다. 앞서 말했듯이 성스러움은 개체의 경계가 소멸하고 상호 융합하는 순간이다. 욕망에 이끌리는 것이 아니라, 욕망을 지나 "나뭇잎의 한숨"처럼 조용하고 잔잔한 상대의 내면 깊숙한 곳으로 다가가는 사랑이다.

위반을 통해서 재즈의 인물들은 "역동적인 재즈의 역

할"(Kubitschek 153)처럼 상황에 따라 자신의 역할을 새롭게 변주해 살 수 있는 능력을 얻는다. 재즈의 즉흥적인 성격이라는 것은 어떤 역할이든지 그 역할을 새롭게 정의해나가는 것이다. 바이올렛은 복수심으로 가득 찬 여인에서 좀 더 포용력 있는 여인으로 변화했다. 또한 운명에 수동적으로 반응하는 것이 아니라, "삶을 만들어라"는 앨리스의 충고처럼 자신의 운명을 창조해나가는 여인이 되었다. 그래서 바이올렛은 펠리스에게 이렇게 말한다. "네가 원하는 대로 세상을 만들어낼 수 없다면 세상이 무슨 소용이 있단 말이니?"(208). 그녀는 세상이 자신을 만들도록 방관했던 것을 후회한다. 역시 "폭력적인 자들이 천국을 차지하게 되는 것"을 알게 된다. 펠리스가 바이올렛에게 묻는다. 어떻게 자신의 실수를 깨닫게 되었느냐고 묻자, 바이올렛은 이렇게 대답한다.

> "그녀를 죽였어. 그리고 그녀를 죽인 나를 또 죽였어."
> "그리곤 누가 남았죠?"
> "나"(209)

폭력적인 "죽임"을 통해서 자신을 찾게 되었다는 뜻이다.

그러나 모리슨은 그런 성스러운 순간은 폭풍의 눈과 같아서 다시금 폭풍에 휘말리게 되기 마련이라고 암시한다. 작품의 끝, 도시의 욕망이 여전히 "클릭"하는 소리와 함께 움직이면서 욕망의 위반이 연속되고 고통도 지속된다. 불가능한 것을 재현한다 "think the unthinkable"[9]는 면에서 모리슨은 늘 유토피아 소설가라고 할 만하지만, 동시에 성스러움의 실체는 얼핏 잠시, 늘 흔적만 쫓는 현실적 사랑을 동시에 그린다는 면에서 매우 현실적인 작가이기도 하다. 단 한 번도 똑같이 연주되는 법이 없는 재즈처럼 변화는 계속된다. 성스러움의 순간은 일시적이고, 성스러움의 고요는 욕망의 위반들로 늘 침해당한다. 그러나 고요는 폭풍의 존재로만 가능하다. 폭풍 없이 폭풍의 눈은 없다. 정끝별의 시처럼, 담으로 인해 가지는 담을 넘는 것이다.

> 무엇보다 가지의 마음을 머뭇 세우고
> 담 밖을 가둬두는
> 저 금단의 담이 아니었으면
> 담의 몸을 가로지르고 담의 정수리를 타 넘어
> 담을 열 수 있다는 걸
> 수양의 늘어진 가지는 꿈도 꾸지 못했을 것이다.
> […]
> 가지가 담을 넘을 때 가지에게 담은
> 무명에 획을 긋는
> 도박이자 도반이었을 것이다.

이 글에서 주장해온 기본 개념 틀 위반이야 말로 성스러움으

9) 모리슨은 인터뷰에서 자신은 "생각할 수 없는 것을 생각한다(think the unthinkable)"하고 말한다. 즉, 가능성의 세계를 재현한다는 말이다(Micucci, 278)

로 나아가는 매개체라는 것, 이것은 펠릭스 컬파Felix Culpa라는 개념과는 좀 다르다. 펠릭스 컬파는 아담과 이브가 금지된 과일을 먹음으로서 신의 명령을 어기고 에덴에서 쫓겨나지만, 궁극적으로 그 행위로 인해서 최후의 승리를 제공받기 때문에 불행한 타락이 아닌 "다행스런 타락the Fortunate Fall"이란 뜻이다. 『재즈』의 주인공들이 어쩔 수 없는 사회적 동인에 의해서 통념을 위반하고 고통 받으며 그 고통으로 인해 더욱 성숙하게 된다는 의미에서 얼핏 펠릭스 컬파라는 개념에 잘 들어맞는 것처럼 보인다.

그러나 자세히 들여다보면, 펠릭스 컬파와는 다르다. 펠릭스 컬파에 동반하는 전제조건이 모리슨에게 맞지 않는다. 펠릭스 컬파의 전제 조건이란 금지든 위반이든 모든 것이 결과적으로 선한 신의 설계안에서 이루어진다는 것이다. 동산 한 가운데 나무를 심어놓고 따먹지 말라고 금지하지만 인간이 위반할 줄 애초에 알았던 전지전능한 신이든, 아니면 위반할 줄 몰랐다가 위반하여 망가진 인간을 뒷수습하려는 제한적 능력을 지닌 신이든, 신은 인간의 역사에 개입하여 악조차 선을 위한 도구로 사용하는 선한 의도를 지닌 신이라는 전제가 깔려있다. 비록 악이 선의 도구가 된다 해도, 선과 악의 구분은 엄연하다. 더구나 위반은 어김없이 악일 뿐이다. 아우구스티누스는 이렇게 말했다고 한다.

> 더욱 위험이 큰 또 하나의 유혹이 있다. 바로 호기심이라는 병이다. 자연의 비밀들, 우리의 이해 범위를 넘어서며 우리에게 아무 소용도 없고 어느 누구도 알고 싶어 하지 않을 비밀들을 탐구하여 규명하라고 우리를 충동질 하는 것이 바로 그것이다 (도킨스 206, 재인용)

중세시대나 지금이나 전통 기독교는 미지의 것을 향한 호기심과 탐구심은 우리를 "충동질"하는 죄악에 불과하다. 이런 전통 안에서는 위반은 말할 것도 없고 도전조차 악한 것이 되고 만다.

그러나 모리슨이 그리는 『재즈』의 '성스러움 the sacred'은 선악의 구별이 뚜렷하고 위반을 죄악시하는 전통 기독교와는 다르다. 그래서 펠릭스 컬파와는 다르다. 모리슨의 세계에서는 위반이 그 자체로 악이 되지 않는다. 위반은 선의 좌절이 아니라 삶에 대한 충만한 각성이고 더 큰 성스러움으로의 도약이다. 그래서 일반적인 선악의 개념을 초월한다. 자칫 작품에 대한 이러한 해석이 소설에 나타난 구체적인 사건들, 살인, 질투, 불법, 외도, 배신, 유괴 등을 허용하거나 미화시킨다는 엉뚱한 오해를 불러일으킬지도 모른다. 그러나 그와 같은 사건들은 모두 위반의 메타포들이다. 모리슨은 항상 그렇듯이 극단적인 사건과 같은 과장된 실재exaggerated reality인, 살인, 질투, 불법, 외도, 배신, 유괴 등을 통해서 위반을 극적으로 형상화하고 있는 것이다. 그러므로 그 같은 행위가 현실에서 허용될 수 있는가의 문제는 모리슨의 관심사가 아니다. 인간이 진화의 과정에서 인류의 보존을 위해서 만들어낸 금기는 생존과 편의를 위한 금기였을 뿐 그 자체 본래적으로 선하고 본래적으로 악한 것은 있을 수 없다. 따라서 금기의 위반은 악이고 순종은 선이라는 이분법은 성립하지 않는다.

오히려 금기시하는 것을 계속해서 위반하면서 도전할 것을 모리슨은 주문한다. 끝없는 도전을 통해 금기가 조장하는 저급한 신비의 베일을 벗기면서 한층 더 웅대한 신비로 나아가기를 원한다. 한층 더 웅대한 신비가 바로 아인슈타인이 의미하는 종교적인 경지다. 그는 이렇게 말했다. "경험할 수 있는 무엇인가의 배후에 우리 마음이 파악할 수 없는 무언가가 있으면, 그 아름다움과 숭고함이 오직 간접적으로만 그리고 희미하게만 우리에게 도달한다고 느낄 때, 그것이 바로 종교다. 그런 의미에서 나는 종교적이다"(도킨스 34, 재인용).

## 인용문헌


도킨스, 리처드. 『만들어진 신』. 서울: 김영사, 2007.

바타유, 조르쥬. 『에로티즘』. 서울: 민음사, 1996.

러셀, 버트런드. 『나는 왜 기독교인이 아닌가』. 서울: 사회평론, 1999.

임옥희. 「사랑: 그리고 그 너머에 있는 욕망」『페미니즘과 정신분석』여성문화 이론 연구소 정신분석 세미나팀. 서울: 도서출판 여이연, 1998. 34-55.

정끝별. 「가지가 담을 넘을 때」『어느 가슴엔들 시가 꽃피지 않으랴1』. 서울: 민음사, 2008.

Burton, Angela. "Signifying(g) Abjection: Narrative Strategies in Toni Morrison's Jazz," *New Casebooks: Toni Morrison*. Ed. Linden Peach. New York: St. Martin's Press, 1998. 170-193.

Colemane, James W. *Faithful Vision: Treatments of the Sacred, Spiritual, and Supernatural in Twentieth-Century African American Fiction*. Baton Rouge: Louisiana State UP, 2006.

Gates, Henry Louis Gates, Jr. *The Signifying Monkey: A Theory of African-American Literary Criticism*. New York: Oxford University Press, 1988.

Jones, Bessie W. and Audrey Vinson. "An Interview with Toni Morrison," *Conversation with Toni Morrison*. Ed. Danille Taylor-Guthrie. Jackson: University Press of Mississippi, 1994. 171-187.

Kubitschek, Missy Dehn. *Toni Morrison: A Critical Companion*. Westport, Connecticut: Greenwood Press, 1998.

Levine, Lawrence W. "Slave Songs and Slave Consciousness: An Exploraion in Neglected Sources," *African-American Religion: Interpretive Essays in History and Culture*. Ed. Timothy E. Fulop and Albert J. Raboteau. London: Routledge, 1997. 57-88.

McKay, Nellie. "Toni Morrison," *Conversation with Toni Morrison*. Ed. Danille Taylor-Guthrie. Jackson: University Press of Mississippi, 1994. 138-155.

Micucci, Dana. "An Inspired Life: Toni Morrison Writes and a Generation Listens," *Conversations with Toni Morrison*. Ed. Danille Taylor-Guthrie. Jackson: University Press of Mississippi, 1994. 275-279.

Morrison, Toni. *Jazz*. New York: Plume, 1992.

Pierce, Yolanda. "On the Road to Damascus: The African-American Conversion Experience." Cornell University Dissertation, 1999.

Ruas, Charles. "Toni Morrison," *Conversation with Toni Morrison*. Ed. Danille Taylor-Guthrie. Jackson: University Press of Mississippi, 1994. 93-118.

Schappell, Elissa and Claudia Brodskey Lancour. "Toni Morrison: The Art of Fiction CXXXV," *Paris Review* 35.128(Fall 1993): 82-125.

Tate, Claudia. "Toni Morrison," Conversation *with Toni Morrison*. Ed. Danille Taylor-Guthrie. Jackson: University Press of Mississippi, 1994. 156-170.

Wilber, Ken. *Sex, Ecology, Spirituality: The Spirit of Evolution*. Boston: Shambhala, 2000.

# 4장
## 말콤 X, 제임스 콘, 앨리스 워커의 종교적 상상력[1)]

유자가 회수를 건너면 탱자가 된다는 옛말처럼, 똑같은 물건도 환경이 변하면 그 성질이 변하게 되는 일은 흔하다. 물론 탱자를 유자의 아류로 보는 이 고사에서 변화가 단순한 변형이 아니라 품질의 하락을 의미하지만, 환경의 변화는 창조적 토착화로 이어질 가능성도 얼마든지 있다. 문화로서의 종교도 마찬가지여서, 똑같은 내용을 가진 종교도 주인과 환경이 달라지면 자연스럽게 토착화과정을 겪게 된다. 사막에서 출발한 기독교가 돌고 돌아 동쪽으로 이동하여 수풀 근처에 이르러 동방정교회가 되면 로마에 정착한 서방의 기독교와는 판이하게 달라진다. 어딘지 동방의 불교 냄새가 물씬 풍기는 기독교가 되고 만다.

서아프리카 고향을 억지로 떠나 낯선 들과 물을 만나고, 갑작스레 사람이 아닌 짐승으로 취급받으면서 노예로 246년을 살

---

1) 본 논문은 「미국 흑인 종교적 상상력의 세 가지 특징: 말콤 X, 제임스 콘, 앨리스 워커」라는 제목으로 『미국학 논집』(한국아메리카학회)(42.3(2010): 171-201)에 최초 발표되었다.

아내고, 노예에서 해방된 후 현재에 이르기까지 여전히 열등한 별종 취급을 받아 온 미국 흑인의 경험은, "언덕 위에 신의 도시"를 건설하기 위해 메이플라워를 타고 온 백인들의 경험과는 매우 다르다. 아무 잘못도 없이 단지 검은 피부색 때문에 늘 신체적 폭력과 자아 멸절의 위험에 노출되어온 흑인들의 경험이, 정직과 근면으로 성실하게 일하면 꿈을 성취할 수 있다고 믿었던 백인들의 경험과 같을 수 없다. 따라서 각기 똑같은 종교를 가지고 있다해도 각각이 수용한 기독교는 경험의 차이에 따라서 판이하게 다를 수밖에 없다. 개인뿐 아니라 집단이 누적한 각기 다른 경험은 다른 무의식의 바탕을 형성하면서, 무의식의 바탕에서 출현하는 의식적 문화와 종교도 제각각 독특한 특성을 지니기 마련이다. "나"가 내 기억의 총체이듯이 집단적 "우리"도 우리가 함께 기억하는 역사적 특수성의 소산이기 마련이다.

한스 A. 베어Hans A. Baer와 메릴 싱어Merrill Singer에 따르면 "흑인의 종교는 미국 사회에 내재하는 위계질서와 인종차별에 대한 반응"(262)이라고 말한 바 있다. 포획된 노예로서의 삶과 인종차별로 얼룩진 미국 흑인 역사의 특수성에 나름대로 반응하면서 미국 흑인들은 그들만의 독특한 종교적 상상력[2)]을 형성하

2) 이 논문에서 다루려는 것은 미국 흑인의 종교사나 교회사가 아니다. 미국 흑인들의 종교들을 통시적, 공시적으로 개관하는 것이 이 논문의 주제가 아니다. 이 글에서의 내 관심은 종교학적 신학적 관심이 아니라, 제도화된 종교 이전에 흑인들의 "종교적 경험"의 특이성을 살펴보려고 한다. 종교적 경험은 종교를 선행한다. 제도종교는 선행된 종교적 경험을 기록한 글, 이를테면 성경, 꾸란 등을 중심으로 만든 상징체계다. 나의 관

게 된다. 18세기 초반부터 흑인 노예들에게 전해진 기독교는 노예제를 정당화함[3]으로써 노예들이 제 분수를 알고 고분고분하게 충성하도록 만드는데 크게 한몫한 것이 사실이다. 반면 기독교는 자아 멸절의 위기에서도 흑인들이 하나님 자녀로서의 자존감과 정체성을 갖게 하고, 로렌스 W. 르바인Lawrence W. Levine이 지적하듯이, 흑인영가를 통해서 "개인과 공동체가 처한 불가피한 장애와 제한을 최소한 상징적으로 초월할 수 있는 기회를 제공했다"(67). 또한 기독교는 고난 속에서도 궁극적으로 승리하리라는 믿음과 소망을 갖게 했고, 그 믿음과 소망은 흑인들에게 저항할 수 있는 힘을 주었다. 19세기 초반 덴마크 비지Denmark Vesey과 냇 터너Nat Turner와 같은 반란 주동자들은 스스로 하나님의 예언자로 칭했으며, 북부에서 노예 폐지에 앞장섰던 흑인지도자들도 모두 정치 지도자인 동시에 종교 지도자들이었다.

흔히 요즘처럼 이념적 세뇌와 선부른 환상과 위안을 경계하고, 진화론의 세례를 받은 대다수의 지식인들에게 모든 종교를 아편과 환상으로 간주하고, 버트런드 러셀의 지적대로 종교의

---

심은 그런 의식과 제도로서의 상징체계 이전 경험의 특수성에 대해 말하려고 하는 것이다. 즉 종교적 상상력이란 제도화된 종교와 구별하여, 제도로 다듬어지기 전 원재료로서의 종교성, 혹은 종교적 경험, 보이지 않는 것을 볼 수 있고 바라는 것을 미래 구현된 것으로 시공을 초월하여 상상할 수 있는 능력을 의미한다.

3) 김형인 『두 얼굴의 하나님』(살림, 2003)을 참조할 것. 노아가 술에 취해 벌거벗고 잠들었는데, 그의 아들들, 셈, 함, 야벳이 차례로 들어왔다. 그중 함이 아버지를 하체를 보고 나가 두 형제에 말했다. 그러자 다른 아들 셈과 야벳을 옷을 들고 아버지의 하체를 덮어주고 나왔다. 이 사실을 알게 된 노아가 함의 아들 가나안을 저주하여, 가나안이 형제들의 종이 되리라고 말했다.

진실성과 유용성은 별개(12)인 것이 사실이지만, 적어도 흑인들에겐 종교가 역기능보다도 순기능이 더욱 컸다고 볼 수 있다. 이렇게 흑인들은 백인이 전해준 종교를 그들 현실에 유연하게 적용하는 특유의 종교적 상상력을 발휘하여 토착화했다. 본 논문은 특별히 20세기에 초점을 맞춰 현대 미국 흑인들의 종교적 상상력이 어떤 특수성을 지니는지, 무슬림 말콤 X Malcolm X의 『자서전』*The Autobiography of Malcolm X*, 해방신학자 제임스 콘 James Cone의 『흑인해방신학』*A Black Theology of Liberation*, 우머니스트 앨리스 워커Alice Walker의 소설 『칼라 퍼플』*Color Purple*을 통해서 살펴보려고 한다.

## 흑인 경험의 키워드: 고통

과거와 현재를 관통하는 흑인 특유의 종교적 상상력이란 과연 어떤 것일까? 앞서 말했듯이 흑인 특유의 종교적 상상력의 특성은 흑인이 처한 자연적, 사회적, 정치적, 문화적, 역사적, 종교적 환경과 밀접하게 관련된다. 개인과 집단이 특정한 환경과 맞닥뜨리면서 새롭게 경험하고, 그 경험들이 축적되면서 다시금 특수한 사회적/정치적/문화적/역사적/종교적 현상을 만들어낸다. 그리고 상호작용이 되풀이된다. 이처럼 환경과 주체의 경험은 서로 영향을 주고받으면서 특수한 문화적 정체성을 형성해나간다. 그렇다면 흑인에게 특수한 경험이란 무엇인가? 그 경험의 빛깔에 따라서 종교적 상상력도 다른 빛깔을 띠게 될 것이다.

흑인의 종교적 상상력을 자극하는 가장 핵심적인 경험은 고통이다. 종교는 인간의 경험 내용 가운데 가장 지속적이고 강렬한 실존적 물음에 직면하면서 형성되어온 신념 체계라고 한다면, 흑인들에게 고통이야말로 가장 지속적이고 강렬한 경험이었으니 고통에 대해 흑인들이 취해온 대응 방식이 그들만의 특수한 종교적 상상력의 특징을 구성하는 것은 당연한 일이다.

고통 중에서도 죽음의 고통은 보편적이고 지속적이고 강렬한 실존적 질문일 것이다. 그래서 모든 종교는 죽음이라는 한계상황에 직면한 인간의 반응을 다루고 있다. 그렇지만 흑인의 고통은 보편적인 죽음의 고통과는 좀 다르다. 자연재해와 질병과 노화로 인한 죽음과 고통의 문제는 어느 종교나 해결해야 할 숙제지만, 흑인의 고통과 죽음의 문제를 다루는 일은 오로지 실존적인 작업만은 아니다.

흑인의 고통Black suffering은 흑인이 처한 역사적/사회적/정치적 환경에 기인하는 신체적 정신적 고통이다. 자연적 재해와 죽음으로 인한 고통을 제외하면 그 외의 고통은 스스로의 잘못으로 인한 경우가 허다하지만, 흑인의 고통은 마치 욥의 고통처럼 고통 받는 사람의 행위와는 아무런 관련이 없다. 흑인의 고통은 백인의 우월적 지위white supremacy가 만들어낸 사회적 고통, 그로 인한 정신적 고통이다. 노예제 역시 산업경제적인 필요에 의해 노동력을 제공하기 위한 제도였기도 하지만, 그보다는 인종차별이 선행된 제도였다. 인종차별이 만들어내는 폭력과 영적 상처, 그로 인한 고통이 흑인의 공통적인 경험인 것이다. 압둘 R. 잔모하메드Abdul R. Janmohamed는 항상 자아의 멸절이라는 사회적 죽음의 위협에 노출된 사람들의 심리상태가 흑인 주체의 형성에 얼마나 큰 영향을 미치는지 지적한바 있다. 마찬가지로 셔먼 잭슨Sherman Jackon도 백인의 "정상화된 지배normalized domination" 하에서 타인의 기준으로 자신의 성취를 평가받기 때문에 져도 지고, 이겨도 질 수밖에 없는 흑인들의 사회적 고통에서 대해서 언급한다. 존 브래드쇼John Bradshaw도 고통 중에서 가장 힘든 것이 영적 고통이라고 말한다. 그는 영적 고통이란 자신의 가치를 타인들에게 존중받지 못하거나 멸시당하는 경우라고 한다. 인용하면,

> 우리가 자립적이지도 못하고 여러 가지 부끄러운 잘못으로 점철된 미성숙한 사람으로 언제나 취급당할 때, 우리는 깊은 영적 고통을 당하게 된다. 남녀 할 것 없이 자신의 정체성을 인정받지 못할 때 아래로 몰락하기 시작한다는 것이다. 우리는 누구나 다 자신이 유일한 존재, 이 세상에 존재할 가치가 충분히 있는 멋진 존재로 인정받기를 원한다. (Grun 108 재인용)

고 한다. 그럼에도 불구하고, 흑인들은 자신의 인격의 내용과

는 상관없이 오로지 피부색으로 인해서 미성숙한 존재로 자신의 정체성을 인정받지 못하기 때문에 그 어느 고통보다도 가장 힘든 고통 가운데 있다. 바로 이런 고통을 주된 경험으로 하는 흑인의 경우 그에 대처하고 극복하려는 종교적 상상력은 나름의 특성을 지니게 되는 것이다.

흑인의 종교적 상상력이 고통의 경험에서 나오는 것인 반면에 백인의 경우는 다르다. 얼마 전 포스트모던 백인 신학자 하비 콕스Harvy Cox와 진보적 가톨릭 백인 소설가 메리 고든Mary Gordon과 흑인 신학자 코넬 웨스트Cornell West와의 대담[4)]에서 그 다름이 현격히 노정되었다. 백인인 콕스와 고든은 모두 종교를 갈망의 차원에서 접근하고 있다. 그들의 갈망은 삶의 일차적인 고통, 적어도 흑인이 겪는 고통은 이미 해결된 상태에서 추구하는 갈망일 뿐이다. 한편 고든은 현대의 종교가 지나치게 사적인 종교로 타락하고 있다고 지적하면서 진정한 종교적 가르침은 굶주린 자를 먹이는 것이라고 강조한다. 그러나 굶주린 자를 먹이는 입장과 실제로 굶주리는 자의 고통은 매우 다를 수 밖에 없다. 무의미에 의미를 부여하고, 공허함을 충만함으로 채우고, 나와 우주와 일체감, 신비감, 등등은 흑인의 경험과는 너무나 동떨어진 사치스러운 종교경험이다. 흑인에게 중요한 것은 자아를 멸절시키려는 사회에서의 고통, 인격의 내용과 상관없이

4) www.radiooopensource.org

피부색만으로 멸시받는 사회에서의 고통이다.

## 미국 현대 흑인의 종교적 상상력의 특징

이러한 고통의 경험에서 출발하여 해답을 구하는 미국 현대 흑인의 종교적 상상력은 대체로 공동체적이고, 실천적/저항적이고, 경험적인 양상을 띠게 된다. 18세기 19세기에도 동일한 구조적 특성을 지니고 있었지만, 20세기에 이르러 이와 같은 특성은 더욱 분명해진다. 첫째, 공동체적인 특성이란 종교적 구원 혹은 해방이 개인의 차원에 머무르지 않고 집단의 구원과 해방을 지향하고 있다는 뜻이다. 흔히 대승불교는 소승불교와 대조적으로 소승적 반야의 차원에서 한걸음 더 나아가 법화의 경지를 추구하는데, 이는 과거와 현재와 미래를 통틀어 모든 존재가 구원받을 때까지 내가 구원될 수 없다는 깨달음으로 통한다. 흑인의 종교적 상상력의 공동체적 양상이란 바로 이런 대승적 견지와 상통한다. 두 번째, 실천적 양상이란 흑인 종교가 성경이나 교리의 해석보다는 정신적 사회적, 경제적, 정치적 해방과 정의의 성취를 위한 저항과 참여적 지향성을 갖고 있음을 지적하려는 것이다. 세 번째, 경험적인 양상이란 이론적으로 정통적 교리에서 벗어나지 않으려고 노심초사하기보다는 정통교리와 상관없이 자신들의 경험을 토대로 창의적이고 유연하게 현실에 대처해나가는 성향을 지칭한다. 이어서 살펴볼 말콤 X, 제임스 콘, 앨리스 워커는 위의 세 가지의 양상을 공통적으로 지니지만, 제각각 다른 독특한 특성을 지니기도 한다. 한 사람씩 살펴보기로 한다.

### 1. 말콤 X 의 『자서전』

미국 안에 다양한 흑인이 존재하는 것처럼 흑인의 종교도 매우 다양하다. 20세기 들어와 공업지대의 새로운 직업을 찾아, 짐 크로우 법을 피해서, 또 남부의 농업이 쇠퇴하고 많은 흑인들이 북부의 도시로 몰려들면서 흑인들의 종교는 매우 다양해졌다. 앞서 인용했던 베어와 싱어는 20세기 흑인들 사이의 다양한 종교를 네 가지로 분류한다.[5] 말콤 X가 속했던 '이슬람 국가Nation of Islam'는 베어와 싱어의 분류에서 "메시아적 민족주의messianic-nationalistic sects"에 속한다. 이 그룹은 교회를 구체적 목표 달성하기 위한 도구로 여기며 기존의 문화에 대해 매우 부정적인 태도를 가진 종교들을 묶어 포함하고 있는데, 대표적인 것이 '이슬람 국가'다. 일라이자 무하마드Elijah Muhammad가 특유의

5) 베어와 싱어의 흑인종교 유형 다이어그램은 다음과 같다:

| | | 사회적 행동의 전략의 측면 (Strategies of Social Action) | |
|---|---|---|---|
| | | 열등한 처지에서 오는 감정적인 긴장을 표현, 해소(Expressive) | 도구역할 (Instrumental) |
| 태도 | 긍정적 | 영성교회(Spiritualist church) | 기성교단. |
| | 부정적 | Holiness/Pentecostal 교회 | 메시아적-민족주의 이슬람 국가(Nation of Islam) |

카리스마로 이끌었던 '이슬람 국가'는 흑인들이 문화적, 정치적으로 뿐만 아니라 영토적으로도 백인들과 독립할 것을 주장했다. 백인이 규정한 흑인 정체성을 강력하게 부정하고 흑인만의 독특한 정신에 기초한 인종성으로 새롭게 대체할 것을 주장했다. 또한 흑인은 백인보다 우월하고 흑인을 멸시하는 백인은 신의 응징을 받을 것이라고 단언과 폭력도 마다 않는 과격함으로 '이슬람 국가'는 백인들에게 두려운 존재였다. 말콤 X가 후에 '이슬람 국가'와 갈등하면서 메카를 뒤늦게 방문하고 마침내 '이슬람 국가' 조직과 결별할 때까지, 그는 '이슬람 국가'의 공식적인 주장에 대한 강력한 대변자였다.

말콤 X의 아버지는 아프리카 귀환 운동을 전개했던 마르커스 가비Marcus Garvey의 열렬한 추종자였다. 그래서 온 가족이 늘 린치와 죽음의 위협에 시달려야 했다. 마침내 가족이 살던 집이 불에 타고 아버지가 살해되면서, 아직 어린 나이의 일곱 형제들은 뿔뿔이 흩어지고 어머니는 정신병원에서 이후 26년을 보내게 되었다. 입양된 말콤 X는 중학교에서 뛰어난 학업능력을 보였지만 8학년 때 법률가가 되고 싶다고 자신의 꿈을 선생님에게 고백하자 흑인으로서 현실적이지 못한 꿈"not realistic for nigger"이라는 선생님의 반응을 듣고 학교를 그만둔다. 이복누이 엘라의 도움으로 보스톤으로 오게 된 말콤 X는 학업 대신 구두닦이와 기차 웨이터로 시작해서 여러 직업을 전전했다. 그는 우연히 뉴욕으로 가게 되고, 뉴욕 할렘에서의 그의 삶은 마약 밀매, 도둑질, 뚜쟁이 등, 늘 폭력과 죽음의 위협에 노출된 허슬러hustler였고 전형적인 흑인 게토의 쥐 같은rat-like 밑바닥 삶이었다. 결국 경찰에 체포되었고, 보스턴의 찰스톤 감옥에 수감되었다. 금방이라도 폭발할 것 같은 분노와 독설로 감옥에서도 그는 사탄이라는 별명을 얻게 되었다.

그러던 중 감옥에서 존 엘튼 벰브리John Elton Bembry를 만나게 되어 깊은 감명을 받고 닥치는 대로 책을 읽기 시작한다. 소등 후에도 창문으로 들어오는 엷은 빛으로 수많은 책을 읽었다고 한다. 그즈음 동생 필버트Philbert Little로부터 이슬람 국가에 대해 알게 되었고, 창시자인 일라이자 무하마드와 직접 교신을 통해 극적인 회심을 경험한다. 6년간의 수감생활을 마친 그는 열렬한 이슬람 국가의 단원이 되어 그의 치열한 정의감과 엄청난 열정, 뛰어난 언변으로 짧은 시간 내에 이슬람 국가의 2인자로 부상한다. 이후 십여년 동안 무하마드의 열렬한 추종자로서 그에게 헌신하지만, 무하마드의 불륜과 말콤에 대한 무하마드의 질투로 인해서 둘 사이의 관계는 냉각되고, 마침내 1964년 말콤은 수니 이슬람으로 개종한 후 메카로 떠나면서 무하마드와 완전히 결별한다. 여행 후 말콤 X의 호전적인 태도는 한결 부드러워지고, 종교적 정치적 입장도 변화를 겪게 된다. 그러나 무하마드와 결별 후 이슬람 국가로부터 계속되는 암살위협에 시달렸고, 마침내 1965년 2월 21일 맨하탄에서 연설 도중 세 명의 젊은이들의 치밀한 계획하에 암살 당한다.

말콤 X는 "우리의 모든 경험이 합쳐서 우리의 인격을 형성"하고, "과거에 일어났던 모든 일들 하나하나가 바로 그 구성요소"(상 250)가 된다고 말한다. 이처럼 그의 삶의 경험도 그의 종교적 상상력을 구성하는 요소가 된다.

### 1) 공동체적 특성

흑인의 종교적 상상력은 백인들과 비교할 때, 훨씬 더 개인보다는 집단의 구원과 해방을 지향하고 있다. 이유인즉 백인들의 고통이 대체로 사회적 측면보다는 개인적 차원에서 발생하는 반면에 흑인들의 고통은 피부색으로 인한 차별이라는 흑인들 전체의 공통된 경험에서 출발하기 때문이다. 즉 고통 자체의 원인이 개인에게 있다면 개별적 원인을 해결하면 되지만, 고통의 원인 자체가 사회적이라면 사회적 원인이 해결되어야 하므로, 공동의 목표를 갖기 마련이고 그 목표를 성취하기 위해서는 공동의 노력을 필요로 한다.

이슬람 국가와 초기 말콤 X는 흑인의 우월성과 더불어 백인과 백인기독교의 악마성을 주장한다. 그 주장 자체가 바로 개인적인 구원이 아닌 집단적인 구원을 지향하고 있음이 분명하다. 일라이자 무하마드 가르침의 요지는 상당히 길지만 인용하면 다음과 같다. '이슬람 국가'의 단원들은 이것을 "흑인들의 참된 지식"이라고 부른다.

> "참된 지식"은 간단히 줄여서 설명하면 이런 것이었다. 역사는 백인 역사책에서 "백인화"되어버렸으며 흑인은 수백 년 동안 세뇌되었다. 인류가 지구라는 혹성에 처음 나타났던 곳은 아프리카 대륙이고 그 곳에 살던 최초의 인간은 흑인이었다.
>
> 최초의 인간인 흑인은 백인들이 여전히 동굴 속에서 네 발로 다니고 있을 때 이미 대제국과 문화와 문명을 이룩하였다. "악마인 백인"은 그 뒤 역사를 내려오면서 그들이 악마적 근성으로 백인이 아닌 모든 종족을 약탈하고 살해하고 침략하고 착취했다.
>
> 인류역사상 가장 큰 범죄는 흑인의 인신매매였다. 악마 백인들이 아프리카에 와서 흑인 남자 여자, 심지어는 어린이들까지 사슬로 묶어 노예선에 태워서 유럽으로 데리고 가기 위해 흑인들을 살해하고 납치했다. 그리고 흑인들은 노예로 팔린 뒤 죽도록 일하고 얻어 터지는 등 말할 수 없는 고통을 당했다.
>
> 악마 백인들은 아메리카의 흑인들이 그들이 진정한 정체를 전혀 모르는 지구상의 유일한 종족이 될 때까지 흑인 자신에 대한 모든 지식, 즉 흑인의 언어, 종교, 문화에 대한 지식을 완전히 말살시켰다.
>
> 한 세대 동안 아메리카의 흑인 노예 여자들은 진정한 종족도, 성도 모르는 새로 만들어진 세뇌된 종족이 나타날 때까지 계속 백인 주인에게 강간당해왔다. 노예 주인은 이 같은 강간으로 태어난 혼혈종족을 "니그로"라고 부르며 강제로 자기 성을 붙여주었다.
>
> 그리고 이 지구상의 다른 종족의 종교는 적어도 그들 종족과

같은 모양의 신을 가르쳤는데 반해, 노예 주인들은 "니그로"에게 그들 자신의 기독교를 주입시켰다. 즉 "니그로"들은 노예 주인과 같은 금발 머리, 흰 피부, 푸른 눈을 가진 생소한 하나님을 경배하라는 가르침을 받았던 것이다.

이 종교는 "니그로"에게 검은 피부는 저주를 받았기 때문이라고 가르쳤다. 이 종교는 또한 흑인 자신을 포함한 모든 검은 것을 증오하도록 가르쳤으며 흰 것은 모두 선량하고 찬양받고 존경받고 사랑받아야 옳은 것이라고 가르쳤다. 이 같은 세뇌로 인해 "니그로"들은 노예 주인의 더러운 흰 피가 조금이라도 더 그들의 피부에 드러나는 것이 우월한 것이라고 생각하게 되었다. 이 같은 백인의 기독교는 또, 오른 뺨을 맞으면 왼쪽 뺨을 내놓도록, 그냥 웃고 복종하고 겸손하도록, 그리고 노래하고 기도하고 또한 악마와 같은 백인이 뭐라 꾸짖고 욕해도 그냥 그걸 받아들이도록, 또한 그들이 노예 주인은 이 땅에서 천국을 즐기고 있는 동안 흑인들은 하늘을 쳐다보며 내세의 천국을 찾도록, 계속 속이고 세뇌했던 것이다. (상 268-270)

인류 최초의 선진 문명이 흑인의 것이었다는 사실과, 그 문명을 파괴한 것이 백인과 백인 기독교라는 사실이 주요 요지다. 우월했던 흑인의 찬란한 과거를 복원하고, 자신을 파멸시켰던 백인의 속셈을 드러내는 것이 그들의 목표인데, 그 목표는 분명히 개인의 문제가 아니라, 흑인 집단이 추구하는 목표였다. '이슬람 국가'가 주장하는 분리separation도 흑인들의 집단적 해방을 추구하고 있는 한 단면이라고 볼 수 있다. 당시 흑인의 주류 인권 운동가들은 짐 크로우법(격리, segregation)의 철폐와 백인과의 통합integration을 주장하고 있었지만, 이슬람 국가는 독특하게도 통합이 아닌 '분리'를 주장하고 있었다. 말콤 X는 이렇게 말한다.

> 우리는 격리(segregation)를 거부한다! 우리는 분리(separation)를 원한다. 분리와 격리는 분명히 다르다. … 격리하는 것은 통제하는 것을 뜻한다. 격리는 우월한 자가 열등한 자에게 억지로 가하는 것이다. 그러나 분리는 평등한 둘에 의해 상호의 이익을 위해 자발적으로 하는 것이다. (하 59)

말콤 X는 흑인들이 백인들과 따로 사는 것이 상호이익에 도움이 된다고 여긴다. 후에 무하마드와 결별한 후, 백인을 무조건 증오했던 것을 후회하고 궁극적으로 흑인과 백인이 함께 형제애를 나누는 것이 이상적임을 인정하지만, 적어도 현재로서는 목표를 추구해나가는 과정에서 흑인만으로 이루어진 조직이 필요함(하 261)을 역설하고 있다. 일단 흑인들이 공통적으로 그 지위를 향상하고 영혼의 고통에서 해방되는 것이, 흑백의 어울림이란 이상을 위해 선결되어야 할 문제라는 뜻이다. 결국 공동체의 구원이 선행되어야 한다는 것이다.

2) 저항적/실천적 특성

'이슬람 국가'와 말콤 X의 호전적이고 과격한 성향은 이미 널리 알려져 있다. 말콤 X는 이렇게 말한다. “우리 스스로 무언가를 하지 않는 한 우리는 결코 자유와 정의와 평등을 획득할 수 없습니다”(하 21). 그는 평화를 사랑하지만, 뺨을 맞고도 다른 쪽을 내미는 것은 정의롭지 못하다고 여긴다. 그는 말하길, “평화를 구하고, 공격적인 사람이 되지 마십시오. 그러나 누가 당신을 공격하면 다른 뺨을 돌려대라고 가르치지는 않습니다”(하 10).

그는 정의를 위해서 강력하게 저항하고 때로 폭력도 서슴지 말라고 가르친다. 그는 폭력에 대해 이렇게 말한다.

> 나는 분노를 믿는다. 성서에도 분노할 ‘시기’가 있다고 씌어있다. […] 나는 방종한 폭력을 지지하지 않는다. 나는 정의의 편이다. 만일 백인이 흑인들의 공격을 받았다면--만일 법의 힘이 그 흑인들로부터 그 백인을 보호할 수 없고, 보호하기에 불충분하고 게다가 보호할 의사가 없다면--그때에는 그 백인들은 필요하다면 무기를 써서라도 그런 흑인들로부터 자신을 보호하고 방어해야 한다고 나는 생각한다. 그리고 법이 백인의 공격으로부터 흑인들을 보호하지 못할 때, 그때에도 그 흑인들은 자신을 방어하기 위해 필요하다면 무기를 들어야 한다고 나는 생각한다. (하 248)

> 만일 비폭력이, 단지 폭력을 피하기 위해 우리가 미국의 흑인 문제에 대한 해결책을 계속 미루는 것을 뜻한다면, 나는 폭력을 지지한다. 또한 비폭력이 해결의 지연을 뜻한다면 나는 그것을 지지하지 않는다… 이 나라에서 흑인이 자기의 인권을 획득하기 위해서는 폭력을 사용해야 한다면… 결과가 어떻든 간에 또 폭력에 의해서 누가 다치든 간에 폭력을 지지할 것이다. (하 249)

말콤 X가 굳이 비폭력을 비판하면서 폭력을 지지한다고 힘주어 말하는 것은 흑인민권운동의 마르틴 루터 킹 목사를 염두에 두었기 때문인 듯하다. 그는 킹 목사의 유명한 설교가 있었던 워싱톤 광장에서의 집회를 백인들의 잘 연출된 쇼로 받아들이면서 비웃었다.

> 어디든지 가는 곳마다 온통 민권운동의 전진이란 말을 떠들고 있어요! 백인은 흑인이 '할렐루야'를 외쳐야 한다고 생각하고 있는 듯합니다! 4백년 간 백인은 흑인의 등에 1피트 나 되는 긴 칼을 꽂아 놓았다가 이제 와서 겨우 6인치쯤 그 칼을 뽑기 위해 흔들어대기 시작하고 있어요! 흑인더러 감지덕지하란 말입니까? 어림도 없는 소리지요. 만일 백인 그 칼을 완전히 뽑아냈다 해도 상처가 그대로 남을 판입니다. (하 97)

말콤 X의 저항과 실천은 종교적 신념 하에서 이뤄졌다. 자유와 평화, 폭력도 거부하지 않는 정의 실천은, 허슬러로서 범했던 온갖 밑바닥 죄악을 용서한 알라신에 대한 감사와, 동족을 자신과 같은 불행에서 구원하고 싶은 종교적 사명감을 바탕으로 한 것이었다.

### 3) 경험적 특성

말콤 X의 종교적 상상력은 정통교리에 얽매이지 않는다. 많은 사람들이 지적하듯이 일라이자 무하마드의 이슬람은 정통이슬람과는 좀 다른 것이었다. 미국 흑인적 상황에 알맞게 변용된 것이었다. 사막지방에서 태어난 정통이슬람은 미국이라는 토양에서 창조적으로 변용되었고, 새로운 미국이라는 현실에 유연하게 대응했던 것이다. 창조적으로 변용된 무하마드의 이슬람 국가는 말콤 X에 의해서 다시금 창조적으로 변용되기에 이른다.

이미 흑인의 종교로 강력하게 부상한 '이슬람 국가'가 지도자의 불륜과 개인적 질투로 위기를 맞았을 때, 말콤 X는 맹목적인 숭배의 위험성, '이슬람 국가'의 이분법적 호전성과 극단적 정의의 불의성을 깨닫게 된다. 메카 방문이후 말콤 X는 이렇게 말한다. "성지의 한 언덕 위에서 나는 사람이 그 어떤 다른 사람을 지나치게 숭배하는 것이, 특히 어떤 사람을 일종의 '신의 인도'와 '보호'를 받고 있는 인물로 간주하는 것이 얼마나 위험한 것인가를 깨달았다"(하 246-7)고 말한다.

또한 무하마드를 신의 메신저로 한 치의 의심 없이 경외하고 있을 때, 한 백인 여자가 다가와 자신이 흑인을 위해 할 수 있는 일이 무엇이냐고 그에게 물은 적이 있었다. 그때 말콤 X는 백인 악마가 할 수 있는 것은 아무것도 없다고 매몰차게 대꾸한다. 나중에 그는 그 일을 무척 후회한다. 흑인의 아젠다에 관심을 갖는 백인의 호의를 수용할 수 있는 여유가 그제야 생기는 것이다. 분노로 인해 눈이 멀어 백인은 무조건 적이고 흑인은 무조건 동지로 여기는 이분법적 사고가 진심 어린 호의에 깊은 상처를 주었음을 뒤늦게 깨닫게 된 것이다. "모든 백인을 무차별하게 고발하는 것은 백인들이 흑인을 고발하는 것과 마찬가지로 잘못된 것이다"(하 241)고 말한다.

또한 분노가 얼마나 사람의 마음을 비이성적으로 만드는지도 말한다. "나는 옛날 못지않게 분노하고 있었지만, 그와 동시에 성지에서 목격한 참된 형제애의 영향으로 나는 분노가 인간을 눈멀게 할 수 있다는 것을 알게 되었다"(하 261)고 한다. 분노로 인한 극단적인 정의 추구는 정의 자체의 배타적 성격으로 인하여 정의롭지 못한 자에 대한 폭력이라는 극단적 불의를 낳을 수 있음을 깨닫는다. 사랑이 없는 정의는 궁극적으로 정의가 아니다. 그러면서 말콤 X는 이렇게 말한다.

> 인간은 영혼에 의해 매혹된다. 힘에 의해서는 인간은 '강제될' 뿐이다. 사랑은 영혼에 의해 태어난다. 힘에 의해서는 불안이 조성될 뿐이다… 오늘날 참되고 유일한 전세계적인 해결책은 참된 종교, 즉 영혼의 종교에 의해 인도되는 정부일 뿐이다. 인종 문제로 분열된 이곳 미국에서, 이슬람교는 특히 미국 흑인들에게 절대적으로 필요하다고 확신하고 있다. (하 251)

### 4) 이슬람적 특성

이처럼 말콤 X의 종교적 상상력은 흑인이 처한 상황을 집단적, 저항적, 경험적으로 대응할 수 있는 방안을 만들어냈다. 그런데 백인에 대한 그의 저항과 흑인을 구원하기 위한 구체적 실천이 다른 일반 저항운동과 과연 어떻게 다를까? 말콤 X가 '이슬람 국가'라는 종교단체를 통해서 저항하고 실천했다는 것 이외에 그의 활동이 종교적일 수 있는 이유는 무엇일까? 그의 신념의 내용 자체에서 종교적인 성격이 있긴 한 것인가?

말콤 X의 경우엔, 초월적인 제 일자로서의 알라에 대한 믿음을 들 수 있다. 전지전능한 신으로서의 알라가 역사의 주인이고, 세상에서 일어나는 모든 일은 알라의 의지대로 움직이기 때문에 고통도 알라의 계획 가운데 뜻이 있다는 절대적 믿음이다. 이러한 믿음은 고통을 견디게 하고, 현재의 고난조차 미래의 선을 이룬다는 희망을 갖게 한다. 그런 희망이 있기 때문에 현실을 더욱 충만하게 더욱 바르게 살아갈 수 있는 것이다.

흑인들이 당한 고통에 대해 종교적으로 대응한다 하더라도 반드시 말콤 X와 같은 신관을 가지는 것은 아니다. 유명한 흑인신학자 윌리엄 존스William Jones처럼 흑인에게 부당한 고통을 주는 전통적인 전지전능한 신을 부정하는 사람도 있다. 전통적인 신 개념을 버리고 존스는 새로운 신개념을 설정한다. 그러나 말콤 X의 종교적 상상력은, 존스와 같은 신학자들과는 달리, 이슬람의 전지전능한 신개념을 유지하며 고통의 문제에 대한 해결책을 상상한다.

## 2. 제임스 콘의 『흑인해방신학』

유니온 신학대학의 교수였던 제임스 콘은 1970년에 처음 발간한 『흑인해방신학』으로 미국 내 대표적 흑인 신학자로 꼽히고 있다. 1960년대 실존주의적 신학과 민권운동의 바탕에서 쓰인 이 책은 이후 흑인 신학 뿐 아니라 여성신학이나 아시아신학에도 상당한 영향을 끼쳤다. 콘의 신학은 예수그리스도의 복음이 고통받는 자들의 해방과 관련하여 어떤 의미가 있는지 그에 대한 질문에서 출발한다. 특히 400년 넘게 노예 상황과 격리 하에서 자아 멸절의 위기에 놓여있었고, 더구나 노예제와 격리가 정부에서 공식적으로 법제화되었고 신학적으로도 합법화되었던 처지에 놓여있었던 흑인들에게 예수의 복음은 어떤 의미를 지니는가를 질문한다. 콘의 대답인즉, 흑인이든 백인이든, 억눌린 자의 해방을 위해 적극적인 투쟁을 하고 있을 때 그들의 투쟁은 예수의 복음에 합당한 것이라고 말한다.

콘은 신학이 흑인의 고통과 저항에 대해서 말하지 않는다면 그것은 신학일 수 없다고 누차 강조한다. 그는 말콤 X를 인용하면서 자유에 대한 자신의 믿음을 피력한다. “난 자유를 믿는 종교를 믿습니다. 나의 사람들, 즉 흑인을 위해 싸움을 못하도록 하는 종교를 내가 받아들여야 한다면 나는 ‘그런 종교는 치워버려!’라고 말할 겁니다”(xii 재인용).

때로 그의 신학이 지나치게 감정적이고 반지성적이라서 신학일 수 없다고 비난하기도 하지만, 신학이 냉철하고 지성적이어야 한다는 것은 백인의 기준일 뿐이라고 콘은 일축한다. 오히려 과학기술 시대에 종교적 믿음을 이성적으로 설득하고, 신을 없애버린 빈자리에 의미와 목적을 만들어 채우려는 백인의 사신신학은 배부른 자들의 이슈일 뿐이라고 비난한다(63). 그의 관심은 오로지 인종차별이 두루 침투해있는 이 세상에서 어떻게 살아남는가 라고 말한다.

콘의 신학은 신학적 전통으로 보면 신 정통신학자인 칼 바르트Karl Barth와 문화신학자인 폴 틸리히Paul Tillich의 관점을 절충하고 있는 듯하나, 틸리히 쪽으로 상당히 기울고 있다. 무한한 신과 유한한 인간의 간격은 엄연해서 절대로 좁힐 수 없으며, 무한한 신의 존재를 절대적으로 인정한다는 면에서 바르트를 수용하고 있다. 동시에 신은 구체적인 인간의 역사를 통해 사역하고 개입한다는 입장은 틸리히적이다. 그렇다고 콘이 신의 내재성만 강조하는 것은 아니다. 진리는 인간의 능력에 제한받지 않을 만큼 초월적이라는 것도 아울러 강조한다.

콘은 바르트나 틸리히의 입장을 고르게 수용하면서도 그만의 독특함을 가진다. 그 독특함이 바로 흑인 해방신학적 관점인데, "신의 계시란 오로지 해방, 그 이상도 그 이하도 아니다"(46)는 입장이다. 그는 해방이야말로 신의 속성이라고 주장한다. 신은 사랑의 신이며 동시에 정의의 신인데, 신의 사랑은 억압된 자들, 흑인 공동체의 경우엔 오로지 흑인의 해방을 통해서만 드러난다고 주장한다.

### 1) 공동체적 특성

흑인해방신학은 억압된 자들 중 흑인의 고통에 특별히 주목하는 신학이기 때문에 공동체적 특성을 지닐 수밖에 없다. 콘은 “신학은 공동체와 분리될 수 없다 Theology cannot be separated from the community”(8)고 말한다. 미국의 신학은 오랫동안 백인에게 봉사하는 백인공동체 신학이었다. 그러므로 흑인들과는 상관이 없는 신학이었고 주장한다. 그래서 콘은 흑인 공동체의 자의식을 반영하는 신학의 필요성을 절감했다. 흑인 공동체의 자의식이란 흑인의 역사와 문화, 특별히 고통의 역사 속에서 형성되어 온 자의식을 말한다. 흑인의 경험과 문제에 초점을 맞추는 신학이 필요했고, 문제의 해결은 바로 해방이었다.

말콤 X와 마찬가지로 콘이 의미하는 해방은 개인적인 구원이나 신과의 합일이 아니라, 나를 포함한 흑인 전체의 해방을 의미했다. 콘은 이렇게 말한다. “모든 사람들이 자유로울 때까지 누구도 자유로울 수 없다No one is free until all are free”(88)고 말한다. 그는 세상이 억압되어 있다면 자유를 얻은 자가 해야 할 일은 다른 사람을 해방시키는 것이라고 말한다. 자유롭다는 말 자체가 다른 사람을 해방시키는 행위를 의미한다고 한다. 그래서 콘은 '참여하는 자'를 강조하고, '함께 하는 자유'를 강조한다.

그러나 콘의 종교적 상상력이 모든 존재의 유기적 상호 연관성으로까지 미치지는 못하는 것 같다. 모든 존재가 상호 연관되어 있기 때문에 나의 구원은 타인의 구원에 전적으로 의존한다는 단계까지 나아가지 못하는 것 같다. 그러나 뒤에서 다루는 앨리스 워커는 바로 그런 단계까지 진입한다.

2) 실천적/저항적 특성

흑인이 당하는 부조리한 고통에 대해 어떻게 대응할 것인가? 콘은 당연히 저항하고 행동해야 한다고 말한다. 지저분한 게토에 사는 것이 신의 뜻은 아니다. 6백만 유대인의 죽음과 흑인의 고난이 신의 뜻이라고 말할 수는 없다. 인간의 고통을 신이 인정한다는 말은 그 어떤 것도 받아들일 수 없다고 콘은 말한다. 부조리한 고통 앞에서 막연히 "하나님을 믿는 자들에겐 모든 것이 합력하여 선을 이룬다"라든가, 인간의 죄악으로 스스로 초래한 고통조차 신은 목적을 두고 사용한다는 말 등을 콘은 부정한다. 단지 인간에 주어지는 고통과 관련하여 콘이 부분적으로 받아들이는 관점은, 고통은 인간의 사악함에서 나오므로 신의 문제가 아니라 인간의 문제일 뿐이라는 견해다(80). 고통이 인간의 문제이고 인간이 모인 사회의 문제이기 때문에 적극적인 행동이 가능해진다. 만일 신의 문제라면 인간이 할 수 있는 일은 아무것도 없을 것이다.

혹자는 미래의 영광을 생각하면서 현재의 고통을 견뎌야 한다고 말하기도 한다. 그러나 콘은 단호하게 이를 부정한다. "먼 곳에서 죽음 후에 이뤄지는 천국에 대해 기대하는 것은 은 현재 흑인의 고통을 설명하기에 불충분하다"(17)고 말한다. 흔히 예수의 죽음과 부활이 피안적 구원을 의미한다고 하지만, 콘은 이를 부정한다. 그의 구속론은 다분히 차안적이다. 미래를 위해서 현재의 악을 참아내서는 안되다고 단호하게 말한다(81). 차안에서의 적극적인 저항과 실천을 강조한다.

더러는 예수가 부당한 고통과 죽음을 받아들인 것처럼 흑인도 그렇게 인간의 불의를 견뎌야 한다고 말하기도 한다. 하지만 콘은 불의로 인한 고통에는 단연코 저항하되, 견뎌야 할 고통이란 바로 저항과 해방의 과정에서 오는 고통이라고 구분해서 말한다. 콘은 거듭 주장하길, "신의 뜻은 바로 여기 현재 흑인의 해방이라는 현실에서만 있을 뿐이다"(81)라고 강조한다.

콘은 까뮈처럼 반항해야 한다고 말한다. 이기기 위해서가 아니라 반항이 신의 계시에 맞기 때문이라고 말한다(17). 어쩌면 이기지 못할지도 모른다. 그럼에도 불구하고 계속 싸울 수 있는 힘은 바로 보이지 않는 것을 믿고 바라는 것이 이뤄지리라는 희망 때문에 가능한 것이다.

그러므로 흑인신학은 추상적이고 냉정한 담론이 아니라 "헌신의 신학 theology of commitment"라고 콘은 말한다. 모든 진실은 현실과의 열정적인 만남에서 나온다. 흑인의 현실에 대한 열정적인 만남 없이 진실은 없다는 것이다. 진실은 주관적인 것이고 열정만이 진리에 대한 유일하게 적절한 반응이라는 것이다. "흑인들은 배꼽만 바라보는 사치에 빠져있을 여유가 없다 Blacks are not afforded the luxury of navel gazing"(24)라고 말한다. 즉, 가만히 앉아서 명상만 할 수는 없다는 것이다. 아이들이 학대당하고 여자들이 강간당하고 남자들의 총 맞아 쓰러지고 있는데 가만히 앉아서 명상만 할 수는 없다. 모든 것이 신의 손안에 있다는 것은 우리가 할 수 있는 것이 아무것도 없다는 뜻은 아니다. 최선을 다하되 그것을 넘어서는 신의 뜻이 있음을 인정할 뿐이다. 그러므로 콘은 적극적인 반항과 실천과 헌신을 강조한다.

### 3) 경험적 특성

콘은 전통적인 신학에서 상당히 벗어나 있다. 앞서 말했듯이 이제까지의 신학은 지배자인 백인 공동체를 위한 신학이었기 때문에 피지배자의 신학을 만들기 위해서는 성경을 새롭게 해석할 필요가 있었다. 그래서 그는 구약과 신약을 백인들과 다르게 해석한다.

콘의 신은 억눌린 자의 신이다. 이집트에서 노예로 있던 이스라엘을 구원한 신이고, 바빌론의 유수에서 유대인을 해방시킨

신이다. 선지자들이 예언한 것은 신의 정의였고, 구약의 신은 역사에 적극적으로 개입하는 신이었으며[6], 무엇보다 야훼는 편드는 신이었다 "Yahweh takes sides"(4). 그러므로 "억눌린 자의 신은 흑인 공동체의 편을 든다. 신은 흑백의 싸움에서 색맹이 아니다. 신은 흑인과 동일시했다"(6)고 말한다.

신약에서도 신은 공동체 안에서 소외되고 억눌린 자들에게 관심을 쏟았다. 예수는 태어날 때부터 낮은 신분이었고, 예수가 세례를 받는다는 것의 의미는 자신도 죄인이라는 의미인데 이는 자신을 죄인과 동일시했다는 의미다. 그래서 바로 예수 자신이 억눌린 자 the Oppressed One라는 것이다. 예수는 부자들을 질책했고, 항상 가난한 자들과 소외된 자들과 함께 했다. 예수 부활의 의미는 천국에 대한 소망이 아니라 미래에 대한 소망인데, 가난하고 억눌린 자들이 실제로 해방되는 미래에 대한 소망이라는 것이다.

흔히 예수는 정치적인 해방이 아닌, 정신적인 해방만을 추구했다고 말한다. 많은 사람들은 성경에 나오는 가난이 물질적인 가난이 아니라, 정신적 가난이라고 해석해왔다. 예수는 물질적인 소유를 비난하지 않았다고, 단지 소유에 대한 태도가 중요하다고 말하는 사람들이 많다. 또 소유와 복음은 상반되지 않는다고 말한다. 그러나 콘은 이런 것이 틀렸다고 말한다. 하지만

6) "God is decidedly involved. God is active in human history, taking sides with the oppressed of the land." (6)

절대로 그렇지 않다고 콘은 강변한다. 예수가 의미한 해방은 실질적인 해방을 의미했다. 그러므로 예수가 선포한 하나님의 나라는 단순히 정신적인 것 뿐 아니라, 모든 것을 다 포괄한다. "…하나님의 나라는 사회적, 경제적, 정치적 경계를 모두 포괄하는 것이다" (117)라고 말한다. 이처럼 콘은 예수의 복음을 단순히 정신적인 차원으로만 국한시키지 않는다.

콘에게 진리란 추상적인 아니라 구체적인 것이라고 말한다. 실존이 본질을 앞서는 것이고, 구체적인 인간에 대한 관심에서 벗어난 담론이란 있을 수 없다고 단호하게 말한다. 진정한 기독교가 가질 수 있는 유일한 확신은 구체적 인간이 겪는 고통에 신이 참여하고 있다고 확신이고, 그 확신에 따라 비인간적 행위에 반응하는 것이라고 한다.

또한 콘은 신학이 특정한 시대와 공간의 조건에서 쓰인 일종의 담론, 즉 인간의 언어임을 강조한다. 신학을 마치 절대적 담론처럼 신성시하는 태도와는 매우 다르다. 신학은 그저 인간의 담론일 뿐이고, 신 언어God-language는 모두 상징일 뿐이다. 왜냐하면 신을 직접적으로 언어로 표현하는 것은 불가능하기 때문이다. 그런데 그 상징이 흑인의 해방과 관련이 없다면 마땅히 폐기되어야 한다고 콘은 주장한다. 신이 누구의 신인지에 따라, 즉, 억압자의 신인지, 아니면 피억압자의 신인지에 따라 폐기할 수도 있고 보존할 수도 있다는 것이다.

이처럼 콘은 성경을 흑인의 고통이라는 구체적 역사적 경험에 입각해서 새롭게 해석한다. 정통적 해석과 백인의 신학적 해석을 그는 전혀 개의치 않는다. 오로지 흑인 공동체의 경험에서 우러나오는 자유와 해방만이 신학의 핵심이 되어야 한다고 주장한다.

#### 4) 기독교적 특성

흑인의 해방을 핵심으로 삼는 제임스 콘의 신학이 일반적인 흑인해방론과 어떻게 다를 수 있을까? 어떤 면에서 특별히 종교적이라고 말할 수 있을까? 제임스 콘은 전지전능한 절대신 알라를 전제하는 말콤 X의 세계관과는 조금 다르지만, 그래도 여전히 종교적이라고 할만한 것이 사실 아주 많다. 무엇보다 성경을 신의 계시를 담는 기록의 하나로 보는 측면에서 종교적이고, 비록 신의 초월성이라는 것이 바르트적 초월성과는 다르지만, 그래도 신의 초월성을 인정한다는 면에서 종교적이며, 무엇보다도 예수야말로 신의 육화로 본다는 면에서 기독교적이다.

콘은 흑인의 해방이 없는 복음은 무의미하고 예수의 복음이 없는 흑인의 해방도 무의미하다고 말한다. 흑인의 해방은 반드시 예수 계시의 맥락에서 실천되어야 한다는 것이 콘의 기독교적 입장을 선명히 드러내는 부분이다.

또한 콘은 현실과 역사를 강조하기 때문에 신학이 인류학이 되어버린다는 정통주의자들의 비난을 면할 수 없을 것처럼 보이기도 한다. 하지만 콘은 인간이 단순히 물리적 존재에 기초하여 살지 않는다고 말한다. "인간은 물리적 존재를 초월할 자유를 가지고 있다. 물리적 현실을 초월하는 무한의 존재를 만날 수 있을 만큼 자유롭다. 그래서 흑인은 물리적 현실이 마치 전부인 양 매달릴 필요가 없다"(77)고 말한다. 바로 이런 부분이 일반적 흑인해방운동이나 인본주의와 다른 점이다. 물론 콘의 초월성이라는 것이 공간적인 초월성을 의미하지는 않는다. 즉 저 멀리 하늘 어딘가, 인간 세상을 초월한 어딘가에 신이 있다는 개념과는 다르다. 콘에게 초월성이란 인간해방을 위한 투쟁의 목적을 인간이 정의하는 것이 아니라 무한자가 정의한다는 것을 의미한다. 무한과 유한에 대한 폴 틸리히의 개념을 인용하면서 콘은 이렇게 말한다. "무한은 유한을 통해 드러나지만 무한이 유한으로 환원될 수 없을 만큼 무한은 초월적이고 신비롭다"(78)는 것이다. 어쨌거나 초월적이고 신비로운 무한을 상상할 수 있는 것 자체가 이미 종교적이며, 무한을 드러내는 구체적 유한성이 바로 예수라고 보는 점에서 콘은 기독교적이다.

### 3. 앨리스 워커의 『칼라 퍼플』

『칼라 퍼플』에 나타난 앨리스 워커의 종교적 상상력은 말콤 X나 제임스 콘과 마찬가지로 백인 정통 기독교를 뛰어넘고 있다는 면에서 비슷하다. 하지만 앨리스 워커의 종교적 상상력은 백인 정통종교의 한계를 뛰어넘을 뿐 아니라, 초월적 인격신의 개념조차 훌쩍 뛰어넘는다. 말콤 X와 제임스 콘의 사상은 백인의 기독교를 비판하거나 재해석하는 혁신적 태도에도 불구하고, 여전히 초월적 남성신의 한계 안에 있다. 하지만 앨리스 워커는 신의 여성적 이미지를 부각시킴으로써 남성신을 부정할 뿐만 아니라, 신의 인격적 이미지를 부정하고 "그것"으로 대체함으로써 전통적 이슬람이나 기독교에서 급진적으로 벗어난다.

『칼라 퍼플』은 실리Celie라는 여성이 신에게 쓴 편지들로 구성돼있다. 이 작품은 무지한 실리가 남편의 애인인 슈그Shug와 동생 네티Nettie의 인도를 받아 닫혀있던 자아를 열게 되고 해방된 삶을 찾는 여성주의적 이야기로 읽힌다. 하지만 종교적 관점에서는 다르게 읽힌다. 이 작품은 백인의 종교를 내면화했던 실리가 참다운 흑인 여성의 종교를 찾게 되는 이야기로 해석할 수도 있다. 실리가 상상하는 신은 "크고 늙고 키 큰 백인이었다. 맨발에 하얀 옷을 입은 모습이었고, 파랗고 커다란 눈, 하얀 눈썹을 가진 신"(201)이었다. 백인들이 주입한 신의 모습을 그대로 내면화한 결과였다. 백인 남자 신을 내면화한 실리는 남성이 가하는 부당한 고통들에 아무런 저항 없이 묵묵하게 견디기만 한다. 그녀의 상상을 지배하는 백인 신은 당연히 백인만 사랑하는 신이었고, 자신처럼 가난하고 못생긴 흑인에게 무관심한 신일 뿐이었다. 백인 남자신은 실리의 친아버지가 린치로 살해당하게 내버려 둔 신이었고, 엄마가 정신병으로 비참하게 죽어가도 전혀 개입하지 않는 무심한 신이었다. 그 신은 실리가 의붓아버지로부터 상습적 강간을 당하도록 방관했고, 강간의 결과로 생긴 아기들을 빼앗기는 고통을 당하도록 내버려 두었고, 결혼한 남편으로부터 학대받아도 침묵만 지키는 신이었다.

그러나 슈그는 말한다. 그런 신은 "백인의 백인 성경에나 있는 신"(201)이라고 일축한다. 네티도 비슷하게 말한다. 성경인물 그림이 모두 백인으로 그려졌기 때문에 모두 백인이라고 생각하는 것은 잘못이라고 지적한다. 즉 그 신은 백인들이 의도적으로 흑인들에게 세뇌한 신일뿐이고, 그 신을 흑인들은 비판 없이 내면화했을 뿐이라고 실리에게 알려준다. 성경에 쓴 대로 예수의 머리카락이 양털과 같다면, 그것은 필시 예수가 흑인인 증거라고 네티는 말한다(141). 예수가 현재 이곳의 역사적 공간에 부활한 신이라면 그 신은 당연히 흑인이여야 한다는 제임스 콘의 주장과도 일치한다.

백인 남성신을 제거한 공백을 무엇으로 채울 것인가? 네티는 이렇게 말한다. "백인 남성신이 사라진 후 다른 사람을 뱀으로 만들지 않기 위해서 할 수 있는 일은 다른 사람을 하나님의 자녀로 여기는 것, 한 엄마의 자녀로 여기는 것이야. 그들이 어떻게 생겼건 어떻게 행동하건 간에"(282) 라고 네티가 말한다. 이

짧은 대답은 앨리스 워커의 신에 대해서 많은 것을 말해준다. 다른 사람을 하나님의 자녀, 한 엄마의 자녀로 여기는 것에서 두 가지 함축성을 이끌어낼 수 있다. 우선 하나님을 엄마, 즉 여성으로 표상화하고 있다는 사실이다. 전통적으로 하나님은 항상 아버지 남자로 상징되어 왔다. 여성신학자 메리 데일리Mary Daly는 "종교적 상징은 그것을 지원하는 문화적 타당성을 잃을 때 사멸한다"(56)고 말한다. 하나님 아버지라는 상징은 가부장제 문화 안에서 타당성이 있었지만, 가부장제의 타당성이 사라진 지금 상징의 변화도 불가피한 것이다. 이제 남성신 대신 여성신이다. 게다가 앞서 말한 백인 신에 대한 부정까지 포함하면 이번엔 백인신이 사라진 공백을 흑인여성신이 대체하게 되는 것이다.

또 다른 함축성은 백인신이 사라진 공백을 메우는 것은 흑인여성신이지만, 동시에 흑인여성신은 백인 남성신과 같은 초월적인 존재가 아니라, 살아있는 모든 것이 된다. 남성과 여성, 흑인과 백인을 포함하여 살아있는 모든 것을 존중하고 그들에게 친절을 베푸는 신이다. 왜냐하면 살아있는 모든 것들이 다 신의 육화이기 때문이다. 하찮은 들꽃과 보랏빛을 사랑하는 것이 결국 신을 사랑하는 것이라고 말한다. 결국 실리는 슈그와 네티의 도움으로 종교적 깨달음에 이른다.

이렇게 워커가 노정하는 종교적 상상력을 공동체적 양상과 저항적 양상, 경험적 양상과 더불어, 우머니스트적 양상으로 나누어 설명해보면 아래와 같다.

### 1) 공동체적 특성

백인의 신을 내면화하는 실리에게 슈그는 자신의 종교체험을 이렇게 들려준다.

> 그녀[슈그]가 말했지. 늙은 백인[신]으로부터 벗어나게 된 첫 단계는 바로 나무였어. 그리고 공기였고, 그 다음엔 새였어. 하지만, 조용히 마치 엄마 없는 아이처럼 앉아있던 어느 날, 하긴 난 실제로 엄마 없는 아이지만 말야, 바로 그날, 내게 특별한 느낌이 들었어. 내가 모든 것의 부분이라는 느낌, 모든 것이 연결되어 있다는 느낌 말야. 그때 알게 되었지. 내가 나무를 베면 내 팔에서 피가 날 거라는 사실을. (203)

슈그가 백인 남성신에서 벗어나서 발견하게 된 것이 나무라고 말한다. 이어서 공기, 새, 다른 존재들을 새롭게 발견한다. 즉 남성신 대신 나무와 공기와 새와 인간으로 대체된다. 다소 범신론처럼 느껴지기도 하는데, 서구의 범신론이 아니라 오히려 '내가 곧 우주' '내 안에 육화된 우주' '우주의 육화로서의 나'라는 불교적 반야의 경지와 흡사하다. 이러한 깨우침은 모든 존재가 분리되지 않고 서로 연결되어 있으며, 내 몸이 아프면, 다른 존재가 함께 아프다는 인식으로 통한다. 모든 존재가 연관되고, 너와 나의 경계, 주체와 객체의 경계가 사라지면서, 나는 우주적 관계망 속으로 흡수되어버린다. 그런 의미에서 우주 전체가 구원될 때까지 나의 구원은 있을 수 없다는 붓다의 선포와 흡사해진다. 그리고 모든 사람이 해방될 때까지 내가 해방될 수 없다는 제임스 콘과도 흡사하다. 결국 나의 구원은 나 개인의 구원이 아니라, 공동체 모두의 구원을 의미하게 된다. 그렇다고 개인이 중요하지 않은 것은 아니다. 다만 개인은 홀로 개인일 수 없으며 언제나 타인과 관계 속의 개인일 수밖에 없다. 그렇다면 나만의 구원이란 것이 무슨 의미가 있을까? 나의 부모와 가족, 나의 이웃과 민족, 인류, 더 나아가서 우주의 구원 없이 나의 구원이 무슨 의미가 있을까? 워커의 영성은 나의 구원이 타인의 구원에 전적으로 의존하고 있음을 역설하고 있다.

### 2) 실천적/저항적 특성

작품의 초반에서 실리는 남편의 폭력에 저항하지 않는다. 남편이 그녀를 때릴 때 그녀는 자신을 나무로 만들어버린다. 자신에게 말한다, "넌 나무야"(23)라고. 맞아도 아무런 느낌도 없고, 아무런 반항도 하지 않는 나무라고 말한다. 그러나 독실한 기독교인인 네티가 언니에게 당부한다. "싸워야 해!"(18). 결국 실리는 당당하게 저항한다. 남편의 결혼 제안을 거부할 만큼 주체적 자아를 다져낼 수 있게 된다. 이런 주체적 자아 형성은 슈그로부터 배우는 흑인여성의 종교적 상상력이 커다란 영향을 끼친다.

실리는 슈그의 사랑을 통해 자존감을 획득한다. 버림받은 존재로부터 사랑받고 있는 존재로의 변화는 실리에게 자신감을 부여한다. 아프리카로 떠나면서 자신을 버렸다고 믿었던 동생이 사실 수년 동안 자신에게 꼬박꼬박 편지를 보내고 있었다는 사실을 뒤늦게 알게 되었을 때, 실리는 변화한다. 동시에 슈그와 네티가 가르쳐 주는 신은 구타와 모멸 속에서 침묵하지 말고, 구타와 모멸에 당당히 저항하라고 가르친다. 그러므로 워커의 종교적 상상력은 부당한 폭력과 압제에 저항하고 해방을 실천하게 만든다.

### 3) 경험적 특성

무엇보다는 특이한 것은 워커의 신 개념이다. 누군가 소중히 여기는 무엇이든 신이 될 수 있다. 올린카의 원주민들은 그들이 소중하게 숭배하는 뿌리잎 rootfleaf을 네티에게 가져다준다. 뿌리잎을 숭배하는 것은 우상숭배라고 생각하여 뿌리잎 섬기는 것을 금지했었지만, 네티는 반문한다. "뿌리잎이 예수는 아니지만, 나름의 소박한 방식으로 그것도 신이 아닐까?"(160). 워커는 원주민들이 하찮은 잎사귀를 섬기는 것은 그들 삶에 소중한 것을 소중하게 여기는 귀한 태도로서 존중되어야 한다고 주장하려는 듯하다. 소중한 것이 신이라면 뿌리잎이 신이 안될 이유도 없지 않은가? 뿌리잎 섬기는 일을 금했던 선교사들의 태도가 일반적이라면 네티의 태도는 전통적 신앙에서 벗어나 훨씬 유연하다.

슈그의 신개념은 한걸음 더 나아가 인격신을 초월하고 있다. 그녀는 신을 인격신이 아니라 "그것"라고 말한다. 그리고 "그것"는 현 공간 안의 모든 것을 포괄할 뿐 아니라, 과거 현재 미래의 모든 것까지도 포괄하는 신이다.

> 신은 남자도 아니고 여자도 아니야. 신은 "그것"이야. (202)

> "그것"은 너 자신을 포함해서 다른 것과 분리해서 볼 수 있는 어떤 것이 아니야. 신이 모든 것이야. 슈그가 말했다. 현재 여기의 모든 것, 과거에 있었던 모든 것, 그리고 미래의 모든 것까지도 포함해서. 네가 느낄 수 있을 때, 느껴서 행복할 때, 너는 "그것"을 찾은 거야. (202-3)

워커의 신은 인격신이 아닐 뿐 아니라, "그것"으로 지칭되는 신은 느낌으로 알 수 있는 경험적 신이다.

신의 개념에 대해서, 아프리카로 선교 사업에 나갈 만큼 정통종교의 포교에 신실한 기독교인이었던 네티도 변화한다. "대부분의 사람들은 신이 어떤 것이나 어떤 사람과 닮았다고 생각한다. 이를테면, 뿌리잎이나 예수처럼 말이야. 하지만 우리는 그렇지 않아. 신의 외형에 매이지 않을 때 우리는 자유로워져"(264), 라고 네티는 말한다. 하나님은 영이기 때문에 모든 것 안에 있지만, 특정한 형태를 입고 있다는 생각은 자칫 우상에 빠지게 만들 수도 있다. 워커에 따르면 신은 오로지 눈으로 볼 수 있는 형태가 아니라, 느낌으로 경험될 수 있는 실재다.

슈그를 통해서 드러나는 워커의 신은 정형화된 외형에서 자유로울 뿐 아니라, 편협한 도덕성에서도 자유로운 신이다. 감각적인 즐거움에 대해 죄의식을 느끼는 실리에게 슈그는 사랑도 섹스도 아름다운 자연도 모두 신이 만든 것이기 때문에 우주의 모든 것을 즐기는 것이 마땅하다고 말한다. 슈그는 "들판을 지나면서 보랏빛을 보지 못한다면 신을 노엽게 할거야"(203)라고 말한다. 실리는 백인 신에 대한 원망 때문에 신이 만든 것을 제대로 본 일이 없다는 것을 깨닫는다. 옥수수도, 보랏빛도, 작은 들꽃도 즐겨 본 적이 없었음을 깨닫는다. 그리고 마침내 실리는 이렇게 느낀다. "요즘엔 내가 신과 사랑을 나누는 것 같아"(227). 마침내 실리는 우주와 사랑에 빠진다.

이러한 독특한 신 개념은 전통교회의 학습보다는 흑인여성으로서의 독특한 경험에서 형성된 것이다. 다중적으로 억압된 흑인 여성의 현실을 극복하려는 종교적 상상력은 정통적 종교에서 벗어나 흑인 여성 특유의 경험에 의존하고 있음을 알 수 있다.

### 4) 우머니스트적 특성

앨리스 워커의 우머니스트 개념은 백인의 페미니즘에다 흑인 여성의 경험을 보태는 개념이다. 백인 페미니즘이 분리와 독립과 자유를 미덕으로 하는 근대적 주체를 목표로 하고 있다면, 흑인여성의 우머니스트는 근대적 주체에서 멈추지 않고, 더 나아가 "여자, 남자를 포함한 모든 사람의 생존과 온전성에 헌신하는"(Williams 179) 사람을 의미한다. "우머니스트는 분리주의자가 아니다"(Williams 179). 즉 우머니스트는 남자든 여자든 다른 사람들과 깊숙하게 연관되어 있으며, 사람 뿐 아니라 우주의 만물과 긴밀한 관계망 속에 존재하고 있음을 깨닫고 있다. 타자에 대한 연민과 사랑과 윤리의식은 너와 내가 서로 분리된 것이 아니라 서로 연관될 뿐 아니라, 궁극적으로 하나라는 인식에서 비롯되는 것이다.

20세기 후반의 정체성 담론의 핵심은 주체의 분리를 기반으로 하는 해방과 독립인데, 앨리스 워커의 종교적 상상력은 주체의 분리보다 타자와의 하나됨을 지향하고 있다는 면에서 말콤 X나 제임스 콘과는 상당히 다르다. 이에 대해 캐더린 켈러 Catherine Keller는 여성의 경우는 자아의 성숙을 가늠하는 기준이 다르다고 한다. 프로이드와 에릭 에릭슨Eric Erickson의 심리학에서는 분리와 독립이 성숙을 의미하지만, 여성의 성숙은 관계의 맥락에서 책임과 배려의 기준으로 성숙의 정도를 가늠할 수 있다고 캐롤 길리건Carol Gilligan을 빌려 말한다(263). 그러므로 독립이 아닌 상호의존에서, 분리가 아닌 관계 속에서 이상적 종교성을 상정하는 워커의 상상력은 우머니스트적 종교성이라고 명명할 수 있다.

## 나가며

선택은 운명을 낳고, 운명은 인간을 단련한다. 그러나 미국 흑인들에게 선택은 없었다. 강요된 운명이 그들을 혹독하게 단련했을 뿐이다. 그들 특유의 경험은 그들에게 전파된 종교를 독특한 상상력으로 변형시켰다. 백인들이 종교를 내세워 흑인의 열등성을 정당화할 때 이를 내면화시킨 흑인들은 자신의 존재가치를 노예 이상으로 상승시킬 수 없었다. 그러나 백인들의 "정상화된 지배" 체제에도 불구하고 흑인의 종교적 상상력은 고통을 감내하고 스스로의 존재가치를 회복하며, 정상화된 지배에 저항할 수 있는 힘의 원천이 되었다.

그렇기 때문에 그들의 종교적 상상력은 백인과는 다른 독특한 양상을 띠게 되었는데, 본 논문에서는 그 양상을 공동체적, 실천적/저항적, 경험적 양상으로 분류하여 세 명의 인물을 통해서 살펴보았다. 흑인의 종교적 상상력의 양상을 일반화하기에는 세 인물이 턱없이 부족한 데이터임에 틀림없다. 더구나 소위 흑인적 우주관black cosmology을 소설에서 형상화하는 토니 모리슨과 같은 작가를 추가한다면, 흑인의 종교적 상상력은 훨씬 다양한 양상을 노정할 것이다. 그러나 미국 흑인의 주요 종교가 이슬람과 기독교임을 감안하여 각각 대표 인물인 말콤 X와 제임스 콘을 선정하였고, 그들이 모두 남자임을 또한 감안하여 여성이면서 동시에 주요 종교적 입장과 거리가 있는 앨리스 워커를 선정하여 거칠지만 일반화의 오류를 최소화하려고 고려했다. 앞으로 더 많은 흑인 인물들을 살펴본다면 흑인의 종교적 상상력의 본질적 양상에 어느 정도 더 근접하게 그려낼 수 있을 것이다.

물론 흑인의 종교적 상상력은 고정적 실체가 아니라, 개체의 다양성과 시간과 공간의 변화에 따라 유동적인 것은 너무나 분명하다. 또한 상상력의 특성을 몇 가지 특성으로 일반화하는 것은 다양한 개성을 단순한 틀 속으로 환원시킬 위험마저 있다. 그럼에도 불구하고 흑인의 종교적 상상력의 특징을 유형적으로 살펴보는 것은 그 한계를 인지한다면 나름의 유용성을 지니리라 믿는다.

## 인용문헌

김형인, 『두 얼굴의 하나님』 서울: 살림, 2003.

Baer, Hans A and Merrill Singer. "Toward a Typology of Black Sectarianism as a Response to Racial Stratification," *African-American Religion: Interpretive Essays in History and Culture*. Ed. Timothy E. Fulop and Alber J. Raaoteau. New York: Routledge, 1997. 257-76.

Daly, Mary. "After the Death of God the Father," *Womanspirit Rising: A Feminist Reader in Religion*. Ed. Carol P. Christ ad Judith Plaskow. New York: HarperOne, 1979. 53-62.

Grun, Anselm and Meinrad Dufner. *Spiritualitat von unten*. 『아래로부터의 영성』전헌호 역. 서울: 분도출판사, 1999.

Cone, James. *A Black Theology of Liberation*. New York: Maryknoll, 1986c.

Jackson, Sherman. *Islam & The Problem of Black Suffering*. Oxford: Oxford University Press, 2009.

JanMohamed, Abdul R. *The Death-Bound Subject*. Duke University Press, 2005.

Jones, William. *Is God a White Racist?* Boston: Beacon Press, 1973.

Keller, Catherine. "Feminism and the Ethic of Inseparability," *Weaving the Visions: New Patterns in Feminist Spirituality*. Ed. Judith Plaskow and Carol P. Christ. 256-266.

Levine, Lawrence W. "Slave songs and Slave Consciousness: An

Exploration in Neglected Sources," *African-American Religion: Interpretive Essays in History and Culture*. Ed. Timothy E. Fulop and Albert J. Raboteau. New York: Routledge, 1997. 57-88.

Russell, Bertrand. *Why I am not a Christian*. 『나는 왜 기독교인이 아닌가』 송은경 역.서울: 사회평론, 1999.

Walker, Alice. *The Color Purple*. New York: Pocket books, 1982.

Williams, Delores S. "Womanist Theology," *Weaving the Visions: New Patterns in Feminist Spirituality*. Ed. Judith Plaskow and Carol P. Christ. 179-186.

X, Malcolm. *The Autobiography of Malcolm*. New York: Ballantine Books, 1964. 『말콤 X 상 · 하: 말콤 엑스 자서전』김동철 외 역. 서울: 창작과 비평사, 1978.

# 5장

# 토니 모리슨의 소설 『패러다이스』: "창문일까 아니면 문일가?" 기호의 세계를 넘어[1)]

> It was when he [Misner] returned, as they stood near the chair, her [Anna's] hands balancing brown eggs and white cloth, his fingers looking doubled with long pepper pods—green, red and plum black—that they saw it. Or sensed it, rather, for there was nothing to see. A door, she said later. "No, a window," he said, laughing. "That's the difference between us. You see a door; I see a window." (305)[2)]

A few weeks after the Convent women disappear from their view, Misner and Anna in Toni Morrison's *Paradise* visit the Convent in order to see what really happened. They look around the Convent and finding no clue, they go for eggs outside in the garden. It is at this moment that they sense an

---

1) 본 논문은 "'Window or Door?' Byond the World of Signs in Toni Morrison's *Paradise*"라는 제목으로 『미국소설』 (한국미국소설학회)(15.2(2008): 269-289)에 최초 발표되었다.

2) This quotation is from Toni Morrison's *Paradise*(New York: Plum book, 1997). All quotation from this book will be cited without any other particular documentation.

exit or an entrance to a mysterious world. Anna sees it as a closed door while Misner as an open window. They wonder what it might lead to, but what they are more concerned with is whether it is a window or a door, and who is more positive. They argue only about different "sign[s] rather than the [essential] event; excited by the invitation rather than the party" (305) itself. They remain silent about the real questions coming to mind, like "what would happen if you entered? What would be on the other side? What on earth would it be? What on earth?" (305). For some reasons, obsessed only with the world of signs, they are not able to move beyond them. All conflicts in the novel center around such inability to recognize the sameness in different signs.

America is now waging culture wars as James Davison Hunter points out in his book *Culture Wars*. According to him, these wars are fired by "personal disagreement" which is "deep and perhaps unreconcilable" (34). These differences are getting more and more intensified rather than resolved. Until recently, academics have tried to convince us that societal conflicts are caused by unjust discrimination and marginalization and thus could be resolved by subverting the established structure of power. It is true that the subversion of power-structure has contributed to building a more egalitarian society to a certain extent. However, it is also true that the dichotomies between the oppressor/the oppressed, center-margin, men/women, the rich/the poor are rather permanent either by its stubbornness or by mutual replacement. In other words, the discriminated and marginalized aspire to break into the center not just to deconstruct it permanently but rather to replace it. Troubles do not stop there. The subtle dissension within each group makes simple grouping difficult, and so subsequent dichotomies seem never ending. The border dividing each opposing pair is not absolute; the oppressed can anytime be radically transformed into the oppressor. So we have come to realize that a political revolution which merely exchanges their positions is very much destined to fail in dissolving conflicts. More radical measures seem required.

Morrison makes the same point when she says in her recent novel *Love* that the "decades-long civil-rights revolt, like other radical changes, required consensus(mutual love) for success" (xi). What she means here is the civil rights "revolts" failed because "dissension, healthy or malign, was frequently understood as betrayal, as lethal as apathy" (xi). It is likely that the revolutionary urgency often does not allow any differences in opinions and accordingly is to degenerate into dogmatic zeal. In such cases, revolutions result in even more conflicts.

Morrison is a writer who "thinks the unthinkable" (Micucci 278) as she said in her interview. In *Paradise*, Morrison also thinks an "unthinkable" way to dissolve conflicts rampant in the world. She does not lean on any political revolution for the dissolution of conflicts[3]. As pointed out at the outset of this essay, Morrison does so by locating the origin of conflicts in the inability to look beyond the world of signs which appear different from each other but are the same in reality. Philip Page, a Morrison critic, also discerns that the conflicts in *Paradise* are caused by different interpretations about the same reality. Like Misner and Anna, we may continue to argue whether what we see is a window or a door, without the realization that whatever it may look, it is a gateway to another world where outward differences cease to exist. Misner's rationalism and lack of passion makes him turn away from the gateway at first. And yet again on the coffin lid of Save-Marie, Misner recognizes the same window and feels "it beckon toward another place—neither life nor death" (307) and finally becomes able to imagine what would be there beyond the window. He resumes his condolence, saying the Save-Marie's short life was valuable for the love and care that were lavished on her. A short life is not short any more; her death is not the end any more. The eggs that Anna finds in the garden are the vivid

---

3) Channette Romero also makes the point in her article that "*Paradise* seems written in response to the failures of the Civil Rights Movement and the Black Nationalist Movement to bring about full equality and social justice for all Americans" (415).

symbol of life in death. It is "to know that what is sown is not alive until it dies"(307). To quote Philip Page again, the open window stands for "a new chance and a new life" while the closed door signifies "one phase is over"(644). A new being always presupposes a death of an old being. Death is thus a gateway to life, paradoxically. So differences between life and death, window and door, are overcome and turn out to be merely different names of the same reality.

This essay attempts to show how absolutized differences raise conflicts and lead to separation and violence in Morrison's *Paradise*, and what characterizes Morrison's paradise and how the paradise is realized on the earth. warns against the world where . And as an alternative, she presents a "home," or a paradise where by realizing that all differences are found to be interdependent each other, people free themselves from inner slavery and "extend a hand in fellowship or love"(275). In her essay "Home," Morrison defines "home" as "the new space" where differences are juxtaposed and maintained but harmoniously dancing together, which is possible by breaking down the boundaries between the inward and the outside, between the personal and the public (12). Likewise in Morrison's paradise, contradictory opposites become simply two different ways of viewing the same reality. It is where the boundary that divides the opposites collapses. It is where all differences are found to be interdependent on each other, people free themselves from inner slavery and thus "extend a hand in fellowship or love" (275).

## The World of Signs: Conflict, Separation, and Violence

Ken Wilber, a contemporary philosopher, has said in his famous book *No Boundary* that "the opposites of inside vs. outside didn't exist in themselves until we drew the boundary of the circle. It is the boundary line itself, in other words, which creates a pair of opposites. In short, to draw boundaries manufactures opposites. [⋯] And the world of opposites is the world of conflicts"(19). This boundary is not real just as a map is not so. However, we often take a map for a territory, the name for the named, a symbol for reality; we do not realize that maps, names, and symbols are merely signs. In such confusion, contrariness intensifies and conflicts deepen.

The same confusion occurs in *Paradise*. There appear many kinds of arbitrary boundaries: self/other, men/women, holy/secular, black/white, life/death, transcendence/immanence, insider/outsider, and most conspicuously Ruby/the Convent. Despite the fact that each pair refers only to different aspects of the same reality, each pair is conceived to be contradictory and irreconcilable with each other. Moreover, to keep its integrity and independence, each pair makes its own identity even more solid by completely separating itself from the other. In the meantime, since the slash or the boundary is ultimately arbitrary and unreal, it is inevitable for each pair to inherently contain some otherness within itself just like the relationship between the *shadow* and the *persona*. One often mistakenly defines one's own otherness as evil, and often projecting it into the other, considers the other as an implacable foe. Then violence explodes.

It is why the eight-rock nine men from Ruby brutally attack the Convent women. The eight-rock men in Ruby have succeeded to build a "quite orderly community"(8) of all black. After being disallowed to enter another black town due to their skin color and poverty, they get obsessed with building their own town, namely a haven free from any other black or white intervention. To "monumentalize what they had done"(7) generation after generation, they build the Oven on which the town people's aspiration for their own utopia is collectively inscribed.

As the Oven gradually turns into a place of division and conflicts instead of fellowship, however, their utopian aspiration also degenerates. "How exquisitely human was the wish for permanent happiness, and how thin human imagination became trying to achieve it"(306), as Misner deplores. It is noteworthy that Morrison points out the lack of imagination as the reason for the failure of Ruby's utopian project. The human mind is invariably limited to a few perspectives approaching the reality. Different perspectives construct different realities. It is as if our physical eyes cannot see a whole feature of a mountain on the three-dimensional plane. We can only imagine in mind what the mountain would look like. Imagination only makes it possible to realize that differences in shapes are only contingent to the whole.

For the lack of imagination, we all go to an extreme of absolutizing differences and isolating ourselves from other perspectives. It is the case with Ruby men separating themselves completely from other communities, especially from the Convent; they put themselves into a cocoon of isolation. To them, outsiders become irreconcilable enemies. They believe they are the only people who deserve the "table food" and outsiders a mere "fodder"(56). Deek, who has lost two sons in war, anxiously has to make sure that his sons' black bones should not be mixed with white pieces(112). What Steward worries about his brother's extramarital relationship is not sexual immorality but a possibility of giving birth to "a mixed-up child" (279). Ruby men in general are extremely reluctant to get involved with any white people and even passers-by, and thus cold-heartedly let them die frozen on the road without any help. They firmly draw a line separating the inside from the outside though the line is only arbitrary.

However, it is something inside that they hate and fear really, something that they have thought as extraneous but actually inherent themselves. As Connie says, "Scary things not always outside. Most scary things is inside"(39). There are many variations on the theme. When Zachariah (Coffee) is asked to dance with his twin Tea on the streets by some drunken white boys, he shoots his own foot instead of dancing while his brother complies with the request. After this, they are not brothers anymore. Why? According to Deek, "Not because he[Coffee] was ashamed of his twin, but because the shame was in himself. It scared him"(303). Zachariah realized that something soft is hidden not only in his twin brother but also in himself, which he believes would make his people scatter around and perish in the end.

Here is another example. Deek suddenly leaves Connie after a few months of passionate relationship, just because Connie bites his lip. This biting incident itself is not inherently evil, evil enough to walk out of relationship. He does so because he is scared of Salome who "would have had his head on a dinner plate"(280). Then, was Connie really Salome? She says later, "I didn't want to eat him. I just wanted to go home"(240). Obviously Connie does not intend to do any harm to Deek. As Linda J. Krumbholz points out, "Morrison calls the need to create a home an anxiety of belonging peculiar to the rootlessness of modernity"(23). It is because of Connie's need for home as she herself says that she bites Deek's lip. But Deek feels in danger of being swallowed up and destroyed. Unfairly projecting his misogyny into Connie, he decides to desert her. He does not want to "put up with what he cannot control" (278-9). He is scared of losing self-control. An attractive woman is uncontrollable and is likely to make him out of control. So the problem is thus his inner fear and hatred about women in general, not some quality particular to Connie. Again, scary things are inside.

Ironically enough, all that Ruby people try to expel from their town for fear are found to stay firm inside. "Revolting sex, deceit, the sly torture of children"(8) and blasphemy of which Ruby men accuse the Convent women, are found inside Ruby. Ruby's next generation leader KD gets sexually involved with Gigi. He is not only deceitful but also irresponsible for Arnett's pregnancy. Pat, a town teacher and honorable historian who succeeds to correct Ruby's official history, is herself violent enough to slam a heavy iron on her daughter's head. The young generation's allegiance to deific power and justice furrows the old generation's brow. The arguments over the Oven words end with the angry cry of "Blasphemy!"(87). Likewise "the fist, jet black with red fingernails"(101) painted on the holy Oven is interpreted as a downright offence to God, in Pulliam's words as "Evil times"(102) and in Cary's words "Last days"(102). Those are some kind of otherness that Ruby is unwilling to accept as its own.

It is in the same context that Ruby people as a whole expel death from their paradise as well as outsiders. Considering death as extraneous to the life of their town, they do not realize that they would need the mortuary service and the new town graveyard until Save-Marie dies. Along with all other modern civilization which they consider evil, anything related to death should be expelled from the town. However, death initiates people to a real meaning of being alive, just as "traitor helps progress"(*Love* 139). Just as Morrison applauds evil as the fourth God in *Sula*(118), she here again stresses that death constitutes life paradoxically. As Sarah Appleton Aguiar points out, "the acceptance of mortality is a critical aspect of life's and death's journeys"(513). Misner also wonders, "How can they hold it together, [···] this hard-won heaven defined only by the absence of the unsaved, the unworthy and the strange?"(306). Likewise, the absence of death cannot hold the paradise; death should be an essential part of the whole as much as life is so.

It is not only something seemingly extraneous against which Ruby people turn their backs. In order to keep integrity and purity, Ruby men legislate for a blood rule and, according to it, come to exclude even the insiders who break the rule from the inner circle of the eight-rock. "What began as overheated determination became cold-blooded obsession"(14). According to Pat the town historian, the original nine families, who originally built Ruby, are reduced to seven at the point of the Christmas play by excluding those who break the rule. Besides, Roger and Menus are permanently guilty of contaminating the purity of their blood by interracial marriage. Roger's granddaughter Billie Delia is also mistakenly accused of sexual promiscuity. The excluding process in order to make the group solid paradoxically enfeebles it.

Ruby becomes both a macrocosm of self and a microcosm of any group or nation at large[4]. On the personal level, the self tends to accept only what is acceptable as his or her own self image, and the rest is excluded from the conscious level and goes down to the unconscious. The former acceptable self-image is called *persona*; and the unacceptable *shadow*. The repressed shadow is often projected outside and here mysterious hatred is born. The self often ignores the fact that the *shadow* only constitutes the whole self, and erroneously considers the *shadow* as the other. This process occurs on a collective level, too. In *Playing in the Dark*, Morrison herself says,

---

4) Both Peter Widdowson and Marni Gauthier see the novel as a revision of American history.

> Black slavery enriched the country's creative possibilities. For in that construction of blackness and enslavement could be found not only the not-free but also, with the dramatic polarity created by skin color, the projection of the not-me. The result was a playground for the imagination. What rose up out of collective needs to allay internal fears and to rationalize external exploitation was an American Africanism--a fabricated brew of darkness, otherness, alarm, and desire that is uniquely American. (38)

It is clear that Morrison is familiar with the psychological process, the projection of otherness both on personal and collective level. Just as the white America finds the outlet for their hatred in blacks, Ruby men desperately search for victims or scapegoats in the Convent.

In sum, Ruby men fail to integrate their whole selves separating their collective *persona* from *shadow* because they are ignorant of the fact that both *persona* and *shadow* constitute the self beneath the same skin and are merely different signs referring to the same reality. They do not know the line between *persona* and *shadow* is merely a convenient tool for analysis. For the reason, they are deeply scared of scattering, loss of control, sexual promiscuity, deceit, blasphemy, and death, all of which are considered extraneous to what they believe Ruby should be. Their fear gets out of control so that they project their fearful *shadow* into the others such as outsiders, women, mixed-ups, whites, and the Convent. It becomes imperative to find an outlet to let out such hatred, and the violent attack on the Convent is the outlet.

## Deconstructing the World of Signs

In order to deconstruct the world of signs, it is necessary to look at how arbitrary the signs are. To quote Ken Wilber again, "of all boundaries we construct, the one between self and not-self is the most fundamental"(43). We tend to define ourselves by separating ourselves from others instead of identifying with others, which is called "identity-by-opposition" (Kort 405)[5]. In order to define a solid identity, differentiating or distinguishing from others is the most primary process of self-definition. But Wilber says, "there is no border between self and others, subject and object"(84). Just as electron is not a certain existence but a net of relationship in microscopic world, self and others may seem separated but connected by mutual existential interdependence. So each dividing line is illusionary.

Ruby men's firm belief in separation is based on a story or a myth which is passed down from their ancestors. Myth tends to distort facts by arbitrary selection and exaggeration because

---

5) Wesley A. Kort says that all recent identity discourses have been based on the "identity-by-opposition" by which he means that the sense of identity is formulated by some features differentiated from others.

all stories are to be told from a certain perspective. In this sense, all stories are myth. What story can ever claim to be factual and thus true? We all have our own story that we believe true but only partial. There exist only more partial and less partial stories. Most of Ruby people remember only how heroic and courageous Zechariah was when he decided to build Haven after Disallowing. Relying on the story, they have been able to claim their holiness in Ruby. However, in foregrounding their heroism another story inevitably recedes to the background. Deek tells the story later, "Zechariah was subject to personal taunts as well as newspaper articles describing his malfeasance in office"(302). He confesses he has deceived people and he is a descendent of a criminal instead of a holy man. So it becomes clear that the heroic story which has encouraged separation and consequent violence turns out to be a myth. Separation and violence have been "unnecessary" as Misner later realizes: "Unbridled by Scripture, deafened by the roar of its own history, Ruby, it seemed to him, was an unnecessary failure"(306).

Just as Ruby bases its imperative isolation on illusion, so is its choice of the Convent for the "projection of not-me." Their attack is based on another illusion that all outsiders are enemies as pointed out earlier. Ruby men mystify the Convent women in a negative way; the women "out there" are "filth"(3), "female malice"(4), "slack"(5), "devil"(17), and "destructive power"(17). The women represent everything right opposite to what they have dreamed, "a flaunting parody"(279) of their dream. So Ruby men come to draw a line between their town and the Convent, and fixate each within its divided territory—no crossover.

However, each of the Convent women is rather haunted than evil. Mavis is deprived of the most basic instinct as a mother by continuous violence imposed on her. Just as Sethe in *Beloved* is haunted by her daughter whom she killed to save from slavery, Mavis is haunted by the guilt of killing her own twin babies and leaving her other children. Being deserted by her own mother, Seneca is also haunted by lonely "dark night in state housing"(283). The reason she cannot stand a crying woman is that it is the *shadow* image of her self hidden beneath the compliant and obedient *persona*.

What haunts Grace is the image of "the boy spitting blood into his heads"(64). The death penalty of her father seems to have made her a political activist for social justice. However, at a certain point, perhaps at the scene of the boy, she seems to get disillusioned at her fight, thinking the boy's blood would be futile. Social justice is merely arbitrary, and so she look for a bigger justice than an artificial one. "She [Grace] just wanted to see. Not just the thing in the wheat field, but whether there was anything at all the world had to say for itself (in rock, tree or water) that wasn't body bags or little boys spitting blood into their hands so as not to ruin their shoes"(68). The boy's bloody shirt reminds her of the futility of human efforts to achieve social justice.

Pallas is betrayed by her own mother and first love. She is haunted by "a scary woman on an escalator"(283) and "black water seeping into her mouth, her nose"(174). The huge, lascivious woman that looms into her eyes on escalator is a mother image who betrays and takes her lover away. The suffocating dark water obviously explains her haunted condition.

What about Connie? Although she is capable to save the dead, she is unable to save herself until she in the garden meets the inner divinity personified in a man's figure. The loss of her living man and mother drives her into despair, and she walls herself within the darkness of the cellar. Connie is just one of the haunted women.

All of them are only sad, disillusioned, betrayed, victimized, and haunted, against Ruby men's illusion of their being filthy, malicious, and slack. To Ruby men, the signs, Ruby and the Convent, appear to be not only different but contradictory and irreconcilable. As Dovey points out about the argument over the Oven words, however, "Specifying it, particularizing it, nailing its meaning down, was futile"(93). Ruby men do not realize that their interpretation of the Convent is merely an act of reducing the multiplicity of meaning to a few.

Morrison in *Paradise* presents other minor pairs of differences divided by arbitrary lines which prove to be erased by simple crossing. The oppressed easily cross the border line and turn into the oppressor just as Ruby men imitate their white oppressors(199). Likewise, even the difference between aggression and defense is meaningless(208). Misner claims that what he is doing is only defense, saying "Unlike most of the folks here, we read newspapers and different kinds of books. We keep up. And yes, we discuss strategies of defense. Not aggression. Defense"(208). To this, Pat immediately retorts, "They know the difference?"(208). It means that if what Misner regards as defense indeed creates only generational conflicts in town, defensiveness often becomes a mere excuse for aggression. Ruby men even attacks the Convent to defend their purity.

In the novel, the division between transcendence and immanence is also obliterated. Misner's confrontation with Pulliam at KD's wedding, in fact, repeats the historical oscillation in theology between transcendence and immanence. Stanley J. Grenz and Roger E. Olson in their *Twentieth Century Theology* explain Christian theology in terms of a history of continuous balancing between God's transcendence and immanence. Pulliam is in line with the former view that God is self-sufficient and transcendent over His creatures. In the meantime, Misner considers Christ as a warrior who fights for liberation and love. However, the transcendent God comes down to the earth, dies, and becomes immanent on this earthly home. As Morrison points out again through Dovey, "The only nailing, needing to be done had already taken place. On the Cross"(93). Transcendence and immanence come across on the cross. Christ is not just a warrior for love but a personified Love. Crossing the border line is made possible on the cross. Lone also says, "Don't separate God from His elements"(244). Since God is revealed in His creatures, they are as holy and divine as God. Protestant division between God and the world, the sacred and the secular disappears in Morrison's cosmology.

Morrison in this novel goes even further deconstructing more contrary pairs: dream and the real, life and death. Dream is often used to reveal characters' unconscious inner state in literature. Mavis's dream of lion cub and Soane's dream of feathers in the sink are to function that way in which dream is mysteriously connected to the real world. However, in Dovey's dream of washing hands, dream is not separated from the real; they are directly connected. She washes her dream man's hair in her dream and finds her hands "wet from the suds"(287) when she wakes up from the dream. The dream-like appearance of "the god" at Connie's garden deconstructs the fixed contrariness between dream and the real. Geoffrey Bent criticizes Morrison's use of dream-like reality as "a convenient means of realigning the drama"(147). However the mixture of dream and the real seems more strategic. Through downright blending of dream and the real, Morrison metaphorically reveals her awareness that the two are interconnected and often their borderline blurs.

When we come to the blurry borderline of life and death, we find Morrison approaching almost a religious sentiment. Connie "steps in" and resurrects Soane's son and later the white woman shot by a Ruby man. She is herself shot at head by Steward but is seen alive later resting in Piedade's lap. In addition, Morrison seems to intentionally blur the borderline of life and death. Even after they are apparently shot to death, the Convent women move later freely like ghosts unobstructed by any physical limitation, and yet their heads are seen shaved just as before they get shot. They keep the same body but do not look the same. They seem liberated from the boundary between life and death. Obviously, Morrison intends them to look so. Morrison's novels abound with ghosts. As early as in Song of Solomon, a father's ghost appears on and off throughout the novel, saying that people do not die unless they give up. What is clear here is Morrison keeps believing that the border between life and death is arbitrary and illusionary, and then no division at all, once we realize the border line between them does not exist from the very first.

We often playfully ask which one is first, egg or chicken. The dilemma will not be resolved until we realize the egg and the chicken are the same. In the same context, it is interesting to hear the conversation between Pat and Misner. Misner looks at Africa as a root, their original paradise before all historical traumas the black people have undergone, and Ruby as a branch. He says, "If you cut yourself off from the roots, you'll wither." Pat rightly responds to Misner, saying "Roots that ignore the branches turn into termite dust"(209). Misner fails to see that roots and branches are parts of the same tree until he recognizes the window as described earlier in this essay. After he realizes this, he decides to stay in Ruby instead of going to Africa.

## Beyond the World of Signs : Interdependence, Liberation, and Compassion

When she lays other Convent women in the mold, Connie has achieved an authority of a "new and revised Reverent Mother"(265) and commands, "Never break them [spirit and bones] in two. Never put over the other. Eve is Mary's mother. Mary is the daughter of Eve"(263). We naturally tend to be dualists breaking the same reality into two and preferring one to the other. Just as daughters cannot be born without mothers,

Mary originates from Eve, which means that each represents two different sides of the same complex reality of a woman when the concept of time is eliminated. Joy presumes the existence of suffering; evil that of good, because each exists only in a close connection with the other as a whole. Therefore it is possible to state that, while they are essentially the same, their phenomenal signs depend on each other. To requote Teilhard de Chardin, "The farther and more deeply we penetrate into matter, by means of increasingly powerful methods, the more we are confounded by the interdependence of its parts. [···] It is impossible to cut into this network, to isolate a portion without it becoming frayed and unravelled at all its edges" (Wilber, 37).

Once we come to realize that the conflicting subjects are in fact interdependent, we liberate ourselves from the "monsters" of bitterness and rancor. As Lone says, "He is a liberating God" (273), liberating people from the sin of separation mainly due to differences in opinion, race, gender, and personality. That is how the sharing stories begin after Connie's preaching about no division and no judgment:

> That is how the loud dreaming began. How the stories rose in that place. Half-tales and the never-dreamed escaped from their lips to soar high above guttering candles, shifting dust from crates and bottles. And it was never important to know who said

> the dream or whether it had meaning. In spite of or because their bodies ache, they step easily into the dreamer's tale. (264)

A story is a framework to perceive the reality. There exist many different stories about an incident, just as many different signs are for the same reality. The women start to pour out their stories and listen to others, with no division between speakers and listeners. Once a story is told, it becomes everybody's. They do not judge whether stories make sense but just embrace and surrender to them as their own. Finally they transform and they are found to be "sociable and connecting" (265), and "no longer haunted"(266).

As an all-embracing and connecting image, Morrison frequently uses the sea or water. Connie says to Mavis, "Be nice to see water again," and "Wave after wave after wave. Big water. Blue, blue, blue, yes?"(40). The sea embraces all isolated continents and islands wave after wave, just like the desert lovers constantly "moving, moving, all the time moving"(64). It does not specify nor nail down anything, but keeps them moving.

Dancing in the rain toward the end of the novel is also closely related to this image of embrace and connection. Morrison describes the scene as follows: "on their [rivers'] banks and the edges of oceans children thrill to water. In places where rain is light the thrill is almost erotic. But those sensations bow to the rapture of holy women dancing in hot sweet rain"(283). Here rain is, of course, associated with water, and its edge or border signals the end of the fixed land and the beginning of a new sea which constantly moves. It is the place where two contradictory forces encounter and embrace each other, and that is why its dominant sensation is erotic and dynamic. Eroticism bases its sensation not just on physical pleasure; more importantly it signifies a feeling of oneness with the other and the birth of new creatures. The shaved heads of the Convent women are meant to signify babies, new creatures. They are liberated and connected, and born again.

While emphasizing the united and connected oneness, it is also important to stress the value of multiplicity and differences in the unity as well, because differences constantly stimulate dynamic movement in their efforts to be one. Morrison maintains that differences are rather the dynamic forces that keeps the world evolve toward something better, and also they are the erotic energy that creates new beings. Without difference, the world may remain static.

In short, differences in sign are inevitable in human shape, skin, and perception because of the human condition confined and limited by time and space. Then, how could we possibly get along with differences? Could we just eliminate and level down all the differences? Could we just eliminate and level down all the differences? Morrison does not suggest that. In her paradise, "sea trash gleams," and "Discarded bottle caps sparkle near a broken sandal"(318). Her paradise embraces even trash, and such an all-embracing attitude is based on the recognition that the difference between trash and non-trash is made by our superficial value judgement on the dimension of signs, that there is no actual boundary which divides the two. Kevin Hart's definition of paradise is illuminating here. He describes a paradise as a place where there is no more play of signs, no more interpretation, as follows:

> In Paradise, wholly one with God who stands above language as the 'Alpha and Omega of all scripture', Adam now enjoys immediate knowledge in the manner approved by God, and for him interpretation poses no problem. On earth, however, the consequences of the Fall are still felt: man is no longer the master of signs but is frequently mastered by them…(3)

Morrison challenges us to "stand above" signs and at the same time embrace all differences in signs. In this sense, difference is blessing rather than damnation; thus Morrison seems to suggest that we should rather "delight in differences," as Sallie McFague says[6].

---

6) Salllie McFague a contemporary ecological and feminist theologian says in her seminal work *Metaphorical Theology* that "delight in the other, not domination of the other, is central."

Some people might think Morrison's measure for societal conflicts tends to be too personal and unrealistic, neglecting the harsh reality of political and institutional inequality that confront us everyday. They might prefer some political measures that would resolve the conflicts, or other institutional changes. As Morrison gets older, however, she seems to doubt the effectiveness of some political or institutional revolution. To her, a personal revolution seems more plausible and possible to bring a change in general. However, I don't believe Morrison would devalue the contribution the civil rights movement generally has made to the evolvement of American society. As usual, she would respect a variety of different attempts, whether political or personal, to better her society. However, it is true that her aging has made her more personal and internal, or rather religious, perhaps supplementing her early activism with contemplation.

## Works Cited


Aguiar, Sarah Appleton. "'Passing on' Death: Stealing Life in Toni *Morrison's Paradise," African American Review*, 38.3(2004): 513-519.

Bent, Geoffrey. "Less Than Divine: Toni Morrison's *Paradise*," *The Southern Review*, 35.1(1999): 145-149.

Gauthier, Marni. "The Other Side of Paradise: Toni Morrison's (Un)Making of Mythic History," *African American Review*, 39.3(2005): 395-414.

Grenz, Stanley and Roger E. Olson. *Twentieth Century Theology: God & World in a Transitional Age*. Downer Trove: InterVarsity Press, 1992.

Hart, Kevin. *The Trespass of the Signs*. New York: Fordham University Press, 2000.

Hunter, James Davison. *Culture Wars: the Struggle to Define America*. New York: Basic Books, 1991.

Kort, Wesley A. "What and Where Is 'Religion and Literature' Now?" *Theology Today* 62(2005): 400-406.

Krumholz, Linda J. "Reading and Insight in Toni Morrison's *Paradise*," *African American Review*, 36.1(2002): 21-34.

McFague, Sallie. *Metaphorical Theology: Models of God in Religious Language*. Philadelphia: Fortress Press, 1982.

Morrison, Toni. *Beloved*. New York: Plum Book, 1987

________. "Home," *The House that Race Built.* Wahneema Lubiano. Ed. New York: Vintage, 1998. 3-12.

________. *Love.* New York: Vintage, 2003.

________. *Paradise.* New York: Plum Book, 1999.

________. *Playing in the Darkness: Whiteness and the Literary Imagination.* New York: Vintage, 1992.

________. *Song of Solomon.* New York: Plum book, 1977.

________. *Sula.* New York: Plum book, 1973.

Micucci, Dana. "An Inspired Life: Toni Morrison Writes and a Generation Listens," *Conversations with Toni Morrison.* Danille Taylor-Guthrie. Ed. Jackson: University Press of Mississippi, 1994. 275-279.

Page, Philip. "Furrowing All the Brows: Interpretation and the Transcendent in Toni Morrison's *Paradise*," *African American Review*, 35.4(2001): 637-649.

Romero, Channette. "Creating the Beloved Community: Religion, Race, and Nation in Toni Morrison's Paradise," African American Review, 39.3(2005): 415-430.

Widdowson, Peter. "The American Dream Refashioned: History, Politics and Gender in Toni Morrison's *Paradise*," *Journal of American Studies*, 35.2(2001): 313-335.

Wilber, Ken. *No Boundary.* Boston: Shambhala, 2001.

# 6장
# 토니 모리슨의 소설 『사랑』: 사랑을 쪼개고 밝히는 더블[1)]

*"… because God is love"*
1John 4:8

Morrison's fiction abounds with biblical allusions and ferocious prophet preachers. Although she is critical of institutionalized and normative religions represented by Soaphead church in *The Bluest Eye* and by Ruby people in *Paradise*, she is shamelessly religious throughout her novels and finally attempts to embody her religion of love in her recent novel *Love*, seeking for a kind of alternative to ideological and political revolutions. In *Love*, Baby Suggs's love sermon[2)] and

---

1) 본 논문은 "Doubles that 'Cleave and Reveal' Love: Their Religious Implication in Toni Morrion's *Love*" 『문학과 종교』(한국문학과종교학회)(21.1(2007): 193-215)에 최초 발표되었다.

2) In *Beloved*, Baby Suggs ferociously preaches the ex-slaves in the clearing: "And all your inside parts that they'd just as soon slop for hogs, you got to love them. The dark, dark liver—love it, love it, and the beat and beating heart, love that too. More than eyes or feet. More than lungs that have yet to draw free air, more than your lifeholding womb and your life-giving private parts, hear me now, love

Misner's silent cross[3] in response to Pulliam's assault are expanded into a more concentrated narrative of picturing Morrison's concept of love. As easily expected, her religion of love does not aim at any ethereal transcendence but reclaims holiness in reciprocity and interdependence among human relationships while being deeply aware of inevitable distance.

Nevertheless, with ideological and political urgencies, most of Morrison criticism has focused on her textual struggle against race and gender related social injustice. Meanwhile attentions to the religious dimension of Morrison's novels have been relatively rare except some occasional critical claims[4]. In this essay I claim that Morrison's will and wish to bring about social change into this world have come to attain a rather religious dimension, and that Morrison's frequent use of doubles as dramatic polarity tends to amount to a deliberate device to dramatize her religious vision.

---

your heart. For this is the prize" (88-89).

3) Reverend Misner in *Paradise* holds up an oak cross in response to Pulliam's attack and says to himself: "This mark [cross] of a standing human figure poised to embrace. [···] But with it, in the religion in which this sign was paramount and foundational, well, life was a whole other matter"(146).

4) There have been a small bulk of works on the religious aspects of Morrison's fiction. Most of them are concerned with *Beloved*; Colleen Carpenter Cullinan, Danille Taylor-Gutheie, Carolyn A. Mitchell, and Susan bowers notably among them focus on the redemptive and apocalyptic quality of the particular narrative.

## Morrison's Religion of Love

When I claim that Morrison becomes even more religious in *Love*, that does not mean that she explicitly shows any conversion or commitment to any institutionalized religion. Neither is it because of Morrison's biblical allusions in the novel like "felon," or "sin of birth," or more directly "First Corinthian chapter 13." Although it seems clear that she does borrow some mythical frame[5)] about the human and the world from the Bible by those allusions, she does not seem to select and believe in any of its specific theological interpretations. As she says in her Nobel Prize winner speech, she rejects "theistic languages" along with other "calcified"and "unyielding" languages. In *Paradise*, she apparently makes it clear that religious and spiritual beliefs have a power to "constructing human communities and world view," but also makes it possible to "generate social change and new imaginings of connections among disparate peoples"(428) as Channette Romero recently points out. However, here in *Love*, she does not even foreground any religious beliefs or institution which *Paradise* clearly centers around. Morrison rather bases her religion on the very essence that all religions

5) What I mean by "some mythical frame of the Bible" refers to the biblical frame of salvation. That is, innocence is initiated to evil and then the consequent sinfulness is overcome by reaching the moment of realizing their sinfulness and then by the Saviour, here in this novel by love. Love is all inclusive certain Force, or Presence who comprises all opposing poles.

have in common, that is love. Here Paul Tillich's and William James's concepts of religion are useful.

Paul Tillich says, "God is the answer to the question implied in man's finitude; he is the name for that which concerns man ultimately"(*Systematic Theology* 211). William James also says, "By being religious we establish ourselves in possession of ultimate reality"(430-1). So when we are concerned with a certain ultimate reality, it is possible to say that we are being religious according to their definitions. Such ultimate reality, however, is likely to be beyond human comprehension and articulation. As many claim, all religions are merely names, or fingers in Zen term, or metaphors in Sallie McFague's terms, that point to the ultimate reality. However, they all agree on that the ultimate reality, when we are with it, evokes and creates a certain affective state, and it is often described as love. A thinker like Nikos Kazantzakis in his *Saviors of God* even claims the ultimate reality be Eros, love itself by which masculine and feminine principles are united and then create the universe. According to William James who examines all religious experiences in *The Varieties of Religious Experience*, the "ultimate reality" that people commonly experience in their mythical moments is said to be love.[6)]

---

6) William James quotes Dr. Buck's "cosmic consciousness": "Among other things, I did not merely come to believe, but I saw that the universe is not composed of dead matter, but is, on the contrary, a living Presence; I became conscious in

Then how is love experienced? William James also describes love as experiencing a mystical union with the ultimate reality. He says; "It is as if the opposites of the world, whose contradictions and conflicts make all our difficulties and troubles, were melted into unity. Not only do they, as contrasted species, belong to one and the same genus, but one of the species, and nobler and the better one, is itself the genus, and so soaks up and absorbs its opposite into itself"(335-6).

In *Love*, Morrison is concerned with such ultimate reality, love, but not love as an abstract idea but love as a powerful and dynamic force to reconcile the opposed doubles. In an interview, Morrison has said, "I try to clean the language up and give words back their original meaning, not the one that's sabotaged by constant use"(Watkins 45). Love may be the word which has been "sabotaged," perhaps the most among others. Morrison seems to be cleaning up the concept of love in *Love*, indeed, and restoring it to its original meaning in the novel. The narrative voice "L," who represents love as such a powerful force in the novel, directly says, "People with no imagination feed it with sex--the clown of love. They don't know the real

---

myself of eternal life. It was not a conviction that I would have eternal life, but a consciousness that I possessed eternal life then; I saw that all men are immortal; that the cosmic order is such that without any peradventure all things work together for the good of each and all; that the foundation principle of the world, of all the worlds, is what we call love…" (345-6).

kinds, the better kinds, where losses are cut and everybody benefits"(63). Speaking through the voice, Morrison intends to portray "the real kinds" of love, "the better kinds" of love in *Love*. She says they don't hurt but help. Such kinds of love are achieved only in the place where all contraries are resolved and at the same time respected. Morrison pictures that kind of love in *Love*. At the climax of the novel, Morrison brings together the opposing doubles face to face and describes their encounter and reconciliation as "pure," "solemn," "beautiful, and finally "holy"(177). It is the moment when all contradictions and conflicts are resolved or rather embraced with their own idiosyncratic qualities maintained. The opposing doubles come to realize that they are not alone but interdependent and complementary each other.

In her Nobel speech, Morrison also notes that heaven cannot be reached with "one monolithic language" talking about the foolishness of the people who attempt to build the tower of Babel to reach heaven, saying their attempt is "a little hasty if no one could take the time to understand other languages, other views, other narrative period"(5). What she opposes to here is the monolithic quality of relationship which hinders "mutual exchange of ideas" and thus creates misunderstanding and even hatred. She yearns for communication and dialogue and reciprocity, ripping out of a cocoon of monologue, self-centeredness, limited human condition. In this way Morrison is "ultimately concerned" with love and aspires to be "in possession" of love.

## Doubles as a Means to Reveal her Religious Vision

Not only in Morrison's' novels but also in other novels, doubles are common as a kind of dramatic polarity. Considering the traditional narrative structures which presume certain conflicts resolving at the end, opposing ideas or characters are almost a neccesity, just as opposing pairs are inherent in human epistemology and even in ontological argument. At first glance, Morrison's frequent use of doubles likewise seems for narrative devices. However, in her last novel *Love*, doubles are not merely narrative devices but they are also to reveal her most profound vision about the human and the world, and furthermore her cosmological and religious vision. In the foreword, Morrison says "Love is the weather. Betrayal is the lightning that cleaves and reveals it"(x). Her doubles are to cleave and reveal her vision.

In the "Playing in the Darkness," Morrison is shown to be fully aware of the double quality of all things, in her explanation that American Africanism is created to "allay internal fears and to rationalize external exploitation"(38). She continues to say that blacks externally project the "not-free" and the "not me"(38) nature of the whites. What can be made out of the argument is that one of each pair is heavily dependent on the other pair, "healthy or malign," and they are closely intertwined while they are right opposed. In the same essay, Morrison also says, "The desire for freedom is preceded by oppression; a yearning for God's law is born of the detestation of human license and corruption; the glamor of riches is in thrall to poverty, hunger, and debt"(35). Morrison is deeply conscious of the fact that freedom vs oppression, law vs license, all those opposing pairs are unexpectedly found to be interdependent and intertwined.

Dramatizing and personifying such duality inherent in all things, she creates alienated doubles, Christine and Heed, and the narrative voice L and her beloved Cosey, and brings them to reconciliation and unites them in the novel. Of course, there appear other minor but important doubles who support the theme. In this usual process of narrative Morrison profoundly ponders the "finitude" of each double's contrariness and then opens up to the "ultimate reality," that is, love as a cosmic force or presence behind all phenomena.

### 1. Christine and Heed

I will look at a pair of doubles Christine and Heed first, explaining the process of how the doubles' state of separateness is overcome, and also the stoic quality of their union, and finally their religious implication. At the outset, Heed the Night and Christine are completely separated. However, along with their separation, a possibility of union is insinuated in many places. What makes them united finally is after realizing they have been utterly abandoned and consequently alone. However, at the same time they are deeply aware that their union does not mean a complete and constant merging but rather requires separation. Admitting the impossibility of complete union and nevertheless embracing separation honestly and eagerly --that is what Morrison calls love. Although it may be impossible to reach the ultimate reality Love, there are still other human beings whom we can love; there are still languages through which we can express such love. That is why her concept of love would be defined as stoic.

Christine and Heed were friends at first but have become incompatible enemies after Christine's grandfather Bill Cosey took Heed as his bride even before her twelfth birthday. Heed is from a Up Beach family whom all Cosey family shamelessly disdain for their poverty and shabbiness. In contrast, Christine originally belongs to a wealthy family who owns a fashionable hotel and helps out the community as a generous beneficiary. However, their financial and social position have been completely reversed already at the beginning of the novel.

Christine is a poor "flop" who serves her enemy Heed, now a rich widow. In spite of their stark opposition in wealth and class, and their emotional distance, Morrison repeatedly insinuates their connectedness throughout the novel.

When Junior, a street girl, finds a job at the house where Heed and Christine live in mutual hatred, she observes that "each woman lived in a spotlight separated--or connected--by the darkness between them"(25). Each of them is in absolute hatred toward each other; however, such hatred itself connects them. Vida, a neighbor woman, who used to work for Cosey, makes the same observation at Bill Cosey's funeral: "Standing there, one [Heed]to the right, one[Christine] to the left, of Bill Cosey's casket, their faces, as different as honey from soot, looked identical. Hate does that. Burns off everything but itself, so whatever your grievance is, your face looks just like your enemy's"(34). Anyhow, from their childhood, they "shared stomachache laughter, a secret language, and knew as they slept together that one's dreaming was the same as the other one's"(132). It is clear that Morrison intends to lead the reader's attention to their connectedness as well as their separation. There are more. Heed and Christine are connected by complementing each other and so they depend upon each other. That is, their difference and consequent separation itself imply a possibility of connection. "For Heed's speed more than compensated for Christine's strength, and her swift cunning--anticipating, protecting, warding off--exhausted her enemy"(73).

Their identicalness and mutual dependence so far are observed and stated only by other characters. However, finally, it is Christine who slowly opens her eyes to the fact that her hatred is originated from other sources and then finally recovers her pristine connection to their childhood. She comes to realize that she hates Heed not out of any intrinsic quality in her but out of fear. What she fears are loss, another betrayal, abandonment, insecurity, displacement, loneliness, and homelessness. She desires for connection. Twelve rings on her fingers express such yearning. The sense of "noncommittal eye"(164) after her seventh abortion anticipates a more firm realization of her need for connection.

Her rather conscious awakening starts with the turtle incident. Her sudden compassion, to the extent that she shakes her hands hard for fear that she might have run over one of the pair turtles, foreshadows her reconciliation with her enemy. She realizes that she has externalized her fears into an easy victim, Heed. She says to Heed, "We could have been living our lives hand in hand instead of looking for Big Daddy everywhere"(185). She understands their desperate search for security in Big Daddy has deceptively misled and ruined the relationship. After realizing it, she finds herself "not the disrupting wife, the surplus mistress, the unwanted nuisance daughter, the ignored granddaughter, the disposable friend" (164) any more, but now "valuable"(164). She restores her self-esteem, now by turing a blame on Cosey who is the "dirty one who introduced her to nasty"(165) and the "powerful one who abandoned his own kin and transferred rule to her playmate"(165). She also blames her mother May who has made the two disjointed for her own fear of loss. She penetrates into the emotional muddle of hatred and traces back its origin ultimately to overcome.

What motivates Christine to open her heart to turtles and then Heed, also moves Heed. She knows she is isolated from her own family and abandoned by her husband who mutters the name of his mistress in his sleep, although she initially refuses to accept the fact and deceives herself she is the ruler of the house. It is right before she goes to the attic--the place of awakening and reconciliation--to fabricate a will on a menu that she recollects her bitter past when she is betrayed by her lover whom she desperately planned to elope with. And more importantly, she remembers how she felt when she found she got pregnant by him; "Gleaming in anticipation, she felt kind, generous. Unique but not isolated; important without having to prove it"(173). From this, it is clear that just like Christine, what Heed is afraid of are abandonment and isolation. When she finds she can have her own child, she feels connected to the world, not isolated anymore. She wants home badly, wondering "what it was that made her want it so. Home, she thinks"(183).

It is interesting to see that the attic scene is preceded by their deep feeling of utter loneliness and abandonment, even more profound than usual. Extreme suffering precedes a new birth just as the deeper the night the closer the daybreak. In this sense it may be possible to say that separation and consequent loneliness are a sort of necessary evil. Morrison puts an emphasis on the necessity of separation as much as on union. Tillich has said that without separation union is impossible although he defines evil as separation or estrangement. He says:

> If God had produced a world in which physical and moral evil were impossible, the creatures would not have had the independence of God which is presupposed in the experience of reuniting love. The world would have become a paradise of dreaming innocence, an infant's paradise, but neither love, nor power not justice would have become real. Actualization of one's potentialities includes, unavoidably, estrangement; estrangement from one's essential being, so that we may find it again in maturity. (112)

The idagay world that Christine and Heed invented in secrets before their separation is the "paradise of dreaming innocence." But they as children are rather "fortunately" fallen and initiated into the "shame"(190) by Cosey whose abnormal touch raises strange excitement in Heed and whose masturbation makes Christine puke. After this event, "exhausted, drifting toward a maybe permanent sleep, they don't speak of the birth of sin. Idagay can't help with that"(192). The "paradise of dreaming innocence"is completely destroyed after they are initiated into "sin." The consequence of "sin" is estrangement, separation. However, they overcome their separation in the union of love. So the separation is essential to the union according to Tillich. Morrison happens to share the idea with Tillich.

From the very beginning of the novel, the story of a girl who is raped by her own father sets the tone of the novel; "full of distance," and irretrievably lost"(viii). Throughout the novel, a feeling of being distanced and lost is dominant. However, it becomes even more intense toward the end of the novel, specially in the attic scene. Here is a description of the attic scene emphasizing this point:

> …so the falling is like a silent movie and the soft twisted hands with no hope of hanging on to rotted wood dissolve, fade to black as movies always do, and the feeling of abandonment loosens a loneliness so intolerable that Christine drops to her knees peering down at the body arching below. […] On her knees again, she turns, then gathers Heed in her arms. In light sifting from above each searches the face of the other. The holy feeling is still alive, as is its purity, but it is altered now, overwhelmed by desire. Old, decrepit, yet sharp. (177)

It is noteworthy that what makes Christine move to gather her crumbling friend is such intolerable loneliness. Out of loneliness, they search for each other's face. It is loneliness that helps them to move toward each other. A feeling of loneliness is evoked by the recognition that a human is a "Single One" in Kierkegaard's terms, and in addition to that it inevitably directs him or her toward other beings and so makes him aspire to be united with others. Paul Tillich defines love as "the drive towards the unity of the separated"(*Love, Power, Justice* 25). The opposing doubles now desires for the union overcoming their separation. That desire itself is love. This love makes it possible for Christine and Heed to embrace and overcome their incompatibility and move toward each other.

However, strangely enough, "the holy feeling" is changed and overwhelmed by "old, decrepit, but sharp" desire. If the mystic union or love were achieved each individual merging into one, the dominant feeling should have been a bliss. If it is some kind of ecstatic moment, desire should have ceased at the moment. However, that is not the case. It is clear that Christine and Heed have overcome the loneliness of the separated. However, their mood is not mystic or ecstatic, but stoic.

Here, it seems that Morrison is aware of some contemporary, rather nihilistic view of love, in which the feeling of love is merely "the desire to fill the emptiness or void at the core of subjectivity and the symbolic that creates the Thing, as opposed to the loss of some original Thing creating the desire to find it" (85) as Lacan points out. So desire never ends because it can never be filled. To continuously desire something presupposes the basic separation of the subject and object of love. Precisely speaking, the separation can never be overcome as long as we live in time. Morrison seems aware that love as a foundation principle of the universe can anytime degenerate into lust or mere desire in the dimension of time and mortality. Standing at the pinnacle of balance may be as short as a blink of eyes. Nevertheless, Morrison's characters cannot help but love, at least aspiring for union. Even though it may be impossible to love in its genuine sense, they cannot help but proceed toward it as their destination.

Here is another description of the attic scene:

> Up here where the solitude is like the room of a dead child, the ocean has no scent or roar. The future is disintegrating along with the past. The landscape beyond this room is without color. Just a bleak ridge of stone and no one to imagine it otherwise, because that is the way it is--as, deep down, everyone knows. (184)

It is a dreary picture. Although it is expected to be an eternal moment, it is not blissful. It is the moment when we come to realize the utter bleakness of human condition—

separation--something we know "deep down" after ripping off all self-deception and illusion. Yet, it is not the end. As John S. Dunne points out, "The prospect of healing and wholeness [⋯] comes of realizing our emergence and separation is not the end of the story, of realizing we are called to reunion"(3). This moment may be called John Nearly's "limit-to experience" which eventually leads to "limit-of experience." Morrison continues to say:

> An unborn world where sound, any sound--the scratch of a claw, the flap of webbed feet--is a gift. Where a human voice is the only miracle and the only necessity. Language, when finally it comes, has the vigor of a felon pardoned after twenty-one years on hold. Sudden, raw, stripped to its underwear. (184)

There is no reason that utter bleakness puts us in despair. That is why Morrison herself clearly says in the foreword that "It was the comfort of learning from those countering sources that there were weapons--other kinds of baseball bats: defiance, exit, knowledge; not solitude, but other people; not silence, but speech"(xii). The comfort is a human voice, full of compassion for each other. This human voice is as powerful as that of the one whose sin has been forgiven. Although it has been ripped of Big Daddy, illusionary and deceptive device of comfort, it vigorously acts upon others and continues to powerfully express love through speeches. This emphasis on community and speech is in line with Morrison's aesthetic belief that "language use can animate or stifle meaningful relation with others, ourselves, and our past"(Lester 126). It is certain that she writes a novel to "animate" the "meaningful relation with others, ourselves, and our past." As Laurie Vickroy similarly points out, it is also true that "writing about trauma can lead toward individual and collective healing and alleviation of symptoms"(21). However, language does more than just "healing and alleviation"; it connects the separated and makes them turn toward a union, that is love, although it may not lead to an final and ultimate union which would last forever.

The realization that love only is meaningful in this otherwise bleak world is basically religious. Albert Nolan explains what made Jesus holy was his "Abba-experience." He continues to say that the Abba-experience means that "Jesus experienced the mysterious creative power behind all phenomena as compassion or love"(152). When religion is concerned with the ultimate reality, finding love as the ultimate reality can be said to be religious. When religion essentially aims at "the state of being freed from self-centeredness," a prison of Narcissism as Arnold Toynbee phrases, a feeling of loving and being compassionate toward others is basically religious.

## 2. The narrative voice L and Cosey

It is time to focus on another major pair of double in the novel: the narrator L and Cosey. At first glance, it may be awkward to pair them. The reason that I pair them in spite of apparent awkwardness is because they are thematically contrasted and connected. L is a constructive peacemaker and protector in the novel while Cosey is a destructive and irresponsible debauch who causes deep inner scars within his family. However, they have something in common: they are the people who survive physical death and affect the living although L affects people out of concern while in contrast Cosey affects people as a hindrance to a genuine love, specially between Junior and Romen. Not only do they have something in common but also they are connected by mutual trust, dependency, and desire. Their relationship does not involve any actual romantic attraction and yet it is much stronger lasting even beyond physical death.

While Morrison describes her concept of love through the relationship between Christine and Heed as overcoming alienation and connecting to others with inherent distance, she becomes more complex when it comes to L and Cosey. Here she reveals her vision about love not only through their relationship, but more importantly through L alone. L's love both actively and passively participates in human affairs and brings in reconciliation. In doing so, she shows deep compassion for others and suffers with others. Her compassion reaches out even as far as to Cosey a villain of the novel. Her loving action sometimes appears to be constructive and other times destructive, that is, itself contradictory in the traditional sense of good and evil, and yet it goes beyond it Contradiction in her love is not contradictory anymore in Morrison's broader and deeper ethics. Morrison's religious vision is more directly revealed by L's such all embracing love. So when we look at the kind of love that L represents and the love that she shows toward her double Cosey, we will be able to adumbrate Morrison's vision.

Let's look at L more closely. The narrative voice L in the novel cares, benefits, and reconciles other opposing poles. That voice is "not restricted by chronology or space--or the frontier between life and not-life"(x-xi). as the author intends. When she starts to narrate the story in the novel, "L" the chef of Cosey's hotel has been long time dead. However, she is alive even after death as mentioned. She often squeezes into the story, comments on the characters, and more importantly intervenes between opposing doubles and brings in harmony almost with godly omniscience but limited omnipotency which makes her depend on her fellow human beings.

Morrison seems reluctant to portray L as something like an

all-powerful, transcendent Christian father God, but rather presents L as a being who has limitless compassion toward others participating in their lives, and whose existence is even dependent upon the other limited human beings. As Allen Alexander points out, Morrison seems to have been aware early that the Western model of God is inadequate," incapable of alleviating or unwilling to rectify the injustices of human society"(295). More positively in Love, she portrays her own concept of God in the image of L. The compassionate but dependent quality of L the narrator reminds me of Sallie McFague's concept of deity. In her *Metaphorical Theology*, McFague denies God's model a "distant king" as "idolatrous and irrelevant" and instead suggests a model of friend by which she emphasizes "mutuality, respect, acceptance of differences, cooperation, solidarity, attraction, perseverance, tolerance, gift-giving, delight, sacrifice, constructive criticism"(182). More importantly, she stresses on human participation in salvation which the model of father does not permit at all. She says, "salvation could in no way be called infantile, individualist, or isolated"(185) and then suggests " our 'salvation' depends in part on ourselves, on our willingness and ability to work cooperatively and with all our intelligence and strength"(185).

Just like McFague's model of God as a friend, here in the novel, L as a sort of deistic presence participates in human affairs and actively brings out reconciliation like a friend. L's intervention is numerous throughout the novel; sometimes actively but other times passively L participates in other people's lives.

She is the one who is sensible enough to arrange the funeral in emotional confusion and who quenches the knife-involved feud between Christine and Heed in the funeral as well as the real fire that Heed sets on Christine's bed. It is "L" who raises Christine since her mother May neglects to do her responsibility, who also takes off the price tag from Heed's cloth and saves her from humilation. L protects both Christine and Heed. When Christine is hit by her mother, it is under L's bed that she hides in. It is also L who scolds Cosey when he spanks his young wife Heed. L actively sympathizes with the "unimaginable" inner suffering of others and attempts to connect and communicate the separated. Even in the climatic attic scene right before reconciliation, L rather actively appears as baking smell.. After Romen licks Junior's "mangles toes" which stand for her mental scar, aftershave smell disappears and instead L's sweet bread smell appears. After the event, Junior feels, "Brand-new, completely alien, it invaded her, making her feel wide open and whole, already approved and confirmed by the lollipop lick"(196). She finally feels connected to the world out of complete isolation. Her transformation is marked by the olfactory change from Cosey's aftershave to L's sweet bread.

However, after her death, L says "I'm background--the movie music"(4). She just hums. And her "hum is mostly below range, private, suitable for an old woman embarrassed by the world; her way of objecting to how the century is turning out"(4). She is not content with people but just hums like a background music.

Such active/passive participation is out of compassion for others, and now compassion reaches out to Cosey who has brought disaster into all his family members. To Vida, Cosey is a "saint"(18) respected for his wealth and good works. Most of the people in the area believe so. However, Sandler knows better than his wife Vida and other neighbors. He knows Cosey was an "old reprobate"(17). He is a "prop" on which his family are almost enslaved to depend. Whoever depends on him--specially Christine and Heed-- are swept in the vortex of jealousy. He makes other people unhappy, and so he is right opposite to a "saint." Until Christine and Heed realize that "we could have been living our lives hand in hand in stead of looking for Big Daddy everywhere"(189), to quote again, Cosey is the one who has fueled their feud.

However, it is L who are keenly aware of Cosey's degeneracy and at the same time compassionate toward him. Cosey is not just a villain. He is also a vulnerable human being who hides a deep scar inside because he was rejected by his beloved first wife Julia for the fact that his money was accumulated by his father's "stooge" behavior. It is L who accepts Cosey's "Dark"(200) and remembers his tenderness cradling Julia in the sea. To L, Cosey is "an ordinary man ripped, like the rest of us, by wrath and love"(200). L's love is understanding and patient.

Besides such actively participating compassionate quality of L's love, L's dependency is as much emphasized. It is interesting to see that L calls the ocean "my man"(100). Such erotic description of the union with nature is not unusual as shown in some mystics' description of union with the absolute. What is stressed here is that love as a foundation principle of the universe is no longer self-sufficient or independent although it is the ultimate reality. It depends on its body. That's why she constantly needs to intervene. Just as she yearns for the ocean as her man, she still wants something to be complete. So her last words are "I want something back. Something just for me"(202). She still desires for her double; so she joins in humming beside Cosey's tombstone. Here gain, the complete union between these doubles is not made, and there remains distance. Her unceasing desire proves it.

L's love is "constructive" and "destructive" at the same time. It is clearly stated in the foreword when Morrison says, "Thus the character called "L" is meant to exhibit and represent the imaginative and transformative nature of her name along with its constructive and destructive talents"(xi). She brings in reconciliation to opposition because she loves; she omnisciently penetrates into the obverse side of the characters' dual minds and sympathizes with them because she loves; she even manipulates on a will and poisons Cosey her beloved to benefit his family because she loves. So love is not always "constructive" but often appears destructive. Even early in *Sula*, Morrison says "He[God] is not the God of three faces they sang about. They knew quite well that He had four, and that the fourth explained Sula"(118). Sula represents rebellion and evil in the novel, but Morrison includes evil as a part of God's four faces. To Morrison, evil rather helps increase love as the fourth face of God. In *Love* again, she does not fail to repeat the idea, saying "traitor helps progress"(139). Evil may be a catalyst to bring in love just as Junior's impudence makes Heed crumble in the attic and ultimately contributes to the reconciliation between the enemies. Even the destructive aspect of love contributes to perfecting love. So Morrison's love embraces the typically most contradictory elements, good and evil.

Joanna Brooks has brilliantly pointed out that "As an emergent figure within and a symbol of early African American culture, Lazarus represents the drive to claim life from death and meaning from chaos, to honor through stories shared experiences of loss, and to witness to the possibility of redemption"(101). It is obvious that L makes another Lazarus figure among others; L can stand for Lazarus as well as love, perhaps a combination of the two. Then, L "represents the drive to claim life from death and meaning from chaos", and becomes a redemptive force. Love never fails ; it only can save.

So far I have tried to prove that Morrison is religious in her last novel *Love* in the sense that she is ultimately concerned with love as a dynamic force to bring reconciliation and harmony into the universe in which everything is inherently divided into contradictory pairs. Morrison personifies such inherent contradictions in doubles to elevate them to the state of being in possession of love. Her concept of love is more directly personified in the character and narrative voice of L, in her "embodying and participating," all-embracing love, embracing even evil as the fourth face of God.

With all her struggles against all kinds of opposition between the subject and the other specially between man and woman, white and black, it is likely that she comes to believe that it is not a revolution but love that brings about change into this world. As Sallie McFague puts, "delight in the other, not domination of the other, is central"(xi). "Delight" comes from love.

## Works Cited

Alexander, Allen. "The Fourth Face: The Image of God in Toni Morrison's *The Bluest Eye,*" *African American Review*, 32.2(1998): 293-303.

Bowers, Susan. "*Beloved* and the New Apocalypse," *Toni Morrison's Fiction: Contemporary Criticism*. David L. Middleton. ed. New York: Garland Publishing, 1997. 209-230.

Brooks, Joanna. *American Lazarus: Religion and the Rise of African-American and Native American Literature*. Oxford: Oxford University Press, 2003.

Cullinan, Colleen Carpenter. "A Maternal Discourse of Redemption: Speech and Suffering in Morrison's Beloved," *Religion and Literature*. 34.2(2002): 77-104.

Dunne, John. *The Mystic Road of Love*. Notre Dame: University of Notre Dame, 1999.

Frye, Northrop. *The Double Vision: Language and Meaning in Religion*. Toronto: University of Toronto Press, 1991.

James, William. *The Varieties of Religious Experience*. New York: Barnes and Noble Classics, 2004.

Kazantzakis, Nikos. *Saviors of God: Spiritual Exercises*.

Lester, Cheryl. "Meditations on a Bird in the Hand: Ethics and Aesthetics in a Parable by Toni Morrison," *The Aesthetics of Toni Morrison*. Marc. C. Conner. ed. Jackson: University Press of Mississippi, 2000. 125-138.

McFague, Sallie. *Metaphorical Theology: Models of God in Religious Language*. Philadelphia: Fortress Press, 1982.

Mitchell, Carolyn A. ""I Love to Tell the Story': Biblical Revisions in *Beloved*," *Religion and Literature*, 78.3(1991): 27-42.

Morrison, Toni. *Beloved*. New York: Plum book, 1987.

________. *Love*. New York: Vintage edition, 2003.

________. "Nobel Prize Winning Speech,"

________. *Paradise*. New York: Plum book, 1997.

________. *Playing the Darkness: Whiteness and the Literary Imagination*. New York: Vintage edition, 1992.

________. *Sula*. New York: Plum book, 1973.

Nearly, John. *Like and Unlike God: Religious Imagination in Modern and Contemporary Fiction*. Atlanta: Scholars Press, 1999.

Nolan, Albert. *Jesus Before Christianity*. Maryknoll: Orbis Books, 1976.

Rank, Otto. *The Double: a Psychoanalytic Study*. New York: Meridian book, 1971.

Romero, Channette. "Creating the Beloved Community: Religion, Race, and Nation in Toni Morrison's *Paradise*," *African American Review*. 39.3(2005): 415-430.

Taylor-Guthrie, Danille. "Who are the Beloved? Old and New testaments, Old and New Communities of Faith," *Religion and Literature*, 27.1(1995): 119-129.

Tillich, Paul. *Love, Power, Justice: Ontological Analyses and Ethical Applications*. London: Oxford University Press, 1954.

Tymms, Ralph. *Double in Literary Psychology*. Oxford: Alden Press, 1949.

________. *Systematic Theology*. Chicago: University of Chicago Press, 1973.

Vickroy, Laurie. *Trauma and Survival in Contemporary Fiction*. Charlottesille: University of Virginia Press, 2002.

Watkins, Mel. "Talk with Toni Morrison," *Conversations with Toni Morrison*. Danille Taylor-Guthrie. ed. Jackson: University Press of Mississippi, 1994.

# 7장
# 플래너리 오코너의 단편 「그린리프」
# 선(線), 아이러니, 신비[1)]

"명확함은 풍성함에 있고, 진리는 심연 속에 있다"
프리드리히 실러

플래너리 오코너의 단편 「그린리프」"Greenleaf"의 주인공 메이부인Mrs. May이 황소에 치어 죽는 결말은 불편하다. 도시 여성인 메이부인은 남편이 죽자 본인의 의사와 상관없이 남편이 남긴 유일한 재산인 시골로 내려와 부지런히 목장을 꾸리는데, 그녀를 보조하는 일손인 그린리프 가족은 무능하고 게으르며, 엄마를 도울 뿐만 아니라 훗날 가산을 물려받아야 할 메이부인의 아들 둘은 돕기는커녕 엄마를 괴롭히는 천하의 불효자들이다. 악조건에도 불구하고 메이부인은 15년 동안 근면 성실하게 일했으나, 근면 성실한 15년의 대가는 어처구니없게도 메이부인이 그토록 경멸하는 소위 "잡종-인간"scrub-human(317) 그린리프가家 아

1) 본 논문은 「선, 아이러니, 신비: 플래너리 오코너의 단편 「그린리프」」라는 제목으로 『현대영어영문학』(한국현대영어영문학회)(67.2(2023): 28-44)에 최초 발표되었다.

들들 소유의 "잡종"scrub 황소의 뿔에 받히는 어이없는 죽음이다. 다소 독선적이지만 자칭 "선량한 기독교인"(316)이라는 정체성을 지닌 메이부인이 침입자 황소를 죽이려다 도리어 황소에게 죽임을 당하는 장면은 작품 도처에 널린 아이러니 중에서 가장 강력한 아이러니로써 근면 성실을 주요 미덕으로 여길 일반 독자에겐 가히 충격적이다. 주인공의 소소한 결점을 소소한 실패로 마무리하는 서사적 예상을 저버린 메이부인의 폭력적인 죽음은 일견 부당하고 극단적인 처벌로써 충격적이다.

부당한 폭력에 대해 독자들이 느낄 불편함과 충격은 사실상 오코너가 의도한 바다. 주지하다시피 오코너는 자신의 에세이집 『신비와 매너』*Mystery and Manners*에서 자신이 소설에서 구현하는 폭력은 '깨달음을 위한 수단'이라고 주장한다. "나의 소설에서 폭력은 내가 창조한 인물들을 묘하게도 실재로 되돌아가게 만들고, 그들이 실재가 드러나는 순간을 받아들이도록 마음의 준비를 하게 만들 목적"(112, 필자 강조)이라고 말한다. 이 인용에 따르면 오코너에게 폭력은 '실재'를 깨닫게 만드는 '수단'이고, 그 "실재는 우리가 상당한 대가를 치르면서 돌아가야만 하는 어떤 것"(112)이다. 오코너의 단편 「그린리프」도 오코너의 다른 단편들과 마찬가지로 작가는 극단적으로 불편하고 충격적인 상황을 창조함으로써 메이부인의 독선적 분별심과 기만적 자기 정체성에 충격을 가하고 메이부인의 실용적 세계관에 동조하는 독자들을 불편하게 만듦으로써 폭력은 메이부인과 독자를 보다 깊은 '실재'로 안내하는 수단이 된다. '보다 깊은 실재'를 오코너는 '신비'라고 부른다. 더욱 간단히 말하면 폭력과 충격은 신비를 드러내기 위한 수단이다.

오코너는 스스로 가톨릭 작가라는 정체성을 가지고 있지만, 그녀를 좋은 작가로 만드는 것은 세상을 보는 눈을 고정시키는 도그마가 아니라 "신비에 대한 존중을 보장하는 것"(『신비와 매너』, 31)이라고 말한 바 있다. 신비를 존중한다는 말은 무슨 뜻일까? 오코너는 남부에서 좋은 작가들이 배출되는 이유는 남부가 바이블벨트이기 때문이 아니라 "모세가 우상을 깰pulverize때 그 모세의 얼굴에 대한 비전을 갖고 있기 때문"(59)이라고 말한다. 즉 좋은 작가를 만드는 것은 교리와 성사에 대한 신앙심이 아니라, 교리와 성사를 우상시할 때 그 우상을 가차 없이 깰 수 있는 비전이라고 오코너는 말한다. 달리 말해서 교리와 성사는 달을 가리키는 손가락에 불과하며, 손가락이 우상시 될 때 여지없이 우상을 깨뜨리고 다시금 달을 가리켜야 한다는 것이다. 작가는 관습화된 우상을 깨고, 아직 형상화되지 않는 더 깊은 신비에 관심을 갖는 자라고 말한다(40). 그러므로 신비를 존중한다는 뜻은 비록 신비 자체를 형상화하기는 불가능해도, 신비의 존재를 인정하고 관심을 가지며 신비의 언저리를 드러냄을 의미한다.

비평가 조지 피그포드George Piggford는 그의 논문 「메이부인의 어두운 밤」에서 오코너가 「그린리프」를 쓰기 전에 이블린 언더힐Evelyn Underhill이 쓴 『신비주의』를 읽어서 신비주의에 대해 잘 알고 있었다고 주장한다. 실제로 오코너가 직접 쓴 편지 모음집인 『존재의 습관』에서 오코너는 신비 체험가인 시몬느 베이유Simone Weil의 사진을 오려서 붙여놓을 정도로 베이유를 좋아했고, "베이유는 우리는 모두 겸손하게 만드는 신비이며 나는 신비를 그 무엇보다 필요로 한다"(189)고 고백하며, 같은 책에서 오코너는 "신비체험"을 서술한 심리학자 윌리엄 제임스의 기포드 강의를 소지하고 있었고, "이 책이 자신에게 중요한 의미가 있었다"(463)고 말하기도 했다. 오코너는 스스로 천명하듯 작가로서 신비를 드러내는 것은 어떤 대가를 치르더라도 꼭 해야 할 소중한 행위로 여겼다.

본 논문은 오코너가 「그린리프」에서 신비를 어떤 문학적 장치를 통해서 가리키고 있는지를 살펴본다. 「그린리프」는 1956년 『케년 리뷰』*Kenyon Review*에 발표된 이래 수많은 비평가들의 관심을 받았다. 발표 초기 비평가들은 이 작품을 고전 신화, 기독교 신화, 혹은 토템 숭배와 연결하여 연구하거나[2], 메이부인이 깨닫는 순간의 의미나 그 외 황소와 태양과 같은 절묘하고

2) 작품과 신화와의 관계성을 밝히는 논문으로 본문에서 언급한 두 편의 논문 이외에도, 프래드릭 아살즈(Frederick Asals)의 논문 "The Mythic Dimensions of Flannery O'Connor's 'Greenleaf'", 리처드 지아논(Richard Giannone)의 논문 "'Greenleaf': A Story of Lent", 존 C. 쉴즈(John C. Shields)의 논문 "Flannery O'Connor's 'Greenleaf' and the Myth of Europa and the Bull"이 있다.

풍부한 상징성에 연구의 초점을 맞췄다[3]. 특히 황소는 작품의 핵심적 상징인데, 이에 대하여 대부분의 비평은 오코너가 가톨릭신자라는 전기적 사실에 입각하여 기독교적 은총과 비전을 드러내기 위한 장치로 파악하는 경우가 많았다. 낸시 앤 기든 Nancy Ann Gidden은 황소를 태양과 대비하여, 각각 디오니소스적 엑스터시와 아폴론적 이성에 대한 상징으로 해석하지만, 이와 같은 고전적 신화는 결국 기독교적 회심을 궁극적으로 드러내기 위해 차용한 것이라고 결론 맺는다"Classical myth, it seems, has been employed in the service of Christian conversion"(202). 그런가 하면 캐더린 루트Kathleen Rout는 황소가 메이부인의 사회적, 성적, 종교적 안이함을 깨뜨리는 예수 자신을 상징한다고 해석한다"He[the scrub bull] is Jesus stabbing her in the heart… he is the 'bullet' of divine wrath and Greenleaf vengeance"(235). 그러나 오코너 소설의 주제를 기독교적 은총이나 비전으로만 단정하는 것은 오코너 주제의 보편성을 축소할 가능성이 농후하다. 오코너가 '가톨릭 작가'인 것은 맞지만 기독교 교리를 형상화하거나 기독교적 회심을 강요하는 작가는 아니다. 여기서 비평가 신형철의 말을 상기해보자.

---

3) 캐더린 필리(Kathleen Feeley)의 책 *Flannery O'Connor: Voice of the Peacock,* 제임스 A. 그림쇼(James A. Grimshaw)의 책, *The Flannery O'Connor Companion*, 존 R. 메이(John R. May)의 *The Pruning Word: The Parables of Flannery O'Connor*, 마일즈 오벨(Miles Orvell)의 책 *Invisible Parade: The Fiction of Flannery O'Connor*에서는 오코너 작품 전체의 맥락에서 단편 「그린리프」에서 메이부인의 깨달음에 대해 논의한다.

> 소설은 현실을 반영하는 것이 아니라 현실을 먹는다. 이를테면 거울이 아니라 위장(胃腸)이다. 이 점을 간과할 때 오해가 발생한다. 어떤 음식을 먹었는지 충실히 보여주는 위장이 좋은 위장이 아닌 것처럼, 당대적 현실의 세목들을 충실히 반영하고 있는 소설이 꼭 좋은 소설인 것은 아니다. (23)

'현실' 대신 '종교'로 단어를 바꿔도 무방하다. 즉 소설이 현실을 먹어 치워서, 전혀 다른 것을 배출해야 하는 것처럼, 오코너의 소설은 스스로 『신비와 매너』*Mystery and Manners*에서 밝히듯이, 기독교적 세계관과 인간관을 생경하게 배출하는 것이 아니라, 소설적 현실 안에서 완전히 소화되어 질적·양적으로 변환된, 전혀 다른 세상사와 인간관계로써 재현한다(167).

좀 더 시간이 지나 문학 연구의 트렌드가 문화 연구로 변모하게 되면서 수라 P. 래스Sura P. Rath와 메리 네프 쇼Mary Neff Shaw가 편집한 『플래너리 오코너: 새로운 관점들』에는 젠더 관점으로 쓰인 논문들이 대거 포함되었고, 더욱 본격적으로 젠더 관점을 확장한 캐더린 헴플 프라운Katherine Hemple Prown의 비평서 『플래너리 오코너 수정하기』*Revising Flannery O'Connor: Southern Literary Culture and the Problem of Female Authorship*는 가부장적인 남부의 여성 작가인 오코너의 "내적 갈등"(2)을 포착하면서 오코너의 소설이 남성적 토운을 지니는 이유가 여성작가로서의 입지때문이었고, 실제로는 "모순적인 주체 지위"(11)를 지니면서 "모호"(11)한 입장을 취했다고 주장한다. 모든 비평은 어떤 측면에서 접근하든지 간에 메이부인이 뭔가를 깨닫는 순간을 경험한다는 데는 동의한다.

하지만 어느 비평도 작품에서 도처에서 반복되는 아이러니와 "선"線 상징이 깨달음의 내용과 어떻게 연관되는지를 밝히는 데는 실패한다. 일반적으로 '신비'의 내용을 형언하는 것이 불가능하다고 해도 본 논문은 적어도 「그린리프」에서는 "선"lines을 반복적으로 사용함으로써 메이부인이 깨닫는 신비의 내용을 어느 정도 유비적으로 드러내고 있다고 주장한다. 또한 "선"이라는 빈번한 상징 뿐만 아니라, 선과 긴밀하게 연관되어 문학적 기법으로서의 아이러니가 깨달음의 내용인 신비와 어떻게 유비적으로 연관되는지도 함께 기술해보고자 한다.

## 신비의 심연

그렇다면 '신비'란 무엇일까. 신비란 뭔가 확실히 있긴 있는데 그 실체가 무엇인지 잘 모르는 무엇이다. 적어도 언어로 설명하거나 포착하기 어려운 영역을 지칭한다. 심리학자 윌리엄 제임스는 그의 책 『종교체험의 다양성』에서 신비를 체험하는 특성을 나열하면서 그 하나로 신비는 체험되어질 수 있을 뿐 설명할 수 없는 것이며, "거대한 잠재의식의 영역, 또는 **경계선을 초월한 영역으로부터** 분출된다는 것은 명백한 사실이다"(513, 필자 강조)이라고 말한다. 본 논문의 맥락에서 방금 인용한 제임스의 말 중 신비가 "경계선을 초월한 영역"이라는 주장에 주목할 필요가 있다. 왜냐하면 「그린리프」 텍스트의 표면에 빈번하게 등장하는 '경계선' '선' '울타리'가 제임스가 말한 "경계선"과 연관되기 때문이다. 어쨌거나 신비가 무엇인지는 누구도 말로 형언할 수 없지만 신비를 체험할 때의 현상을 제임스는 네 가지 1) 형언불능성Ineffability, 2) 순수 사유noetic quality, 3) 일시성transiency 4) 수동성passivity으로 나열한다. 특히 두 번째 순수 사유란 "추론적 지성intellect으로는 이해 불가능한 진리의 깊이를 통찰하는 상태"(329)를 의미한다. 여기서 "지성"에 대한 제임스의 정의를 보면,

> 대상과 관련하여 [추론적] 지성(intellect)이 하는 일은 다른 것들과 함께 **분류**하는 것이다. [⋯] 지성이 하는 다음 일은 그 일이 처음 유래하는 **원인을 밝히는 것**이다.[4](21, 필자 강조)

제임스의 말에 따르면 "지성"의 역할은 분류하고 인과관계를 밝히는 기능이라고 말한다. 분류한다는 것은 대상들 간의 동일

---

4) 제임스가 『종교 체험의 다양성』에서 '지성'을 논의할 때 이는 '추론적 지성'을 의미한다. 책의 전반부에서는 '추론적'이란 한정어 없이 그냥 '지성'이란 단어를 사용하지만 책의 후반부 신비주의를 설명할 때엔 일반 '지성'과 명확하게 차별화하기 위해서 "추론적 지성"이라는 단어를 사용한다. 전반적으로 『종교체험의 다양성』에서 제임스가 '지성'을 논할 때엔 뒤에서 신비주의나 종교와의 대조점으로 사용하므로, 전반부에서 '지성'에 대한 한정 형용사를 사용하지 않는 경우에도 '추론적 지성'을 의미하는 것으로 보인다.

성과 차이를 발견하여 구분한다는 것인데, 이런 분류는 단순히 분류하는데 그치지 않고 통상 분별에 이른다. 분별이란 분류에 따라 가치를 판단한다는 의미다. 제임스가 그저 "지성"이라고 부르지 않고 "추론적" 지성으로 한정어를 사용하는 까닭은 인간이 가진 지적 능력 중 최고/최선에 붙이는 '지성'이란 명칭과 차별화하기 위함일 것이다. 즉 제임스는 추론적 지성이란 대상을 분류하고 대상 가치의 서열을 매기는 분별심을 지칭하고자 함이다. 또한 제임스는 "추론적 지성"을 인과관계를 밝히는 능력으로도 정의하는데, 이는 사실상 하나의 결과가 수많은 요인의 관계망 속에서 생성되는 것임에도 불구하고 일대일 원인과 결과로 대응시키는 선형적 단순화 성향을 지칭하고자 함이다. 그렇다면 신비체험은 추론적 지성이 작동하는 의식의 영역, 즉 **분류/분별하며 선형적 인과관계를 도출하는 의식적 사유 형태를 초월한 어떤 영역**에서 생성된다는 말이다. 마치 꿈이 분류/분별도 없고 인과관계가 파괴된 영역에서 놀라운 통찰을 생성하듯이 신비의 체험은 일상적으로 분류/분별하는 선線, 인과의 선線을 넘어 놀라운 직관력을 획득한다. 원효가 『열반종요』에서 열반을 설명할 때 열반은 제임스가 설명하는 신비체험과 일맥상통한다. 불교학자 김원명은 원효의 말 "열반의 길은 길이 없으면서도 길 아닌 것이 없고, 머무름이 없으면서도 머물지 않음이 없다"(김원명 59, 재인용)을 인용하면서 이 열반의 세계를 "고요

함의 세계"(61), 또 "분별이 없는 세계"라고 부른다. 즉 "진·망"眞妄(60)의 구분이 없이 섞인 하나를 뜻한다고도 말한다. 신비든 열반이든 모두 분류/분별하는 선線, 인과의 선형성을 지양하고 초월한다는 공통점에 주목할 필요가 있다.

「그린리프」의 경우 "분류/분별"하고 "인과"를 중시하는 "추론적 지성"의 사유는 안과 밖, 내 것과 네 것, 백인과 흑인, 낮과 밤, 이성과 광기, 유능/무능, 유산계층과 무산계층 등 명확한 선 긋기와 경계 짓기와 울타리를 좋아하는 메이부인의 사유 방식이다. 자칭 선량하고 부지런한 메이부인은 자신의 미덕으로 인하여 지금 당장 복을 받고, 불량하고 게으른 그린리프는 불행해야 한다는 인과관계를 신앙처럼 믿는 메이부인의 사유 역시 인과라는 선형성에 사로잡혀있다는 점에서 대립쌍을 분류하고 분별하면서 선 긋는 사유와 일맥상통한다. 이 논문의 제사에서 인용한 대로 "명확함은 풍성함에 있고 진리는 심연 속에 있다"는 실러의 시구와는 대조적으로, 메이부인의 경우 명확함은 풍성함이 아니라 선긋는 분류/분별의 행위에 있고, 진리는 이것과 저것 사이의 심연 어딘가가 아니라 대립쌍의 어느 한쪽에 존재한다고 굳게 믿는다. 실러가 말하는 "심연"이 바로 오코너의 "신비"와 동일한 의미를 지닌 메타포다. 실러의 "심연"과 오코너의 "신비"는 숭산의 유명한 말처럼 "단지 모를 뿐"과도 일맥상통한다.

## 직선(線)과 원형

오코너는 작품 안에 괜한 단어와 문장이 결코 없이 완성도 높은 작품을 쓰기로 유명하다. 그래서 「그린리프」의 모든 단어와 문장은 오코너가 세심하게 다듬은 결과라서 예외 없이 의미심장하다. 메이부인의 시골 생활 15년 내내 돕는 일손이면서 숙적인 그린리프가 대상에 접근하는 방식은 아주 특이하다. 그는 언제나 빙 돌아 원형을 그리면서 대상에 접근하는데 이런 묘사가 괜히 있을 리 없고 작품의 전체 의미와 연관될 것이 틀림없다. 작품의 첫 장면 달밤에 황소가 메이부인의 마당에 침입하여 울타리를 뜯어 먹은 후 다음 날 아침 메이부인은 그린리프를 부르는데 그의 걷는 모습은 이렇게 묘사된다.

> 그는 어떤 보이지 않는 **원형**의 둘레 위를 걸었다. 당신이 그를 정면으로 보고자 한다면 당신이 움직여 그의 앞에 서야 했다. (313, 필자 강조)
>
> He walked on the perimeter of some invisible circle and if you wanted to look him in the face, you had to move and get in front of him.

그린리프가 대화하는 대상에게 곧바로 다가가지 않고 빙 돌아 원형을 그리면서 다가가는 모습은 그의 답답하고 게으르고 음흉한 성품을 시사할 공산이 크다. 그를 정면으로 바라보려면 굳이 다른 사람에게 수고를 끼치고 마는 민폐형 인간이다. 그런데 실제로 그렇게 걷는 사람은 거의 없다. 그렇다면 원형을 그리는 그린리프의 걸음걸이는 상당히 상징적이다. 작품의 맨마지막 메이부인이 황소의 뿔에 받혀 죽임을 당하는 위급한 순간에도 메이부인은 그린리프가 "보이지 않는 **원형**의 바깥the outside of some invisible circle"(334, 필자 강조)으로 자신에게 접근하는 모습을 죽어가며 지켜본다. 가장 급박한 순간의 걸음새를 포함해서 그린리프가 대상에 접근하는 원형적 방식에 대한 두 번의 언급은 그의 게으르고 부정직한 측면을 지칭하는 것 이상의 상징적 의미가 있음을 직감할 수 있다.

오코너는 『신비와 매너』에서 "오늘날의 소설은 사회적, 경제적, 심리적인 힘과 자질구레한 일상에만 관심을 갖고 이를 드러내려고 하지만, 좋은 소설가들은 이들 모두는 **보다 깊은 목적**some deeper end을 위한 수단means일 뿐이다"(38, 필자 강조)라고 말하면서 "호손은 이런 [사실적 소설이 지닌] 문제들을 알고 있었기 때문에 호손은 **소설**이 아닌 **로맨스**를 쓴다고 말했고, 어쩌면 우리의 소설도 [그래야 한다고] 기대한다"(38, 필자 강조)고 말한다. 오코너는 적어도 자신의 소설은 호손처럼 '로맨스'를 지향한다는 뜻이다. 호손의 로맨스는 다소 비현실적이고, 상상력과 상징성이 풍부한 소설형식이다. 그린리프가 빙 돌아 원형을 그리면서 걷는 모양새는 메이부인에게는 단지 그의 게으름과 음흉함을 의미할 수 있지만, 오코너는 그 이상을 암시하고 있음이 분명하다. 주인공의 인식과 작가의 의도 사이의 불일치는 이후 문학적 기법인 아이러니와도 연결된다. 아이러니에 대해서는 다음 섹션에서 논의할 것이다.

그린리프의 원형 그리기에서 오코너가 암시하는 '그 이상'은 무엇일까. 이 작품은 의도적으로 '원형'과 '직선'이라는 상징을 대조하고 있기때문에 작품 속 '직선'의 빈번한 등장을 함께 살펴야 각각의 상징적 의미가 확실해진다. 작품에는 메이부인이 금지옥엽처럼 여기는 "관목 울타리"hedge, "담장"fence, "수림 한계선"treeline과 같은 상징적인 선뿐만 아니라, 죽음 직전 메이부인은 자신의 명령에 따라 황소를 죽이러 간 그린리프가 필시 나무 그루터기에 넋 놓고 앉아, 하라는 일은 하지 않고 빈둥거리고 있으리라 상상하면서 뱀을 쫓기 위해 늘 들고 다니는 나무막대기로 실제로 땅바닥에 선을 표시하는 장면이 있다. "그 순간 메이부인은 그린리프가 나무 그루터기에 앉아있으리라 상상하면서 막대기로 땅에다 선을 그렸다"(332, 필자 강조)"At this moment she could picture him[Greenleaf] sitting on a stump, marking lines in the ground with a stick". 메이부인이 그리는 선은 직선일 것이다. 메이부인의 선線 집착은 앞서 잠시 언급했듯이 내 것과 네 것, 안과 밖, 백인과 흑인, 성/속, 낮과 밤, 이성과 광기, 유능/무능, 유산계층과 무산계층 등 각각의 대립쌍의 가운데 침범 불능의 명확한 선을 그어 분류하고, 각각 대립쌍 한쪽의 우월성을 분별하는데, 이러한 분류와 분별 성향은 자기 소유의 경계를 표시하는 울타리, 벽, 담, 수림 한계선treelines에 집착하는 형태로 표출된다. 그린리프가 원형을 그리면서 걷는 모습이 상징적이라면, 메이부인이 죽음 직전 땅에다 아무런 이유 없이 선을 그리는 행위도 작가의 의도가 무겁게 실린 상징적 장면이다. 그린리프의 '원형', 그린리프를 경멸하는 메이부인의 '직선'을 통해 오코너는 서로 다른 두 개의 세계관을 암시하고 있다. 메이부인의 직선이 상징하는 세계관은 분류하고 분별하고 인과관계를 중히 여기는 실용적 세계관이고, 그린리프는 분류나 분별이 없고 인과관계가 별 의미 없는 신화적 세계관이다. 오코너는 메이 부인이나 그린리프 그 어느 편에 손들어 주기보다 실용적/신화적 세계관의 분류나 분별조차 의미없는 신비를 드러낸다.

작품의 첫 장면에서 메이부인은 황소가 "울타리"hedge(311)를 뜯는 장면을 목격한다. 울타리는 메이부인의 소유를 표시하는 선이다. 그 선을 뜯고 있는 황소는 그녀의 소유를 침해하는 자다. 이어서 메이부인인 황소가 "자기 집의 벽을 먹어치우고 있다"(312, 필자 강조)고 거의 피해망상에 가깝게 우려한다. 메이부인은 또 "이 황소를 지금 우리에 가두지 않으면 그는 담fence을 넘어 올 거다"(312, 필자 강조)라고 혼잣말하면서 울타리, 벽, 담을 자신이 15년동안 모든 노동과 수고의 총체로써 자신의 소유를 보호하는 선으로 인식하면서, 울타리를 뜯고, 집벽을 먹어치우고, 담을 넘는 자는 전부 사람이든 황소든 메이부인은 사악함으로 인식한다. 소유에 대한 메이부인의 집착은 그린리프 식구들이 도무지 은혜를 모른다면서 그린리프의 자식들은 어릴 때 "**나**의 연못에서 수영했고, **나**의 새를 잡았고, **나**의 시냇물에서 낚시를 했다"(328, 필자 강조)고 공치사하고 은혜를 모르는 배은망덕을 불평한다. 연못도 자신의 소유이고, 자신의 소유지에서 날아다니는 새도 자신의 소유이며, 심지어 자신의 소유지 안에서 있는 시냇물조차 자신의 소유라고 강조하는 메이부인은 내 것과 네 것을 구분하는 확고한 선 긋기를 통해 자신의 정체성을 강화한다.

소유를 자아정체성의 기반으로 삼는 메이부인은 소유를 지키는 것은 선善, 소유를 파괴하는 것은 악으로써 자의적으로 규정하면서 선線긋기를 중시한다. 따라서 자신의 소유를 침범하는 황소는 악이고, 자신의 소유를 방해하는 게으르고 무능한 그린리프도 악으로 규정한다. 메이부인은 그린리프부인이 더욱 사악하다고 생각한다. 그린리프는 그의 부인에 비하면 "귀족"(313)이라고 메이부인은 말한다. 그 이유는 그린리프부인의 야릇한 종교의식 때문이다. "강간당한 여자, 탈옥한 범죄인, 불에 탄 아이들, 기차 사고, 비행기 추락사고, 영화배우의 이혼"(315-16)에 관한 기사를 오려내서 땅에다 판 구멍에 기사를 묻고 엎드려

기도한다. 이를 목격한 메이부인은 그린리프 부인이 교회가 아닌 곳에서 기도하고, '더러운 흙'에 엎드려 기도하기 때문에 "쓰레기"(315)일 뿐만 아니라 사악하다고 규정한다. "예수라는 단어는 교회 안에서만 해야 한다. 마치 침실 안에서만 써야할 단어가 있는 것처럼"(316) 말이다. 메이부인은 성과 속이 엄밀하게 구분되어 이를 뒤섞는 것은 어리석을 뿐만 아니라 그의 도덕관에서는 사악하기조차 하다. 또 자신은 "선량한 기독교인이지만 그 어느 것도 사실이라고 믿지 않는다"(316)고 말한다. 안과 밖을 구분할만한 추론적 지성이 없고, 보이는 세계보다 보이지 않는 세계를 신봉하고, 유능하기보다 무능하고, 부지런하기보다 게으른, 깨끗하기보다 더러운 그린리프가는 메이부인에겐 사악함의 대표자다. 메이부인은 사악함으로부터 자신의 소유를 지키기 위해 언제나 명확한 선을 긋는다. 뿐만아니라 메이부인은 흑백 인종과 계층을 분류하고 분별한다. 자신의 아들 스코필드 Scofield가 흑인용 보험을 판다는 사실을 부끄러워하며, 그린리프 아들의 집을 방문했을 때 흑인 하인이 자신이 남기는 메시지를 기억하지 못할 거라고 생각하면서(325) 흑인을 열등하고 무식한 종족으로 무시하고 흑인과 연루되는 일조차 창피하게 여긴다. 자신은 근면 성실한 농장주이고, 그린리프는 "쓰레기" "잡종 인간"이라고 분류할 때에도 메이부인이 선을 긋는 분별심은 명확하다. 메이부인이 문법을 중시하는 것도 그녀의 분별심과 상통한다. 메이부인은 무능하고 게으른 그린리프의 아들이 전쟁 후 프랑스 여성들과 결혼하고 번듯하게 가정을 꾸렸지만, 실은 그 여성들이 프랑스인이라서 영어 문법King's English(318)을 "살해"(318) 하는 그린리프식 비표준 영어를 알아채지 못하기 때문이라고 빈정댄다. 문법은 언어의 규범인데 메이부인은 언어가 담는 메시지보다 규범적 틀이라는 외적 형식을 더욱 중시함을 알 수 있다.

울타리, 벽, 담 이외에도 수림 한계선treeline은 이 작품의 중요한 상징이다. 비평가 더글러스 파워스Douglas Powers 이외엔 아무도 주목한 적이 없는 작품 속 수림 한계선도 울타리, 벽, 담처럼 자신의 소유를 표시하는 경계선이다. 파워스는 여러 작품에서 반복되는 수림 한계선이 "깨달음, 이피퍼니의 순간, 진리의 순간, 곧 다가오는 계시"(54) 등을 표시한다고 주장한다. 파워스의 주장대로 「그린리프」의 마지막 장면에서 "수림 한계선"이 메이부인이 깨달았다는 표식으로 사용되는 것도 맞지만, 한 걸음 더 나아가서 내가 보기엔 본 논문의 맥락에서 수림 한계선은 울타리, 담, 벽과 더불어 또 하나의 선線으로써 깨달음의 내용까지도 암시한다. 메이부인이 황소 뿔에 받힌 장면이다.

> 그녀는 계속해서 앞을 뚫어지게 보았지만, 그녀 앞에 있는 전체 풍경이 변해버렸고—**수림 한계선(the tree line)은 하늘밖에 없는 세상에서 어두운 상처(dark wound)였다**—메이부인은 시야

가 갑자기 회복되었지만 그 빛을 견딜 수 없는 사람의 표정을 짓고 있었다. (333, 필자 강조)

She continued to stare straight ahead but the entire scene in front of her had changed—**the tree line was a dark wound in a world that was nothing but sky**—and she had the look of a person whose sight has been suddenly restored but who finds the light unbearable.

황소에 들이받힌 죽음의 순간 메이부인이 깨닫는 내용은 "수림 한계선은 하늘밖에 없는 세상에서 어두운 상처였다"는 사실이다. 언듯 수수께끼 같은 이 깨달음의 의미는 작품 중반에 나오는 수림 한계선에 대한 언급과 비교해야 뜻이 제대로 파악된다. 메이부인에게 수림 한계선은 그가 소유하는 땅의 가장자리 경계를 의미한다. 메이부인의 둘째 아들 웨슬리Wesley는 메이부인이 경멸해마지않는 그린리프 부인처럼 아들을 위해 잔소리 대신 "실용적인"(320) 기도나 하는 편이 낫겠다고 말하고, 큰 아들 스코필드Scofield는 지난 밤 울타리를 뜯어먹던 황소가 그린리프 아들들의 소유임을 약 올리듯 메이부인에게 알려주자, 극도로 화가 나고 절망에 빠진 메이부인은 창밖을 내다본다. 그녀가 바라보는 바깥 풍경은 이렇게 묘사된다.

암소가 길을 가로질러 녹색의 창백한 초원에서 풀을 뜯고 있었고, 암소의 뒤에는 날카로운 톱날같은 검은 **수림 벽**이 우리처럼 암소를 가두고, 이 **수림 벽**이 무심한 하늘을 막아서고 있었

다"(321, 필자 강조)

The cows were grazing on two pale green pastures across the road and behind them, fencing them in, was a **black wall of tress** with a sharp sawtooth edge that held off the indifferent sky.

여기서 "수림 벽"이란 "수림 한계선"과 똑같은 대상을 지칭한다. 수림 벽으로 안전한 자신의 목장과 암소를 보자, 메이부인은 아들들 때문에 속상하지만 여전히 자신의 소유를 생각하면 마음이 든든하다. "목장은 그녀를 조용하게 만들기에 충분했다"(321)고 말한다. 메이부인이 소중한 자산인 암소를 지켜주는 목장의 수림 벽(선)은 하늘의 침입으로부터 보호해준다고 생각했던 것이다. 메이부인의 의식 속에서 "하늘"은 "무심"하고, "하늘"은 자신을 침입하는 존재로 인식함을 알 수 있다. 또한 실제로 황소가 메이부인을 죽이려고 달려올 때 황소는 수림 한계선으로부터 달려나온다. "몇 분이 지나자 뭔가가 **수림 한계선**으로부터 튀어나왔다"(333, 필자 강조). 자신을 지켜줄 거라고 믿었던 수림 한계선, 바로 그곳을 뚫고 황소가 총알처럼 튀어나온다. 그래서 마지막 순간 메이부인이 깨닫는 것은 '하늘'로부터 자신을 보호해줄 것이라고 믿었던 수림 한계선은 "검은 상처"였을 뿐이고, 세상은 수림 한계선과 같은 보호막이 없는 온통 하늘뿐이었음을 깨닫는다. 그토록 애지중지하면서 절망 가운데 위로를 준다고 믿었던 자신의 소유가 "상처"였을 뿐이며, 소유를 보호해준다고 믿었던 "수림 한계선"은 온데간데없고 오로지 하늘에 무방비로 노출된 자신을 발견할 뿐이다. 어쩌면 메이부인이 자신을 공격하고 침범한다고 믿었던 하늘과 황소는 침입자가 아니라 자기 기만적 보호막을 뚫고 오직 하늘뿐인 "실재"와 대면하게 만드는 고마운 존재임을 깨닫게 되었을 것이다.

수림 한계선은 메이 부인이 죽기 전날 밤 꿈속에서도 상징으로 출현한다. 꿈에서도 여전히 황소는 울타리를 갉아 먹고 있으며, 메이부인 두뇌의 외벽에 커다란 돌이 구멍을 뚫고 있다. 자신은 안전한 울타리의 "내부"에서 걷고 있는데, 그때 시끄러운 소리가 들려온다. "소음은 태양이 수림 한계선을 뚫고 태우려는 소리였음을 그녀는 한참 만에 알게 된다"(329)고 말한다. 태양은 잠재적인 침입자인데, 늘 자신의 소유지 밖에 있었는데 지금은 자신의 소유지의 경계인 수림 한계선을 넘어 돌진한다. 메이부인이 두려워하던 태양sun이 총알bullet처럼 소유지의 한계선을 넘어 달려온다. 여기서도 수림 한계선은 태양의 침입을 막지 못한 채 메이부인은 태양에게 속수무책으로 침범당한다. 굳건하게 자신을 지켜준다고 믿었던 수림 한계선은 자신을 보호하는데 실패한다. 태양sun과 하늘sky, 황소bull와 총알bullet은 절묘한 두운을 맞추면서 메이부인이 자신의 울타리, 벽, 담, 수림 한계선과 같은 보호막을 뚫는 존재로 두려워하는 것들이면서 결국 메이부인이 금지옥엽 애지중지했던 소유들이 실상 아무것도 아니었음을, 그녀가 중시하던 대립쌍의 분류와 분별이 무의미함을 깨닫게 된다.

영국의 인류학자인 팀 인골드Tim Ingold는 그의 책 『선의 역사』*Lines: A Brief History*에서 우리가 걷고, 뭔가를 직조하고, 관찰하고, 이야기하고, 노래하고, 그림을 그리고, 글을 쓸 때, 그 모든 행위의 공통점을 선을 따라가는 것이라고 말하면서, 사람과 사물은 상호연결된 선들의 총체이고, "사람과 사물을 안다는 것은 그들을 구성하고 있는 선을 아는 것이다"(5)라고 말한다. 선은 움직임과 성장을 의미하지만, 인골드는 우리의 삶을 시간적 움직임이나 성장의 이야기 즉 기승전결의 서사로 보지 않고 관계의 뒤엉킴으로 본다. 인골드는 직선적 인과적 사유가 우리를 지배하지만, 직선은 교차는 할지언정 어느 것과도 연결시키지 못한다고 말한다.

> 오늘날 직선형(straightness)은 이성적 사고와 논의뿐만 아니라, 시민의 덕목이고 도덕적 정직함으로 여겨진다. 길이만 있고 넓이가 없이 점과 점을 연결하는 직선(straight lines)이 유클리트 기하학까지 거슬러 올라 지만 르네상스에 이르러 원인과 결과에 대한 우리의 생각을 지배하게 되었다. [⋯] 이러한 직선은 표면을 지배하지만 결코 다른 어떤 것과도 연결시키지 않는다. [⋯] 현대의 확실성이 회의와 혼란으로 넘어가게 되면서 한때 곧장 한점으로 직행하던 선은 조각나게 되었고, 인생의 과업은 균열(cracks)을 통해 길을 찾는다. (4)

인골드의 통찰은 직선이 오늘날 정직한 시민의 덕목으로 칭송되어도 이 직선은 그 어느 것과도 연결되지 않는다는 것이다. 인골드가 원형과 직선을 비교하고 있지는 않지만, 적어도 직선이 이성과 정직을 뜻하며, 이런 직선이 누구와도 연결을 이뤄내지 못한다는 쓸쓸한 독선은 메이부인이 "직선"과 관련된다는 점에서 메이부인이 유독 "직선"과 관련되는 함의를 찾아낼 수 있다. 즉 그린리프가 게으르고 부정직한 것은 사실이지만, 메이부인의 자칭 부지런함과 정직함은 자신의 주장만큼 온전히 긍정적이지 않고 누구와도 연결을 만들어낼 수 없는 고독한 자기기만으로 귀결된다.

분류하고 분별하는 메이부인의 선형성은 인골드의 말대로 "르네상스에 이르러 원인과 결과"라는 인과성과도 관련이 있다. 메이부인은 자신의 선행은 보상받고 그린리프의 게으름은 처벌받아야 한다는 인과응보가 당위라고 믿는다. 그런데 작품의 결말즈음 만일 황소를 죽이라고 보낸 그린리프가 만일 황소에게 죽임을 당했다면 그린리프의 아들들이 자신을 고소할 것이라고 상상하면서 고소당하는 것이야말로 그린리프를 인내했던 15년에 "어울리는 결말"fitting end이고 자신이 친구들에게 들려줄 이야기의 "완벽한 끝"perfect ending(333)이라고 "거의 즐겁게"almost with pleasure(333) 생각한다. 그런데 메이부인 스스로 이것은 "아이러니"(333)라고 말한다. 아이러니란 기대했던 결말이 아니라는 뜻이다. 결국 메이부인은 선행이 보상받는 것이 마땅한 인과관계로써 기대하며 믿고 있다. 물론 이런 기대와 믿음은 나중에 여지없이 무너지지만 어쨌거나 메이부인의 신념은 선형적 인과응보다.

그렇다면 메이부인의 선긋기와 대조되는 그린리프의 원형 그리기는 무엇을 의미할까. 원형은 우로보로스ouroboros를 상기시킨다. 우로보로스는 커다란 뱀이나 용이 자신의 꼬리를 물고 있는 형상으로써 무한한 순환의 상징이며 메이부인의 분류와 분별, 선형적 인과관계가 구현되는 실용적 세계관과 대조를 이루는 신화적 세계관이다. 그린리프의 얼굴은 "거친 성배"a rough chalice(314)에 비유되는데, 거칠긴 해도 성배가 지닌 신화적 의미는 메이부인의 자연주의와는 분명 대조를 이룬다. 그린리프 부인의 종교의식도 바로 이런 신화적 세계관과 밀접하게 관련된다. 앞서 설명했듯이 그린리프부인은 온갖 비극적 사건들을 담은 신문을 오려내서 이를 땅속에 묻은 다음 그 위에 엎드려 기도한다. 그런데 기도하면서 그녀가 하는 말이 매우 인상적이다. "예수여. 나의 심장을 찌르세요"Jesus, stab me in the heart(317)라는 그린리프 부인의 기도는 아빌라의 테레사를 상기시킨다.

> 그의 손안에 금으로 된 긴 창을 보았다. 창끝은 작은 불이 붙은 것 같았다. 그는 이따금 이 창을 내 심장으로 들이밀었다. 나의 그리고 내 내장 속에 들이밀었다. 창을 뺄 때, 나는 내장까지

도 함께 빼내는 것 같았다. (김명주 111, 재인용)

성녀 테레사는 신과 합일하는 종교적 신비체험을 신의 창이 그녀의 심장을 찌르는 것으로 묘사한다. 이와 비슷하게 그린리프 부인도 예수에게 자신의 심장을 찌르라고 말하면서 마치 "지구를 감싸려는 듯"(317) 손발로 흙을 끌어안고 납작하게 엎드린다. 메이부인은 그린리프부인이 종교 때문에 실성했다고 믿고 그녀의 "단순함"을 "역겹게"half-sicked(333) 느끼지만, 그린리프는 자신의 아내가 실제로 내장이 상한 사람을 치유한 적이 있다고 말한다(333). 이에 메이부인은 오로지 의사만이 치유할 수 있다고 단언한다. 그린리프부인의 초자연적 실재에 대한 믿음은 자연적 실재만을 수용하는 메이부인과 대조된다. 오코너는 두 개의 세계관을 대조시킨 후 이 대조적 분별조차 허물어버린다.

## 아이러니

이 작품은 분명히 메이부인과 그린리프의 세계관을 대조시켜 놓고, 오코너는 그 대조조차 허물어버리는데, 허물어뜨리는 방식이 흥미롭다. 방금 말했듯이 메이부인은 그린리프부인을 역겨워한다. 그런데 오코너는 절묘하게도 두 사람의 목소리를 묘사하면서 의도적으로 똑같은 단어인 "목쉰 소리"guttural이란 형용사를 사용한다. 다분히 의도적이다. 어둔 밤 창문 아래 관목을 뜯고 있는 황소에게 "저리 가라"(348)고 소리치는 메이부인의 목소리는 걸걸한 "목쉰 소리"guttural(311)다. 마찬가지로 숲속에서 불행한 신문 기사들을 오려 땅에 파묻는 의식을 치르는 그린리프부인의 목소리도 "고통스럽게 걸걸한 쉰소리"guttural agonized voice(316)다. 메이부인는 그린리프부인을 몹시 싫어하지만 두 사람의 목소리는 닮았다. 또한 불결하고 추한 외형을 경멸하는 메이부인이나, 불결한 소식을 땅속에 파묻을 정도로 싫어하는 그린리프부인이나 불결함을 혐오하는 태도는 두 사람이 아주 흡사하다. 뿐만아니라, "예수여. 나의 심장을 찌르소서"(353)하면서 마치 땅을 껴안듯이 불결한 구덩이를 껴안는 그린리프부인의 모습은 자신을 찌르는 잡종 황소를 마침내 껴안는 메이부인의 모습과 닮았다. 대조되는 것들의 경계가 허물어지고 동일해진다.

앞서 말한 대로 메이부인이 의도하는 말의 의미가 실제로 작품 전체 맥락에서 파악 가능한 작가의 의도와 불일치하면서 아이러니가 발생하는데, 이런 아이러니를 통해서 작가는 작품의 결말의 최종적인 아이러니의 복선을 탄탄히 쌓아갈 뿐만 아니라 최종 장면의 충격 효과를 극대화한다. 무엇보다도 작품에 빈번한 아이러니는 두 개의 상반된 세계관이 '대립'이 아니라 실상 '상보적' 신비 안에 있음을 일깨워준다. 메이부인은 두 개의 세계관을 대립으로 보지만, 오코너는 대립으로 보지 않고 상보적 신비로 파악한다. 미시세계를 지배하는 근본 법칙인 양자 법칙을 개척한 독일의 이론 물리학자 베르너 하이젠베르크 Werner Heisenberg는 그의 책 『부분과 전체』에서, 상보성 이론을 주장하면서 자주 실러의 시(본 논문의 제사로 인용한 시구)를 인용하는 닐스 보어Niels Bohr가 한 말을 다음과 같이 인용한다.

> 충일함[5]은 경험의 충일만이 아니라, 개념의 충일이기도 해. 우리의 문제와 현상을 다양한 방식으로 이야기하는 게 필요하다는 말이지요. 양자론의 형식적 법칙과 관찰되는 형상 사이의 기묘한 관계에 대해 다양한 개념으로 이야기하고, 그것을 다각도로 조명하고, 내적 모순을 의식함으로써만이 사고 구조의 변화가 야기될 수 있어요. 이런 사고 구조가 양자론을 이해하는 전제가 되지요. 항상 나오는 이야기인데, 양자론은 '파동'과 '입자'라는 **상보적 개념**을 사용해서 자연을 이중적으로 기술하는 것을 허용하기 때문에 불충분한 이론이라고들 해요. 그러나 양자론을 정말로 이해한 사람은 여기서 이야기하는 것이 이원론이라고 생각하지 않을 거에요. 양자론을 **원자 현상에 대한 통일적인 묘사**로 느끼겠지요. 다만 그 이론을 실험에 적용하기 위해 자연적인 언어로 번역하니까 서로 이질적으로 보이는 것 뿐이에요. 그러므로 양자론은 어떤 상황을 명백하게 이해했으면서도 이런 상황을 표현할 때는 상과 비유로 할 수밖에 없는 놀라운 예에요. 여기에서 상과 비유는 기본적으로 고전적 개념인 '파동'과 '입자'지요. 이것들은 현실세계와 정확히 맞아 떨어지지 않아요. 또한 부분적으로 서로 상보적인 관계에 있고 그 때문에 서로 모순되지

5) "충일함"의 영어번역은 "fullness"인데, 『부분과 전체』를 번역한 유영미선생은 "fullness"를 충일함으로 번역하지만, 나는 이 논문의 맥락에서 풍성함으로 번역했다.

> 요. 하지만 일상 언어로 현상을 기술해야할 때는 이런 상들로 진실에 접근할 수 있어요. (383-84)

'파동'과 '입자'가 표면적으로는 대립해 보이지만 실제로는 상보적이고, 양자를 '파동'과 '입자'라는 대립된 형태로 설명하는 것이 사실상 원자 현상에 대한 "통일적" 묘사라고 보어는 주장한다. 오코너가 양자론을 알고 있었다는 흔적은 어디에도 없지만 그의 작품 속 아이러니는 불일치가 사실상 동일한 동전의 양면으로써 상보적임을 직관적으로 알고 있었던 것 같다.

아이러니는 작품의 도처에 널려 있는데 일부 언급해보면, 앞서 말했듯이 계급의식이 강한 메이부인은 스스로 그린리프보다 우월하다고 믿는다. 그러나 사실상 자신의 아들 스코필드는 일등병으로 제대했고, 메이부인이 열등하다고 믿는 그린리프의 아들들은 전쟁 후 하사관으로 제대했다. 메이부인의 우월한 계급의식은 현실과는 정반대이므로 아이러니하며, 이 아이러니는 메이부인이 고수하는 우월감의 허구성을 드러낸다.

뿐만 아니라 메이부인은 자신이야말로 "실재"를 아는 "유일한 어른"(320)이라고 자부한다. 메이부인은 아들들의 처참한 냉소에 화를 내면서 "너희들은 곧 알게 될 거야. 실재*Reality*가 무엇인지 말야. 하지만 너무 늦게 알게 되겠지"(320)라고 말한다. 그러나 실제로 메이부인이야말로 무엇이 실재인지 알지 못한다. 메이부인이 '실재'를 안다고 제아무리 자부해도 독자는 메이부인이 죽음에 이르러서야 비로소, 뒤늦게 깨닫게 될 것임을 알고 있다. 아들에게 한 말이 실제로는 자신에게 해당되는 말이었던 것이다. 등장인물의 무지와 독자의 앎 사이에 발생하는 불일치의 아이러니는 불확실성의 심연, 모호한 신비 속으로 독자를 이끈다.

더욱 강력한 아이러니는 황소다. 황소는 계속해서 메이부인에게 구애하지만, 메이부인은 구애하는 황소를 거절하다가, 결국 황소의 뿔은 메이부인이 꾸는 꿈속의 총알처럼 그녀의 가슴에 실제로 박힌다. 애인을 만나서 반가운 듯 "난폭하고 괴로운 연인처럼"(333) 겅둥겅둥 뛰어오는 황소는 메이부인을 '포옹'하지만 실제로는 '살해'한다. 사랑의 포옹이 살해로 귀결되는 것은 아이러니다. 자신의 소유를 침해하는 황소이기 때문에, 자신이 소유하는 암소의 순혈을 잡종으로 만드는 황소이기 때문에, 자신이 경멸하는 그린리프 소유의 황소이기 때문에 메이부인이 그토록 미워했던 황소가 알고 보니 "인내심 많은 어떤 신"(311)처럼 자신을 사랑했다는 사실도 아이러니고, 그 사랑이 메이부인을 죽이는 것도 아이러니고, 메이부인을 죽이는 사랑이 그녀의 시력을 되살리는 것도 아이러니다. 이러한 아이러니는 인과적 선형성을 단절시키고 오코너가 로맨스 소설을 씀으로써 의도하는 "비약과 괴리"skips and gaps(『신비와 매너』, 40)를 부각시킴으로써 신비의 심연으로 독자를 안내한다.

오코너는 그의 책 『신비와 매너』의 첫 에세이 「새들의 왕」에서 공작새에 대해 쓴다. 수컷 공작이 멋진 꼬리를 얻기까지 2년이 걸리고, 3년째부터 수컷이 하는 일이라곤 아무짝에도 쓸모없는 꼬리를 돌보는 일뿐이라고 말한다. 그러나 수컷 공작이 꼬리를 펼지는 순간 "꼬리의 녹색-청동색의 아치모양"에서 "후광이 비치는 눈부신 태양의 은하수"a galaxy of gaxing, haloed suns(10)가 보이고, 이를 보는 사람들은 순간 고요해진다. 실용성을 따지는 사람들은 공작이 무슨 쓸모가 있냐고 빈정대지만, 존 스타인벡의 단편 「국화」에서 환금성 있는 사과 대신 국화를 키우는 주인공 엘리사처럼 오로지 '경이로움'을 위해 오코너는 공작을 키운다. 오코너는 수컷 공작이 꼬리를 활짝 편 모습을 "둥둥 떠다니는 우주가 활짝 펴진 지도"the unfurled map of the universe which floats nearby(14)와 같다고 묘사한다. 공작은 종종 발밑 지구의 중심으로부터 오는 충격을 느끼는 듯 소리를 지르기도 한다. 이 소리가 오코너에겐 "보이지 않는 행진을 위한 환호"a cheer from an invisible parade(15)로 들린다. 공작은 사람이 느낄 수 없는 지구 중심의 충격을 느낄 수 있을 만큼 경이롭게 예민하고, 그 예민성은 까다로움이 아니라 기쁜 함성으로 인식된다. 오코너는 자신이 공작에 대해 느끼는 경이로움과 환호는 소위 쓸모있는 근면 성실한 실용성만큼이나 쓸모 있다고 주장한다. 메이부인의 실용적 세계관은 신비의 심연인 "은하수" 따위는 쓸모없다고 무시하겠지만, 오코너에겐 "지구의 충격"과 "은하수"로 은유된 신비를 감지할 수 있는 능력은 무시되는 만큼 더욱더 쓸모 있다.

본 논문은 이제까지 비평가들이 주목하지 않았던 선의 상징성과 아이러니 기법에 주목함으로써 오코너가 이들을 통해 어떻게 신비의 심연을 드러내는지 논증했다. 오코너의 선과 아이러니 배치는 신비의 심연을 충격적이지만 감동적으로 감지하게 만들면서 독자의 실용적 안이함을 흔든다. 오코너를 수식하는 단어는 남부 작가, 가톨릭 작가, 그로테스크 작가다. 그중에서도 남부라는 지역적 특징을 오코너는 "풍성한 대립, 풍성한 아이러니, 풍성한 대조"rich in contradiction, rich in irony, rich in contrast(103)라고 말한다. 오코너는 「그린리프」에서 남부 작가로서의 기량을 완벽하게 펼치면서, 메이부인을 통해 실용적 세계관의 한계를 드러내고, 그린리프의 신화적 세계관이 지닌 상보 가능성을 타진하고 있다. 실러의 시구대로 "명확함은 풍성함에 있고, 진리는 심연 속에" 있을지도 모른다.

## 인용문헌


김명주. 『여성의 性이 聖스러웠을 때』. 대전: 충남대학교출판문화원, 2018.

김원명. 『한국불교철학의 선구적 사상가 원효』. 살림지식총서 327. 파주: 살림, 2008.

신형철. 『몰락의 에티카』. 파주: 문학동네, 2008.

하이젠베르크, 베르너. 『부분과 전체』. 유영미 옮김. 파주: 서커스, 2022, c1969.

Asals, Frederick. "The Mythic Dimensions of Flannery O'Connor's 'Greenleaf'." *Studies in Short Fictions* 5 (1968): 317-330.

Feeley, Kathleen. *Flannery O'Connor: Voice of the Peacock*. New Brunswick:Rutgers UP, 1972.

Giannone, Richard. "'Greenleaf': A Story of Lent." *Studies in Short Fictions* 22 (1985): 4231-429.

Giddens, Nancy Ann. "Classical Agents of Christian Grace in Flannery O'Connor's "Greenlead." *Studies in Short Fiction*, 23:2 (1986): 201-202.

Grimshaw, James A. *The Flannery O'Connor Companion*. Westport: Greenwood, 1981.

Ingold, Tim. *Lines: A Brief History*. London: Routledge, 2007.

James, William. *The Varieties of Religious Experience*. New York: Barnes & Noble Classic, 2004, c1902.

May, John R. *The Pruning Word: The Parables of Flannery O'Connor*. Notre Dame: U of ND P, 1976.

O'Connor, Flannery. *Mystery and Manners*. New York: Farrar, Straus & Giroux, 2001, c1957.

______. "Greenleaf," *The Complete Stories*. New York: Farrar, Straus & Giroux, 1989. 311-334.

Orvell, Miles. *Invisible Parade: The Fiction of Flannery O'Connor*. Philadelphia: Temple UP, 1972.

Piggford, George. "Mrs. May's Dark Night in Flannery O'Connor's 'Greenleaf'" *Christianity and Literature* 65:4 (2016): 397-412.

Powers, Douglas. "Flannery O'Connor's Treelines." *The Flannery O'Connor Bulletin*, 20(1991): 54-60.

Prown, Katherine Hemple. *Revising Flannery O'Connor: Southern Literary Culture and the Problem of Female Authorship*. Charlottsville, UP of Virginia, 2001.

Rath, Sura P. *Flannery O'Connor: New Perspectives*. Athens: U of Georgia P, 1996.

Rout, Kathleen. "Dream in a Little Dreams of Me: Mrs. May and the Bull in Flannery O'Connor's 'Greenleaf'." *Studies in Short Fiction*, 16:3 (1979): 233-235.

Shields, John C. "Flannery O'Connor's 'Greenleaf' and the Myth of Europa and the Bull." *Studies in Short Fiction* 18 (1981): 421-431.

2부

—

# 페미니스트 & 종교 문학비평

# 8장
# 토니 모리슨의 『솔로몬의 노래』: 여성과 성스러움1)

## 현실종교 문제의 대안으로서 "여성적 성스러움"

2007년 텔레반 인질 사건은 종교적 확신이 얼마나 독선적일 수 있는지 보여주었다. 또한 살아있는 성인으로 추앙받던 테레사 수녀의 오랜 종교적 회의를 담은 책이 같은 해 출간되면서 목에 칼이 들어와도 변할 수 없는 독선적 확신보다 휘청거리는 갈등이 오히려 건강한 종교임을 보여주었다. 이런 가운데, 진정한 종교는 무엇이고, 현실의 종교는 어떤 문제점이 있는가에 대한 재성찰이 요청되었다.

흥미로운 사실은 담론의 차원에서 기독교는 현대 사회의 지적 조류를 흡수하면서 진화하는 반면, 기독교의 실천은 담론과 정반대 방향으로 움직이고 있다는 사실이다. 다시 말해서 기독교 담론은 인식과 해석의 구성주의constructivism, 맥락주의contextualism,

1) 본 논문은 「여성과 성스러움: 토니 모리슨의 『솔로몬의 노래』 연구」 라는 제목으로 『문학과 종교』(한국문학과종교학회)(13.1(2008): 185-203)에 최초 발표되었다.

다원주의pluralism 라는 현대 사조를 수용하는 반면, 현실의 기독교는 경전을 문자적으로 해석하는 근본주의적 성향이 두드러지면서 타종교에 대해 더욱 배타적이고 공격적인 태도를 지닌다는 사실이다. 이러한 현실 기독교가 취하는 태도들의 근간에는 성聖과 속俗의 관계를 단순히 서로 단절된 것으로 보거나 혹은 속을 성으로 함몰시켜 하나로 만들어 버리는 공통점이 있다[2]. 즉, 하나면서 둘인 성과 속의 역동적 긴장과 신비적 합일에 대한 이해하는 이중 시각double vision을 결여하고, 성과 속을 전혀 다른 둘로 분리시켜 버리거나 둘 중 하나만 보는 일차원적 사고가 바로 현실 기독교를 피폐하게 만드는 주요 원인이다.

미국의 경우 그들은 일찍이 성과 속의 엄격한 분리를 강조하여, 종교는 성의 영역에, 그리고 정치는 속의 영역으로 엄격히 분리하였다. 달리 말하면 종교의 영역은 사적 영역에 국한시키면서 정치라는 공적 영역과 의식적으로 분리하는 것이 국가를 유지하기에 실질적으로 유용하다고 생각했던 것이다. 그럼에도 불구하고 1990년대 이후 대통령의 개인적 신앙이 국가의 행동을 결정하는 중요한 잣대가 되기 시작했다. 이슬람 국가 역시 마찬가지로 전통적으로 제정일치를 주장하며 성과 속을 역동적 긴장 대신 획일적 하나로 파악하면서 미국과 이슬람 국가의 충돌은 전쟁으로 가시화되었다. 그런가 하면 한국에서는 성과 속

2) 물론 성을 속에 함몰시키는 경우도 있을 수 있지만, 이 경우는 이미 종교의 범위를 벗어나기 때문에 본 논의에서 제외한다.

을 단절시키는 성향이 두드러져 교회의 안은 성스럽고 세상은 속된 장소로 생각하는 경향이 많다. 그러한 단절로 인하여 세속이 성의 현현임에도 불구하고 교회는 세속 현실에 무관심하거나 안일하고 보수적인 태도를 취하게 만들었다. 기독교의 경우 초기의 예언적 해방적 전통은 사라졌다.

본 연구는 현실의 제도 종교가 이미 드러낸 한계를 극복할 대안으로서 "여성적 성스러움"은 어떤 것인지 토니 모리슨Toni Morrison의 작품 『솔로몬의 노래*Song of Solomon*』를 통해 살펴보려고 한다. '성스러움'the sacred은 특별히 개신교 기독교에서 매우 남성적으로 표출되어왔음을 부정할 수 없다. 심리학자 볼프T. Wolff는

> 가톨릭은 마리아 신앙을 비롯한 여러 여성적 형태의 상징이 교리나 의식에 풍부하게 수용되어 있다. 이에 반해 개신교는 여성 원리를 실종시켰다. '음'의 결여와 오직 '말씀'에만 의거하는 자세는 학문과 기술을 부상시켰고 로고스의 발전은 합리적인 도구가 되어 심혼적인 요소를 배제하였다. (이부영 133, 재인용)

고 지적한다. 즉 현대의 개신교는 말씀의 절대적인 권위를 내세우면서, 여성적 요소를 상실했다는 것이다[3]. 에리히 프롬

3) 모든 일이 그러하듯, 종교도 순기능과 역기능을 동시에 지닌다. 프랑크푸르트 학파의 막스 호르크하이머가 지적하듯이, "종교는 신이 존재한다는 의식 속에 늘 정의에 대한 이상을 품고 있기에, 인간 삶의 불의와 고통의 문제에 관한 참된 의미와 기준을 심어주고 부여한다. 그리고 종교는 인간의 유한성을 자각시킴으로써 현재 주어진 불의의 세계가 미지막이 아니라는 희망을 인간에게 고취시킨다"(Armstrong 667). 하지만, 근본주의 종교에서 보는바와 같이 신중심을 내세우면서 실제로는 인간중심으로서 인간의

Erich Fromm 역시 기독교 특히 구약의 신은 자신 이외에 신을 금지하고, 인간이 감히 범접할 수 없는 초월적 신, 가부장적 아버지 신이라고 지적했다(62).

하지만 가부장적인 남성신은 비단 개신교에만 국한되는 현상은 아니다. 일반적인 종교현상을 다루면서 성스러움의 특성을 논하는 루돌프 옷토Rudolf Otto도 종교학의 고전이라고 불리는 『성스러움의 의미*Das Heilige*』에서, '성스러움'은 피조물에게 한없는 두려움과 전율을 자아내는 초월적 느낌이라고 정의하면서(49) 다분히 남성적인 측면을 강조하고 있다. 그리하여 현대 종교가 지나치게 보수적이고 근본주의화 되어 가는 원인을 짚어보면, 산발적으로 간신히 균형을 잡았던 역사적인 순간순간을 제외하면 상당히 오랜동안 제도 종교가 지나치게 남성적 성스러움 즉 말씀과 초월, 신성神性의 전능성만을 강조하는 쪽으로 굳어진 탓이라고 감히 진단할 수 있다. 다시금 균형을 잡아야 한다. 그래서 말씀 뿐 아니라 영성, 초월 뿐 아니라 내재성까지도 함께 포괄하는 '여성적 성스러움'이라는 새로운 차원을 열 필요가 있다.

---

자의적이고 공격적인 속성을 적나라하게 내보이기도 한다. 말씀의 절대권위를 내세우는 조직화된 교회들은 대체로 권위의 절대적인 순종을 요구하면서 이질적인 요소를 억압한다. 특별히 종교의 신비주의적 성향은 늘 말씀중심의 주류에서 늘 벗어나 있었고, 암스트롱의 지적대로 신비주의 성향은 신적존재의 여성적 측면을 강조하는 것으로 받아들여지고 있다.

## '성스러움' 이란 무엇인가?

여성적 성스러움을 논하기 전에 먼저 '성스러움'이란 무엇인가를 살펴볼 필요가 있다. 종교적인 의미든, 일반적인 의미든, 우리가 어떤 대상을 보고 성聖스럽다고 표현할 때는 뭔가 '다르다'는 의미가 내포되어 있다. 즉 속俗스럽지 않다, 즉 속俗과 '다르다'는 뜻이 들어있다[4]. 다시 말해서 이 세상 것과 좀 다르다, 혹은, 엘리아데의 표현을 빌리면, 일상적인 것과 단절된 비일상적인 실재를 의미하기도 한다. 비일상적인 실재는 익숙한 우리의 현실 세계와 다르기 때문에 초월적이고, 종교학자 윌프래드 캔트웰 스미스Wilfred Cantwell Smith의 표현대로 "인간의 꿈이 서린" 곳을 의미한다. 즉 불완전한 인간과는 달리 완벽하고 절대적이고 무한하고 영원한 존재, 장소의 개념으로 말한다면 완벽하고 절대적이고 영원한 장소, 소위 사자와 토끼가 자유롭게 뛰노는 곳을 의미한다. 즉, 인간이 꿈꾸는 이상세계, 지향점, 혹은 그렇게 이상적 대상을 우리는 '성스럽다'고 말한다.

---

4) 구약성경의 "성스러움"(holiness, 혹은 the sacred)이란 단어와 연관된 구절을 일일이 살펴보면, "성스러움" 혹은 "거룩함"은 "구별된 존재", "파편화되지 않고 전일적인 존재", "정결한 존재" "감히 다가갈 수 없는 초월적이고 위대한 존재" "높은 곳(시온산, 혹은 지성소)에 분리된 존재" 혹은 그러한 존재와 관련된 물건들을 속성을 지칭하는 단어로 사용된다. 그러나 신약성경에 오면 "성스러움"은 좀 달라진다. 흥미롭게도 신약성경의 핵심인물인 예수는 후대교회의 믿음과 달리, 단 한번도 구약적 의미의 성스러운 존재로 자신을 지칭한 적이 없다. 그리하여 그는 자신을 항상 "하나님의 아들" 대신 "사람의 아들"이라고 지칭했다. 물론 사도바울과 다른 성경의 기자들은 예수를 하나님의 아들로 보는 까닭에, 예수그리스도와 관련된 모든 속성을 "성스럽다"라고 칭하게 된다.

그런데 문제는 '속스러움과는 영 딴판이다'라는 의미의 '성스러움'이 역사적으로 좀 상이하게 표출된다는 사실이다. 대체로 두 가지 양상으로 나타난다. 앞서 잠시 언급했듯이 하나는 성과 속을 엄격히 구분, 분리하거나 아니면 속을 성에 함몰시키는 일차원적 시각에서 비롯되는 양상이다. 다른 하나는 성과 속을 궁극적인 하나로 인식하되 어느 한쪽으로 함몰되지 않는 이중 시각을 지닌 태도다. 신학적으로 말하면 신은 저 멀리 하늘에 계셔서 인간은 감히 범접할 수 없는 거룩한 존재로 보는 시각이 있고, 다른 한편으로는 신을 임마누엘로서 인간 안에서 함께 울고 웃는 내재적 신으로 보는 시각이 있다. 교회로 보면, 교회 안과 교회 밖을 엄격히 구분하여 교회 안은 성스럽고 밖은 속되다고 경계를 짓는 태도가 있는가 하면, 교회의 안과 밖 모두의 속된 현실을 성스럽게 가꾸어야 할 대상으로 보는 상이한 태도가 있다. 또한 낙원은 미래 어느 초월적인 공간 속에 있다고 믿으면서 '지금 이곳'의 삶은 과정에 불과하고 미래의 목표를 위해 희생해야 할 시공으로 보는 태도가 있다. 한편 '지금 이곳'이 바로 천국, 혹은 이상을 실현시킬 수 있는 시공으로 보는 다른 시각이 있다. 전자가 굳이 경계를 만들고 그 안에 스스로를 가둔다면, 후자는 경계의 안과 밖을 모두 아우르는 양상이다.

## 여성적 성스러움

그런데 토니 모리슨이 추구하는 '성스러움'은 모두 후자 쪽을 가리키고 있다. 즉 여성적 성스러움이란, 성과 속을 분리하지 않으며, 성과 속을 어느 한쪽으로 함몰시키지 않으면서 궁극적으로 합일된 형태로 그린다는 것이다. 다시 말해서, 인간의 꿈이 서린 곳, 일종의 지향점으로서의 '성스러움'이 전자의 태도로 보면 순전히 초월적이고 미래적이라면, 후자는 '바로 이곳에서 성취된 풍요로운 생명'을 '성스러움'으로 본다. 그리하여 흑인 여성작가인 모리슨이 그리는 성스러움, 즉 '바로 이곳에서 성취하는 풍요로운 생명'을 '여성적 성스러움'이라고 부르는 것이 가능할 것이다.

앞서 언급했듯이, 고전적인 종교학자인 옷토는 『성스러움의 의미』에서 성스러움이란 "두려움과 위압성, 신비와 장엄성"과 더불어 "이 세상과는 전혀 다른 것" 혹은 "모든 세상과 육에 반대되는 하늘의 존재"라고 정의한다(47-74). 그러나 쥘리아 크리스테바Julia Kriesteva는 『여성과 성스러움*The Feminine and the Sacred*』에서 '성스러움'과 '종교'를 구분하면서, 말씀의 당위성(종교)을 의심하고 저항하는 행위 자체가 '성스럽다'고 말한다. 여성은 정신/몸, 존재/비존재, 생명/의미의 이분법의 틈새에서 이행하는 가치로부터 특별한 역할을 수행한다고 한다. 즉, 꽉 짜인 질서 속에서 거대질서를 교란하고, 저항하는 긍정적 역할을 수행한다는 것이다. 그리하여 카트린 클레망Catherine Cle ment도 같은 책에서 "성스러움은 선과 악, 순수와 불순, 허락된 것과 금기, 정신적인 것과 감각적인 것 사이의 균열을 건너뛰는 것"(58)이라고 말한다. 즉 경계를 넘어서는 것이 바로 성스러움의 본질이라고 한다. 조르쥬 바타유George Bataille도 『에로티즘L'Erotisme』에서 "세속이 금기의 세계라면, 신성은 무한한 위반의 세계"(73)라고 말한다. 금기란 결국 인간이 만들어놓은 경계이고, 그 경계의 위반이 바로 성스러움이라는 것이다.

뤼스 이리가레이Luce Irigaray도 '성스러움'에 특별한 관심을 갖고 '성스러운 여자들'에 관련된 글을 많이 썼다. 그녀 역시 "전통적인 낡은 신의 죽음이 신의 새로운 얼굴 즉 '성스러움'을 회복할 수 있게 만든다"(Hollywood 227, 재인용)고 말한다. 그녀는, 초월/내재, 인간/신, 자아/타자의 대립성을 무너뜨리면서 전통적인 신 개념을 해체한다. 그리고는 전복하는 자리, 언어로 환원되지 않는 잉여성, 열려있고 유동적인 그 자리에서 얻어지는 이행적 가치로서 여성적 성스러움이 놓여있다고 주장한다. 그런 여성적 성스러움이야말로 기존의 종교를 전복할 수 있는 힘이라는 것이다. 여성적 성스러움은 의미가 고정되지 않고 끝없이 춤추는 쥬이상스jouissance의 공간인 것이다.

또한 여성 신학자인 샐리 맥페이그Sallie McFague도 종래 신을 지칭하는 "아버지"라는 은유가 부적합하다고 지적하면서, 신을 지칭하는 새로운 은유를 제안하기도 한다(182-92). 이때 그녀가 제안하는 새로운 은유는 그간 배제되어 온 여성스러운 신적 특성을 더 많이 표현하거나 양성을 지칭하게 된다. 근래 들어 철학자로서 세계적인 명성을 얻고 있는 켄 윌버Ken Wilber같은 철학자도 『친근한 신*A Sociable God*』에서 종교가 어떻게 진화하는지 역사적, 체계적으로 설명하면서, 종교가 좀 더 여성화되는 현상을 궁극적인 진화로 보고 있다.

그런데 클레망은 『여성과 성스러움』이란 책에서 인종적으로, 성적으로, 사회적으로 억압되어 있는 사람들에게서 '성스러움'이 더욱 잘 드러난다고 말한다. 그러고 보면 흔히 지적하듯 인종적, 성적 억압이라는 이중적 억압으로 인한 타자적 고충은 역설적으로 흑인 여성으로 하여금 더욱 성스러움이라는 지향점을 더욱 꿈꾸게 만들고, 꿈과 소망은 실제 현실을 만들어내는 힘이 된다는 해석이 가능할지도 모르겠다. 또한 같은 책에서 크리스테바 역시 "미국 흑인 여성에게서 유독 '성스러움'이 느껴진다"(24)고 말한다. 따라서 미국흑인여성인 모리슨의 작품을 통해 여성의 성스러움이 과연 어떤 것인지 연구하는데 적절한 자료가 될 수 있을 것이다.

## 토니 모리슨의 『솔로몬의 노래』

모리슨은 『솔로몬의 노래』에서 남성과 여성이 각각 '자유'를 꿈꾸는 방식이 얼마나 다른지 그 차이점을 탐색하고 있다. 그래서 모리슨은 여성이 주인공인 다른 작품들과 달리 남성을 주인공으로 세우고 있다. 더러 여성 작가가 남성을 내러티브의 중심으로 삼는 일이 없는 것은 아니지만 흔한 일은 아니다. 한 인터뷰에서 모리슨은 이 작품에서 "특별히 가족을 버리고 무책임하게 떠나는 남자들에 대한 이야기를 특별히 쓰고 싶었다"("Talk" 50)고 말한다. 가정과 국가를 떠나 이방인의 삶을 선택함으로써 내면의 자유를 획득하고자 했던 남성들이 비단 제임스 조이스와 고갱뿐은 아닐 것이다. 『솔로몬의 노래』에는 모리슨의 다른 작품과 마찬가지로 가족을 버리고 떠나는 무책임한 남자들이 많이 등장하고 있다. 가족을 버리고 자유의 땅 아프리카로 훨훨 날아 떠나가는 주인공의 할아버지인 솔로몬Solomon이 있고, 주인공 밀크맨Milkman 역시 귀찮은 가족과 애인을 버리고 과거의 땅으로 떠나며, 사랑의 책임이 버거워 건물 옥상에서 푸른 날개를 달고 삶을 떠나는 로버트 스미스Robert Smith가 있다. 그들은 모두 가족을 떠난다. 그런데 왜 떠나는 것일까? 바로 자유롭기 위해서다. 가족은 그들의 성스러운 정신적 사명과 초월, 자유를 구속하기 때문에 자유롭기 위하여 떠나야 한다고 말한다. 그리하여 많은 비평가들은 주인공 밀크맨의 미숙한 자아가 떠남을 통해 어떻게 정신적 도덕적으로 성장하고 혹은 단절되고 파편화된 그가 어떻게 통합된 정체성을 획득하게 되는가에 초점을 맞추고 있다. 그들은 한결같이, 밀크맨이 과거/전통/뿌리를 찾는 여행을 통해 무책임하고 자기중심적인 자아로부터 탈피하여 거듭나게 된다고 말한다.

물론 다 맞는 말이다. 그런데 중요한 것은 모리슨은 그런 남성들의 정신적 여정 자체에 관심을 두고 있는 것이 아니라 궁극적으로 여성과 비교하기 위해 남성을 중심에 세웠다는 사실이다. 떠나는 남자들이 남긴 빈자리에서는 언제나 꿋꿋하게 땅과 가족을 지키는 여성들이 있다. 남성들처럼 날지는 못하지만, 땅을 떠나지 않으면서도 진정 날 수 있는 여성"Without ever leaving the ground, she could fly"(336), 바로 파일럿Pilate이 있다. 파일럿은 바로 그리스도적 인물Christ figure로서 모리슨이 정의하는 성스러움을 형상화하는 인물인데, 밀크맨이나 솔로몬이 추구하는 자유와 대조적인 자유를 실현하는 인물이다. 그리고 또 흥미로운 사실은 흔히 비평가들이 주목하는 밀크맨의 남성적 자아가 성숙하는 지점에서 바로 그가 상징적으로 여성이 된다는 사실이다. 즉 파일럿처럼 밀크맨도 여성이 되는 지점에서 그는 더 이상 과거의 밀크맨이 아니라 새로운 존재로 거듭나게 된다.

이제 모리슨이 『솔로몬의 노래』에서 형상화하는 성스러움을 살펴보는데, 몇 가지 개념, 즉, 신비적 성스러움, 구원자적 성스러움, 연속성적 성스러움으로 나누어 분석할 것이다. 신비적 성스러움과 구원자적 성스러움은 통상적으로 옷토가 설명하는 남성적 성스러움과 부분적으로 유사한데, 파일럿의 신비적· 구원자적 성스러움은 그녀가 전통적인 의미에서 그리스도적 성스러움을 지닌 인물임을 증명하게 될 것이다. 한편 연속성적 성스러움은 성스러운 파일럿의 속성인 동시에, 남성적인 밀크맨이 상징적 여성으로 변신하면서 획득하는 속성이기도 하다. 그런 면에서 여성적 성스러움의 특질을 가장 잘 보여준다고 할 수 있다.

### 1) 신비적 성스러움-삶과 죽음의 경계를 넘어

모리슨은 의도적으로 성스러움을 비합리성 즉 신비의 영역으로 의미화한다. 이런 요소는 앞서 옷토가 제시한 대로 섣부른 합리성으로는 다가갈 수 없는 종류의 성스러움과 일치하는 부분이다. 우선 다른 작품들과 마찬가지로 이 작품은 초현실적인 에피소드가 많다. 즉 파일럿이 배꼽이 없다든가, 죽은 아버지가 유령으로 자주 나타난다든가, 솔로몬이 실제로 하늘을 날아 아프리카로 갔다든가, 썰시Circe가 무려 150년을 넘게 살아 밀크맨에게 직접 과거 이야기를 들려준다든가, 밀크맨의 한쪽 다리가 짧았으나 자각을 얻은 후에 갑자기 다리를 절지 않았다든가, 등등이 있다. 이런 초현실적 요소들은 역사나 사실주의적 이야기처럼 이야기의 진실이 현실과의 조응 여부에 달린 것이 아니라, 신화처럼 그 정신에 진실이 있음을 알리는 요소이기도 하다.

또한 그것은 현실과 초현실의 경계, 삶과 죽음의 경계를 일부러 모호하게 만들면서 둘 사이의 깊은 연속성을 지시하는 역할을 하기도 한다.

또한 파일럿과 관련된 맥락에서 보면, 작품엔 비현실적, 초현실적, 비합리적 요소가 첨가됨으로써 파일럿이라는 인물에 신비적 요소를 가미된다. 마치 기독교가 사랑의 육화인 예수그리스도의 기적이나 출생과 관련된 신비적 정황을 삽입하듯이 파일럿의 초현실성은 인물의 신비적 성스러움을 강조하는 역할을 한다. 동정녀 수태가 인간적 혈통을 부정하고 신적 요소를 강조하기 위한 것이듯이 파일럿이 배꼽이 없다는 사실도 그녀의 성스러움을 부각시킨다.

그런데 모리슨은 파일럿을 신비화된 존재, 예수적 인물로 제시하면서도 한편으론 실제 모리슨이 선택한 이름이 파일럿이란 이름 즉 "예수를 죽음으로 몰아넣는Christ-killing"(19), 우리가 성경에서 알고 있는 빌라도라는 사실에 주목할 필요가 있다. 자신을 소멸시키기까지 사랑하는 희생의 구원자로 파일럿을 그리면서도 이름을 하필 빌라도로 지은 것을 어떻게 해석해야 할까? 파일럿 안에는 삶과 생명의 상징인 예수와 더불어 죽음과 배신의 상징 빌라도가 함께 섞여 있음을 의미할 것이다. 모리슨은 끊임없이 경계 넘기를 시도하고 있다. 경계를 초월하는 것이 아니라 경계를 포월한다. 그간 생명의 의미가 지나치게 선과 밝음이라는 한쪽에 치중하면서 죄와 어둠을 포괄하지 못한 것이 사실이다. 진정한 사랑이 정의로운 자에 대한 사랑일 뿐 아니라, 죄인과 세리들까지도 포함하는 사랑이듯 말이다.

뿐만아니라, 모리슨은 실제로 육신의 끝으로서의 죽음이 더 이상 죽음이 아니라는 사실을 누누이 말하고 있다. 바타이유의 통찰대로 "죽음은 연속성을 표상"(22)하며, 죽음은 "불연속적 존재를 연속적 존재로 이르게"(21)한다. 연속성으로부터 불연속적인 개체로 태어났다가 개체가 소멸되는 죽음에 이르면 다시 어딘가로 회귀함으로서 연속성을 획득한다는 의미다. 많은 신비주의자들이 누누이 주장하던 바다.

마찬가지로 모리슨의 파일럿도 이렇게 말한다. "어떤 사람들은 영원히 살고 싶어 하고 또 어떤 사람들은 그렇지 않아. 살고 죽고는 자신에게 달려있다고 난 믿어. 죽고자 하면 죽겠지. 하지만 죽고 싶지 않다면 아무도 죽을 필요는 없는 거야"(140)라고 말한다. 죽고자 하지 않는다면 육신의 죽음이 더 이상 죽음이 아닐 수도 있다는 것이다. 개체로서의 육신의 유무로 삶과 죽음의 경계를 짓는 것이 더 이상 무의미하다는 매우 색다른 견해다. 여기서 일반적인 삶과 죽음의 경계는 소멸해 버린다. 경계가 소멸하므로 다시 사는 것이다.

그러므로 모리슨은 파일럿을 성스러운 인물 표상하고 있으며, 그 인물은 예수와 빌라도가 합쳐진 특이한 이미지이고 따라서 그 성스러움은 삶과 죽음, 선과 죄악, 육체와 정신의 경계가 소멸된 차원이다.

### 2) 구원자적 성스러움-힘과 힘없음(존재/비존재)의 경계를 넘어

파일럿은 밀크맨이 일종의 원수임에도 불구하고 밀크맨 대신 죽는다. 밀크맨은 파일럿의 손녀딸을 유린하고 버림으로 인해서 궁극적으로 그녀를 죽게 만든 장본인이다. 사랑도 잃고 자아도 잃어버린 손녀딸 해거Hagar가 밀크맨을 죽이기 위해 미친 듯이 거리를 헤맬 때 파일럿은 이렇게 말한다. "아무도 그를 죽일 수는 없을 게다. 그의 어리석음 말고는. 어떤 여자도 그를 죽이지 않을 것이다. 오히려 여자가 그의 생명을 구하게 될 게다"(140). 파일럿은 밀크맨이 자신의 유산 즉 아버지의 유해를 금으로 오인하고 훔쳐 달아 났을 때에도, 경찰에 잡힌 그를 구해준다. 또한 작품의 말미 파일럿 아버지의 유해를 파묻기 위해 산에 오르다가 밀크맨의 생명을 노리던 기타Guitar가 쏜 총탄에 밀크맨 대신 파일럿이 맞고 쓰러진다. 다행히 그녀의 죽음은 헛되지 않아서 밀크맨은 솔로몬처럼 날 수 있게 된다. "공기에 자신을 맡기면 공기 위를 날 수 있게 되는 것If you surrender to the air, you could *ride* it"(337)이란 솔로몬의 지혜를 터득하게 되는 것이다. "나를 맡긴다"surrender라는 말은 의미심장하다. 생명의 탄생은 필연적으로 한 개체의 죽음을 전제하듯이 영혼의 비상은 죽음을 전제로 한다.

여기서 구원자적 성스러움이란 왕 같은 권위와 힘, 두려움을 자아내는 옷토의 성스러움, 구약의 가부장적 신과는 다르다. 파일럿은 "굴복surrender"하는 메시아이다. 자신을 타자 속에 함몰하는 구원자이다. 본회퍼Dietrich Bonhoeffer의 말대로 "하나님에 의해서 나에게 주어진 한계"(90)로서의 타인에게 나를 함몰하는 것이 진정한 사랑이고 초월이기 때문이다. 한없는 연민으로 자신을 타인에게 굴복하고, 스스로 소멸하면서까지 타인을 사랑하는 구원자이다.

파일럿은 경제적으로 성공한 오빠인 메이컨 데드Macon Dead(밀크맨의 아버지)가 사는 곳과는 동떨어진 도시의 허름한 빈민가에서 포도주를 만들면서 근근이 살아간다. 그러나 그녀의 초라한 집은 "안식처haven"(135)이고 "안전한 항구safe harbor"(135)다. 그녀는 배꼽이 없다는 이유로 사람들로부터 고립되지만, 고립과 배척을 통해 세상의 모든 가정assumption을 버리고 원점에서 다시 시작하는 계기가 된다"begin at zero". 그리고 그녀는 아무것도 두려워할 것이 없다는 사실, 그리고 고통 받는 자들에 대한 연민, 인간관계에 대한 깊은 관심이야말로 가장 중요한 가치임을 깨닫게 된다(149). 그리고 더 나아가서 자신을 굴복하고 소멸하는 사랑을 실천한다. "굴복"이란 단어는 사실 많은 논란의 여지가 있을 것이다. 특별히 여성주의적 입장이나 인종 담론처럼 주체의 확립을 지상최대의 관심으로 삼는 담론에서는 굴복은 가장 지양하고픈 상태일 것이기 때문이다. 그러나 여기서 주체의 굴복이란 일반적인 주체 담론을 넘어서는 차원이다. 즉 굴복시킬 주체가 확립한 이후의 단계를 말한다. 주체가 있어야 굴복시킬 뭔가가 있지 않겠는가. 그러나 굴복은 참담한 굴욕과는 다르다. 비워야 채워지고 죽어야 사는 역설의 단계다. 비록 왕처럼 권위 있고 힘 있는 구원자는 아니지만, 그 연약함과 굴복으로 인하여 오히려 진정한 권위와 힘을 얻게 되는 역설이 가능하기 때문이다. 모리슨이 파일럿을 통해 드러내는 구원자적 성스러움이란 바로 이런 것, 허름하고 약하지만 자신을 소멸하고 굴복함으로써 진정한 힘을 얻는 역설적 성스러움이다.

파일럿의 이런 역설적 힘은 오빠인 메이컨과 기타가 추구하는 힘과는 매우 대조적이다. 메이컨은 아들 밀크맨에게 말한다. "파일럿이 가르치는 것들은 이 세상에서 아무짝에도 쓸모없어. [,…] 네가 꼭 알아야 할 것을 알려주지. 바로 소유하는 거야. 네가 소유하는 것으로 또 다른 것을 소유하도록 해라. 그러면 너는 네 자신과 다른 사람들을 소유할 수 있게 될 것이다"(55). 소유하고 소유함으로써 지배하는 것, 그것이 삶을 사는 지혜이고 힘이라고 그는 생각하고 있다. 물론 이런 가치관은 극심한 인종차별에 대한 반발로 생겨난 것이다. 인종차별이 인간성을 파괴하는 또 한 예로서 기타가 있다. 그 역시 메이컨과 마찬가지로 백인들에 의해 아버지를 잃고 그에 대한 복수심으로 "칠일the Seven Days"라는 급진적 살인단체에서 흑인들이 죽는 수만큼 같은 수의 백인을 거침없이 살해한다. 사랑하기 때문에 죽인다고 주장하지만, 그의 사랑은 심히 왜곡되어있다. 메이컨은 돈의 힘으로 강하고, 기타는 증오의 힘으로 강한 자가 되었지만, 모리슨은 파일럿의 유약하지만 강한 힘을 메이컨과 기타의 강하지만 무력한 힘에 대한 대안으로서 제시하고 있다.

### 3) 연속성의 성스러움: 초월과 내재의 경계를 넘어

모리슨이 여성 파일럿을 통해 드러내는 또 다른 성스러움은 단절이 아닌 연속성에 대한 갈망에서 나타난다. 바타이유는 인간 모두가 "존재의 연속에 대한 향수"(15)를 가지고 있다고 말한다. 또 우리는 "우리를 보편적 실재와 이어주는 최초 연속성을 끊임없이 생각한다"(15)고 말한다. 그리고 "현세 너머의 연속성에 대한 체계적이고 끈질긴 추구는 종교적인 것"(15)라고 주장한다. 죽어가는 사람이 바다를 그리워하는 것도, 세상사가 하찮아질 때마다 바다가 그리워지는 것은 일종의 연속성에 대한 갈망일 것이다. 피안으로부터의 단절이든 차안 내에서의 단절이든, 단절이 가져온 고적감으로부터 벗어나 다시금 연속성을 회복하고픈 욕망일 것이다. 연속성에 대한 갈망은 초월적 존재에 대한 신비적 합일을 지향하거나, 사랑하는 사람과의 육체적, 심정적 융합을 지향할 수도 있다. 그러나 신비적 합일이든 에로스적 융합이든 그것은 모두 연속성에 대한 지향이기 때문에 종교적이고 성스러운 것이다. 그래서 클레망은 『여성과 성스러움』에서 "성聖스러운 것은 성적性的"(40)이라고 말한다. 흔히 남성적 특질은 물리적 힘과 지도력이고, 여성적 특질로 관계하는 능력을 꼽는데, 여기서 인간관계에 대한 지향도, 같은 맥락에서 연속성에 대한 지향으로 볼 수 있다.

모리슨은 여성의 관계적 특질, 즉 연속성 속에서 드러나는 성스러움을 역시 파일럿을 통해 형상화하고 있다. 그리고 파일럿이 형상화하는 연속성의 성스러움은 먼저 밀크맨과 솔로몬의 단절적 초월에 대한 욕구와 대조되고 있고, 또한 성적 억압의 희생자들인 루스Ruth와 밀크맨의 누이들 즉, 레바Leba와 코린티안Corinthian의 왜곡된 단절과도 대조된다.

파일럿은 언제나 "키 큰 검은 나무"(39)로 묘사된다. 나무는 로버트 프로스트Robert Frost의 "자작나무"Birches처럼 하늘과 땅을 연결하는 다리다. 뿌리는 땅속에 깊이 파고들면서도 하늘을 향해 뻗어간다. 하늘과 땅, 초월과 내재성을 연결하는 파일럿에게 가장 어울리는 메타포가 아닐 수 없다.

이처럼 파일럿의 성스러움은 하늘을 향하여 솟구치면서, 솟구치는 높이만큼이나 땅속에 깊이 뿌리내리는 나무처럼 이 땅에 내재한다. 가족을 떠남으로서 초월하는 것이 아니라 가족에 대한 책임을 온전히 짊어지는 초월이다. 본회퍼는 이렇게 말했다.

> 하나님에 대한 우리의 태도는 우리가 생각할 수 있는 최고의 존재, 가장 능력 있는 존재, 최선의 존재에 대한 '종교적'인 관계가 아닙니다. 이것은 진정한 초월이 아닙니다. 하나님에 대한 우리의 태도는 '타인을 위한 존재; 예수의 존재로의 참여 안에 있는 새로운 삶입니다. 끝없는, 도달할 수 없는 과제들이 아니라, 그때그때 주어진, 도달할 수 있는 이웃이 초월적 존재입니다. (『옥중서간』 240-41)

도달할 수 있는 이웃이란 바로 우리의 가족이고 직장이며 사회다. 이웃에 대한 책임감, 이 세상에 대한 관심을 통해서 진정 초월이 가능하다는 뜻이다. 이로써 이 세상과 저 세상의 경계는 없어지고, 초월과 내재의 경계도 사라진다. 그들이 서로 연속된, 연결된 것임을 깨달을 때 비로소 성스러워진다.

또한 파일럿이 가는 곳마다 항상 지니는 물건들이 있다. 즉, 푸른 자루에 담긴 아버지의 뼈, 지도책, 가는 곳마다 모아둔 돌맹이들, 그리고 실thread이다. 아버지의 뼈는 영혼뿐 아니라 육신에 대한 존엄성을 상기할 뿐 아니라, 현재는 과거와 연속된 시간임을 일깨우는 것이다. 지도책은 이 땅 위에서 자신의 공간적 위치를 파악할 수 있게 하는 도구로서, 개체를 전체의 그림 속에서 파악하게 하여 맥락과 연속성을 상기시킨다. 가는 곳마다 장소에 대한 기억으로 모아두었던 돌맹이들 역시 자신이 속했던 장소와의 연결성을 잃지 않으려는 노력을 의미한다. 실은 말 그대로 땅 위의 생명 자체 그리고 찢어진 것을 꿰매주는 연결성을 상징하고 있다. 과거와 현재, 여기와 저기, 나와 이웃, 그 모두가 연결된 하나임을 상징하는 물건들이다. 찢어지고 단절된 것들을 연결하는 파일럿의 존재성을 상징하는 물건들이다.

밀크맨도 이같은 연속성에 대한 깨달음에서 정신적 여정의 전환기를 맞게 된다. 그는 자신을 분열시키는 부모들로부터 자유롭기 위해[5], 자신만의 삶을 살기 위해[6] 떠난다. 단절을 통하여 자유를 성취하고자 한다. "치렁치렁 매달린 장식 때문에 땅에 묶인 공작새"(179)가 아니라 진짜 새처럼 훨훨 날아서 자신을 옭아매는 가족을 초월하고자 한다. 밀크맨은 어릴 적부터 창문가에 무릎을 꿇고 자신이 왜 땅 위에만 머물러야 하는지 한탄한다(10). 그리고 돈만 아는 아버지, 소유적 사랑에 가득한 어머니, 생기 없는 누이들, 그들을 사랑하기는커녕 그들에 대한 경멸과 미움이 삶에서 유일하게 자신을 흥분케 하는 것이라고 말한다(11). 후에 연인으로 사귀는 해거 역시 "그의 개인적인 꿀단지his private honey pot"(91)에 불과하며, 자신을 소유하여 곁에 묶어두려는 해거를 휴지 조각처럼 버리고 만다. 그는 자신이 흑인이면서도 백인들이 저지르는 차별이나 린치에 분노할 줄 모르

5) "밀크맨은 부모들, 과거를 현재로 살면서 그들의 과거가 그의 현재가 되기를 강요하는 부모들로부터 떠나고 싶었다"(180).

6) 밀크맨은 남부로 떠나기 전 기타에게 말한다. "난 단지 내 삶을 살고 싶어"(221-2).

고(104), 공동체에 대해 무관심한, 철저하게 고립된 나르시시스트다. 자신의 무책임성을 비난하는 누이 레나에게 그는 "난 너의 고통에 아무런 책임이 없어"(277)라고 말하면서 타인의 고통에 공감할 줄 모른다. 즉 자신을 타인의 고통으로부터 단절시킨다. 초월에 대한 욕구는 단절을 통해 성취될 수 있다고 그는 굳게 믿고 있다.

그런데 그렇게 자기중심적인 밀크맨이 변하게 된다. 금을 찾아 댄빌이란 마을에 이르렀을 때, 그는 마을 사람과 함께 사냥을 가게 되는데, 아무런 이유 없이 자신을 살해하고자 하는 사람들이 만들어내는 극한 상황에서 자신에 대한 실존적 인식에 다다르게 된다. 개체에 있어서 과거의 기억이 곧 자신이듯이, 개체와 종족의 과거로서의 조상 역시 나의 정체성을 구성한다는 통시적 인식과 더불어 한 하늘 아래 살고 있는 모든 공시적 이웃들이 모두 자신과 "연결되어 있음을 느낀다"(293). 그리하여 과거의 어떤 상처들 때문에 돈과 증오심에 의지할 수밖에 없는 인물들, 즉, 아버지나 기타와 같은 인물에 대해 비로소 연민을 느낀다(278). 그러면서 그는 더 이상 하늘을 날아가는 새가 아니라, 땅 위에 굳건히 뿌리를 내리고 서있는 나무처럼 느끼게 된다.

> 그는 땅 위를 그저 걸으며 감격하는 자신을 발견했다. 마치 이 땅에 속한 존재처럼 걸으면서. 마치 그의 다리가 나무줄기나 가지인 것처럼, 그의 몸 한 부분이 바위와 흙 속으로 깊이, 깊이

뻗어 내리는 것처럼 느껴졌다. 그리고 거기에서 편안했다. 땅 위에서, 그가 걷고 있는 바로 그곳에서. (281)

그는 이제 더 이상 날려고 하지 않는다. 차라리 나무처럼 깊이 자신이 서있는 바로 그곳, 그 현재에서 평안을 느낄 수 있게 된다. 그러면서 비로소 단절되었던 타인들과 연결되어있음을 깨닫게 되는 것이다. 그리고 땅과의 연속성을 발견함과 동시에 역설적으로 오히려 그는 자유롭게 훨훨 날아가는 꿈을 꾼다(298).

모든 존재들의 연결성을 깨닫는 와중에서 흥미로운 사건이 하나 일어난다. 바로 사냥에서 잡은 살쾡이의 성기를 잘라내는 장면(281)이다. 왜 하필 수컷의 성기를 자르는 장면이 삽입되었을까? 아마도 여기서 남성의 성기는 당연히 지배와 육체적 힘과 권력으로서의 남성성뿐 아니라, 초월과 단절을 통해 자유롭고자 했던 남성성을 상징할 것이다. 또한 이를 제거한다는 의미는 그러한 남성성을 제거하는 상징적인 의식이라고 볼 수 있다. 마침내 작품의 마지막 장면, 몸을 일으키는 순간, 자신에게 겨누고 있는 기타의 총이 발사할 것을 알면서도 "내 목숨을 원하니?"(337)라고 소리치며 벌떡 일어선다. 함축하는 의미인즉, 내 목숨을 원한다면 내가 기꺼이 줄게, 라는 뜻이다. 자신을 대신해서 죽은 파일럿처럼 자신도 기꺼이 생명을 내줄 수 있음을 선언한다. 그리고 팔을 활짝 펴고 무릎 한번 구부리지 않은 채 비상한다. 땅을 떠나지 않으면서도 생명을 내줌으로써 날 수 있었던 파일럿처럼. 밀크맨 역시 자신의 생명을 기꺼이 내줌으로써 비로소 진정으로 비상할 수 있게 된다.

여기서 밀크맨의 상태는 살쾡이 장면을 중심으로 두 개의 국면의 나눌 수 있다. 첫 번째 국면에서 밀크맨은 다른 남자들처럼 단절을 통해 초월을 꿈꾸며, 가족을 버리고 떠나는 남자에 머무르고 있다. 그러나 그는 상징적으로 성기를 제거하고 여성이 됨으로써 땅에 뿌리를 내린 나무가 되어, 즉, 땅(가족과 인종)과의 연속성을 발견하고, 오히려 역설적으로 초월하게 된다. 바로 이 후반의 밀크맨이 느끼는 땅과의 연속성은 바로 파일럿의 내재적 초월성과 같은 맥락이다.

전통적인 가부장적 종교는 여성을 육체와 자연과 대지, 남성을 영혼과 하늘의 영역으로 제각각 구분해 왔다. 생물학적 특성이 사회구조적인 역할 분담과 결합되면서 이러한 구분은 더욱 강화하고 고착되어 왔기 때문이다. 더 이상 생물학적 특성이 사회구조적인 역할 분담에 예전처럼 밀접한 영향력을 끼치지 않는 시대에 살고 있음에도 불구하고, 고착된 구분은 좀처럼 사라지기 어렵다.

모리슨은 이러한 구분을 넘고자 한다. 영혼의 자유를 위하여 땅과 육적 속박을 떠나는 남자들, 타인을 육신에 속박하고 소유하려 드는 여자들(루스), 모두가 단절된 삶을 사는 자들이다. 남자와 여자, 육체와 영혼, 땅과 하늘, 삶과 죽음, 모두가 단절된 것이 아닌 연결된 것을 깨달을 때 모리슨은 진정 성스럽다고 말한다. 진정한 메시아적 인물로서 여성 파일럿을 통해 여성의 성스러움을 형상화하고 있는 것이다.

크리스테바와 이리가레이 모두, 기존 제도 종교와 구분되는 성스러움이 전통적 종교를 극복하는 힘이 되고, 그 성스러움은 여성적인 것이라고 말한다. 카렌 암스트롱Karen Armstrong은 『신의 역사*A History of God*』에서 이렇게 말한다.

> 종교적 개념들은 당대의 인간 삶에 타당한 가치를 제시하지 못할 때마다 슬며시 사라지곤 했다. 오늘날의 신 개념이 더 이상 유효하지 않다면 그것은 마땅히 포기되어야 한다. 과거 각 종교인들이 신앙적 삶의 초점으로서 새로운 상징을 창조한 것처럼 우리도 절대자 신에 대한 신비와 경이감을 고양시켜 삶의 궁극적 의미를 발견할 수 있는 새로운 신앙 형태를 창조해야 한다. 오늘날 현대 사회에 팽배해 있는 인간의 목적 상실과 소외, 문화적 혼돈과 폭력의 난무는 아직 현대인이 오늘날의 시대적 상황에 걸맞는 신 개념을 창조하지 못하고 더욱 절망의 나락으로 빠져들고 있음을 보여준다. (678)

어쩌면 모리슨이 형상화하는 여성적 성스러움이야말로 오늘날 시대적 상황에 걸맞는 새로운 신의 개념, 새로운 신앙 형태인지도 모른다.

## 인용문헌


바타이유, 죠르쥬(George Bataille). 『에로티즘 (L'Erotisme)』조한경 옮김. 서울: 민음사, 1996.

본회퍼, 디트리히(Dietrich Bonhoeffer). 『창조, 타락, 유혹(*Schoepfung und Fall*)』. 문희석 옮김. 서울: 대한기독교서회, 1976.

______. 『옥중서간: 저항과 복종』고범서 옮김. 서울: 대한기독교서회, 1967.

암스트롱, 카렌(Karen Armstrong). 『신의 역사(*A History of God*)』배국원, 유지황 옮김. 서울: 동연, 1999.

옷토, 루돌프(Rudolf Otto). 『성스러움의 의미(*Das Heilige*)』길희성 옮김. 서울: 분도출판사, 1987c.

이부영. 『아니마와 아니무스』. 서울: 한길사, 2001.

클레망, 카트린(Catherine Clement), 쥴리아 크리스테바(Julia Kriesteva) 공저. 『여성과 성스러움(*Le Feminin et le Sacre*)』. 서울: 문학동네, 2002.

Fromm, Erich. *The Art of Loving*. New York: Harperperennial Modern Classic, 1956c, 2006.

Hollywood, Amy. "Divine Woman/Divine Women: The Return of the Sacred in Bataille, Lacan, and Irigaray," *Question of Christian Philosophy Today* ed. Francis J. Ambrosio. Fordham University Press, 1999.

McFague, Sallie. *Metaphorical Theology*. Philadelphia: Fortress Press, 1982.

Morrison, Toni. *Song of Solomon*. New York: Plume book, 1977.

______. "Talk With Toni Morrison," by Mel Watkins. *New York Times*

*Magazine*. 11 Sep. 1977: 48, 50.

Wilber, Ken. *A Sociable God*. Boston: Shambhala, 1983.

# 9장
# 토니 케이드 뱀버러의 『소금 먹는 사람들』 "새로운 영성" "새로운 휴머니즘"을 통한 여성의 영적 치유[1)]

> 우리가 성취하기 위해 애쓰는 미래를, 지금 현재로 사는 법을 배워야 한다….막연히 미래가 올 거라는 거짓된 희망을 없앰으로써 마침내 태어날 무모함, 그것이 바로 창조적인 도약이다. 메리 데일리 『아버지 하나님을 넘어』[2)]

## 치유자로서의 여성

치유는 아주 오래전부터 여성의 영역이었다. 흔히 회자되는 "약손"은 엄마의 손이지 아빠의 손은 아니다. 현대의학이 남성에 의해 주도되고 있음에도 불구하고, 아빠의 손이 아닌 굳이 엄마의 손이 약손인 이유는 양육하고 돌보며 공감하는 엄마의

1) 본 논문은 「여성의 영적 치유 공간: 토니 케이드 뱀버러의 『소금 먹는 사람들』」라는 제목으로 『문학과 종교』(한국문학과종교학회)(20.3(2015): 1-24)에 최초 발표되었음.

2) 원문의 전체는 다음과 같다. "… we have to learn to live *now* the future we are fighting for, rather than compromising in vain hope of a future that is always deferred, always unreal. This creative leap implies a kind of recklessness born out of the death of false hope"(138).

손길이 아빠보다 더욱 치유적임을 대대손손 체험으로 아는 까닭이다.

물론 섬세하고 부드러운 돌봄[3]을 특징으로 하는 '여성성'이 개체적 여성과 늘 일치하는 것은 아니다. 개체로서의 '여성'과, 원리로서의 '여성성'은 반드시 구분해서 사용할 필요가 있다. 이 유인즉, 여성은 누구나 여성성을 지녀야 한다고 규범으로 강요하려는 무수한 시도는 여성들을 '내가 아닌 나'로 살게 만들었던 주범이다. 모름지기 여성은 여성스러워야 하고 남성은 남성스러워야 한다는 오래된 통념은 다양한 개성을 고정관념적 젠더역할에 가둬버리면서 인간을 억압하는 기제로 작용해왔다. 뿐만 아니라, 여성과 여성성을 동일시하고, 동시에 가부장 문화가 여성성에 열등한 지위를 부여하면서 여성을 무시하는 명분으로 작용했다. 따라서 여성이 여성성을 지닐, 통계적으로 높을 가능성에도 불구하고 둘을 무분별하게 동일시하는 것은 위험하다.

그럼에도 불구하고 『치유자로서의 여성』의 저자 진 아크터버그Jeanne Achterberg는 말하길, "여성은 언제나 치유자였고, […] 오로지 여성만이 삶과 죽음의 비밀을 알고 있었으며, […] 여성만이 비밀스러운 지혜를 보존하고 있었다"(1)고 말한다. 개체로서의 여성들이 오랜 옛날부터 실제로 치유를 담당해왔다는 것이다. 생명을 생산할 수 있는 여성의 능력은 고대 인류에게 가장

3) 돌봄의 젠더화로 인하여 여성이 돌봄을 전담하는 부당함도 중요한 이슈지만 여기서는 논외로 한다.

성스러운 능력이었을 것이고, 성스러운 능력을 지닌 자가 치유를 담당했을 거라는 사실은 쉽게 짐작가능하다. 치유는 생명의 비밀을 알고 있는 성스러운 자만이 행할 수 있는 일종의 의식 ritual이었다. 아크터버그에 의하면, 인류의 초기부터 남성에게 치유 역할을 넘겨주기 이전까지는 여성들이 공동체의 치유를 담당하고 있었다. 석기시대에는 여신상, 비너스 여신상을 집집마다 모셔두었고, 여성신이 초기 인류의 의례적 삶의 중심이었다. 이후 수메르 문명에서 그리스 시대에 이르기까지 신화 속 여성들은 뱀, 동물, 미로에 둘러싸여 있었는데, 이는 생명, 부활, 지혜, 여성의 내면적 신비와의 연관성을 드러내는 것이었다(9). 여신이 인류초기 문화의 중심이 되었다는 말은 여성이 성스러운 위치를 차지하고 있었으며, 따라서 치유 역시 여성의 몫이었음을 의미한다. 아크터버그에 따르면, 남아메리카의 오나와 아마존문화, 고대 크레타, 동유럽의 유물과 신화에서 여성이 마술적 능력을 지녔던 유물들이 발견되고 있고, BC 7000년경 수메르문화에서도 여성이 치유사로 활동했던 증거들이 발견되고 있다(14-7). 그래서 치유는 성스러운 자만이 행하는 일종의 종교적 의식이었고, 여성이 바로 성스러운 치유의식을 행하는 사제였던 것이다.

치유가 과학의 영역으로 편입된 것은, 호모사피엔스 20여만 년의 역사 선상에서 보면 실상 그리 오랜 일은 아니다. 서구의 경우 BC 900년 그리스의 히포크라테스를 의학의 아버지로 본다면, 아마도 그때쯤 의학의 영역은 완전히 남성의 배타적 영역으로 전환되었음직하다. 물리적 힘을 지닌 자가 세상을 지배하게 되면서 강력한 중앙집권적 가부장 문명이 발달하게 되었고, 신체적으로 약한 여성은 사회적 약자로서 권력으로부터 배제될 뿐 아니라, 여성이 전통적으로 행하던 치유기능은 지배적 남성 의학의 뒷전으로 물러났다. 이성과 과학적 합리성이 인간의 사유를 독점하면서 여성이 지녔던 성스러운 치유능력은 기껏해야 미개한 마술이나 미신쯤으로 치부되기 시작했다. 약초를 사용하여 영적 치유를 행하던 중세의 여성들이 마녀로 몰렸던 것도 치유자로서 여성의 역할이 억압당했음을 의미한다. 우리나라의 경우도 산마다 곳곳에 박혀있는 만신의 굿당들이 여전히 치유의 큰 역할을 담당하고 있음에도 불구하고(김윤희 25-8) 중세의 "마녀"들과 마찬가지로 그들은 사회적 천민으로 천시당하고 있는 형편이다.

신화학자 조셉 캠벨Joseph Campbell은 『서구신화: 신의 가면』에서 서구 모든 문화에 공통되는 우주창조론의 역사적 단계를 다음과 같이 분류한다. 우리나라에 환인/환웅/단군을 시조로 하는 신화가 있듯이, 지구상의 어느 민족이든 우주창조에 대한 나름의 이해와 해석을 담는 신화를 갖고 있다. 성경의 창세기 1장에서 3장까지 묘사된 우주 창조는 유대인의 독특한 우주관이 담긴 그들의 창조 신화다. 캠벨은 각국의 신화를 시대별 4단계로 분류해낸다. 가장 오래된 고대의 신화에는 우주를 창조하는 존재는 항상 여신이다. 초기 신화에서 우주는 배우자 없이 여신의 몸에서 태어나는 것이다. 우리나라에도 마고신화나 제주도 설문대할망 신화와 같은 창조신화에서는 여신이 홀로 세상을 창조한다. 신화가 당대 세계관의 반영이라면, 창조신을 여성으로 표상한다는 것은 그만큼 여성이 사회적으로 존경받는 지위에 있었다는 증거이고, 여성이 성스러움과 매개하는 사제와 치유사의 역할까지 담당했음을 짐작하게 한다. 두 번째 단계는 배우자의 도움을 받아 여신에게서 세계가 태어나는 신화들이 등장한다. 이어 전투적인 남성신이 여신의 몸을 통해 세상을 창조하고, 마지막 단계에서는 여신의 도움 없이 남신이 홀로 세상을 창조한다(86). 유대인의 창조설화가 4번째 단계를 대표하는 신화다. 이처럼 신화에서 창조를 주관하는 신의 성별이 여성에서 남성으로 차차로 전환되는 모습은, 비록 현재 남성들이 치유자의 권위를 지니고 여성은 보조적인 역할에 그치고 있을지라도, 남성의 주체적 지위나 여성의 종속적 지위가 결코 절대적이고 영원한 지위가 아님을 일깨워준다. 한때 여성이 신화 속에서 창조주의 지위를 지녔다는 사실은 개체로서의 여성이 인류 초기 성스러운 치유자의 역할을 담당했을 가능성을 더욱 분명하게 증명해준다.

여성이 치유사였을 시절 기본적으로 생명을 낳고 기르는 여성은 필연적으로 돌봄과 공감 능력이 뛰어났을 터, 이러한 능력은 치유사의 자질에 적절했을 것이다. 아크터버그는 말하길, "보이지 않는 영역만이 성스러운 것이 아니라 좋은 약, 좋은 충고, 좋은 과학 등, 건강을 증진시키는 모든 것이 성스럽다"(5)고 말하면서 성스러움을 새롭게 정의한다. 흔히 성스러움을 정의할 때 루돌프 옷토Rudolf Otto의 정의에 따라 소위 성스러움이란 "전혀 다른 것, 생소한 것, 소외감을 주는 것"(67)이고, 따라서 두렵고 떨리면서도 매혹적인 '누멘적 감정'[4]을 일으키는 뭔가로 정의한다. 엘리아데 역시 성과 속을 구분하면서, 일상성을 뛰어넘는 영원의 차원을 성스러움으로 정의한다. 물론 성과 속이 수시로 넘나듦을 강조하지만, 여전히 그는 "성스러운 것은 실재적인 것 자체"(60)라고 말한다. 오토와 M. 엘리아데M. Eliade가 내리는 정의의 공통점은 모두 성스러움을 체상용體象用에서 "체"의 차원만을 강조하고 있다는 사실이다. 그러나 "체"의 분화, 혹은 드러남으로서의 "상"이 "체"와 본래 하나임을 깨닫고 있다면, 생명으로 충만한 "상"의 차원 역시 성스러운 것은 당연한 이치다. 다시 말하면 "성"과 대비되는 "속", '영원'과 대비되는 '변화'의 세계들이 모두, "성"이나 '영원'과 마찬가지로 성스럽다는 뜻이

4) 누멘적 감정이란 옷토가 신성에 대한 반응을 기술할 때 사용하는 것인데, 인간이 인식을 넘어서는 신성에 맞닥뜨렸을 때 인간이 갖게되면 피조물적 감정들, 즉, 두려운 신비, 압도성, 전혀 다른 것, 매혹성, 어마어마함, 장엄성, 등등으로 표현할 수 있다.

다. 그런 의미에서 상象의 차원에서 생명을 양육하고 돌보는 여성들의 치유도 실재의 차원만큼이나 진정 성스러운 영역의 행위임에 틀림없다.

그렇다면 여성들이 치유사로서 성스러운 역할을 담당했을 때, 어떤 특성을 지니고 있었을까? 아크터버그는 여성이 주관하는 치유의 특성으로써 '상호성'을 들고 있다. "여성들은 치유가 한 사람이 다른 사람에게 하는 어떤 것이 아니라 서로 간의 관계에서 일어나는 과정으로 보았다"(4)고 지적한다. 여기서 "서로 간의 관계", 즉 '상호성'의 함축성은 매우 심원하다. 그 어느 치유도 일방적이지 않다는 것이다. 치유하는 사람과 치유받는 사람은 한 방향성을 지니면서 서로 분리된 개체로서 일방적인 영향력을 행사하는 것처럼 보이지만, 실은 둘이 상호작용하고 있다는 사실이다.

현대의학에서 의사의 권위는 얼마 전까지만 해도 거의 절대적이었다. 우리나라의 경우 의사가 환자를 어린애 취급하면서 반말을 일삼던 일이 바로 얼마 전이다. 요즘은 의사의 수가 많아지면서 서비스가 향상되고 환자가 훨씬 존중받기 시작했지만, 환자에 대한 존중은 단지 비즈니스의 차원일 뿐, 치유의 과정에 의사와 환자가 동참한다는 의식은 여전히 희박하다. 의사와 환자의 관계에서, 의사는 의술을 베풀고 환자는 베푸는 의술을 받기만 하는 일방적 관계였다. 그러나 여성이 주관하는 치유는 치유하는 사람과 치유 받는 사람 간의 상호 존중과 신뢰가 치유의 필수적인 요건이라고 말한다. 이는 리안 아이슬러Riane Eisler가 자신의 저서 『성배와 칼』에서 주장하는 바와 같이 고대 유럽에 존재했던 여성문화가 남녀뿐 아니라 모든 관계에서 파트너십의 사회였음을 고려한다면(7-15), 치유에서도 마찬가지로 치유자와 치유받는 자 간에 동등한 파트너십의 관계가 자연스럽게 형성 되었음직하다.

아크터버그가 여성치유의 특성으로 언급한 '상호성'은 치유사와 치유받는 자의 관계뿐만 아니라, 보다 확장된 의미의 '상호성'을 유추해낼 수 있다. 상호성은 일종의 균형과 조화에 대한 감각이다. 상호성은 서로 다른 개성과 욕망을 지닌 두 개체가 서로 충돌하는 힘을 고르는 지난한 균형잡기를 통해 마련된다. 또한 상호성은 서로 다름이야말로 조화의 근본임을 인식하는데서 비롯된다. 모두 같다면 조화로울 까닭이 없을 터다. 서로 다른 색깔 때문에 태피스트리가 더욱 조화롭고 아름다운 연유다. 아이슬러가 주장하듯 고대여성사회가 파트너십의 사회였다는 의미는 당시의 고도의 균형과 조화 감각이 있었음을 의미한다. 그런 균형 감각과 조화 감각은 사람과 사람의 관계의 균형 뿐만 아니라, 다른 관계에서도 균형과 조화를 추구했을 가능성이 높다. 즉 몸과 마음의 관계, 개체와 공동체와의 관계에서도, 한쪽으로 치우지지 않는 조화와 균형을 중시했을 가능성이 많다.

아크터버그가 딱히 여성 치유의 특성으로 몸과 마음의 균형과 조화를 꼽았던 것은 아니지만, 여성들이 치유자로 적극적으로 활동하던 시대들, 즉 수메르문명의 질병관을 그녀가 묘사할 때 마음과 몸의 상관성이 간접적으로 드러난다. 수메르인들은 질병이 죄, 벌레, 곤충에 의해 생긴다고 믿었다. 여기서 죄에 의해 질병이 발생한다는 데 주목할 필요가 있다. 흔히 알려졌듯이 수메르문명은 유대인에게 많은 영향을 주었다. 그래서 신약시대까지도 여전히 몸의 질병이 죄에 의해 생겨난다고 믿었다는 사실을 보면, 아주 오래전부터 마음과 몸이 분리되지 않고, 질병의 원인이 마음에서 생겨날 수 있음을 잘 알고 있었던 것이다. 신약성경에서 예수가 병자를 치유한 후 네 병이 나았노라고 말하는 대신, "네가 죄사함을 받았느니라"라고 예수가 환자에게 하는 말은 다소 엉뚱한 동문서답처럼 들리지만, 실은 병과 죄, 몸과 마음을 동일시하는 세계관의 소산임이 분명하다. 비록 훨씬 후대이지만, 이런 세계관이 수메르문명의 잔존임을 고려한다면, 수메르문명에서 치유를 전담했던 여성 치유자들의 세계관일 가능성이 농후하다.

이처럼 몸과 마음이 분리되지 않고, 상호 깊이 연관되어 있다는 통전적 영성에 바탕을 두었다는 것을 여성 치유의 한 특성을 볼 수 있다. 즉 여성의 치유는 몸의 질병이 단순히 몸만의 문제가 아니라, 영적 건강과 관련 있다는 통찰에 근거하고 있다는 것이다. 눈에 보이는 몸, 물질을 세계를 넘어 보이지 않는 세계의 가능성을 통찰했던 것이다. 마음과 몸의 상관성은 동양의학에 익숙한 우리들에게는 지극히 당연해 보이지만, 서구의학은 오랫동안 몸의 질병이 마음과 무관한 것으로 여겨왔다. 이성의 우위는 몸과 정신을 분리시켰으며, 질병은 몸의 영역에서 일어난 장애로만 축소 인식되어, 치유는 몸의 치료에만 한정되기 시작했다. 보이지 않는 마음 치유가 몸의 치유와 관련된다는, 치유의 성스러운 차원은 흔적도 없이 사라져버린 것이다.

뿐만 아니라, 아크터버그가 여성치유의 특성으로 언급한 '상호성'이 균형과 조화의 감각이라고 규정할 때, 여성치유의 균형/조화 감각은 신체 각 부분의 집합으로서 전체가 이루는 균형과 조화, 더 나아가 개체가 우주적 힘과 이루는 조화/균형에 관련된다. 현대의학의 기능적 세분화는 몸의 특정한 기관의 질병을 전체의 맥락으로부터 분리해서 보기 시작했고, 개체와 전체와의 유기적 상호성을 분리시켜 보기 시작했다. 사회적/우주적 조화와 개인 건강과의 상관성 역시, 공동체적 특성이 여전히 강하고 오장육부의 관계적 조화를 건강의 으뜸으로 보았던 한의학에 익숙한 우리 문화에서는 그다지 낯설지 않다, 그러나 개체중심주의적 서구 가부장문화에서는 이미 개체와, 개체가 포함되는 맥락과의 연관성을 무시한지는 꽤 오래되었다. '나'의 건강이 내 안의 부분들의 조화로운 관계들과 밀접하게 연관되기 때문에, 인간의 몸을 유기적이고 통전적으로 인식해야 함에도 불구하고, 현대 서구의학은 오랫동안 이를 무시하고 각각 장기별 개체별 치료에 치중했다. 또한 '나'의 건강은 '공동체'의 건강과 밀접하게 연관된다. 즉 공동체(지역, 국가, 지구환경)의 문화가 병이 들면 '나'도 병들 뿐 아니라, 결국 공동체가 파멸에 이른다는 인식적 전제가 여성치유에 깔려있다. 개인은 고립된 개인이 아니라, 개인이 포함된 사회적 맥락과 끊임없는 상호작용 속에 있다는 인식이 실은 아주 오랜 옛날부터 치유의 기본이었다. 이런 인식은 가부장 주류 남성 문화에서도 마치 퇴화한 꼬리처럼 동서고금의 여성들과 전통문화들(미국원주민, 아프리카전통, 흑인여성문화, 동양전통의학)속에 면면히 남아있었다.

그러나 과거 여성의 치유방식이 제아무리 중요하다해도 현대의학이 이뤄놓은 위대한 업적들이 모두 가치 없다는 뜻은 아니다. 문제는 현대의학이 부정했던 과거 여성들의 치유형식이 현대의학의 입장에서 보면 다소 '원시적'인 면이 있긴 하지만, 원시성의 불합리한 측면은 지양하면서도 현대의학의 장점을 활용하고, 동시에 여성치유의 긍정적인 면들—상호성, 몸과 마음의 상관성, 우주적 조화 중시—은 수용하면서 치유의 통합적 국면을 열어야 한다는 뜻이다.

## 흑인여성소설의 영적 치유

흑인여성소설은 치유에 관한 것이다. 미국흑인의 원초적 트라우마인 노예제, 지금까지도 계속되는 인종차별과 폭력, 내면화된 자기검열과 열등감, 이런 것들은 미국흑인의 상처다. 남녀 공통적인 사회적 차별과 폭력과 더불어, 흑인여성의 경우는 여성에 대한 차별과 폭력, 그리고 아버지와 남편의 부재하는 공간을 홀로 떠맡아야 하는 부담까지, 남성들보다 더 무거운 짐을 짊어져야 했다. 공동체의 문화적인 상처는 개별적 육체적 증상으로 나타난다.

미샤 프리스트Myisha Priest는 흑인여성은 미국 내에서 가장 건강하지 못한 사람들이라는 통계를 보여준다. 흑인여성 중 당뇨, 심장병, 암에 걸린 환자가 다른 인종그룹보다 30퍼센트가 높다고 말한다(117). 특히 "죽음은 흑인여성지식인의 직업병이 되고 있다. 흑인여성지식인은 놀라운 비율로 병들고 죽어가고 있다"(116-7)고 말한다. 흑인여성문학비평의 바이블인 『흑인여성소설가들』(1980)을 펴냈던 바바라 크리스천Barbara Christian이 57세에 암으로 사망하고, 브로드웨이에서 공연한 첫 흑인여성작가인 로레인 한스베리Lorraine Hansberry도 34세에 암으로 사망, 예일대학의 첫 종신 흑인여교수인 실비아 분Sylvia Boone도 암으로 54세 사망, 오드리 로드Audre Lorde도 58세 암으로 사망, 이 논문에서 다룰 토니 케이드 뱀버러도 56세 암으로 사망했다. 프리스트는 보통 흑인여성의 평균 수명이 75세임을 감안하면, 이들 흑인여성지식인들의 평균 수명이 55세라는 사실은 이들의 죽음은 자연스럽지 않음을 증명한다고 말한다. 그들이 일찍 세상을 뜰 수밖에 없었던 것은 인종차별적 여성차별적 사회에서 누구보다 예민한 흑인여성지식인들이 사회적 변화를 꿈꾸고 시도하려 하면 할수록 과도한 "스트레스와 고립, 두려움, 절망"(119)에 빠질 수밖에 없었기 때문이라고 프리스트는 진단한다.

이처럼 흑인여성들의 상처와 질병이 심각하면 심각할수록 치유는 작가들의 더욱 치열한 관심사가 될 수밖에 없다. 게이 윌렌츠Gay Wilentz는 마야문명을 다루는 예술가인 르네 오자예타Rene Ozaeta를 인용하면서 마야문명이 갑자기 사라진 것은 어쩌면 문화가 병들었기 때문일 거라고 말한다(1). 실제로 마야문명이 왜 몰락했는지 정확한 이유는 모르지만, 오자예타의 통찰은 의미심장하다. 윌렌츠는 미국흑인여성의 소설들이 "문화자체의 질병"에 대한 치유를 도모하고 있다고 주장한다. 흑인여성 비평가인 벨 훅스bell hooks도 마찬가지로 흑인여성의 질병은 "집단적인 분노"a collective anguish(xii)에서 비롯된다고 규정한다. 주요 흑인 남성소설가들이 인종차별에 대한 사회비판과 고발을 주제로 삼는 반면[5], 흑인 여성작가들이 사회비판과 더불어 유독 치유에 관

5) 주요 남성흑인작가로 리처드 라이트(Richard Wright), 제임스 볼드윈(James Baldwin), 랄프 엘리슨(Ralph Ellison)은 미국사회에서 흑인남성들이 당하는 인종차별을 고발하는 소설들이다.

심을 둔 까닭은 상당히 주목할만 하다. 흑인남성들과 마찬가지로 흑인여성들의 질병도 사회구조적 원인과 관계가 깊지만, 고발에 그치는 것이 아니라 치유까지 나아간다는 뜻은 여성들이 유독 개인과 공동체의 치유에 대한 책임을 크게 느끼고 있다는 뜻이다. 토니 모리슨Toni Morrison의 대표작 『빌러비드』와 『낙원』은 상처받은 여성들의 치유를 다루는 대표적인 치유 서사이고, 앨리스 워커Alice Walker의 소설 『칼라 퍼플』, 폴 마샬Paule Marshall의 『과부를 위한 찬사』, 글로리아 네일러Gloria Naylor의 『마마데이』 등, 주요 흑인여성작가의 작품들은 지나치게 유토피아적이라는 비난을 무릅쓰고 상처투성이의 여자들이 마침내 상처를 치유하고 주체로 살아가는 치유 서사들이다. 여성작가들이 치유에 관심을 가질 뿐 아니라, 작품에서 치유를 담당하는 인물들도 모두 여성들이다. 치유를 받는 사람들에는 여성뿐 아니라 남성들도 포함되지만, 여성과 남성을 치유하는 모든 치유사들이 여성이라는 면에서 흑인여성소설은 여성치유의 모델로 논하기 적절하다. 프로이트의 정신분석치료가 "말하기 치료"talk cure인 것처럼, 소설이라는 형식의 '말하기'를 통해 흑인여성작가들은 개인과 공동체의 치유를 도모하는 것이다. 비평가 드니스 마틴Denise Martin은 "여성 치료사로서 아프리카 흑인여성작가들"이라는 논문에서 소설은 아프리카의 살아있는 기억을 재현함으로써 독자를 치료할 수 있다는 논지를 펼친다(61). 비평가 이자벨 벤

페트겜-트레드Isabelle Van Peteghem-Tread도 흑인여성작가들이 쓰는 소설은 역사의 재서술로서 일종의 "치유과정"(19)이라고 말한다.

그런데, 흑인여성작가들의 치유는 단순히 몸의 치유를 넘어선다. 그들의 치유는 기본적으로 영적 치유다. 흑인여성문학이 영적이라는 사실은 널리 알려져 있다. 쥬딜린 S. 리안Judylyn S. Ryan이 주장하듯이, "흑인여성작가들에게 영성은 단순히 등장인물들이 살아가는 삶의 한 부분이 아니라, 작품 전체의 의미와 깊숙이 연관된다. 그들에게 영성은 예술가로서의 비전, 소설이 달성하려는 목표와 밀접하게 연관된다"(1). 흑인여성문학에서 새로운 영성을 연구했던 아카샤 글로리아 훌Akasha Gloria Hull도 역시 흑인문학에서 영성이 중심적이라고 말한다(4). 실비아 필라 카스트로-보레고Silvia Pilar Castor-Borrego도 "영성은 흑인경험의 본질적 차원"(3)이라고 말한다. 흑인여성문학 비평가 욜란다 피어스Yolanda Pierce 역시 현대 흑인소설은 겉으로는 영성과 아무런 관련이 없어 보여도 영적 질문을 그 핵심에 두고 있다고 말한다(7). 그래서 흑인소설을 연구할 때 영적 맥락을 무시하면 작품을 오독할 위험이 있다고 지적한다. 졸고 「금지된 욕망, 고통, 성스러움: 토니 모리슨의 『재즈』」에서도 모리슨의 작품에서 영성은 매우 중요한 관심사임을 전제하고, 모리슨의 영성을 "특정 종교에 대한 헌신이 아니라, 경이로운 세계에 대한 무한한 찬탄, 이해할 수 없는 것에 대한 겸허, 겸허를 바탕으로 한 인간과 자연 미물에 대한 연민과 사랑”(72-3)으로 규정하고 있다.

그렇다면 흑인여성작가들이 영적이라면 그들이 도모하는 치유도 마찬가지로 영적 치유에 훨씬 비중을 두고 있음이 분명하다. 물론 흑인여성작가들이 공동체의 치유를 위해서 사회적 정치적 활동을 등한시하는 것은 아니다. 그러나 홀이 지적하듯이, 1970년대부터 나타난 미국흑인여성의 영성은 사회적/정치적 인식과 더불어 기독교와 아프리카 전통적 종교, 그리고 뉴에이지 운동을 혼합하는 형태로 발전하게 된다(4). 그리하여 벨 훅스는 “치유를 위해서 영성의 위치를 생각해보는 것은 중요하다. [..] 우리는 제도종교 없이 치유할 수는 있지만, 영성 없이 치유할 수는 없다”(xxv)고 말한다. 그러면서 흑인여성들의 치유를 위해서는 새로운 시대의 영성new age spirituality이 필요하다고 역설한다. 더불어 육체적 질병과 마음의 질병을 함께 다루는 “통전적 치유모델”a holistic model (xiv)을 제안하게 된다.

흑인여성작가들이 제시하는 치유는 앞에서 언급했던 여성치유의 일반적 특성을 고스란히 보전한다. 즉 치유자와 치유받는 자의 상호성, 몸과 마음의 상호성, 개체와 공동체, 그리고 자연, 우주와의 상호성은 흑인여성작가들이 소설 속에서 재현하는 치유방식의 특성이기도 하다. 흑인여성작가의 대표치유 서사인 『소금 먹는 사람들』을 통해 여성의 영적 치유방식을 구체적으로 예증하고자 한다.[6)]

## 『소금 먹는 사람들』: 통합적 여성 영성 치유

여성이 치유받고 스스로 치유자가 될 때 그 치유의 특성들은 토니 케이드 뱀버러Toni Cade Bambara의 대표작 『소금 먹는 사람들』에서 구체적인 예를 찾아볼 수 있다. 작가 뱀버러는 자신의 에세이 "구원이 이슈다"Salvation is the Issue에서, "글쓰기란 내게 이름을 지어준 공동체를 힘있게empowerment 하는데 참여하는 중요하고 합법적인 방법이다"(42)라고 말한다. 이어서 "진지한 작가는 총알을 허리띠에 매고, 말도 안되는 일을 도려내는 리추얼의 칼날을 가진 두려움 없는 전사"(42)라고 말한다. 뱀버러는 글을 쓸 때 개인적인 자아를 표현하는데 그치지 않고, 공동체의 안녕과 회복을 위해 글을 쓴다고 작가로서 자신의 임무를 천명한다. 특별히 『소금 먹는 사람들』에서 작가의 문제의식이 무엇인지 뱀버러는 에세이에서 이렇게 밝힌다.

> 『소금 먹는 사람들』에서 가장 특별히, 작품의 동기/내용/구조를 설계하면서 내가 던진 질문은 바로 이것이다. 우리는 과연 건강하고, 온전하고, 힘을 지닌 미래를 열려는 의도를 가지고 있는가? 그렇다면, 나는 "믿음"을 가지고 이렇게 말하겠다. 독사의 독에 대한 면역력은 바로 우리가 이어왔던 투쟁의 전통과, 통합하는 우리의 능력에서 찾아질 수 있다. 문제는 구원이다. 나는

---

6) 본 논문에서 『소금 먹는 사람들』은 '여성의 치유'라는 주제를 잘 보여주는 예로서 제시하기 때문에, 작품에 대한 문학비평적 분석이나 해석에 치중하지 않고 있다는 점을 밝히고자 한다.

우리의 삶을 구원하는 이야기를 만들어내고 있다. (47)

뱀버러가 소설을 쓰는 이유는 바로 공동체의 구원이다. 그녀에게 구원이란 치유의 다른 표현이다. 불온한 "독사의 독", 즉 인종차별과 그 외 삶에 허다한 상처들로부터 공동체를 치유/구원하고 건강한 미래를 여는 것이 자신이 작품을 쓰는 이유다. 필요한 것은 자유를 위해 목숨 걸고 투쟁했던 과거의 전통을 전승하고, 그들의 장기인 "통합"의 능력을 잘 발휘하는 것이라고 말한다. 전자는 분명 사회 정치적인 참여를 의미한다. 침묵당하지 않는 강인함, 불의와 폭력에 대한 저항, 직접적인 참여와 정치적 행동을 강조한다. 그러나 본 논문의 맥락에서 흥미로운 것은 바로 통합의 능력이다. 흑인들을 치유하고 구원하는데, "통합능력"의 중요성을 강조하고 있다. 뱀버러의 "통합능력"은 앞서 말한 여성적 치유 특성, 즉 치유하는 자와 치유받는 자의 상호성, 몸과 마음의 상호성, 개인과 공동체와 우주와의 상호성과 밀접하게 연관되어있다. 그리고 그녀의 "통합"은 『소금 먹는 사람들』의 키워드라 할만한 "새로운 휴머니즘"New Humanism과 "새로운 영성주의"New Spiritism(248)과도 관련된다. 작품의 치유자인 미니 랜섬Minnie Ransom이라는 여성이 환자 벨마 헨리Velma Henry와 공동체를 치유하는 방식의 특이성을 살펴보면서 그것이 앞서 설명한 과거 여성치유사의 치유와의 공통점과 더불어 독특성을 살펴보고, 뱀버러가 『소금먹는 사람들』에서 주장하는 "새로운 휴머니즘", "새로운 영성주의"(248)의 의미가 무엇인지 살펴보고자 한다.

『소금 먹는 사람들』은 조지아Georgia주 클레이본Claybourne이라는 가상 도시에 있는 한 병원(서남부 커뮤니티 진료소)에서 미니 랜섬이라는 흑인 여성 치유사가 흑인 여성 벨마를 치유하는 이야기다. 벨마는 과거에 부당하게 짓밟혔던 경험, 흑인운동 안에서 남녀 불평등, 가정 안에서 불평등한 성역할, 흑인 지도자의 위선에 대한 실망, 여성 몸의 생물학적 제한(생리)으로 고통스러워하다가 결국 두 번이나 자살을 시도하고 깊은 우울증으로 고립되어 있는데, 서구의학과 더불어 전통적 초자연적 치유사인 랜섬의 치유를 받기 시작한다. 벨마의 치유를 다루는 주요 플롯과 평행하여, 서브 플롯subplot에서도 벗을 잃은 상실에서 오는 분노와 핵발전소 사람들에 대한 적개심에 가득한 버스 기사 프레드 홀트Fred Holt, 전통 의학을 무시하고 흑인공동체로부터 고립되었던 흑인의사 메도우Dr. Meadow, 버스를 타고 클리이본에서 열리는 축제에 참여하기 위해 오는 무지개처럼 다양한 빛깔의 인종 배경을 지닌 일곱 명의 여성들, 소설은 그들 모두의 집단적 치유를 엮으면서 소설 전체를 치유 서사로 꾸린다.

랜섬은 끊임없이 치유하는 자와 치유받는 자의 상호성을 강조한다. 랜섬의 치유는 일방적이지 않다. 치유하는 자가 압도적인 권위로 치유받는 사람을 지배하지 않는다. 랜섬은 "너, 정말 낫고 싶은 것, 맞아?"(3)라고 벨마에게 반복하여 묻는다. 치유는 아픈 사람의 적극적인 의지가 있어야 가능하다는 뜻이다. 제아무리 치유자의 능력이 뛰어나다 해도 아픈 사람의 의지와 신뢰 없이는 치유가 불가능하기 때문에 치유를 위해서는 상호성이 필수적이라는 뜻이다. 치유는 치유하는 사람과 치유받는 사람, 둘다 동등한 상호작용을 통해서 일어나는 것이다. 치유에 상호작용이 필수적이라는 뜻 자체가, 치유는 단순히 물질적 기술과 화학적 약품만으로 되는 것이 아니라, 눈에 보이지 않는 에너지의 흐름과 관계된다는 뜻이다. 둘 사이 눈에 보이지 않지만 신뢰와 사랑과 희망이 치유의 관건임을 아는 것이다. 이로써 랜섬의 치유는 마음과 몸이 결코 둘이 아니라는 전제가 이미 깔려있다.

또한 랜섬의 치유는 몸과 마음의 이분법을 뛰어넘을 뿐만 아니라, 물리적 세계의 힘과 초자연적 힘의 이분법을 넘어서고 있다. 즉 보이는 세계와 보이지 않는 세계의 이분법적 구분을 넘어서고 있다. 랜섬은 본래 신학교에 다니다가 몸이 아파서 고향으로 돌아갔다가 올드 와이프Old Wife라는 일종의 신을 만나게 된다. 우리 식으로 말하면 랜섬은 신병이 나서, 오래 전에 죽은 마을사람인 올드 와이프라는 신을 받아들이게 된 샤먼 만신이다. 랜섬은 자신이 "모시는" 신의 말을 따라 마음속 절벽 위에 길을 내고, 나무를 심고, 신전을 세운다. 바로 여신전이다. 그곳에서 근원에서 오는 소리를 듣는다. 랜섬은 올드 와이프라는 신을 모셨지만, 그들의 관계 역시 주종의 관계이기 보다는 서로 농담하면서 친구처럼 대화하는 대등한 관계다. 물리적 세계에 살고 있는 인간 랜섬과 초자연적 존재인 올드 와이프는 삶과 죽음의 장벽을 뛰어넘어 함께 벨마를 치유한다.

벨마를 두고, 랜섬과 올드 와이프가 하는 대화 중 "요즘 얌yam의 딸들은 도무지 깊은 곳에서 힘을 끌어낼 줄을 몰라"(44)라고 한탄한다. 얌의 딸들이란 아프리카에서 미국으로 팔라온 노예의 후손, 즉 흑인여성들을 의미한다. 깊은 곳이란 만물의 근원이 되는 마음의 깊이를 의미한다. 그 깊이에서 끌어올리는 내적인 힘이 없기 때문에 아프리카여성들이 질병에 취약하다는 뜻이다. 정신적 허약함이 신체적 질병을 야기한다는 뜻이다. 랜섬 왈, "치유의 근원은 결국 밖에 있는 것이 아니야"(220)라는 말은 결국 병은 내면의 힘으로 스스로 치유하는 것이라는 뜻이다. 랜섬이 평가하기에 얌의 딸들이 지닌 문제는 흑인여성들이 스스로 자기모멸감에 사로잡혀 비존재의 상태에 갇혀있다는 사실이다. 윌킨스도 흑인여성의 질병이 "자기모멸"에서 온다고 여러 번 말한 바 있다. 흑인여성들이 백인들의 거짓말을 스스로 내면화하여 자신의 존재를 부정하기에 이른다.

여기서 급진적 여성신학자 메리 데일리Mary Daly의 말을 상기해보자. 데일리는 "여성이 된다는 것은 무가치와의 전면전"(261)이라고 선포한다. 여성 우울증의 원인은 상당 부분 자신이 세상에서 아무런 역할도 하지 못하고 아무런 가치가 없는 존재라는 무력감에서 비롯된다. 자기 자신에게, 그리고 사회가 '너는 무가치해'라는 무수한 메시지에 짓눌려 존재감을 잃고 있다. 데일리는 사회가 강요하는 무가치에 결연히 저항하는 것이 바로 '여성되기'라고 역설한다. 데일리는 "비존재, 즉, 존재로서 인정받지 못한 상황에서 저항하는 것이 바로 신이다"(264)고 말하면서 전통적인 신개념에서 벗어나 역동적인 창조성, 존재의 힘 자체를 신으로 정의한다. 이어서 데일리는 "여성들이 공동체적 자기 인식을 소명을 여길 때, 창조적이고 정치적인 존재로 출현한다. 이것이야말로 엄밀한 의미에서 성스러움의 현현이다"(266)고 주장한다. 존재의 힘을 회복할 때 비로소 내가 성스러운 존재가 된다는 뜻이다. 그런 면에서 랜섬이 주장하는 "내면의 힘"을 통한 치유는 데일리가 말하는 성스러운 존재되기와 일맥상통한다.

또한 개인의 건강이 공동체와 밀접한 연관을 지닌다는 여성 치유의 관점은 본 작품에서도 선명하게 드러나 있다. 개인의 몸은 이미 개인에만 속하지 않다고, 공동체의 운명과 함께한다는 사실이 누누이 강조된다. 벨마의 대모 소피Sophie는 공동체의 지혜로운 할머니로서 벨마에게 충고한다. "네 목숨이 온전히 네 거라서 네 말대로 할 수 있는 거라고 생각했니? 나와 네 가족들, 네 친구들, 너를 염려하는 모든 사람들이 [너는 네 맘대로 죽을 수 없어, 라고] 말할 권리가 없다고 생각하니?"(148) 인간이란 존재는 언제나 사회적 존재다. 인간이 홀로 고립되어 있을 때엔 이미 인간이 아닌 것이다. 신경생물학자 움베르또 마뚜라나Humberto R. Maturana의 다음과 같은 말은 언제나 감동적이다. "우리가 사람다운 존재로서 가질 수 있는 세계란 타인을 좋아하든 싫어하든 타인과 함께 산출하는 세계뿐임을 알게 된다. […] 사랑없이, 타인을 받아들여 우리 곁에서 살도록 놓아두는 일 없이, 사회적 과정과 사회화, 더 나아가 사람다움이란 있을 수 없다"(276-77). 그는 생물학자로서 한 개체는 발생학적으로 다른 개체와 연결되어 있음을 생물학적으로 증명해준다.

뱀버러는 벨마의 질병이 공동체의 질병이고, 더 나아가 생태계의 질병으로 연결되어 있음을 형상화하고 있다. 벨마가 치유되는 순간, "분노, 고통, 상실"(80)로 부글부글 끓고 있던 프레드 홀트는 벨마가 치유받고 있는 공간에 우연히 들어서면서 "그들을 오래 보면 볼수록 그는 마음이 편안해졌다"(270)고 묘사된다. 뿐만 아니라, 자신의 흑인성을 부정하면서 공동체로부터 고립되었던 메도우도 마찬가지로 핵폐기물을 관리하는 공장의 사고와 끔찍한 상황을 전해 들으면서 자신의 삶이 의사로서의 책임 뿐만아니라, 공동체를 위해 일해야 하는 정치적인 의미도 함께 깨닫게 된다. 벨마가 치유되는 순간, 폭풍이 몰아치는 장면은 다소 비현실적이고 지나치게 유토피아적인 느낌이 없진 않지만, 개인의 공동체의 치유가 함께 상관되면서, 폭풍우는 황폐하고 병든 자연을 치유하는 역할도 한다.

이처럼 뱀버러의 소설은 여성이 치유자가 될 때, 앞서 언급한 세 가지 특징들, 치유하는 자와 치유받는 자의 상호성, 마음과 몸의 불가분성, 개인과 공동체 건강의 상호연결성을 선명하게 드러내고 있다. 한편 뱀버러의 소설에는 아크터버그가 말하는 여성치유의 특성뿐 아니라, 흑인여성 특유의 치유법도 소개되어있다. 미국흑인여성의 소설에서 아프리카 흑인여성의 영성을 연구한 엘리자베스 J. 웨스트Elizabeth J. West는 아프리카 흑인 영성의 특징을 네 가지로 요약한다. 첫째, 아프리카 흑인들은 개인과 집단의 웰빙을 위해 기억의 중요성을 강조한다. 여기서 기억이란 조상들에 대한 기억이다. 죽은 조상신에 대한 추모와 기억이 후대인들의 건강에 지대한 영향을 끼친다는 믿음이다. 두 번째로, 공동체는 인간 존재의 핵심이며 본질이라는 믿음이다. 세 번째는 자연이 신성하다는 것, 네 번째는 이 세상의 것과 저세상의 것들이 상호 연결되어 있다는 믿음이다(10). 그리고 "여성들이야말로 이러한 영적전통을 계승하는 자"(11)라고 말한다. 특별히 조상에 대한 추모와 기억에 대한 강조는 뱀버러의 소설이 도모하는 치유의 핵심이라 해도 과언이 아니다. 벨마를 치유하는 가장 큰 힘은 자신의 내면에 숨어있는 힘, 과거 전통의 힘을 다시 불러일으키는 것이다. 그 힘으로 다시금 중심을 잡는 것이다. 동굴 속의 "진흙 엄마들"mud mothers, 벨마는 처음에는 이들을 거부하다가 그들을 수용하게 된다. 벨마가 치유되는 순간, 각종 아프리카의 신loa들, 요루바Yoruba의 번개신인 오군Ogun, 한때 아프리카에서 강력한 왕국을 이뤄냈던 다호메이Dahomey의 여신들이 나타나면서 결국 현재의 자아를 강화하는 역할을 한다. "나"라는 존재는 현생 동안 기억의 총체이면서 동시에, 세포들이 기억하는 과거 존재들의 총체이기도 하다. 내가 온전해진다는 의미는, 나를 이루는 우주의 시원까지 통합하여 온전해질 때 비로소 온전성이 확보되는 것이다. 그런 의미에서 우주가 총체적으로 구원될 때까지 나는 구원받지 못하는 것이다. 뱀버러의 기억은, 적어도 이 작품에서는 우주의 시원에까지 미치지는 않지만, 온전함이 현생에 한정되지 않는다는 인식이 있는 것은 분명하다.

앞서 인용했듯이, 뱀버러는 통합할 수 있는 흑인 여성들의 능력이야말로 구원의 능력이라고 말한 바 있다. 질병은 단절과 분열이고, 치유는 연결과 통합이다. 끊어졌던 것들을 다시 잇는 것, 다시 통합하는 것, 그것이 바로 치유다. 분리되었던, 치유하는 자와 치유받는 자를 서로 통합시키고, 제각각 따로 분리되었던 몸과 마음을 통합하고, 개인과 공동체와 자연을 통합하는 것, 그것이 바로 치유다. 뿐만아니라, 뱀버러는 그동안 무시되었던 통전적 전통여성치유를 현대의학과 함께 통합한다.

『소금 먹는 사람들』에서 가장 중심적인 메타포인 "소금"의 중의적 의미는 일종의 통합의 메타포이다. 작품에서 소금은 작가가 의도적으로 대립적이고 중의적인 의미를 부과하고 있다. 벨마가 치유받는 병원의 원장인 서지Serge는 "함께 소금을 먹어보지 않고 그 사람을 알 수 없다고"(147) 말하면서, 소금을 먹는다는 말은 "많은 씁쓸한 경험을 겪는 것"(147)라고 말한다. 그러나 씁쓸한 경험이 소금처럼 후에 닥치는 어려움에 대한 면역이 되어주고 지혜를 주듯이, 소금은 뱀에 물린 해독제로 쓰이고, 방부제로도 요긴하게 쓰일 수 있다. 독을 없애고, 썩지 않도록 만드는 소금이다. '소금을 먹은 자들'은 비록 고난을 겪었지만 그 고난으로 인하여 독과 감염을 방지하는 치유제, 곧 치유사 역할을 해내는 것이다. 벨마가 치유사로 거듭나는 것처럼, 벨마가 먹었던 소금 덕에 그녀는 누구보다 훌륭한 치유사가 될 수 있을 것이다. 부정적인 고난과 긍정적인 치유의 대립적 의미를 통합하고 있는 소금은 이분법적 분열에 대한 통합과 치유를 상징하는 효과적인 메타포임에 틀림없다.

## "새로운 영성" "새로운 휴머니즘"

이제 뱀버러가 본 소설에서 핵심적인 키워드로 제시하는 "새로운 영성" "새로운 휴머니즘"의 의미를 살펴보면서 이 글을 맺고자 한다. 왜냐하면 "새로운 영성" "새로운 휴머니즘"은 치유서사인 본 소설이 고통과 상처를 치유하는 것을 넘어 보다 큰 차원의 치유와 구원을 제시하는데 유용한 개념이기 때문이다. 『소금 먹는 사람들』은 1980년에 발표되었지만, 1970년대의 미국 사회를 반영하고 있다. 대항문화운동과 베트남 반전운동으로 활발했던 진보적인 1960년대가 전쟁의 패배와 오일쇼크와 쇠퇴하게 되면서, 1970년대는 정치적으로 보수화의 길을 걷게 되었다. 공적 세계에서 환멸을 느낀 개인들은 개인의 내면세계 안으로 침잠하면서, 부정적 의미에서 "나 중심의 시대", 크리스토퍼 래쉬Christopher Lasch의 "나르시시즘의 문화"7)에로 전락하였으나, 긍정적으로 보면 공적 영역에서 실패한 개인들이 "정신적인 공허감을 동양의 신선이나 요가같은 비전의 종교나 생활에서 채우고자"(이보형 379)했다고도 볼 수 있다. 이 시기에 붐처럼 나타난 것이 바로 뉴에이지 영성이다. 앞서 말했듯이 벨 훅스도 치유를 위해서 뉴에이지 영성(새로운 시대의 영성)의 필요성을 강조했고, 뱀버러 역시 뉴에이지 영성운동에 깊이 참여하고 있었다. 뉴에이지 영성은 매우 다양한 형태의 영성을 느슨하게 통칭하는 단어인데, 대체로 서구의 종교에 대한 대안으로서 동양의 종교와 원주민 영성, 흑인전통종교들을 통합시키면서, 명상과 호흡을 통한 자가 치유에 초점을 맞추고 있었다. 전능한 타자로서

7) 좌파사상가 크리스토퍼 래쉬는 그의 저서 『나르시시즘의 문화』(The Culture of Narcissism) (1979)에서 1970년대의 미국문화를 나르시시즘의 문화로 규정한다.

신의 절대적 권능과 자비로 인간을 치유하는 것이 아니라, 인간 내면에 본래부터 내재하는 신성을 명상과 호흡과 수련으로 발현하여 자가 치유하는 방식의 새로운 영성인데 이는 이른바 네오샤머니즘 영성(신은희 145)과 일맥상통한다. 당시 닉슨의 정치적 모토가 '대결에서 협상으로' 전환했던 것처럼, 1970년대의 문화적인 시대정신 역시 정녕 통합으로 나아가고 있었다. 작품이 아프리카 영성을 강하게 제시하는 것으로 보아, 뱀버러는 기존의 종교를 넘어 제3세계 전통적 영성까지 통합하고 있다.

또한 1970년대는 '새로운 휴머니즘'이 화두가 되었던 시대였다. 1924년 벨기에의 과학자인 조지 사톤Geroge Sarton이 과학과 인문학의 통합을 주장하면서 처음으로 '새로운 휴머니즘'을 주창했었다. 이어서 프랑스의 과학철학자이면서 문학비평가인 가스통 바슐라르Gaston Bachelard 역시 칸트식으로 선험적인 이성을 지닌 최고의 주관자로 만물 가운데 우뚝 섰던 인간의 지위를 수정하고, 시적 상상력에 근거한 새로운 휴머니즘을 주장하기에 이른다(Jones 8). 이후 1961년 종교학자 엘리아데가 새로운 저널인 『종교의 역사』*History of Religions*를 창간하면서 그 역시 '새로운 휴머니즘'을 역설했다. 그는 종교학을 통해 "인간에 대한 보다 깊은 이해에 도달할 수 있고 그 이해를 토대로 새로운 휴머니즘이 발전할 수 있다"(3)고 주장했다. 그가 말한 '인간에 대한 보다 깊은 이해"가 무엇인지 해당 논문에서는 분명하게 밝히지는 않지만, 엘리아데의 전체적인 맥락에서 보면, 이성과 합리에만 근거한 인간 이해가 아니라, 신화와 상징을 만들어내는 인간 측면을 통합하여 인간 이해를 확대하자는 것, 인간 존재에 대한, 말그대로 새로운 통찰이 추가된 것이다. 이성으로 인해 인간이 만물의 영장이고, 명확한 이성으로 우주의 비밀을 밝혀낼 수 있다는 소박한 낙관주의로부터 한 걸음 나아가, 우주와 인간 존재의 비밀은 끝없이 멀어지는 수평선처럼 언제나 손에 잡히지 않을 것이며 인간의 삶에 허다한 고통의 완벽한 치료와 해결은 불가능하다는 한계에 대한 처절한 인식, 그럼에도 불구하고 비밀을 향한 탐색을 멈추지 않는 것이다.

합리적 낙관주의가 얄팍하다면, 새로운 휴머니즘은 한층 두터워진 인간 이해다. 인간은 단순히 이성적 존재가 아니라, 내면에서 수많은 다양한 욕망이 교차하면서 손쉬운 해결책 없이 팽팽히 긴장되어 있는 존재라는 것이다. 또한 충돌하는 것들을 통합하되, 구별 없이 하나가 되는 통합unity이 아니라, 일종의 연합형태의 통합union이다. 제각각의 빛깔, 각자의 개성을 유지하면서 나름의 조화, 진정한 화이부동和而不同를 이뤄내는 것이다. 최근 들어 경계 허물기가 유행처럼 학계의 화두지만 실은 개체간의 엄연한 경계를 허무는 불가능한 작업에 힘 빼기보다는, 제각각 고운 빛깔과 형태를 고스란히 지니는 샐러드와 퀼트의 조화처럼 인간 내면에서 충돌하는 다양한 욕망을 의식의 표면으로 끌어올리면서 인정하고 유지하는 것이 인간의 건전한 존재방식이라는 것이다. 따라서 인간을 구원하는 것은 신도, 이성의 빛도 아니다. 인간의 구원은 오로지 인간의 영적 의식의 확대와 심화이며, 개체의식의 실현은 공동체의 온전한 실현과 궁극적으로 연결되어있음을 인식하고 행하는 것, 그것이 바로 새로운 휴머니즘이다.

인간의 뇌와 의식을 연구한 덴마크 학자 에릭 호프만Erik Hoffmann은 그의 저서 『새로운 두뇌, 새로운 세상』이란 책에서, 인간의 뇌가 파충류의 뇌에서 포유류의 뇌를 거쳐 인간의 뇌로 진화했다는 미국의 뇌과학자 폴 맥클린Paul MacLean을 인용하면서, 인간은 이제 제4의 진화를 앞두고 있다고 주장한다. 호프만은 일곱 개의 차크라가 다 열린 영성가의 뇌, 가장 고도로 활성화된 뇌에서는 억압되었던 우반구, 여성성이 정상적으로 회복되고, 영적인 영역인 전전두엽이 활성화된다는 사실을 증명한다. 세상을 통전적으로 인식할 수 있는 뇌, 그것이 바로 영성이 활성화된 뇌인 것이다(234). 그가 말하는 제4의 진화는 바로 세상을 통합적으로 인식하는 영성의 시대를 의미한다. 뱀버러도 같은 맥락에서 "새로운 휴머니즘" "새로운 영성"을 말한다.

궁극적인 치유는 몸과 마음이 본래 둘이 아니고, 개체와 우주 역시 둘이 아니라는 영적 인식을 필요로 한다. 그래서 치유는 본래 성스러운 영적 영역에 속했고, 아주 오래 전엔 문화의 중심이었던 여성이 영적 치유사의 역할을 담당했었다. 그러나 가부장제 하에서 여성의 치유역할은 뒷전으로 물러나고 기껏해야 보조역할로 축소되었지만, 고대문화의 흔적을 보전하고 있는 흑인여성문화에서는 여전히 여성이 영적 치유사 역할을 하고 있고, 흑인여성소설가들, 특히 뱀버러의 『소금 먹는 사람들』은 여성치유사가 전통적인 여성적 방식으로 치유를 하고 있음을 구체적으로 예증해준다.

전통적 치유방식이 근래 들어 전 지구적으로 환호 받으면서, 부두교의 의식이나 미국 원주민의 의식을 차용하여 치유 의례로 사용하는 경우가 많다. 특별히 뉴에이지 영성가들 중에는 타로카드, 채널링, 수정구, 등등의 방법이나 도구를 사용하여 치유를 시도하는 사람들도 많다. 일체가 마음에 달렸으니 마음의 위로와 변화가 몸의 치유를 만들어내는 것은 물론 어느 정도 가능하다. 그렇다 하더라도 천동설이 더 이상 진실이 아니듯이, 과학적으로 원인과 치료가 명확하게 증명된 질병을 주술적 방식으로만 치유하려는 무모함을 주장하지는 않는다. 뉴에이지운동의 선봉에 있는 켄 윌버Ken Wilber도 뉴에이지운동가의 상당수가 아직도 전이성적 단계, 즉 마술적 단계[8]에 놓여있음을 경고한 바 있다(169-76). 가부장제 하에서 잃어버린 것들, 상호성

8) 켄 윌버는 인간의식의 발전을 맥락에 따라 다양한 분류방식을 채택하는데, 크게 3단계(Prerational, rational, postrational)로 나누거나, 더욱 세분해서 6단계(archaic, magic, mythic, rational, plural, integral)로 나눈다. 6단계로 나눌 때, 마술적 단계는 하위 두 번째 단계다.

과 연속성이 건재했던 여성 중심의 영적 세계를 회복할 필요는 있으나, 과학적 이성이 축적한 문명을 몽땅 부정하는 것도 정답은 아니다. 어느 선에서 취하고 버릴 것인가, 언제나 지혜를 필요로 한다.

## 인용문헌


김명주. 「금지된 욕망, 고통, 성스러움: 토니 모리슨의 『재즈』」. 『문학과 종교』 15.3(2010): 67-87.

김윤희. 「문학 작품에 나타난 무굿의 치료적 성격」. 『문학과 종교』 16.3(2011): 23-46.

데일리, 메리. 「왜 신에 대하여 말합니까」. 『여성의 성스러움』 김명주 외 옮김. 대전: 충남대출판원, 2011. 259-270.

신은희. 「몽골 소설『샤먼의 전설』에 나타난 네오샤머니즘의 영성」. 『문학과 종교』. 18.3(2013): 123-49.

마뚜라나, 움베르또. 『앎의 나무: 인간 인지능력의 생물학적 뿌리』. 최호영 옮김. 서울: 갈무리, 2007.

엘리아데, M. 『성과 속』. 이은봉 옮김. 서울: 한길사, 1998.

옷토, 루돌프. 『성스러움의 의미』, 길희성 옮김. 서울: 분도출판사, 2003.

이보형. 『미국사개설』. 서울: 일조각, 2005.

호프만, 에릭. 『이타적 인간의 뇌』 장현갑 옮김. 서울: 불광출판사, 2012.

Achterberg, Jeanne. *Women as Healer: A Panoramic Survey of the Healing Activities of Women from Prehistoric Times to the Present*. Boston: Shambhala, 1991.

Bambara. Toni Cade. *The Salt Eaters*. New York: Vintage Contemporary Edition, 1992. Print.

______. "Salvation is the Issue." *Black Women Writers(1950-1980): A Critical Evaluation*. Ed. Mary Evans. New York: Anchor Books, 1984. 41-47.

Cambell, Joseph. *Occidental Mythology: The Masks of God*. New York: Penguin, 1964.

Castro-Borrego, Silvia Pilar. "From Fragmentation to Wholeness, an Exploration." *The Search for Wholeness and Diaspora Literacy in Contemporary African American Literature*. Ed. Silvia Pilar CAstor-Borrego. Newcastle: Cambridge Scholars Publishing, 2011. 1-15.

Daly, Mary. *Beyond God The Father: Toward a Philosophy of Women's Liberation*. Boston: Beacon Press, 1973.

Eisler, Riane. *The Chalice and the Blade: Our History, Our Future*. New York: Harper One, 1987.

Eliade, Mircea. "History of Religions and a New Humanism." *History of Religions* 1.1(1961): 1-8.

hooks, bell. *Sisters of Yam*. Cambridge, Massachusetts: South End Press, 2005.

Hull, Akasha Gloria. *Soul Talk: The New Spirituality of African American Woman*. Rochester, Vermont: Inner Traditions, 2001.

Jones, Mary McAllester. *Gaston Bachelard: Subversive Humanist: Texts and Readings*. Madison: The University of Wisconsin Press, 1991.

Martin, Denise. "African American Women Writers as Medicine Women." *The Search for Wholeness and Diaspora Literacy in Contemporary African American Literature*. Ed. Silvia Pilar Castor-Borrego. Newcastle: Cambridge Scholars Publishing, 2011. 59-82.

Pierce, Yolanda. "On the Road to Damascus: The African-American Conversion Experience." Cornell University Dissertation, 1999.

Priest, Myisha. "Salvation is the Issue." *Meridians: Feminism, Race, Transnationalism.* 8.2(2008): 116-122.

Ryan, Judylyn S. *Spirituality as Ideology in Black Women's Film and Literature.* Charlottesville: University of Virginia Press, 2005.

Treard, Isabelle Van-Peteghem. "Womanism, Sexual Healing and the Suture of Eco-spirituality in Alice WAlker's Novels." *The Search for Wholeness and Diaspora Literacy in Contemporary African American Literature.* Ed. Silvia Pilar Castor-Borrego. Newcastle: Cambridge Scholars Publishing, 2011. 19-40.

West, Elizabeth J. *African Spirituality in Black Women's Fiction.* Lanham: Lexington Books, 2011.

Wilber, Ken. *Sex, Ecology, Spirituality: The Spirit of Evolution.* Boston: Shambhala Publications, 1995.

Wilentz, Gay. *Healing Narratives: Women Writers Curing Cultural Dis-Ease.* New Brunswick: Rutgers UP, 2000.

# 10장
## 존 스타인벡의 단편 「뱀」
## 여성 신성의 상징 뱀, 그 혐오와 매혹[1)]

존 스타인벡John Steinbeck의 단편 「뱀」The Snake[2)]은 해양생물학자이면서 철학자인 에드 리킷츠Ed Ricketts의 실제 경험을 바탕으로 스타인벡이 1934년에 쓰고 이듬해 발표한 단편이다. 어느 날 정체를 알 수 없는 한 여자가 리킷츠의 실험실에 찾아와서 방울뱀을 구입하고, 그 뱀에게 하얀 쥐를 먹이자고 제안했다. 흥미로운 것은 뱀이 쥐를 잡아먹을 때 이 장면을 지켜보는 여자의 모습이다. 뱀이 아가리를 크게 벌려 쥐를 통째로 입속에 집어넣고, 연동적인 움직임으로 천천히 쥐를 삼키는 징그럽고 끔찍한 행위를 여자가 그대로 따라했다는 것이다, 여자는 뱀처럼 입을 떡 벌리고 턱을 주억거렸다. 여자는 뱀 먹이로 일년치

---

1) 본 논문은 「뱀, 그 혐오와 매혹: 손 스타인벡의 단편 「뱀」 다시 읽기」라는 제목으로 『미국학』(서울대미국학연구소)(40.2(2017): 1-24)에 최초 발표되었다.

2) 스타인벡은 단편 「뱀」을 1934년 여름에 썼고, 1935년 『몬테리 비컨』(*The Monterey Beacon*)이라는 실험적 문학잡지에 발표했다. 이후 1938년 『에스콰이어』(Esquire)가 "A Snake of One's Own"이란 제목으로 다시 인쇄했다. 이 논문은 에스콰이어 버전 단편을 사용했다.

줘 값을 리킷츠에게 지불하고 다시는 돌아오지 않았다. 이런 괴이한 이야기의 의미가 무엇인지 리킷츠와 스타인벡, 그 누구도 알지 못했다. 하지만, 스타인벡은 그 끔찍하고 놀라운 이야기에 강렬하게 매혹된다. 그래서 그는 뭔가 쓰지 않을 수 없었다고 미출판 수기 원고의 첫머리에 이렇게 고백한다.

> 뱀 이야기는 글로 쓰여야만 한다. 그것이 무엇을 의미하는지 난 알지 못하지만, 아마도 **나의 무의식에 들어 있는 끔찍한** (terrible) 뭔가를 의미할 것이다. 이 뭔가를 내 무의식으로부터 천천히 꺼내서 글로 쓸 것이다. 이것은 **끔찍한**(terrible) 이야기다. 이것은 **저주받을만한**(damnable) 이야기다. 그것이 무엇을 뜻하는지 난 모른다. 정말 난 모른다. 그렇지만, 이 **소름끼치는** (frightful) 이야기를 글로 쓸 것이다. (128, 굵은 글씨 저자 강조)

스타인벡의 "무의식에 들어있는" 무엇, "끔찍하고" "저주받을만하고" "소름끼치는" 그것은 과연 무엇이었을까? 무엇이 그토록 혐오스러우면서도 동시에 글로 쓰지 않을 수 없도록 그의 작가적 자아를 매혹했던 것일까?

스타인벡 비평가인 워런 프렌치Warren French는 이 작품에서 "과학적 이성주의"scientific rationalism와 "열정적 불합리성"passionate irrationality 사이의 갈등 구조를 파악하고, 프렌치는 이 작품이 주인공 필립스박사Dr. Phillips가 과학자로서 이성적/객관적 태도를 견지하지만, 뱀 여인과의 신비스러운 만남을 통해 무의식화돼있던 “불합리한 열정”이 표면으로 드러나면서 야기되는 갈등을 다룬다고 해석한다(82). 그러나 프렌치는 “스타인벡이 비합리적인 뱀 여인보다는 과학적 지식을 추구하는 과학자에게 공감한다”(82)고 본다. 공감이 어느 쪽에 쏠리는가의 구분에서 스타인벡의 또 다른 비평가인 찰스 메이Charles May는 프렌치와 다른 견해를 제시한다. 메이는 이원적 갈등 구조로서 필립스의 '과학적 태도'를 한켠에 두고, 반대편에 “열정적 불합리성” 대신 이번엔 “신화적 힘”을 대조시킨다. 즉, 뱀 여인은 일종의 “심리적 원형”psychological archetype(324)으로써 갑작스럽게 출현하고, 그녀의 출현은 필립스에게 “과학적 지식의 한계”the inadequacy of scientific knowledge(323)를 상기시킨다고 작품을 해석한다. 즉 메이는 칼 융Carl Jung의 심층심리학 이론을 적용하여 뱀 여인은 과학자 필립스의 “아니마”이며, “어둠의 세계 전반과의 연관 하에 ‘신비학적 의식’과 관련이 있다”(324)고 본다. 메이에 따르면 스타인벡의 공감은 뱀 여인의 신화적 · 시적 영역으로 향한다고 해석한다.

두 비평가에 따르면, “무의식에 들어있는” “끔찍하고”, “저주받을만하고”, “소름끼치는” 무엇은 바로 “불합리성”과 “신화적 · 시적” 실재다. 이성 중심적인 서구 사유의 전통에서, 합리성의 반대편에 있는 불합리성이나, 과학적 사유의 반대편에 있는 신화적 · 시적 사유가 의식의 저편 혹은 아래로 억압되고 무의식화되면서, 이들이 견고한 이성적 질서를 파괴할 수 있는 잠재적 요소로서 두려움과 혐오의 대상이 되었음직하고, 그런 면에서 두 사람의 해석은 어느 정도 타당해 보인다. 특히 신화적·시적 실재의 급작스런 출현에 대해 스타인벡과 작중인물 필립스 박사Dr. Phillips가 느끼는 매혹과 공포의 복잡한 반응 중에서, 메이는 특별히 공포적 측면을 적절하게 잘 설명해내고 있다. 메이는 스타인벡이 느끼는 뱀에 대한 끔찍한 공포를 유동적인 여성성에 대한 본능적 두려움, "끔찍한 어머니"Terrible Mother에 대한 원형적 공포로 설명한다.

> 필립스 박사를 갈등에 직면하도록 만드는 여자, 그에게 신화적 존재와 인식을 상기시키는 그 여자는 신화 속에서 다양한 모습으로 등장하는 보편적 여신이다. "뱀" 단편과 공명하는 가장 잘 알려진 여신은 바로 유대인의 여신 릴리스(Lilith)와 그리스 신화의 라미아(Lamia)다. 융에 의하면 이 두 여신은 "끔찍한 어머니"와 연관된다. 왜냐하면 둘 다 재생 이전의 죽음을 인격화하기 때문이다. (333)

즉, "끔찍한 어머니"의 원형은 '죽음'을 인격화하기 때문에, 죽음이 공포의 대상이듯 뱀이 재현하는 여성성 또한 공포의 대상이라는 설명이다. 다시 말해서 '뱀=여성=죽음=공포' 라는 등식이 성립되는 것이다. 융은 뱀이 "무시무시한 어머니" "탐욕스러운 입," "죽음의 아가리"를 상징한다고 설명한 바 있다(251). 이를 줄리아 크리스테바Julia Kriesteva의 정신분석학적 용어로 설명하자면, 서구의 이분법적 체계에서 우위를 이미 확보한 것들, 인간, 남성, 삶을 끊임없이 위협하는 것들, 즉 뱀, 여성, 죽음은 일종의 "비체"the abject로써 현존의 질서를 위협하고 언제든지 삼켜버릴 수 있기 때문에, 특히 남성에게 공포의 대상이 된다. 우열이 확고한 고체적 경계를 호시탐탐 무너뜨리는 끈적거리는 액체성, 타액, 체액, 피 등에 여성성을 투사하고, 이들은 모두 혐오의 대상으로 삼는 것이다[3].

그러나 비평가 메이가 놓치는 것이 있다. 바로 스타인벡의 단편 「뱀」에서 뱀은 공포의 대상일 뿐 아니라, 동시에 매혹의 대상이라는 점이다. 스타인벡이 실제로 일어났던 이야기를 듣고 반드시 글로 써야 한다는 강박을 느낄 만큼 뱀 이야기가 그를 매혹했을 뿐만 아니라, 작중 인물인 필립스박사 역시 뱀 여인을 혐오하면서도 그녀가 다시 돌아오기를 학수고대한다. 뱀 여인이 그저 공포의 대상일 뿐이라면 필립스가 굳이 기다릴 필요는 없을 것이다. 끔찍했던 단 한 번의 경험 이상 또 다른 재회를 갈망할 까닭이 없을 것이다. 그러나 필립스 박사는 뱀 여인의 방문을 기다린다. 몇 번이나 길거리에서 그녀인 듯해 보이는 여인을 뒤를 좇아 달려간다. 왜일까. 왜 그토록 "끔찍한" 뱀 여성을 기다리고 있을까? 그는 왜 끔찍한 뱀에 매혹되는가?

3) 이런 비체를 자크 데리다(Jacque Derrida)는 "유령"이라는 메타포를 사용하고, 아감벤은 "호모사케르", 에른스트 카시러(Ernst Cassirer)는 "더 낮은 기층"(the lower substratrum)를 사용하여, 새로운 시대의 전환점에서 억압된 것들의 귀환과 출몰을 다양한 메타포로 표현하고 있다.

뱀 이야기는 분명히 스타인벡의 무의식에 저장되어있는 뭔가를 건드렸음에 틀림없다. 뱀 이야기가 건드린 스타인벡의 무의식은 찰스 메이의 지적대로 분명히 고태의 잔재인 집단무의식 속 뱀 원형과 깊은 관련이 있다. 그러나 메이의 융적Jungian 분석에서 한 걸음 더 나아가 이 논문은 뱀과 여성의 친연성을 오래전 신석기시대 실존했던 뱀 여신 숭배전통과 관련해서 논의하고자 한다. 뱀의 신화적 재현으로써 우리는 창세기 유대신화 속 이브를 유혹하는 사악한 뱀과, 그리스 신화 속 공포스러운 괴물인 메두사 뱀이 전부인 줄로 착각하는 경우가 허다하다. 그러나 가부장적인 유대신화와 그리스신화를 훌쩍 뛰어넘어 훨씬 그 이전 뱀을 여신으로 숭배하던 전통을 이 단편소설과 연결시킴으로써, 뱀 이야기가 끔찍하면서도 동시에 왜 매혹적일 수밖에 없었는지 설명해보려고 한다.

## 뱀은 우리에게 무엇인가?

뱀은 촉감이 차갑고 미끌미끌하고 모양새가 길쭉해서 징그러울 뿐만 아니라, 치명적 독성 때문에 두려운 존재로 여겨진다. 특히 기독교 창세기에서 뱀은 이브를 유혹하여 선악과를 따먹도록 만드는 존재로 재현되기 때문에 뱀은 '사악한 유혹자'로서 이미지가 서구인들뿐만 아니라, 기독교적 영향권에 있는 많은 이들의 의식 속에 강하게 각인되어 있다. 요즘도 한국에서는 선량한(?) 남성을 유혹하여 파탄에 이르게 만드는 여성을 '꽃뱀'이라 부른다.

그러나 '사악한 유혹자'라는 뱀에 대한 고정 통념은 조금만 깊이 들여다보아도 금방 깨져버린다. 이브를 유혹하는 뱀이든, 선량한 남자를 유혹하는 꽃뱀이든, 사실상 뱀이 유혹적이라는 사실은, 그만큼 치명적인 매력을 지닌다는 뜻이다. 즉 유혹적인 뱀이 늘 사악하지만은 않다. 먼저 성경만 보아도, 뱀은 사악한 유혹자로 재현될 뿐 아니라, 반대로 지혜의 상징으로도 재현된다. 또한 뱀은 태몽에 자주 등장하는 동물 중 하나인데, 태몽 속 뱀은 당연히 사악함의 상징이 아니라, 재주 있는 딸에 대한 예지몽이다. 꿈은 좌뇌적 이성의 간섭이 끊긴 지점에서 고태의 잔재가 이미지로 활성화되는 현상일 터, 왜 하필 뱀이 무의식적 꿈속의 이미저리로 자주 등장하는지, 그것도 통상 의식 차원에서는 사악했던 뱀 이미지가 무의식적 차원에서는 재주 있는 딸을 현시하는지 놀랍다. 융의 이론대로 꿈이 종종 집단무의식을 드러낸다면, 앞서 말했듯이 뱀은 인류가 오랫동안 축적해온 집단적 무의식의 한 원형일 수도 있다. 문제는 대체 어떤 연유로 뱀이 인간 무의식의 원형이 되었고, 단순히 사악하고 공포스러운 원형일 뿐만 아니라, 동시에 매혹의 원형이 되는가이다. 뱀이 왜 매혹의 원형인지는 다음 섹션에서 논의할 것이다.

또한 뱀은 환각 상태에서 자주 출현하는 동물이다. 뇌과학자

에릭 호프만Erik Hoffmann은 『이타적 인간의 뇌』에서 중독성이 없는 천연 환각제인 아야와스카를 복용한 많은 사람들은 연구했는데, 아야와스카 복용 후 이들은 의식의 변형을 겪으면서 예외 없이 수많은 뱀들이 우글거리는 환영을 본다고 보고하고 있다(102-7). 마찬가지로 뱀은 꾼달리니 요가에도 등장한다. 탄트라 요가의 꾼달리니 각성에서는 에너지가 응축되어있는 각각의 차크라가 열리면서 영적 황홀경에 이르게 되는데, 이때에도 아랫배에 웅크린 영적 에너지는 뱀이 또아리 튼 모습으로 재현된다(123). 언 듯 보아도 환각 상태에서 출현하는 뱀이나, 영적각성을 추동하는 뱀의 형상은 딱히 매혹적이라고 말할 수는 없지만, 적어도 "공포"나 "끔찍함"만이 뱀의 전부는 아니다.

뱀은 한국 토속종교의 신앙 대상이기도 하다. 대전에서 가까운 계룡산 신원사 계곡에는 "금룡암"이란 절이 있다. 불교와 토속신앙이 결합되어 있는 절인데, 이곳에는 삼신각과 더불어 특이하게 '용궁'이라는 기도처가 있다. 대웅전보다도 오히려 용궁에서 절하는 사람들이 더 많을 만큼 뱀이 영묘한 힘을 발휘한다고 사람들은 믿는다. 용궁이니까 분명히 용의 모습이어야 할텐데, 짤막한 다리가 있긴 하지만, 영락없는 뱀 2마리가 엉켜있는 소위 현무다. 또한 조선시대 왕이 앉는 옥좌에도 하늘을 나는 뱀인 용의 형상이 그려져 있고, 현재 청와대에서도 용의 이미지들을 쉽게 발견할 수 있다. 마찬가지로 이때의 뱀 형상 역시 끔찍한 공포의 대상이라기보다는 뱀은 신성하고 존귀한 존재를 상징하고 있음이 틀림없다.

미국 오하이오주에 가면, 아래 그림과 같은 거대한 뱀 모양의 무덤이 있다. 1마일 정도 길게 뻗어있는 거대한 무덤이다. 굽이치는 뱀의 몸통과 머리, 그리고 소용돌이 모양의 뱀 꼬리가 선명하게 보인다. 어느 시대고 장례와 무덤의 형태는 당대인들의 신앙과 우주론을 드러내주는데, 콜럼버스가 미대륙으로 들어오기 이전 북아메리카에 살았던 인디언들이 하필 뱀의 형상으로 그들의 무덤을 만들었던 이유는 필시 뱀이 그들의 신앙과 우주론과 깊은 관련이 있음을 증명해준다. 뱀을 끔찍하다고 여겼다면 신성한 무덤을 뱀 형상으로 만들었을 리가 없다. 뱀은 미국 인디언들에게 신성한 동물이었다. 종교학자 루돌프 옷토 Rudolf Otto가 그의 책 『성스러움의 의미』에서 말하듯이, "신성함은 공포와 매혹을 동반한다"(79). 미국 인디언들에게 신성했던 뱀은 정녕 공포와 매혹을 동시에 야기했던

동물이었던 모양이다.

그런가 하면 한국의 프리다 칼로 천경자 화백의 그림에도 뱀이 자주 등장한다. 천경자는 왜 징그러운 뱀을 그리고, 심지어 뱀을 머리에 감고 있는 자화상을 그렸던 것일까? 『천경자 평전』에서 최광진은 말하길, 천경자에게 "삶의 시련이 절정에 달해 극적인 고통 속에서 방황하고 있을 때," 머릿속에 "꽃 비늘 반짝거리며 날쌔게 찔레꽃 사이로 사라지는 실뱀이 두 마리"(50)의 환상이 떠올랐다고 한다. 그래서 천경자 화가 자신도 정확한 뜻은 모르지만, 머릿속에 떠오른 이미지를 그림 속에 표현한 것이다. 뱀은 천경자에게도 정녕 원초적인 생명력을 상징하는 원형적 이미지였음에 틀림없다.

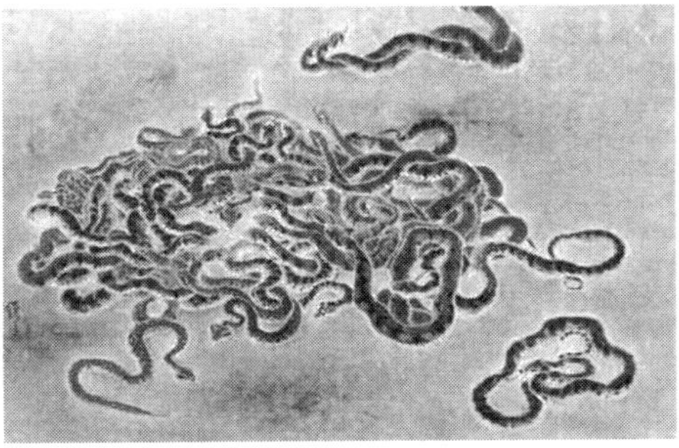

## 왜 하필 뱀일까?

뱀은 오늘날 우리가 생각하듯 원래부터 "사악하고" "끔찍한" 동물이 아니었다. 단지 오늘날 그렇게 재현되고 있을 뿐이다. 모든 것이 그러하듯, 인간문화의 변천과 함께 뱀의 재현도 변화해온 것이다. 뱀은 인류 초기부터 원시 인간의 마음을 매혹했고 신성한 동물로 숭배되었다.

그런데 왜 하필 뱀이었을까? 왜 하필 뱀을 신성시했을까? 가부장제 이전, 기원전 10,000년경부터 시작되는 전 세계 신석기 여신문화를 연구하고 있는 책, 『위대한 우주적 어머니』*The Great Cosmic Mother*의 저자 바바라 모어Barbara Mor는 고대인들의 믿음을 이렇게 설명한다.

> 고대인들에겐 누구나 땅은 살아있는 존재였고, "생명의 영" 혹은 "영-물질"이 그 안에 살고있는 위대한 동물로 여겼다. 모든 현상은 신성한 힘의 현현이었고, 죽으면 근원의 돌아가 이후 다른 생물로 변환된다고 믿었다. 땅의 영(Earth spirit)은 생명의 에너지를 다양한 생물체로 변환시키는 중심적인 역할을 하고, 모든 것은 생명 세포의 차원에서 마치 한 몸처럼 서로 연결되어 있고, 같은 상상력을 공유한다. 가이아 이론에서 지구는 살아 숨쉬며, 서로 상호 작용하는 몸으로써 자체의 대기를 만들어내고, 스스로의 욕구를 채우며, 스스로의 스트레스를 해소한다. 지구를 태양과 하늘의 자극을 받아들이는 수동적인 그릇으로 보는 가부장적/기계적 모델과는 전혀 다르게, 가이아 이론의 새로운 모델은 지구를 의도를 지닌 유기체로 여기고, 의지와 방향을 지니며,

지구상의 모든 생물과 스스로 쌍방 관계를 맺을 수 있는 존재로 본다. (124)

땅을 살아있는 생물로 보았던 고대인들은 이 '생명의 영'을 뱀이나 새와 같은 동물로 재현했다. 뱀은 땅속을 들락거리면서 지하와 지상을 연결한다고 믿었고, 새는 지상과 하늘을 연결한다고 보았다. 또한 뱀은 허물을 벗고, 새는 털갈이를 하면서, 둘 다 변신 가능한 몸을 지녔다고 여겼다. 또한 고대인들은 달의 인력을 현대인보다 훨씬 예민하고 강력하게 느끼고 있었을 텐데(여성의 생리가 달의 주기와 일치), 뱀과 새의 변신이 차고 기우는 달의 변모와 일치한다고 보았고, 뱀과 새는 달처럼 차고 기우는 생명의 영(태어나고, 성장하고, 죽는)을 육화한다고 보았다.

가이 언더우드Guy Underwood는 그의 저서 『과거의 패턴』*The Pattern of the Past*에서, 고대에 만들어진 길, 동물이 다니는 길을 조사하고, 스톤 써클과 여러 거석을 찾아다니면서 조사한 결과, 땅 밑의 압박을 받으며 움직이는 지하수로부터 방출되는 "땅의 힘"--자기장의 흐름과 같은--의 실재를 발견했다. 그 힘은 별, 달, 태양의 움직임에 영향을 받고, 그 거대한 힘은 동물과 인간의 신경세포를 관통하여 큰 영향을 끼친다고 한다. 땅으로부터 생성되는 이 '힘'은 파도 모양으로 물결치면서 땅의 표면을 뚫고 수직으로 솟아오르는데, 이 힘은 소용돌이(혹은 미로, 미궁) 패턴을 형성하고, 소용돌이의 코일은 7의 배수에 기초한다고 한다.

이 힘이 소용돌이 패턴으로 나타날 때, 이 힘은 물질을 만들어낼 뿐만 아니라, 이 힘은 소위 생명을 존재하게 만드는 메카니즘의 일부가 된다고 주장한다. 즉 땅의 힘이야말로 물질과 생명을 만들어내는 힘이라고 주장한다.

언더우드에 따르면, 이 힘은 지구 표면에 있는 모든 물질과 생명을 연결하여 에너지망을 형성하며. 동물, 나무, 풀의 생장에 영향을 주는데, 흥미로운 것은 바로 이 땅의 신기한 흐름을 고대인들은 **뱀**의 힘이라고 믿었다는 사실이다. 중국에서는 이를 '용의 흐름'이라 부른다. 바로 이 뱀의 힘을 불러일으키는 것이 미국 원주민, 힌두인, 아시아인, 아프리카인, 이교적인 유럽의 켈트인들 가운데 공통적인 고대 의례였던 것이다. 인류의 첫 유목민들은 특유의 예리한 감각을 이용하여 이 신성한 뱀의 길을 감지할 수 있었고, 그 길을 따라 이동했다고 한다.

뱀은 어디에서나 만물 창조와 생명 부여의 상징이다. 언더우드는 이렇게 말한다. "뱀은 지측적地測的(geodetic)소용돌이 패턴을 자주 자연스럽게 만들어내는 땅에 사는 유일한 척추동물이다. 그래서 뱀과 소용돌이 문양은 지측적 소용돌이를 재현한다"(24)고 말한다.

땅의 영은 이렇게 뱀으로 상징화되기도 하고, 뱀은 여신의 동행자가 되기도 한다. 땅이 여성으로 의인화되는 것이 동서고금을 막론하고 인류 공통이다. 땅이 뱀으로 재현되고 이후 여성으로 의인화되면서, 뱀과 여성은 자연스럽게 연결되었을 것이다. 크레타, 출산의 여신인 아이레이시아Eileithyia는 항상 뱀과 동행한다. 또한 여성이 지닌 재생산 능력의 상징인 탯줄 자체도 뱀과 비슷한 형태를 지니고 있고, 엄마와 신생아의 연결성도 땅과 뱀의 관련과 과연 유비적이다. 뱀과 지하수와의 신화적 관련성은 또한 아주 오래된 것인데, 여신의 상징인 성스러운 우물과 지하수는 전설적으로 언제나 신비로운 뱀이 지키고 있다. 요약하면, 고대 인류에게 신성한 힘은 뱀과 새라는 동물로 재현되었고, 이후 신성한 힘이 인격으로 재현되면서, 뱀은 여신의 상징으로 등장하거나 여신을 동행하는 동물로 등장하기 시작했다.

버트런드 러셀Bertrand Russell는 『서양철학사』의 제 1장 "그리스 문명의 발흥"에서 크레타인들을 이렇게 설명한다.

> 크레타인들은 한 여신 혹은 몇몇 여신을 숭배했다. 의문의 여지없이 두각을 나타낸 여신은 '동물의 여신'인데,… 동물의 여신은 분명히 어머니이기도 하며, 크레타인들은 선형문자를 사용했지만 아직 판독할 수 없는 상태이다. 그들은 자기 나라에서는 평화를 애호하여 도시에 성곽을 쌓지 않았으나, 해군력으로 도시를 방어했다는 사실만은 분명하다. (38-9)

서유럽에서 전래된 남동유럽의 신석기 여신문화는 크레타섬에서 잔존하여 러셀의 서양철학사의 기술에도 포함된 것이다. 러셀의 기술에 따르면, 그리스문명이 발흥하기 전 크레타에서는

여신을 숭배했고, 그 여신은 동물의 여신이라고 기록하고 있다. 여기서 러셀은 딱히 그 동물이 뱀이라고는 적시하지 않지만, 옆의 사진과 같은 유명한 크레타의 뱀 여신 유물, 번쩍 처든 양손에 뱀을 들고 있는 여신상을 상기하면 여기서 러셀이 말하는 '동물의 여신'는 바로 뱀 여신을 지칭한다고 볼 수 있다.

신석기 시대의 위대한 여신은 생명의 여신이면서 동시에 죽음의 여신이기도 한데, 이는 생사의 순환에서 삶과 죽음이 굳이 두 개가 아닌 하나로 인식되었던 탓이다. 그래서 죽은 시체를 매장하는 장소는 종종 생식 의례가 열리는 장소로도 사용되었다. 또한 무덤은 여성의 자궁 형태로 만들어졌다. 무덤이 여성의 자궁이라면, 그곳은 다시 태어나는 장소가 될 수 있기 때문이다. 여신의 시대에는 죽음이 다른 삶으로의 변환이지 삶의 끝이 아니었던 것이다. 뱀은 강력한 여신, 생명의 순환을 재현하는 위대한 어머니 여신의 상징이었다. 생사를 포함하고 영원히 순환하는 생명의 위대한 여신은 우로보로스Uroboros(뱀이 자신의 꼬리를 물고 있는 형상, 생과 사가 순환되고 연결되었다는 의미)로 상징되었다. 그 유명한 우로보로스는 바로 여신의 상징이었다.

그러나 애초 신성한 뱀이 야기했던 매혹과 공포는, 여신이 처음엔 숭배되다가 후에 혐오의 대상으로 추락하는 역사적 부침과 함께 나란히 변모한다. 신석기 초기의 유물 중 많은 신상神像은 여성의 모습으로 발견된다. 고고학자 마리아 김부타스 Marija Gimbutas의 책, 『올드 유럽의 여신과 신--기원전 6500~3500』 *The Goddess and Gods of Old Europe--6500~3500 BC*에 의하면, 많은 신상들은 구석기 후반부터 초기 신석기에 이르기까지 고대인들이 숭배했던 여신의 형상이다. 김부타스는 구석기 시대 동굴문화의 중심은 남서부 유럽이고, 동굴인들은 여신숭배자였으며, 마지막 빙하기가 끝나던 기원전 만년 경, 동굴에서 나와 비옥한 땅을 찾아 이주하기 시작한 인류는 근동의 습지와 계곡으로 이동했는데, 이들도 여신숭배자였다고 한다. 기원전 7000년 경까지 요르단, 이란, 아나톨리아(현재의 터키)에서 농업이 확실히 자리를 잡기 시작하고 역사는 신석기 시대로 진입하는데, 이들 신석기 문화가 여신 문화였음은 다양한 유물들을 통해 증명되고 있다.

그러나 이 평화로운 여신문화는 기원전 4000년 전부터 동쪽에서 말을 타고 침입한 사람들에 의해 파괴되기 시작했다. 모계적 특성을 지닌 유럽의 신석기 초기 여신문화는 오로지 에게해 근방에서만 훼손되지 않은 채 기원전 3000년까지 살아남았는데, 크레타섬에서는 미노아문화의 형태로 여신문화가 기원전 2500년 즈음까지 살아남았다고 한다(134-144).

여신문화가 점차 가부장적 남신문화로 대체되기 시작하면서, 여신문화의 핵심 동물인 뱀의 의미도 점차 변질되기 시작한다. 성경에 등장하는 우상들, 소위 유목민의 전형적 남신인 야훼의 심기를 거스르는 아쉬타르는 메소포타미아 지방에서 오랫동안 숭배되어온 대모신이다. 이후 여신의 탄압은 가부장제의 등장과 나란히 일어나고, 평화 대신, 전쟁과 정복의 역사가 이후 부족국가에 이어 각종 제국시대, 그리고 현재의 자본주의 제국시대에 이르기까지 다양한 형태로 변주되었다. 그 사이 여성은 탄압받고, 국가 간 계급 간 불평등은 심화되고, 동물과 자연은 사회적 약자들과 더불어 착취와 압제의 대상으로 전락해버렸다.

이렇게 문화가 가부장제로 변모하기 시작하면서, 여신의 상징인 뱀은 점점 사악한 동물, 상징계의 "비체the abject"로 전락한다. 모어는 이에 대해 이렇게 설명한다.

> 막 시작되던 가부장제 종교는 그 무엇보다 먼저 여신/뱀을 파괴해야 했다. 그래야 자신의 기초를 세울 수 있었다. 그래서

> 바빌로니아는 뱀과 여신을 "원초적 혼돈"으로 재현했고, 그런 뱀의 이미지는 성경의 창세기에서 이브와 연결되어 존재론적 악의 상징으로 둔갑한다. 가부장적 유대인들은 뱀을 사마엘(Samael), 즉 "사악한" 첫 여성인 릴리스(Lilith)의 남자 형제로 재구성한다. 헤제키아와 같은 구약시대의 개혁가가 "놋쇠로 만든 뱀"--황동으로 만든 주술상--을 "혐오스러운 이교"로 처단했었다. 그런데 이때 처단한 놋쇠 뱀은 [단순히 이교가 아니라] 사실상 주변국들이 신봉하는 원초적 여신종교를 의미했고, 뱀에 대한 공격은 곧 여신종교에 대한 공격이었다. 유대의 가부장들은 세상에서 가장 오래되고, 가장 보편적이며, 가장 오랫동안 지속된 여신종교를 "악"으로 낙인찍으며 파괴하려했다. 어머니여신과 그녀의 마술적 연인인 뱀은 모든 생명의 원천임에도 불구하고, 유대 가부장의 새로운 부족신 야훼가 미워한다는 이유로, 온갖 "사악함"의 원천으로 매도되고 규탄의 대상이 되었다. 유대 가부장들의 파괴 시도가 성공적이었던 만큼, 서구 기독교인들은 여신과 여신의 뱀이 지닌 본래의 개념과 기억을 잃어버리게 되었다. (58)

뱀이 신성한 동물로서 공포와 매혹을 동시에 촉발했다면, 이제 가부장제하에서 뱀은 "끔찍한 어머니"처럼 그저 공포스러운 존재로만 인식되기 시작한다. 이를 단적으로 보여주는 것이 메두사다. 메두사는 이미 가부장제로 변모한 그리스사회에서 페르시우스를 위험에 빠뜨리는 괴물로 등장한다. 하지만 미리암 로빈스 덱스터Miriam Robbins Dexter는 캐더린 켈러Catherine Keller를 인용하면서 "메두사는 위대한 여신을 재현하고 그녀의 힘은 생명을 주고 생산하는 힘이었다"(41)고 말한다. 괴물로만 알고 있는 신화적 메두사의 기원은 사실상 위대한 여신이었다는 것이다. 그럼에도 불구하고 점차 가부장제사회의 직선적인 논리 선상에서 생명은 순환적으로 인식되기 보다는, 태어나서 죽음으로 끝나는 일회적 사건으로 인식되기 시작했고, 그런 과정에서 죽음으로 끝나버리는 인생을 위해서 지상 이외 초월적 천상의 필요성이 생겨나게 되었다. 가부장사회는 죽음을 삶의 저편으로 몰아내고, 생과 사는 엄정하게 분리되었고, 위대한 여신이 상징하는 생명과 죽음을 일원적으로 파악하며, 위대한 여신의 우주론은 퇴락하고, '하나'의 한 측면에 불과한 죽음은 사악하고 끔찍하고 공포스러운 "비체"로 매도되기 시작한다. 여신은 남신으로 교체되고, 여신의 상징이었던 뱀의 이중성, 공포스러우면서도 매혹적인 이중성으로부터 매혹은 제거되고, 공포만 남게 되며, 뱀은 인간의 삶에 죽음을 끌어들이는 사악하고 혐오스러운 존재로 추락한다.

그러나 참으로 흥미롭게도 인간 무의식의 심층에서는 뱀은 여전히 공포스럽고 매혹적인 존재로 출현한다. 매혹적인 뱀은 오늘날 무의식의 심층, 기호계의 전언어적 영역으로 가라앉아 버렸으면서도, 무의식이 활성화되는 꿈과 환상, 그리고 일상의 무의식적 파편들 속에서 뱀은 여전히 매혹과 혐오를 동시에 유발하는 복잡한 원형으로 등장한다. 무의식에는 3차원적 시간과 공간이 사라져버린다. 마치 오래전부터 깊은 땅속에 고여 있던

지하수가 느닷없이 지상으로 솟아올라 역사적 변천과 아랑곳없이 고대의 시간을 뿜어내듯이, 무의식에 출현하는 뱀은 고대의 원형을 그대로 드러낸다. 마치 꿈속에 출현하는 집은 현재의 집이 아니라, 어릴 적 기억 조차 희미한 옛집이듯 말이다. 많은 현대인들은 먼 옛날 뱀이 매혹적인 여신의 상징이었음을 대부분 모르고, 뱀이 어떻게 여신의 상징으로부터 끔찍한 괴물로 추락하게 되었는지, 유감스러운 역사적 변모에 대해서도 무지하다. 그런데 참으로 흥미롭게도 무의식에서 출현하는 뱀은 의식적 차원의 공포나 혐오와 상관없이, 공포와 매혹을 함께 지닌 존재로 출현한다. 무의식은 알고 있다. 뱀이 신성하고 매혹적인 여신의 상징이었음을 무의식은 알고 있다.

신화학자 윌리엄 어윈 톰슨William Irwin Thompson은 신화는 "보다 깊은 종류의 역사"(x)라고 말한다. 신화는 일직선적 역사가 기술하지 않는 인간의 내밀하고 변함없는 욕망을 기술한다. 문학은 바로 현대인의 신화다. 그래서 스타인벡의 문학 속에 등장하는 뱀은 오래된 여신 시대의 뱀처럼 혐오스러우면서 동시에 매혹적이다. 쥘리아 크리스테바Julia Kristeva는 이렇게 말한다.

> 문학이 우리의 위기들, 우리의 가장 내밀하고 가장 진지한 묵시록에 대한 최후의 약호를 표현한다는 점을 지적하고 싶다. 따라서 그것은 **밤의 힘**이다. (맥아피, 100 재인용)

문학은 의식의 표면으로부터 감춰진 깊숙한 진실, 어쩌면 최후의 운명을 보여줄지도 모르는 "묵시록"적 진리를 상징화한다는 것이다. 크리스테바가 의미하는 "밤의 힘"이란 투명한 의식세계가 아니라, 모호하고 희미한 무의식이 지닌 힘을 의미한다. 문학은 바로 "밤의 힘"을 구현한다.

또한 크리스테바의 비체 개념은 매혹과 공포를 이해하는데 도움이 된다. 여신의 상징이었던 뱀은 역사의 어느 순간부터 비천한 몸으로 전락하여 상징계에서 배제되고 전언어적인 기호계에 은닉된다. 명확한 경계가 없이 끈적거리고 흐물거리는 것들, 즉, 타액, 피, 체액이 상징계의 질서와 정체성을 위협하듯이, 뱀의 흐물거림도 위협적 존재가 되고, 위협은 혐오를 낳는다. 상징 질서 안에 편입시킬 수도 없고, 그렇다고 질서를 혼란시키는 존재를 그대로 놔둘 수도 없는 딜레마를 처리하는 방식은 해당 대상을 비체화함으로써, 즉 상징계에서 추방함으로써 상징질서를 유지하는 것이다. 그리고 경계가 명확하지 않은 것들[4], 고체와 액체의 중간, 끈적거리는 것, 배설물, 때, 체액 등을 혐오하고, 혐오스러운 것들을 여성에게 투사하고, 여성이라는 존재도 가부장제의 상징계에서 애매모호한 존재로 비천해진다. 그러나 깊은 물이 우리를 매혹하면서 동시에 우리를 공포

4) 우리는 경계가 명확하지 않은 것들에 대한 공포감을 가지고 있다. 여자도 아니고 남자도 아닌 성(性), 양비론에 대한 혐오, 불확실성을 가장 두려워하는 주식시장 등등. 또한 명확한 경계를 위협하는 것들에 대해서도 공포를 느낀다. 근친상간, 섹스에 대한 불안, 등등.

로 몰아넣듯이, 여성과 뱀은 무의식 속에서는 여전히 공포스러우면서도 매혹적인 존재로 남아있는 것이다.

## 스타인벡의 뱀

스타인벡의 단편 「뱀」에서 필립스박사가 사는 곳에 대한 묘사, 그의 나이, 행동, 외모 등, 그와 관련된 모든 묘사에는 "작은"(little)이란 말이 매우 자주 반복되고 있음에 주목하지 않을 수 없다. 일단 그는 "젊은"young(39) 박사이며 몸이 작고 "호리호리"slight하다고 묘사된다. 나이가 적다, 몸이 작다는 기술과 더불어, 그가 사는 곳은 "**작은** 빌딩"little building(39)이고, "**작은** 상업적 실험실"little commercial laboratory(39)이고, 그 작은 실험실은 양쪽에 "**커다란** 양철 정어리통조림 공장"big corrugated-iron sardine canneries(39) 사이에 어정쩡 끼어있다. 실험실에는 종종 방문객들이 있는데, 방문객의 질문에 대해 필립스의 대답은 언제나 "**작은** 설명의 루틴"little routines of explanation(40)이거나 "**작은** 빠른 말"little patter(40)이다. 그의 실험실은 물과 땅 사이, 부두 위에 반쯤 '어정쩡' 애매하게 걸쳐있고, 아래에서 바닷물이 기둥에 부딪히는 소리는 언제나 "**작은** 파도"little waves이거나 "**작은** 한숨"little sighs, "**작은** 충격"little shocks로 묘사된다. 그의 실험 가대 역시 "**작은** 나무 요람"little wooden cradle(40)이다. 불과 10쪽 정도의 짧은 단편에서 "작은"이란 단어가 이토록 많이 반복되는 것은 결코 우연이 아니다. 필립스의 인물묘사에서 "작은"이란 형용사의 반복은 그의 과학자로서의 높은 자부심을 훼손하고, 그의 '작음'은 후에 다시금 반복되는 "키 **큰** 여자"(41) "**큰** 뱀"(41)과 현저하게 대조된다. 명백하게, 과학자로서의 자부심에도 불구하고 필립스는 "작고", 작은 그를 위협하는 뱀 여인은 "크다".

필립스는 연구실에 찾아오는 손님들에게 과학자로서 자신의 능력을 과시하고, 자신이 하는 실험의 중요성을 인정받길 원한다. 자신은 비록 동물을 죽이긴 하지만 과학적 지식을 위한 유용한 실험일 뿐, 쾌락을 위한 살해는 아니라는 윤리적 자신감도 가지고 있다. 어느 날 어스름한 저녁 무렵 뜬금없이 한 여인이 그의 실험실을 방문한다. 그녀의 "흐릿"dusty(41)하고 초점이 없는 눈, 소리도 내지 않는 재빠른 움직임, 검은 머리에 검은 옷, 영락없이 뱀을 닮은 여인의 등장이다. 필립스는 불가사리의 정액과 난자를 결합하는 실험을 낯선 뱀 같은 여자에게 보여주지만 그녀는 별로 감동하지 않는다. 그러자 필립스는 오기로 좀 더 자극적인 실험, 즉 고양이를 가스실에 넣어 죽인 다음 피 한방울 흘리지 않고 고양이를 해부할 수 있는 실력을 과시함으로써 그녀에게 충격을 주려고 시도한다. 그러나 뱀 여인은 충격 받긴 커녕 꿈쩍도 하지 않는다. 충격 대신 뱀여인은 "유보된 활력"suspended animation(42)으로 "낮은 신진대사를 하는 개구리"(42)처럼 활기를 숨긴 채 앉아있을 뿐이다. 필립스가 오히려 긴장하기 시작한다. 점차 필립스의 자부심은 작아지고, "키 큰" 뱀 여인 앞에서 그는 한껏 초라해진다.

필립스의 "작아진" 존재감은 스스로 은연중에 백색 쥐와 동일시하는데서 더욱 처참해진다. 뱀 여인은 유독 커다란 수컷 방울뱀을 골라 구입한다음, 자신의 뱀에게 하얀 쥐를 먹이로 주고 싶다고 말한다. 그녀의 제안에 대해 필립스는 이렇게 말한다. "사람들은 뱀이 쥐를 먹는 모습을 두려워하는데 이는 스스로 주관적인 쥐가 되기 때문이다. 그러나 일단 실제로 뱀이 쥐를 먹는 모습을 보면, 모든 것이 객관적이다. 쥐는 쥐일 뿐, 공포는 제거된다"(45)라고 호기롭게 장담한다. 그러나 아이러니컬하게도 그의 호언장담은 스스로 쥐와의 동일시를 일반인들에게 투사한 것에 불과하다. 왜냐하면 그는 스스로 자신은 과학자답게 냉철하고 객관적이라고 믿고 있지만, 그의 믿음과 달리 그의 행동은 매우 주관적이고 감정적이다. 여자는 뱀이 쥐를 먹는 모습을 보면서 뱀처럼 자신도 몸을 "비튼다"weaving(46). 이에 필립스는 "역겨움을 느낀다"He turned sick(46). 또한 "만일 그녀가 입을 벌린다면, 나는 역겨울 거야, 나는 무서울 거야"If she's opening her mouth, I'll be sick. I'll be afraid(47)라고 말하면서 두려움으로 그녀를 외면한다. 큰 뱀이 잡아먹은 작은 쥐와 자신을 동일시하면서 뱀 여인을 혐오하고 두려워한다.

마침내 큰 뱀이 작은 쥐를 삼켜버린다.

> 뱀은 아래턱을 쥐의 머리에 고정하고 천천히 연동적인 움직임으로 쥐를 삼키기(engulf) 시작한다. 아래 위 턱이 꽉 잡고, 전체 목이 움직이고, 턱이 다시 꽉 잡는다. (47)

이 장면을 보고 마침내 참을 수 없을 만큼 역겨워진 필립은 곧장 몸을 돌려 실험대로 돌아서서 자신의 하던 실험이 그녀 때문에 망쳐버렸다고 뱀 여인을 불합리하게 원망하면서 접시에 있던 것을 신경질적으로 싱크대에 버린다. 간접적이긴 하지만, "큰" 뱀이 "작은" 쥐를 삼키는 모습을 보면서, "키 큰" 뱀 여인이 "작은" 자신을 삼켜버리는 연상을 필립스가 하고 있는 것이다. 필립스는 자신을 쥐와 동일시하고, 자신이 뱀에게 삼켜지는 것 같아 더 이상 차마 볼 수 없어서 몸을 돌린 것이다. 그리곤 좀 전에 자신이 죽였던 고양이를 바라보면서 매우 흥미롭게도 필립스는 고양이가 "십자가에 희생 당"crucified(47)했다고 생각한다. 이는 쥐, 고양이 모두 어떤 의미에서 '희생'당했다고 보는 것이다. 쥐도 여자의 요구 때문에 희생되었고, 고양이도 그 여자를 놀래줄 목적으로 죽였기 때문에 결국 그 여자 때문에 희생되었다고 필립스는 느낀다. 결국 희생당한 쥐와 고양이 모두를 자신과 동일시하면서, 그들처럼 필립스 자신도 희생당했다는 피해의식이 발동한다. 피해의식은 곧장 뱀 여인에 대한 혐오감과 공포로 연결된다.

그러나 뱀 여인에 대한 필립스 박사의 감정은 단순한 혐오와 공포만은 아니다. 앞서 지적했듯이 필립스는 뱀 여인이 떠난 뒤 그녀가 돌아오기를 기다린다. 길거리에서 키 큰 여자를 볼 때마다 뱀 여인으로 착각하고 뒤를 따라갈 만큼 그녀에게 깊이 매혹되어 있다. 뱀 여인에 대한 필립스의 공포와 매혹은 단순히 "심리적인 성적 상징으로 설명될 수 없다"(48)고 스스로 말한다. 아마도 뱀을 남근의 상징으로 보았던 프로이트를 의식한 말일 터인데, 뱀이 프로이트가 해석하듯 단순히 성적 욕구를 의미하지 않는다는 뜻이다. 그가 비록 군용담요와 딱딱한 의자만을 소유한 채 홀로 금욕적인 삶을 살아왔다 해서 낯선 여자의 출현이 단순히 그의 성적 욕구를 촉발시켰다고 볼 수만은 없다는 뜻이다. 즉 그의 외로움 때문에 뱀 여인을 기다리는 것은 아니라는 뜻이다. 그렇다고 뱀 여인의 소유가 되어버린 뱀을 죽여 버림으로써 "Maybe I should kill the snake" (48) 그녀의 혐오스러웠던 출현 자체를 부정해버릴 수도 없다. 그녀의 출현은 그토록 강렬한 것이었기 때문이다. 필립스는 자신이 "기도할 줄을 안다면 [기도하면 좋으련만], 그는 기도할 수도 없다."(48) 즉 뱀 여인과의 만남의 충격을 뱀을 사악한 존재로 여기는 전통적인 종교에 의지하여 해결할 수도 없다.

뱀 여인과의 만남은 전통적인 종교의 시간을 훌쩍 뛰어넘어, 더 오래된 시공간, 뱀이 공포스럽고 매혹적인 여신의 상징이었던 그 시공간을 체험한 사건이었던 것이다. 따라서 이미 기호계에서 비체화된 뱀의 의미는 필립스의 상징계 의식 차원에서는 명확하게 인식되지도 언어화될 수도 없는 것이다. 이는 스타인벡도 마찬가지다. 그래서 스타인벡은 리킷츠가 체험한 뱀여인과의 만남이 함축하는 의미를 도무지 알 수 없다고 말했다.

필립스의 공포와 매혹은 현재 그곳보다 더욱 오래된 무의식적 원형과 관련되어 있다. 뱀은 가부장적 신화 이전 고대 '땅의 힘'을 재현하고, 이후 여신시대에는 여성의 생명력을 상징했다. 땅의 힘, 여성적 생명력을 상징하던 뱀은 위대한 여신처럼 매혹적이면서 동시에 공포를 자아냈지만, 가부장제와 함께 뱀은 공포의 기호로만 남는다.

스타인벡이 뱀의 고대 상징성에 대해 알고 있었는지 확실치 않지만, 단편 「뱀」에서 뱀은 두 번이나 반복해서 8자 형상으로 누워있다(47, 48). 8자는 바로 앞서 설명하고 그림으로 보았던 우로보로스의 형상, 즉 생명이 태어나서 죽고 다시 태어나는 순환을 상징한다. 스타인벡은 왜 여기서, 그것도 두 번씩이나, 우로보로스와 같은 뱀의 8자 형상을 강조하고 있는 것일까? 그는 우로보로스의 상징성을 알고 있었을까? 매혹하면서 동시에 공포스러운 여신의 형상으로서 우로보로스 뱀의 상징성을 알고 있었을까? 그랬을 것 같지 않다. 다만 그는 명민하고 예리한 감각으로 뱀의 이중적 매혹과 공포를 무의식적으로 감지했었을 것이고, 그의 무의식적 매혹은 뱀에 대한 필립스의 기다림으로 표현되었음에 틀림없다.

8자는 또한 뫼비우스의 띠를 형상화한다. 앞서 말했듯이 우로보로스는 뱀이 자신의 꼬리를 무는 형상으로서 생명의 순환인 여신을 상징하고, 뫼비우스의 띠 역시 엘리자베스 그로츠 Elizabeth Grosz가 주장하듯, 안에서 밖으로, 밖에서 안으로 순환하는 유연한 몸, 특히 여성의 몸을 상징한다(23). 마치 남성에게 여성의 자궁이 욕망의 대상이면서, 동시에 자신을 삼켜버리고 무화시키는 비체로서 종종 혐오의 대상이 되는 것과 마찬가지로, 여성의 몸은 액체처럼 유연하고 유동적인데, 이러한 유동성은 남성적 세계의 고체성을 위협하고 공포로 몰아넣는다. 스타인벡이 리킷츠의 뱀 여인 사건에 대해 느꼈던 신비로운 매혹과 공포는 작가 자신도 스스로 의식하지 못했던 깊고 오래된 신화적 뱀 여신의 원형, 그러나 가부장제의 도래로 기호계로 퇴화해버린 뱀의 심층적 의미를 막연히 감지했던 결과임이 분명하다.

## 인용문헌


러셀, 버트런트. 『서양철학사』. 서울: 을유문화사, 2009.

맥아피, 노엘. 『경계에 선 줄리아 크리스테바』. 이부순 옮김. 서울: 앨피북, 2007.

옷토, 루돌프. 『성스러움의 의미』. 서울: 분도출판사, 1987.

최광진. 『천경자 평전: 찬란한 고독, 한의 미학』. 서울: 미술문화, 2016.

호프만, 에릭. 『이타적 인간의 뇌』. 장현갑 옮김. 서울: 불광출판사, 2012.

Grosz, Elizabeth. *Volatile Bodies: Toward a Corporeal Feminism*. Bloomington: Indiana UP, 1994.

Gimbutas, Marija. *The Goddess and Gods of Old Europe--6500~3500 BC*. Berkeley and Los Angeles: U of California P, 1982.

May, Charles E. "Myth and Mystery in Steinbeck's 'The Snake': *A Jungian View*." *A Quarterly for Literature and Arts* 15.4 (Fall 1973): 322-335.

Jung, Carl G. *Symbols of Transformation: An Analysis of the Prelude to a Case of Schizophrenia*. Trans. R.F.C. Hull. New York: Pantheon Books, 1956.

Mor, Barbara and Monica Sjoo. *The Great Cosmic Mother: Rediscovering the Religion of the Earth*. New York: HarperOne, 1987.

Steinbeck, John. "A Snake of One's Own." *Great Esquire Fiction: The Finest Stories from the First Fifty Years*. Ed. L. Rust Hills. New York: Penguin books, 1983. 39-49.

________. workbook manuscript located at Steinbeck Research Center,

San Rose State University Library.

Thompson, William Irwin. *The Time Falling Bodies Take to Light*. New York: St. Martin's Griffin, 1981.

Underwood, Guy. *The Pattern of the Past*. New York: Abelard-Schuman, 1973.

Warren, French. *John Steinbeck*. New York: Twayne Publishers, 1962.

# 11장
# 조선의 송덕봉과 미국의 에비게일 아담스
# 저항과 순응 사이에서 길항하는 여성들[1)]

## 들어가는 말

16세기 여성 지식인인 송덕봉과 18세기 미국 혁명기의 여성 지식인 에비게일 아담스Abigail Adams는 200여년 간의 시간 차이와, 조선과 미국이라는 공간적/문화적 차이에서 비롯되는 당대의 이념적 특수성(송덕봉은 유교, 아담스는 계몽주의)으로 인한 차이가 있지만, 몇 가지 공통점을 지니고 있기 때문에 비교할만한 가치가 있다. 두 사람의 공통점과 차이점을 분석해봄으로써, 페미니즘적 관점에서 시간과 공간을 초월하여 보편적인 여성의 상황과, 시공/문화적 차이에 기인하는 특수한 여건들을 함께 살펴볼 수 있다. 결론부터 미리 말하면 이들은 모두 여성으로서 놀라운 유사성을 지니고 있다는 사실이다. 즉 송덕봉과 아담스 모

1) 본 논문은 「여성, 저항과 순응 사이에서: 조선의 송덕봉과 미국의 에비게일 아담스 비교연구」라는 제목으로 『충청문화연구』(충남대학교충청문화연구소)(31(2024): 5-26)에 발표되었다.

두 문자 행위를 밖으로 드러내기를 꺼리고, 여성의 활동을 가정에 제한하는 가부장제에 상당히 순응적이었다는 유사성이다. 동시에 송덕봉의 경우는 편지와 시, 아담스의 경우는 편지를 통해서 가정의 영역을 넘어 다양한 공적 관심을 노정한다는 점에서 당대 순응적인 여성들과 차별화되고, 때로 저항적이라는 점에서도 서로 흡사하다. 특히 아담스는 사적 문자 행위인 편지를 통해 공적 영역에 대한 관심을 표명할 뿐만 아니라, 남편을 통해서 보다 직접적인 영향력을 행사한다는 점에서도 당대 일반적인 미국 여성들과 다르고 송덕봉과도 조금 차별화된다.

송덕봉을 세계의 여성 문인들과 비교하는 것은 16세기 조선의 여성 지식인 송덕봉을 "조선 여성 지식인사의 선두주자" "개인 문집을 가진 조선 최초의 여성 사례" "주체적이고 능동적인 여성상"(문희순 188-91)으로서 조선의 역사에 한정하여 평가함과 더불어, 세계사적 맥락에서 그의 위치를 점검하고 자리매김하려는 목적이 있다. 그러나 생존 기간에서 200년간의 차이가 있는 송덕봉과 아담스를 비교하는 것은 세계사적 위치 지움이라는 취지에는 적합하지 않을지도 모른다. 왜냐하면 그런 취지를 위해서라면 송덕봉은, 16세기라는 시간적 동일선상에 있으면서 동시에 타 공간, 타문화에 속한 인물들과 서로 비교되어야 한다. 그래야만 인류 역사의 동일한 시점에서 송덕봉이 어떤 위치를 확보하고 있는지 가늠될 수 있기 때문이다. 그러나 현실적으로 미국 영토의 본격적인 문자 역사는 17세기부터 시작하기 때문에, 16세기 미국 여성문인을 찾는 것은 불가능하다. 할 수 없이 비록 18세기 여성 지식인이지만, 송덕봉과 많은 유사성을 지니는 아담스를 선택하여 비교하기로 한다. 먼저 송덕봉과 비슷한 시기인 16세기 영국의 여성 지식인들에 대해 먼저 소개하고자 한다.

## 16세기 영국 여성 문인들과 16세기 조선의 송덕봉

16세기 영국에서 글을 남겼던 여성들은 약 22명 정도가 거론된다. 일단 표로 만들어보면 다음과 같다.

| | 이름 | 생존연대 | 계층 | 글의 종류 | 내용 |
|---|---|---|---|---|---|
| 1 | 제인 엔거<br>(Jane Anger) | ? 1589 | 중하류(?) | 팜플렛 | 비종교적인 글.<br>강력한 여성 옹호.<br>페미니즘<br>남성 지배적 글쓰기 비판 |
| 2 | 마가렛 에스캄<br>(Margaret Ascham) | 1528-1592 | 귀족 | 사별한 남편의 논문을 편집 | 라틴어 교육 관련 논문 |
| 3 | 앤 애스큐<br>(Anne Askew) | 1521-1546 | 상류 | 시인 | 개신교 교리 설파. 화형, 이혼 요구. |
| 4 | 앤 베이컨<br>(Anne Bacon) | 1527-1610 | 상류 | 번역, 편지 | 베이컨의 엄마, 종교적 편지글 |
| 5 | 프랜시스 매너스<br>(Frances Manners) | 1530-1576 | 귀족 | 기도문 | 67개의 종교적 기도문 |

| | 이름 | 생존연대 | 계층 | 글의 종류 | 내용 |
|---|---|---|---|---|---|
| 6 | 제인 콘월리스 (Jane Cornwallis) | 1581-1659 | 귀족 | 서신출간 | 8권 서신 출간. 개인적 내용 |
| 7 | 엘리자베스 리처드슨 (Elizabeth Richardson) | 1576-1651 | 귀족 | 기도문 | 딸들에게 주는 유산, 기도문 |
| 8 | 앤 도우리치 (Anne Dowriche) | 1560-1596 | 귀족 | 시인, 역사가 | 프랑스종교전쟁에 대한 개신교적 서사시 |
| 9 | 엘리자베스 케리 (Elizabeth Cary) | 1585-1639 | 귀족 | 시인, 번역가, 드라마작가 | "미리암의 비극" 작품출간(자신의 이름으로) |
| 10 | 제인 룸리 (Jane Lumley) | 1537-1578 | 귀족 | 번역 | 유리피데스를 영어로 번역 |
| 11 | 엘리자베스 그림스톤 (Elizabeth Grimston) | 1563-1603 | 상류 | 기도시 | 아들에게 도덕적 교훈을 줄 목적. |
| 12 | 마가렛 호비 (Margaret Hoby) | 1571-1633 | 상류 | 일기 | 종교적 내용. 사적 감정은 없음 |
| 13 | 에밀리아 라니어 (Emilia Lanier) | 1569-1645 | 중류 | 프로 시인 | 영문학 최초 페미니스트. 여성들이 영성을 보완하는 물질 관심 촉구. 세익스피어 소네트의 "Dark Lady" 라는 설. |
| 14 | 앤 로크 (Anne Locke) | 1530-1590 | 상류 | 시인, 번역가 | 소넷 시퀀스를 출간. 주로 종교적 내용 |
| 15 | 그레이스 밀드메이 (Grace Mildmay) | 1552-1620 | 귀족 | 일기, 자서전 | 회상, 의료, 종교적 명상 |
| 16 | 마가렛 로퍼 (Margaret Roper) | 1505-1544 | 귀족 | 번역 | 토마스 모어의 딸 |
| 17 | 메리 쉘튼 (Mary Shelton) | | 귀족 | 시인 | 헨리8세의 정부 |
| 18 | 메리 시드니 Mary Sidney | 1561-1621 | 귀족 | 번역가 | 필립 시드니의 여동생 |

|  | 이름 | 생존연대 | 계층 | 글의 종류 | 내용 |
|---|---|---|---|---|---|
| 19 | 마가렛 타일러 Margaret Tyler | 1540-1590 | 하녀 | 번역가, 로맨스 작가 | 스페인 로맨스 번역 여성의 글의 중요성 옹호 남녀 모두 이성적 존재 강조 |
| 20 | 앤 바바수 (Anne Vavasour) | 1560-1650 | 상류 | 시인 | 귀족 남성 2명의 정부, 이중 결혼, 사랑, 열정 관련. |
| 21 | 앤 세이머 (Anne Seymour) | 1538-1588 | 귀족 | 시인 |  |
| 22 | 이자벨라 휘트니 (Isabella Whitney) | 1545-1573 | 하류 | 프로 시인 | 세속적인 시. 당대의 경제, 젠더 역할에 대해 비판 |

16세기 문자 활동했던 위에 열거한 22명의 여성들을 살펴보면 재미있는 사실을 관찰할 수 있다. 22명 중 4명을 제외하고 18명의 여성들은 모두 당대 모든 부와 명예를 거머쥐고 있었던 귀족과 상류 계층에 속한다. 또한 이들 중 3명을 제외하고 문자 활동으로서 책을 번역하거나, 편지, 일기, 시를 쓰긴 했지만, 당대의 지배 이념으로서 개신교와 가부장제에 대해서는 아무런 저항 없이 순응했다. 이들은 대부분 종교적인 기도문과 명상, 자녀교육에 대한 지침서를 썼다.

반면, 에스큐, 케리, 바바수와 같은 여성들 3명은 귀족 혹은 상류층이면서도 지배 이념인 종교와 가부장제에 어느 정도 저항했던 인물들이다. 에스큐의 경우는 죽음을 불사하고 자신의 종교적 신념을 위해 화형을 마다하지 않았다. 종교적 신념을 위한 것이었긴 하지만, 주체적 신념을 위해서 죽음도 마다하지 않는 저항은 다른 15명의 귀족 상류층 여성들과 명확하게 차별화된다. 뿐만아니라, 에스큐는 언니가 죽자 언니의 지참금 때문에 그녀 아버지의 강요로 형부와 결혼하게 된다. 이에 반발하여 이혼을 요구하였다. 부당한 처우에 반발하고 시를 썼던 에스큐는 이런 면에서 글을 쓰면서도 매우 순응적이었던 다른 귀족 상류층 여성들과 구분된다.

케리의 경우도 귀족 상류층이지만 결혼 후 독서를 금지당하자, 대신 시를 쓰기 시작한다. 따라서 그녀의 시작 활동은 순응과 저항 사이의 긴장 속에서 탄생한 것이다. 그리하여 그녀는 자신의 이름을 걸고 영국 문학사상 드라마 작품을 발표한 최초의 여성이 된다. 바바수의 경우도 귀족 상류층이지만 타고난 관능성과 열정으로 인하여 여성에게 부과된 조신한 삶에 순응할 수 없었던 여성이었다. 수많은 구설수와 비난의 고통 속에서 그녀는 시를 창작했다.

문학은 본래 표면이 아닌 이면에 대한 관심이고, 제도적이기보다는 반제도적이다. 시와 드라마를 창작하는 문학 활동은 성찰적이고 저항적일 수밖에 없다. 귀족 상류층 여성 18명 중 유독 당대의 종교적 신념, 여성에 대한 고정관념에 저항적이었던 3명만이 본격적인 창작활동을 했던 것은 우연이 아닐 것이다.

더욱더 흥미로운 인물들은 귀족이나 상류계층이 아닌 중하류 혹은 하인 출신인 4명의 여성들이다. 이들이야말로 당대 지배 이데올로기, 즉 종교와 젠더 고정관념에 대해 더욱 급진적으로 저항한다. 당시 16세기 영국 사회에서 종교는 물고기에게 물처럼 부정할 수 없는 당연한 삶의 현실이었다. 마찬가지로 가부장제 역시 너무나 당연한 사회규범이기 때문에 여성의 주체적 권리를 주장한다는 것은 매우 힘들었다. 누구나 시대를 뛰어넘는다는 것은 매우 힘든 일이다. 그러나 이 4명의 중하류, 하인 출신의 여성들은 당시 물고기에게 물과도 같은 당대의 종교를 무시하고 세속적인 주제를 다루며, 특히 여성에 대한 고정관념, 젠더 역할을 비판했다. 엔거는 남성 지배적 글쓰기를 비판하고, 강력하게 여성을 옹호했다. 영문학 최초의 페미니스트로 불리는 라니어도 여성들에게 영성이 아닌 물질에 관심을 가지라고 촉구하는 등, 매우 거침없는 글을 썼다. 무엇보다 라니어가 시로 생계를 유지했다는 것은 매우 흥미로운 일이다. 타일러는 하녀 출신이고 스스로 로맨스 작품을 출판했고, 휘트니 역시 시를 써서 생계를 유지하는 직업적 시인이었고, 세속적인 주제, 당대의 경제 제도와 젠더 역할에 대해 비판하는 시를 썼다.

예외는 있으나 위의 여성들의 경우를 일반화하면, 귀족 상류층 여성들의 문자 활동은 매우 특별하긴 해도 상당히 계층적 특권에서 비롯된 것이다. 물론 귀족 상류층 여성들이 모두 다 글을 남긴 것은 아니기 때문에, 글 자체의 성찰적 성격으로 볼 때, 어쨌거나 편지든, 일기든, 글을 남겼다는 자체는 매우 특별한 일임에 틀림없다. 일반 다른 여성들보다는 훨씬 시대와 개인들에 대해 성찰적 시선으로 접근했을 것이다. 그럼에도 불구하고 그들의 계층적 특권과 그에 따른 양질의 교육 기회는 문자 활동에 대한 접근 가능성을 높인 것이 분명하다. 특히 그들은 특권층에 속함으로써 지배 이데올로기에 대해서는 순응적이었고, 그런 까닭에 본질적으로 비제도적인 문학창작 행위보다는 자녀교육이나 일기, 편지, 번역 관련된 글을 더욱 많이 남겼다.

이에 반해 계층적 특권에서 소외된 중하류 혹은 하인이었던 4명의 여성들은 그들이 사회로부터 소외된 만큼 보다 평등한 사회를 꿈꿨을 것이고, 성적으로 평등한 사회, 경제적으로 평등한 사회에 대한 개혁적 의지가 그들의 창작활동에 당연히 스며들게 되었던 것이다. 사실상 요즘 영문학 연구자들에게 주목받는 16세기 여성 작가들은 바로 그 4명의 여성들이다. 그들이야말로 시대를 뛰어넘어 자유와 평등을 주장했던 여인들이기 때문이다.

16세기 조선을 살았던 여성 지식인 송덕봉을 16세기 영국의 여성 문인들과 비교한다면, 아마도 베이컨, 매너스, 콘월리스, 그림스톤, 호비, 밀드메이와 같은 여성들과 공통점이 많다. 일단 귀족 상류층이라는 점, 당대의 계층 이데올로기에 충실했다는 점, 개인적으로 불만이 있을지라도 성실하게 자신의 의무를 다했다는 점을 들 수 있다. 송덕봉은 사대부가의 여성으로서 성실하게 삼종의리, 삼강오륜, 경로애친이라는 당대의 이데올로기를 실천했다. 남편의 축첩을 불평하지 않았고, 남편의 오랜 부재에도 불구하고 가산을 관리하고 가솔을 부양했다. 여성은 개인이기 전에 가정과 사회로부터 부여받은 역할을 무엇보다 우선시해야 하는 당대의 젠더 이데올로기를 체화했던 것이다. 또 다른 공통점은, 그들의 공통적인 '순응'과 더불어, 그들이 문자 활동이라는 그 자체를 통해 매우 저항적인 활동을 했다는 사실이다. 문자 활동 자체가 지니는 고유한 성찰성은 지배 이데올로기의 부당함에 대한 불만이 아주 조심스럽게 드러나 있을 가능성이 충분하다. 송덕봉의 경우, 남편과의 관계(지음의 관계), 노비들에 대한 태도(노비에게 가창을 가르침), 외손녀 은우의 교육에 대한 열정에서 당대의 여성들과 다른 저항적 면모를 어느 정도 엿볼 수 있다.

## 에비게일 아담스

200여년을 훌쩍 뛰어넘어 미국으로 건너온다. 에비게일 아담스는 미국 2대 대통령인 존 아담스John Adams의 부인이고, 미국의 6대 대통령 존 퀸시 아담스John Quincy Adams의 어머니다. 즉 남편이 대통령이고, 아들을 또한 대통령으로 길렀던 여성이다. 송덕봉처럼 시를 쓰지는 않았지만, 2,000통이 넘는 자신의 편지를 남겼고, 남편 존 아담스의 일기와 편지 속에서도 그녀의 면모를 엿볼 수 있다.

에비게일 아담스의 아버지 윌리엄 스미스는 조합교회의 목사이고 청교도의 후예이긴 하지만, 원죄와 예수의 신성에 대해 가르치기보다는 상식적 이성과 사회적 규범을 가르치길 좋아했다. 어머니인 엘리자베스 퀸지 역시 기품 있는 가문 출신이고 노블레스 오블레쥬를 강조하던 집안이다. 600년을 거슬러 올라가면 조상이 유럽의 왕족 출신이라서 당시 영국의 왕이었던 조지 3세와 먼 친척 간이었다고 한다.

에비게일 아담스는 3녀 1남(메리, 에비게일, 윌리엄, 엘리자베스) 중 둘째 딸로 태어나는데, 어릴 때는 병약했고, 자유주의 조합주의 전통에 따라서 엄마로부터 교육을 받았다. 그리고 아버지의 서재를 마음대로 드나들면서 책을 읽는 자유를 가질 수 있었다. 그녀는 아버지의 서재에서 성경, 셰익스피어, 포프, 밀턴 등을 읽었고, 철학, 신학, 고대 역사, 정치, 법에 관련하여 읽었다. 또한 어릴 적부터 엄마와 함께 병자와 가난한 자를 방문하면서 노블레스 오블레쥬를 실천했다.

에비게일 아담스가 17살 때 후에 남편이 될 존 아담스와 만나게 되었고 서로 책에 대해 토론하고 열정적인 편지를 주고받았다. 존은 에비게일 아담스를 달의 여신인 "다이애나", 혹은 "사랑스런 여인"Miss Adorable이라고 불렀고, 에비게일 아담스는 남편을 라이센더(스파르타의 영웅)라고 불렀다. 무엇보다도 에비게일 아담스는 자신의 미래 남편을 "친애하는 친구"My dearest friend라고 불렀다.

그들은 1764년 결혼하였고, 성격은 서로 상호 보완적이라서 결혼생활은 대체로 원만했다. 남편이 현학적이고 무뚝뚝하고 다소 우울한 반면, 에비게일 아담스는 상대방을 배려하고 설득력이 있었고, 활달한 편이었다. 에비게일 아담스는 정식교육을 받지는 못했지만 폭넓은 독서로 인하여 하버드를 다닌 남편만큼이나 지적이고 방대한 지식을 소유하고 있었다. 이후 5명의 자녀(사산한 막내를 포함하면 6명)를 두었는데 셋째인 수산나Susanna는 어릴 때 잃었다. 그래서 4명의 자녀를 양육했다. 첫째 딸은 엄마와 이름이 같은 에비게일인데 결혼 후 남편이 사업에 실패해서 고초를 겪었고, 마침내 유방암에 걸려서 아이들 둘을 남기고 젊은 나이에 사망한다. 둘째는 대통령이 된 존 퀸시이고, 넷째는 찰스다. 찰스는 결혼하고 아이들까지 낳았지만, 알코올 문제 때문에 가족을 제대로 부양하지 못하고 결국 술 때문에 일찍 사망한다. 막내 토마스는 결혼하여 무난하게 6명의 자녀를 둔다. 후에 언급하겠지만, 에비게일은 자식 셋을 자신보다 앞세우는 큰 고통을 겪었지만, 자녀의 자녀들, 즉 손자 손녀들까지 양육하는 책임을 성실하게 수행했다.

1776년 존 아담스는 토마스 제퍼슨과 함께 미국독립기념문을 작성하였고, 이후 1783년까지 미국의 독립전쟁이 지속되는 동안 존 아담스는 국가의 독립을 위해서 해외에서 투쟁하는 등, 집을 비우는 일이 많았다. 이때 에비게일 아담스는 혼자서 자녀 넷을 키우고 남편의 이름으로 농장을 늘렸다. 서로 떨어져 있었지만, 남편은 토마스 페인Thomas Paine의 "상식"Common Sense과 같은 논문을 에비게일 아담스에게 보내주었고, 두 사람은 지속적으로 편지를 주고 받았다.

1787년 미국헌법이 제정되고, 1789년 미국 초대 대통령으로 조지 워싱턴George Washington이 추대되면서, 존 아담스는 부통령이 되었다. 워싱턴이 8년 대통령 임기를 마쳤던 1796년 존 아담스가 미국의 2대 대통령에 당선되었다. 수도가 필라델피아로 옮겨지자 에비게일 아담스는 메사추세츠로 돌아갔다.(백악관은 아직 없었다.) 1797년 존 아담스가 대통령에 취임할 때 에비게일 아담스는 시어머니의 병환을 돌보느라 참석하지 못한다.

그러나 이후 필라델피아, 워싱턴에서 18개월 동안 에비게일 아담스는 "레이디 아담스"로 불리면서 적극적으로 정치에 참여했다. 뉴잉글랜드 타운홀 미팅에서 그녀의 의견이 인용되기도 했고, 강한 정치적 의견을 지닌 영부인이었다. 에비게일 아담스는 당시 가장 진보적인 인물 중 하나였기 때문에 남편과 의견이 다른 경우가 많았다고 한다. 한 예로 미국이 나폴레옹 전쟁에 관여할 것인지의 문제와 관련하여 존은 워싱턴의 "불개입"

정책을 이어간 반면, 에비게일 아담스는 미국이 영국과 힘을 합해서 프랑스에 대항하여 싸워야 한다고 주장했다.

존 아담스가 대통령을 하는 동안 가장 급한 문제는 생활비였다. 이에 에비게일 아담스는 메사추세츠 농장을 운영하면서 생활비를 댔다. 그즈음 사위가 투자에 실패하자 에비게일은 남편에게 정부직을 알아봐달라고 요청하기도 했지만, 사위는 어느 곳에서도 제대로 붙어있지 못했다. 큰 딸마저 유방암으로 세상을 떠나자, 손자 손녀를 에비게일 아담스가 모두 돌보게 된다. 또한 에비게일은 아들 존 퀸시가 상원의원에 당선되도록 힘써달라고 남편에게 부탁하기도 한다. 스스로 정치에 직접 참여하지는 않았지만, 남편과 아들을 통해서 상당한 영향력을 행사하고 있었음에 틀림없다.

존 아담스가 대통령직에서 물러나고 에비게일 아담스는 메사추세츠에서 손자 손녀들을 거두면서 살다가 장티푸스로 남편보다 먼저 사망하게 된다. 죽음을 예감한 에비게일 아담스는 남편에게, "슬퍼마오, 나의 친구여. 나의 가장 친한 벗이여. 나는 갈 준비가 되었소. 오래 걸리지 않을 거요"라고 썼다. 장례식이 끝나자, 상심에 젖은 존 아담스는 친구에게 보내는 편지에서, "그녀 옆에 누워 죽고 싶다"고 썼다. 아내의 죽음에 대한 깊은 애도는 부부간의 사랑뿐만 아니라 일상생활과 공적 생활에서도 에비게일이 차지하는 비중이 컸음을 시사한다.

2,000통이 넘는 에비게일 아담스의 편지를 생전에 누군가 출판하자고 제안했지만, 에비게일 아담스는 이를 거절했다. 여성의 사적인 편지를 출판하는 것은 적절치 않다고 보았기 때문이었다. 그러나 1848년 손자가 그녀의 편지 일부를 처음으로 출판했다. 당시 편지는 기본적으로 사적인 소통 수단이기 때문에 사적인 사유와 감정을 읽을 수 있지만, 동시에 편지를 출판하는 전통이 있었기 때문에 편지가 결코 전적으로 사적인 문서는 아니었다. 오히려 편지는 당시 공적 영역으로 진출이 허용되지 않았던 여성들에겐 공적 영역과 관련된 사적인 의견을 직접적으로 표현할 수 있는 거의 유일하게 허용된 방식이었다.

## 순응과 저항 사이에서

여성 교육, 정치, 노예제도와 관련하여 에비게일 아담스가 편지에 표현한 견해들이 과연 순응인지 저항인지 알기 위해서는 18세기 미국에서 여성이 처한 일반적 상황에 대해 알 필요가 있다.

18세기 미국 사회에서 여성은 남성에게 종속적인 역할을 수행했고, 종속적인 사회적 지위만 허용되었다. 사회의 모든 측면은 남성이 지배하고 있었고, 공적 지위는 남성만이 지닐 수 있었으며, 어떤 예외도 없었다. 가부장제는 자연법에 의거한 사회조직이라고 믿던 시기라서, 여성은 열등하고 따라서 남성에게 종속되는 것이 마땅하다고 여겼다. 여성은 법적, 문화적으로 제한을 받아서, 정치, 교육, 공적 생활, 재산소유권, 선거권, 계약권을 소유할 수 없었다. 따라서 여성이 독립적으로 살 수 있는 길이 없었고, 여성은 자신의 사회적 지위를 향상할 수도 없었다. 가부장제는 철저하게 법적으로 보호되고 있었다.

가정의 행복은 당시 여성이 따라야 할 가장 지배적인 이데올로기였다. 여성은 자연적으로 남성과 달라서 여성의 활동은 가정에만 한정되어야 하고, 공적 활동은 남성의 전유물이었다. 아이를 키우고, 좋은 가정을 만드는 것은 여성이 감당해야 할 유일하고 신성한 임무였다. 뿐만 아니라, 여성은 남성의 영역을 침범해서는 안 되었다.

18세기 미국에서 여성이 결혼을 하면 모든 개인적 삶과 권리를 포기해야 했다. 여성은 삶 자세가 남편의 삶에 종속되었고, 그녀의 소유와 재산은 모두 남편의 소유가 되었다. 여성은 법적 개인이 될 수 없기 때문에 재산을 소유할 수도 없고, 계약서에 사인을 할 수도 없고, 교육을 받을 수도 없었다. 남편은 뭐든지 맘대로 할 수 있었고, 아내는 전적으로 남편에게 의존해야 했다. 더러 여자가 돈을 벌기도 했지만, 번 돈은 모두 남편의 소유가 되었다. 아이들도 법적으로 남편에게 속했다.

18세기 예절법에 따르면 여성에겐 겸손과 섬세함이 최고의 미덕이었다. 겸손한 여성은 절대로 공적으로 드러나지 않아야

하고, 오로지 집안일에만 전념하는 것이 상식이었다. 집에 손님이 오면 여성은 수동적인 역할만 하면서 남성이 무대를 독차지하도록 조용히 뒷전으로 물러났다. 여성은 이러한 가부장적 예절에 고분고분 순응해야만 훌륭한 여성으로 칭송을 받았다.

이런 당대의 지배 이념하에서 성장한 에비게일 아담스는 여성으로서 겸손과 섬세함의 미덕을 실천했고, 공적 영역에서 활동하는 남편의 뒤편에서 조용히 가정에서 자신에게 주어진 역할에 충실하게 순응했다. 기아, 경제적 궁핍, 질병, 전염병, 죽음, 전쟁을 겪으면서도 남편이 없는 동안 홀로 아이들을 키우고 알뜰하게 가사를 돌봤다. 그녀는 "나는 가장 알뜰한 방식으로 살려고 노력한다"고 말하면서, 돈이 부족할 때엔 일손을 내보내고, 늘어난 일들을 남은 하인들과 나눠 감당했다. 힘들었지만 에비게일은 농장을 돌보고 가족을 돌보는 일에 기쁨을 느꼈다. 그녀는 "여성의 기본 책임은 가정과 가족을 돌보는 일이다"(Whithey 46)라고 말했다. 하인을 관리하는 일이 힘들 때 남편에게 조언을 구하기도 했다.

그러나 에비게일 아담스는 18세기 가부장 이데올로기에 전적으로 순응하지는 않았다. 18세기는 비로소 '개인'이 출현하는 소위 계몽주의 시대다. 계몽주의 시대에도 가부장제는 견고했지만, 일찌감치 깨인 여성들은 이성적 개인의 인권이 소중한 만큼 여성 개인의 인권도 존중받는 것이 마땅하다고 주장했다. 에비게일은 그런 계몽주의의 선구적 여성이었다.

종교적인 측면에서 그녀는 여전히 유신론자였지만, 청교도적 근본주의에 대해서는 비판적 입장을 견지했다 그래서 에비게일은 여동생이 결혼하려는 남자가 너무 청교도적이라고 결혼을 반대하기도 했다. 청교도는 인간 전체의 타락과 선택적 구원을 신앙한다. 그러나 에비게일은 인간은 전적으로 타락한 존재라고 믿는 청교도를 부정하고, 인간은 이성적 존재로서 좀 더 나은 세상을 스스로 창조해나갈 수 있는 빛의 존재라고 믿었다. 또한 모든 인간이 차별 없이 자유롭고 평등한 것이 신의 뜻이라고 여겼다. 에비게일은 미국의 독립선언문처럼 "모든 인간은 평등하게 창조되었"음을 편지에서 누차 강조한다. 한 걸음 더 나아가 그녀는 모든 인간이 평등하게 창조되었음에도 불구하고 바로 평등하게 창조된 "모든 인간"에 여성이나 노예가 배제되어 있음을 날카롭게 지적했다.

> 난 당신들이 여성들에게 관대하다고 말할 수 없습니다. 왜냐하면, 당신은 모든 나라를 해방시키고, 남성들에게 평화와 선의를 선포하면서도, 당신들은 아내들에 대한 절대적 권력을 보유하려고 합니다. (Butterfield 127)

존 아담스가 입법을 하고 있을 당시 에비게일 아담스는 남편에게 이렇게 말한다.

> 여성을 기억하세요. 당신의 조상들보다 여성들에게 더욱 관대하고 호의적으로 대해주세요. 남편들의 손에 무한한 힘을 주어주지 마세요. 모든 남자들은, 할 수만 있다면 독재자가 될 수 있으니까요. 특별한 주의와 관심이 여성들에게 기울여주지 않는다면, 우리 여성들은 반란을 일으키기로 마음을 결정하고 있습니다. 또한 여성의 목소리가 들어있지 않는 법, 여성의 대표가 참여하지 않는 입법에 의한 법은 따르지 않을 것입니다
> (Butterfield 121)

에비게일 아담스는 아내와 엄마로서의 역할에 충실하면서도, 남성들이 독재적 권력을 여성들에게 행사할 수 있는 위험을 알고 이를 경고했다. 뿐만 아니라, 입법에서도 여성의 목소리가 반영되어야 한다고 주장했는데, 이는 여성이 공적 영역에서 완전히 배제되었던 당대의 현실을 감안하면 매우 혁명적인 주장이었다.

에비게일 아담스는 계몽주의자로서 개인의 이성적 능력을 신뢰하면서도, 법치의 필요성을 강조하는 현실주의자이기도 했다. 정치인들이 직면한 딜레마, 즉, 권력이 국민으로부터 나오면서도 대중 지배mob rule를 막아야 하는 곤경을 잘 인식하고 있었다. 그래서 공정한 법의 필요성을 역설하기도 했다.

> 인간은 위험한 존재다. 다수이건 소수이건 인간은 권력을 남용하는 성향이 있다… 우리가 통치를 당하면서 어떻게 우리의 자유를 유지할 수 있단 말인가. 일반적으로 공언된 법 없이 어

> 떤 정부가 자유로울 수 있단 말인가. 누가 법을 만들 것인가. (Butterfield 113)

라고 말한다.

또한 에비게일은 정치인들(특히 토마스 제퍼슨)이 모든 인간의 평등을 주장하면서 여전히 흑인 노예를 보유하고 있는 사실에 경악하면서 그들이 진정 자유, 평등을 실천하고 있는지 질문한다.

> 종종 난 당신들의 자유에 대한 열정이 충분하지 않다고 생각합니다. 확신컨대, 다른 사람이 우리에게 하길 원하는대로 다른 사람에게도 행해야 한다는 기독교적 원칙을 실천하지 못한다고 생각합니다. (Butterfield 120)

그런가 하면 에비게일은 미국의 미래를 위해서 교육의 중요성을 강조했고, 훌륭한 인재를 교육하기 위해 여성 교육을 강조했다.

> 새로운 세대의 혜택을 위해서 좀더 리버럴한 계획이 수립되고 실행되어야 한다고 생각합니다. 그래야 우리 헌법이 학식과 미덕으로 출중하게 될 것입니다. 우리가 앞으로 훌륭한 영웅, 정치인, 철학가를 기르고자 한다면, 학식 있는 여성이 있어야 할 것입니다. (Butterfield 153).

과거에 여성의 학식은 특정한 과목에 한정되었지만, 이제는 남자들이 배우던 것들을 똑같이 교육받아야 한다고 에비게일은 주장한다.

> 여성의 교육은 더 이상 우아함을 위한 것이 되어서는 안 됩니다. 예전에는 음악, 춤, 그림, 바느질이 전부였지만, 이제 아들과 똑같이 문법, 역사, 지리, 산수와 같은 실용적인 과목을 배워야 합니다. (Gundersen 174)

교육과 관련하여 남편이 아들의 교육만을 걱정하자, 에비게일은 이렇게 말한다. "아들의 교육이 부족하다고 불평하다면 왜 딸들에 대해서는 같은 말을 하지 않습니까? 딸들은 늘 교육의 부족을 경험하고 있다…"(Butterfield 153)고 말한다. 여성이 교육받아야하는 목적은 좋은 엄마가 되기 위함이라고 천명하긴 해도, 궁극적으로는 훌륭한 시민, 훌륭한 인간을 만들기 위한 것임을 에비게일은 깨닫고 있었을 것이다.

에비게일 아담스의 연구자인 크리스틴 힐더브랜드Christin Hilderbrand는 "에비게일은 가부장의 구조에서 사유하고 그것을 의문시하지 않았다. 오직 가정의 영역에서 여성의 지위만을 생각했을 뿐이다. 그래서 그녀가 여성의 역할 강화를 주장할 때는 오로지 가사일을 적절히 수행하기 위함이었을 따름이다"(18)라고 에비게일의 저항적 성격을 폄하한다. 그러나 에비게일 은 여성의 교육을 강조하고, 모든 인간의 평등을 주장하며, 여성의 목소리가 입법에 반영되어야 한다고 주장할 때, 반드시 가정에서 여성의 지위 강화만을 주장한 것은 아니라고 본다. 비록 공적 진출을 꿈꿀 수는 없었지만, 엄격한 가부장제가 허용하는 범위 안에서 여성에 대한 교육적 차별과 노예제도 폐지를 주장한 것만 보아도, 당대의 이데올로기를 감안할 때 그녀의 선구자적 면모는 충분하다.

물론 상반된 두 개의 이데올로기, 즉 가부장제와 계몽주의가 충돌하던 시대에 에비게일 아담스가 늘 일관성 있게 저항만을 보인 것은 아니었다. 앞서 말했듯이 그녀는 여성의 역할을 가정에 한정시키는 가부장제에 어느 정도 순응했다는 사실을 볼 때, 에비게일은 저항과 순응 사이에서 때로는 전략적으로 때로는 무의식적으로 길항하는 존재였다. 가장 극적인 길항은 흑인에 대한 그녀의 태도였다. 에비게일은 흑인 노예의 해방을 적극적으로 지지하면서도, 런던에서 오델로 연극을 관람한 후, 아름다운 백인 데스데모나를 건드리는 흑인 오델로를 보면서 경악을 금치 못했다고 한다. 백인과 흑인의 평등을 규범으로 주장하면서도 규범이 체화되기까지 상당한 시간을 필요로 한다. 때로 규범적 현실과 경험적 현실 사이에서 보이는 에비게일의 균열은 전환기를 살았던 그녀 삶의 혼란을 드러내준다.

에비게일 아담스와 송덕봉 두 사람은 상당한 공통점을 지닌다. 첫째, 조선시대나 미국의 혁명기 모두 여성의 문맹률이 높은 시대인데, 송덕봉과 아담스는 모두 상류계층의 혜택을 누리면서 자신의 생각을 문자로 표현했다는 점이다. 송덕봉은 "고전 여성 문학사에서 개인 문집을 가진 최초의 사례"(189)이고, 에비게일 역시, 최초는 아니지만, 미국의 대통령 부인으로서 18세기 여성으로서 2,000통이 넘는 편지를 남겼다. 또한 둘 다, 글을 쓰면서도 자신들의 문자 행위를 겉으로 드러내길 원치 않았다. 둘째, 이들은 모두 농경시대 이후 약 오천년간 인류 사피엔스의 역사에서 거의 보편적으로 깊게 뿌리내린 가부장제라는 사회제도 아래서, 전략적이든 내면화의 결과이든 제도에 '순응'하면서도 동시에 '저항'하는 여성들이라는 점에서 공통점이 있다. 송덕봉은 16세기 유교의 미덕들, 삼강오륜이나 삼종의리 등 여성에게 특별히 가혹할 수 있는 유교 가부장적 이념을 내면화하고 표방하면서도, 자신의 시작詩作과 편지쓰기를 함으로써 여성의 문자 행위를 꺼리는 시대적 한계를 뛰어 넘었던 지식인이다. 한편 에비게일 아담스는 여성의 영역을 사적 영역, 즉, 가정과 가족에게 한정시킨 기독교적 가부장제 윤리를 내면화하면서도 2,000통이 넘는 편지글을 통해 계몽주의적인 이념, 즉 개인의 자유와 평등을 주장하고, 이를 실현하고자 투쟁했던 인물이다. 뿐만 아니라, 두 사람 모두, 사적으로 남편과 비교적 동등한 관계를 유지했고, 공적 세계에 대한 욕망을 지녔으나 차마 펼치지 못했던 인물들이다.

## 나오는 말

"인간은 자신의 역사를 써나가지만, 자신이 선택한 상황에서 자유롭게 써나가는 게 아니라 이미 주어져 있고, 예로부터 전해져온 상황 아래서 쓸 따름이다." 이는 칼 마르크스가 한 말이다. 사람이 순응을 하든, 저항을 하든, 모든 선택과 경험은 제도의 틀 안에서 이뤄진다는 말이다. 순응이 제도 안에서 이뤄지는 결정임엔 재론의 여지가 없을 터이나, 저항조차 실은 제도의 틀 안에서 일어난다는 말은 다소 충격적이지만 그 또한 사실일 것이다. 더러 아주 드물게, 세상에서 단 한 사람, 아무도 가지 않은 길을 가는 니체 같은 천재, 정약용 같은 천재가 있기도 하지만, 그 역시 가만히 살펴보면 언제나 누군가의 영향을 받고, 어느 정도 출현의 때에 이른 시대적 선택이며 결정이다. 니체에겐 스피노자와 쇼펜하워가 있었고, 정약용에겐 성호 이익이 있었으니까 말이다. 말인즉, 일견 난데없는 진보나 도약인 듯한 저항조차 시대적 산물이라는 사실에도 재론의 여지가 없다는 뜻이다. 그렇다고 '저항'을 폄하하려는 것은 아니다. 바야흐로 오랜 가부장제의 오랜 전통 속에서 숨죽이고 살아왔던 여성들이 저항적 시대정신의 물결을 타고, 자신의 생각과 감정을 글로 표현할 수 있었던 것은 인류사 전체의 진보가 아닐 수 없다. 개인의 권리 강화의 방향으로 진보하는 역사의 도도한 물결은 16세기 조선에서 송덕봉과 같은 선구적 인물의 글쓰기를 기점으로 차츰 시작되었을 터이고, 서양에서는 계몽주의와 함께 더욱 확고하게 개인이 출현하고 개인의 의식이 두터워지기 시작한다. 개인의 출현은 민주주의를 강화하고, 개별의식이 두터워지면서 성찰력이 증대되지만, 반면 개인 간의 장벽 또한 높아져서 고립된 개인들의 외로움이 증가하는 역기능도 있다. 개인이 고유한 인권을 존중받으면서, 더불어 상호의존하는 삶이 이상적이지만 이상의 성취는 아직 요원하다.

## 참고문헌


문희순 (2012). 『국역 덕봉집』. 심미안.

송재용 (2010) 『미암일기』의 내용과 의의. 『미암일기를 통해 본 '시로 주고받는 부부사랑 이야기』 (지역여성문화콘텐츠 발굴사업 발표집). 33-47.

송재용 (2010). 여류문인 송덕봉의 문학세계. 『미암일기를 통해 본 '시로 주고받는 부부사랑 이야기』 (지역여성문화콘텐츠 발굴사업 발표집). 48-53.

유원적 (2010). 미암 유희춘과 미암일기. 『미암일기를 통해 본 '시로 주고받는 부부사랑 이야기』 (지역여성문화콘텐츠 발굴사업 발표집). 54-57.

이숙인 (2021). 『또 하나의 조선』 한겨레 출판.

장승태 (2010) 만화로 보는 미암과 덕봉의 부부사랑. 『미암일기를 통해 본 '시로 주고받는 부부사랑 이야기』 (지역여성문화콘텐츠 발굴사업 발표집). 19-23.

조태성 (2010). 미암과 송덕봉의 관계를 통해 조선중기 여성의 지위. 『미암일기를 통해 본 '시로 주고받는 부부사랑 이야기』 (지역여성문화콘텐츠 발굴사업 발표집). 98-104.

조태성 (2010). 미암일기의 현대적 의의. 『미암일기를 통해 본 '시로 주고받는 부부사랑 이야기』 (지역여성문화콘텐츠 발굴사업 발표집). 94-97.

Butterfield, L.H. (2002) and Marc Friedlaender. Ed. *The Book of Abigail and John: Selected Letters of the Adams Family, 1762-1784*. Northeastern UP.

Hilderbrand, Christine (2008). *Abigail Adams: Living a New Female Role*. Grin Publishing.

Holton, Woody (2009). *Abigail Adams*. Free Press.

Gundersen, Joan R. (1996). *To Be Useful to the World: Women in Revolutionary American, 1740-1790*. Twayne Publishers.

Whithey, Lynne (2002). *Dearest Friend: A Life of Abigail Adams*. Simon & Schuster.

# 12장

## 한강의 『채식주의자』 피, 섹스, 나무불꽃, 원초적 생명력의 상징으로 읽기[1)]

한강의 『채식주의자』는 매혹적인 소설이다. 시차를 두고 제각각 2004년, 2005년 발표되었던 세 개의 단편들로 구성된 이 소설은 군더더기 없이 명확한 주제로 일관하는, 절묘하게 잘 짜인 수작이다. 그러나 대중적인 반응은 그다지 호의적이지 않다. 2016년 『채식주의자』가 맨부커 인터내셔널 상을 수상한 이후 일반 독자들의 관심은 폭등했지만, 작품의 내용은 제대로 이해되지 못한 채, 내용이 충격적이다, 역겹다, 왜 상을 탔는지 잘 모르겠다는 부정적 반응이 꽤 많다. 형부와 처제가 나누는 노골적인 정사 장면, 공공장소에서 젖가슴을 훤히 드러내고 집안에서는 아예 알몸으로 사는 주인공 영혜, 정신병원에 입원 중인 영혜가 하늘을 향해 다리를 활짝 벌린 채 물구나무를 서 있는 모습, 먹기를 거부하고 스스로 죽기를 선택하는 것 등등, 모두

1) 본 논문은 「한강의 『채식주의자』에서 피, 섹스, 나무 이미저리 다시 읽기」라는 제목으로 『인문학연구』(충남대학교인문과학연구소)(121(2020): 27-51)에 발표되었다.

섬뜩하고 불편하고 불쾌할 수 있다. 근친상간의 성적 금기뿐만 아니라 특별히 여성에 대한 성도덕이 엄격하고 견고한 우리 사회의 일반 독자들에게 열거한 소설 장면 몇몇은 특별히 역겹고 불편하게 느껴질 수 있다.

게다가 세 단편이 하나로 엮어져 장편으로 출판된 『채식주의자』는 각각의 이야기로부터 공통되는 주제를 파악하기가 쉽지 않다. 제목 '채식주의자'는 이 소설의 주제를 '육식의 폭력성'에 대한 비판으로 쉽게 단정하게 만들었고, 한강의 다른 단편 "내 여자의 열매"에서도 추구했던 '식물-되기'와 연관하여 『채식주의자』는 육식을 거부할 뿐만 아니라 스스로 식물이 됨으로써 살해를 거부하는 '평화주의자-되기'로 주로 해석되었다. 그러나 "육식의 폭력성"(임옥희, 356)이든, "남성주의적 문화와 자본주의 문화"의 폭력성(이귀우,127)이든, 아니면 '가족의 윤리적 폭력'(정미숙, 9)이든, '폭력성'에 초점을 맞추면 두 번째 "몽고 반점"의 주요 장면인 형부와 영혜의 정사는 해석의 일관성을 위해, 정신이 성치 않은 영혜에 대한 형부의 일방적 폭력으로 해석되고 만다. 그래서 "몽고 반점"이 지니는 독특한 상징성은 훼손된다. 뿐만 아니라 세 번째 "나무불꽃"의 인혜조차 영혜를 정신병원에 감금하여 "관찰하고 감시하"(정미숙 30)는 비정한 언니, "현실 도피적인 언니"(이귀우 128) 등, 가족 이데올로기의 폭력 선상에서 해석되고 만다. '폭력'에 대한 비판이 분명 작품의 기조를 구성하긴 하지만, 영혜의 갈망이 어디를 향하는지 모른다면, 작품이 의도하는 폭력의 진짜 본질은 드러나지 않는다. 그녀가 욕망하는 것이 무엇인가를 알지 못하면, 욕망을 억압하는 폭력에 대해서도 오해할 가능성이 다분하다.

그런가 하면, 세 개의 단편이 하나의 장편으로 묶이기 이전, 이상문학상을 수상했던 「몽고반점」만 따로 단편으로서 연구하는 방정민의 논문은 영혜의 욕망을 잘 짚어내고 있다. 방정민은 영혜와 형부의 에로티시즘을 "상상계의 환상적 욕망"(82)로 해석한다. 「몽고반점」이 이상문학상을 수상할 때, 당시 심사위원인 김성곤도 이 단편을 "원초적 순수성을 추구한 예술가 소설"(방정민, 재인용)이라고 평했고, 소설가 김채원도 "진부한 현실 속에서 잃어버린 원시의 생명감을 찾는 구원의 몸짓으로 감동을 자아내는 역작"(방정민, 재인용)이라고 평했다. 필자 역시 전적으로 이들의 해석에 동의한다.

그런데 「몽고반점」에 대한 이러한 해석을 다른 단편들에도 일관성 있게 적용하는 데는 어려움이 있는 듯, 다른 단편들이 방정민이 파악한 동일한 주제로 해석되는 경우는 전무하다. 「몽고반점」은 『채식주의자』 전체 작품의 핵심이고, 다른 단편들 즉, 「채식주의자」와 「나무불꽃」도 「몽고반점」과 같은 맥락에서 "원시적 생명력"의 관점으로 재해석해야 한다는 것이 내 생각이다. 심지어 방정민도 자신의 논문에서 「몽고반점」 만을 다룰 뿐 다른 작품들에 대해서는 이후에도 글을 쓴 적이 없다. 어쩌면 에로틱한 「몽고반점」의 해석을 다른 단편들에게 확장시키기가 곤란하다고 여겼을지도 모른다. 그만큼 에로티시즘, 즉 원시적 생명력을 전체의 주제로 파악하는 것이 의외로 어려운 듯하다. 앞서 말한 대로 그 원인은 연구자들이 지나치게 '폭력'에만 초점을 맞추고 있고, 그러다 보니 「채식주의자」에서 여러 번 서술되는 영혜의 꿈을 잘못 해석하고 있는 탓이다. 특히 작품 전체에서 빈번한 "피" 이미저리를 단순히 유혈적 폭력과 연결시키는 것이 해석 오류의 원인이 되고 있다. "피"에 대한 재해석이야말로 세 작품을 연결할 수 있는 단서가 된다.

작품 후기에서 한강은 "따로 있을 때는 저마다의 이야기를 하고 있는 것처럼 보이지만, 합해지면 **그중 어느 것도 아닌 다른 이야기--정말 하고 싶었던 이야기**--가 담기는 장편소설이다. 이제 제자리에 차례를 맞추어 놓을 수 있게 되었다. 길었던 매듭이 지어지는 느낌이다"(245-46, 굵은 글씨 필자 강조)라고 말한 바 있다. "그 중 어느 것도 아닌 다른 이야기" "정말 하고 싶었던 이야기"는 과연 무엇인지, 이 논문이 궁구하는 바이다.

본 논문은 세 단편으로 구성된 장편 『채식주의자』를 "원시성" "시원" 고요하고 은밀한 중심인, 상상계로의 회귀를 향한 위반적/폭력적 욕망, 그 욕망의 실현을 방해하는 상징계적 폭력들, 그리고 상징계에 머무르면서도 상상계의 환회를 감지하려는 인혜의 끈질긴 시도에 대한 이야기로 해석하고자 한다. 그러나 라캉 이론을 해석틀로 사용하는 방정민과 다르게, 본 논문은 고대인의 상징을 해석하는 인류학적 문헌에 기대어 해석의 실마리를 찾으려 한다. 그리하여 작품 전체에서 반복되는 "피"(꽃처럼 피어나는 피)를 재해석하고, 「몽고반점」의 섹스(꽃과 나누는 섹스)의 의미, 「나무불꽃」의 나무불꽃-되기와 연결하여 해석함으로써, 길어진 실을 "제자리"에 "매듭지"며 한강이 "정말 하고 싶었던 이야기"가 무엇이었을지 해석한다.

## 꽃처럼 피어나는 피

주인공 영혜는 "무채색의 옷차림, 단순한 디자인의 검은 구두"(9), "신선함이나 재치, 세련된 면을 찾아볼 수 없는 무난"(10)한 사람이다. 또한 열여덟 살 때까지 아버지에게 종아리를 맞고 자랐지만 "워낙 소리 한 번 안내고 자란 딸"(54)이다. 그녀는 무채색처럼 덤덤한 사람이다. 생기발랄한 총천연색 빛깔의 재치나 세련됨을 찾아볼 수 없다. 아버지의 폭력에 대한 원색적인 분노, 누구에게나 있을법한 다채로운 빛깔의 욕망도 잔뜩 억눌려있다.

그러던 그녀가 갑자기 브래지어를 거부한다. 이유는 "답답해서"(12)다. 그녀의 무채색 삶이 드디어 답답해진 것이다. 그녀의 반항이 시작된다. 그녀의 꿈은 이런 맥락에서 해석되어져야 한다. 사실 그녀가 꿈을 꾸기 시작한 계기가 있다. 그것은 남편이 서두르는 바람에 손가락에서 피가 난 것이다. 피! 영혜의 독백을 보자.

> *제기랄. 그렇게 꾸물대고 있을 거야?*
>
> *알지. 당신이 서두를 때면 나는 정신을 못 차리지. 다른 사람이 된 것처럼 허둥대고, 그래서 오히려 일들이 뒤엉키지. 빨리. 더 빨리. 칼을 쥔 손이 바빠서 목덜미가 뜨거워졌어. 갑자기 도마가 앞으로 밀렸지. 손가락을 벤 것, 식칼의 이가 나간 건 그 찰나야.*
>
> *검지 손가락을 들어 올리자.* ***붉은 핏방울 하나가 빠르게 피어나고*** *있었어. 둥글게, 더 둥글게. 손가락을 입속에 넣자 마음이 편안해졌어.* ***선홍빛과 함께, 이상하게도 그 들큼한 맛이 나를 진정시키는 것 같았어.*** *(26, 굵은 글씨 필자 강조)*

대부분의 독자들과 연구자들은 이 부분에서 남편의 비정함과 폭력성만을 읽는다. 물론 영혜의 감춰진 욕망에 대해서는 관심도 없고 알려고 하지도 않는 남편의 조잡한 인격이 지닌 폭력성을 지적하는 것은 정당하다. 그러나 이 글에는 그것만 있지는 않다. 영혜는 남편의 폭력으로 인해 손가락에서 솟아나는 피를 황홀하게 바라본다. 그녀는 핏방울이 꽃처럼 "피어난다"고 본다. 피가 단순히 유혈적 폭력성을 상징한다면 "피어난다"는 서술을 쓰지 않았으리라. 피는 분명히 '꽃'으로 비유된다. 생명으로 가득한 "선홍빛"이 무채색 그녀의 삶 속으로 문득 침투하는 장면이다. 꽃은 원시적 생명의 절정으로써 「몽고반점」의 주요 상징이다. 그러므로 여기서 '피'는 폭력의 상징이 아니라 '원시적 생명력'의 상징이 된다. 게다가 영혜는 피를 닦아내는 것이 아니라 피를 입으로 빤다. 그리고 참 이상하게 그 "들큼한" 피 맛이 그녀를 진정시킨다. 피가 잔인한 유혈적 폭력이라면 피맛이 그녀를 진정시킬 리 없다. 피가 그녀를 진정시키는 이유는 피가 그녀의 욕망을 충족시켜주었기 때문이다. 그러므로 피는 그녀가 욕망했던 것, 그러나 억눌려왔던 원시적 생명력, 피처럼 붉은 빛으로 상징되는 그녀의 욕망을 의미한다.

손가락에서 "피어난" "들큼한" 피가 영혜를 진정시켰던 날 밤, 그녀를 채식주의자로 만든 문제의 꿈을 꾸기 시작한다. 지면 부족 상 띄엄띄엄 인용한다.

> *어두운 숲이었어. 아무도 없었어. … 혼자 길을 잃었나봐. 무서웠어. 추웠어. 얼어붙은 계곡을 하나 건너서, 헛간 같은 밝은 건물을 발견했어…. [그 안에] 수백개의, 커다랗고* ***시뻘건 고깃덩어리들****이 기다란 대막대들에 매달려 있는 걸. 어떤 덩어리에선 아직 마르지 않은* ***붉은 피****가 떨어져 내리고 있었어. … 입고 있던 [무채색의] 흰옷이 온통 피에 젖었어. …*
>
> *아무도 날 보지 못한 사이 나무 뒤에 웅크려 숨었어.* ***내 손에 피가 묻어 있었어****. 내 입에 피가 묻어 있었어. 그 헛간에서, 나는 떨어진 고깃덩어리를 주워먹었거든. 내 잇몸과 입천장에 물컹한 날고기를 문질러* ***붉은 피****를 발랐거든. 헛간 바닥,* ***피웅덩이****에 비친 내 눈이 번쩍였어.*

*그렇게 **생생할** 수 없어. 이빨에 씹히던 날고기의 감촉이. 내 얼굴이. 눈빛이. 처음 보는 얼굴 같은데, 분명 내 얼굴이었어. 아니야. 거꾸로 수없이 봤던 얼굴 같은데, 내 얼굴이 아니었어. 설명할 수 없어. 익숙하면서도 낯선…. 그 **생생**하고 이상한, 끔찍하게 이상한 느낌을. (18-19, 굵은 글씨 필자 강조)*

대부분의 평자는 이 꿈을 과거 영혜가 생명을 살해하는 육식에 동참했던 죄의식이 꿈으로 표상된 것이라고 해석한다. 정미숙은 "꿈은 끔찍한 살육의 현실을 냉정하게 반영한 불편한 진실"(12)이라고 말하면서, 꿈속에서 영혜는 "자기혐오를 통해 자기부정으로 치닫는다"(12)고 해석한다. 영혜는 스스로 생명을 살해했기 때문에 그 불편한 진실을 인정하면서, 육식하던 자신을 혐오하고 부정하게 된다고 해석한다. 그런가 하면 소설을 에코페미니즘적 관점에서 해석하는 주은경 역시, 영혜는 오랜 육식에 대한 죄의식 때문에 "자신의 본질적 실체를 찾기 위해 채식을 선택한다"(102)고 말한다. 그런데 육식으로 인한 살해의 죄의식 때문에 채식을 한다는 것은 어불성설이다. 동물의 살해는 살해이고, 식물의 살해는 살해가 아닌가. 모든 생명은 부득이 다른 생명의 살해를 통해 생명을 유지할 수밖에 없는 존재다. 동물을 죽인 것에 대해 굳이 죄의식을 갖는다면, 식물을 죽인 것에 대해서도 죄의식을 가져야 한다. 왜냐하면 동물만 생명을 지니는 것이 아니라, 식물도 생명을 지니기 때문이다. 식물에게 거짓말탐지기를 댈 때, 누군가 자신을 죽이려는 마음만 품어도 식물의 전자기파가 요동치는 것을 실험으로 오래전에 증명했다[2]. 종교학자 카렌 암스트롱Karen Armstrong은 "애초부터 종교적 삶이란 살기 위해 다른 생명을 파괴할 수밖에 없다는 비극적 사실을 받아들이는 일에 뿌리를 두었던 것으로 보인다"(40)고 말한다. 우주 만물을 생명으로 고동치는 '온생명'으로 인식했던 고대인들은 정기적인 의례를 통해 자신들이 살기 위해 살해할 수밖에 없는 생명들에 대한 미안함을 표현했고 그것이 종교의 시작이라는 것이다. 구석기 신석기 시대의 희생 제의는 바로 그런 의미였다.

실제로 처음엔 영혜도 자신의 꿈이 육식 때문이라고 결론짓고 채식을 시작했었다. 그러나 그것이 오류로 판명된다. 평자들은 해석오류를 스스로 바로잡지 않지만, 영혜 자신은 자신의 오류를 스스로 인정한다. 형부와 격렬한 정사 이후 영혜는 이렇게 말한다.

> 이제 꿈을 꾸지 않게 될까?… 늘 달라요. 어떨 땐 아주 낯익은 얼굴이고, 어떨 때는 처음 보는 낯선 얼굴이에요. 피투성이일 때고 있고…. 썩어서 문드러진 시체 같기도 해요. **고기 때문이라**

---

2) 미국에서 거짓말 탐지기의 선구자인 레오나드 킬러(Lernarde Keeler)와 함께 연구했던 클리브 벡스터(Cleve Backster)가 CIA를 떠나 시카고의 필러 거짓말 탐지기연구소에서 실제로 행했던 실험이다. 이에 대해 데이비드 윌콕이 자신의 책 『소스필드』에서 설명하고 있다(27-49).

> **고 생각했어요. 고기만 안먹으면 그 얼굴들이 나타나지 않을 줄 알았어요. 그런데 아니었어요**. 그러니까… 이제 알겠어요. 그게 내 **뱃속 얼굴**이라는 걸. 뱃속에서부터 올라온 얼굴이라는 걸. (143, 굵은 글씨 필자강조)

즉, 그녀가 채식을 하게 된 것은 처음엔 고기 때문인 줄 알았는데, 나중에 보니 자신의 "뱃속 얼굴"이라는 것이다. 그렇다고 영혜의 채식이 저항이 아닌 것은 아니다. 그러나 그녀의 채식은 육식의 폭력성에 대한 저항이 아니라, 잡식을 규범으로 하는 현실에 대한 저항으로서 의미를 지닌다. 즉 영혜의 채식은 현실규범을 '위반'함으로써 스스로 아직은 선명히 알 수 없는 욕망을 실현하고자 한다. 결국 그녀는 꿈을 꾸는 이유를 알게 된다. 그녀가 두려워한 것은 고기가 아니라, 낯익으면서, 낯설기고 하고, 피투성이기고 하고, 시체 같기도 한 얼굴, "거꾸로" 된 얼굴이었던 것이다. 영혜를 두렵게 했던 것, 그 "뱃속 얼굴"이란 과연 무엇일까. 손과 얼굴에 피를 묻히면서 피가 뚝뚝 떨어지는 날고기를 씹어 먹은 얼굴, 그 "뱃속 얼굴"이란 과연 무엇을 의미할까.

많은 평자들은 '뱃속 얼굴'이란 육식을 욕망하는 얼굴, 즉 먹어서는 안되는 것을 먹은 얼굴이라고 해석했다. 그러나 그렇지 않다. 분명히 피가 뚝뚝 흐르는 날고기와 뱃속 얼굴은 살생의 죄의식이 아니라, 보다 적극적인 원색적이고 원초적인 욕망을 의미한다. 낮에 손을 베면서 맛보았던 들큼한 피맛, 그녀를 안정시켰던 그 피맛이 꿈속에서 그대로 재연된 것이다. "생생한" 날고기의 감촉, "생생하고 이상한, 끔찍하게 이상한 느낌"은 바로 생시에 맛보았던, 그녀를 진정시켰던 원색적 생명으로서의 피맛이었던 것이다. 머리에 있는 얼굴이 아니라, 뱃속에 있는 얼굴이라는 말은, 세련된 문명의 머릿속 얼굴이 아니라, 생경한 욕구 그대로 원초적 욕망을 담은 얼굴일 것이다.

피는 원시적 생명력의 메타포다. 폭력의 메타포가 아니다. 한강이 '피'의 고대적 의미를 알고 썼는지 정확하게 확인할 방법은 없다. 만약 몰랐다면 적어도 무의식적으로 한강은 피의 인류학적 의미를 감지하고 있었던 것 같다. 올드 유럽의 여신문화를 발견한 고고학자 마리아 김부타스는 그녀의 저서 『살아있는 여신들』에서 출산의 성스러움에 대해 말하면서, 터키의 고대문명의 카탈휘익에는 출산을 위한 장소를 따로 마련하였고, 그 장소는 빨간 색으로 색칠되어 있었다고 말한다. "그들은 방을 붉게 색칠했다. 붉은 색은 피의 색깔이며, 이는 생명의 색깔이다"(11)라고 말한다. 피는 생명이고, 생명의 상징이다. 뤼스 이리가레이 역시 "피"의 이미저리를 사용하여 남성의 리비도 경계를 방해하는 여성성의 이미저리로 활용한다(205). 『위대한 우주적 어머니』*The Great Cosmic Mother*를 쓴 인류문화학자인 바바라 모어 Barbara Mor의 통찰을 좀 길지만 인용한다.

> 고대인들은 태아가 엄마의 피로 만들어지고, 피를 양분으로 먹고 자란다고 믿었다. 그런 연유로 임신을 하게 되면 태아를 위해 피를 사용하느라 월경을 하지 않는 거라고 믿었다. (이는 반쯤은 진실이다. 월경 사이클에 대해서는 근래에 이르러서야 제대로 알려졌다) 월경 피는 피가 가진 힘 때문에 소중하게 여겨졌다. 아프리카와 오스트레일리아 토착민들은 자신의 몸을 빨갛게 칠하고 성스러운 돌에 피를 바름으로써, '달 어머니'(Moon Mother)가 지닌 **월경 피의 힘**을 기렸다. 인도의 위대하고 무시무시한 여신 어머니 칼리도 매달 월경할 때마다 피가 묻은 옷으로 자신을 감쌌다. 이 옷은 지닌 **강력한 치유의 힘**으로 인하여 소중히 여겨졌다. 칼리를 숭배하는 신자들은 스스로 자해하여 칼리 여신상에 자신의 피를 칠했다. 이러한 의식은 인도에서 아직도 거행되고 있다.
>
> **월경 피**가 지닌 힘을 확장 적용하여, **지구의 몸, 어머니**도 피 희생제를 통해서 힘을 얻고 재생할 필요가 있다고 고대인들은 믿었다. 지구 어머니의 피가 만물을 창조하였듯이, 만물의 피는 다시금 어머니에게 돌아가 순환된다고 믿었다. 땅에서 거두는 수확은 인간이 지구 어머니로부터 취한 것이기 때문에, 인간 희생과 동물 희생을 통해 어머니께 다시 되돌려줘야 한다고 믿었다. 그러므로 신석기의 장례 의례는 인간의 죽음과 연결될 뿐만 아니라, 지구상 모든 초목의 죽음까지도 함께 확인하는 의례였다. '피 희생 제의'와 '섹스 제의'는 죽은 자를 애도할 뿐만 아니라, 땅을 갈고 수확하는 일과 연결되어 있었는데, 이들은 위대한 어머니를 재생시키고, 피, 섹스, 영을 함께 연결함으로써, 씨앗을 재생하고, 죽은 자를 재생시키려는 의도였다. (176)

고대의 믿음이 현대에 그대로 적용되거나 실천될 필요는 없다. 그러나 고대의 믿음이 우리의 무의식 속에 늘 흔적으로 남아있다는 사실을 아는 것은 중요하다. 최근 후성유전학epigenetics은 인간의 경험도 유전됨을 증명한다. 한국 뇌연구원의 구자욱은 "기억 및 학습에 관한 능력이 당대에 개발될 뿐만 아니라 자식에게까지 대물림될 가능성을 제시하고 있다"(2). 즉 "DNA 등 유전자의 변화 없이 획득한 능력이나 형질이 자식에게 전달된다는 것이다"(2). 다시 말해서, 고대인들의 '피'에 대한 경험은 무의식적 멘탈 이미지리로서 평소 의식이 변형되는 꿈이나 트랜스 상태에서 곧잘 출현한다는 사실이다. 영혜의 꿈에 등장하는 '피'는 유혈적 폭력을 의미하는 것이 아니라 고대인들이 추앙했던 소중한 생명력을 의미하는 것이다. 현재 우리의 눈에는 폭력으로 비춰질 수도 있지만, 고대인들의 의식 속에서는 폭력이 아니라 '성스러움'이다.

한강의 소설 속 원시적 피는 현대인의 눈으로는 폭력적으로 보일 수도 있지만, 고대의 흔적으로서 성스러움의 메타포로 재해석할 필요가 있다. 고대에 월경과 출산은 놀랍도록 마법적인 사건이었다. 브르노 베텔하임Bruno Bettelheim이 그의 저서 『상징적 상처』*Symbolic Wounds*에서 쓰듯이 남성의 모든 통과의례는 여성의 월경과 출산을 모방하고 이에 참여하려는 욕망에 기초하고 있다고 말한다. 베텔하임에 의하면, 오스트레일리아의 토착민 남성들은 그들의 성기에 상처를 내고, 상처가 영원히 열려있도록 상처에 돌을 집어넣었다고 한다. 이러한 의식은 여성의 피 흘리기를 모방한 것이고, 그 상처는 놀랍게도 그들의 언어로 “버자이너”라고 불렀다고 한다. 모든 피 의례는 이렇게 여성의 월경과 출산의 피에서 유래한 것이다. 후에 논의하겠지만 피의례 뿐만 아니라 섹스 제의 역시 고대엔 성스러운 제의였다. 생명 탄생의 원인이 될 뿐 아니라, 지극한 쾌락과 트랜스를 유도하는 섹스가 고대에 성스러운 행위로 추앙되었음은 쉽게 상상 가능하다. 섹스 부분은 다음 섹션에서 보다 자세하게 논의될 것이다.

“피”는 『채식주의자』에서 이외에도 꽤 자주 등장한다. 고기를 거부하는 영혜의 입을 억지로 벌려 고기를 입속으로 짓이기는 모습은 거의 성적 강간을 연상시킨다. 섹스를 거부하는 영혜를 억지로 강간하는 남편과 별반 다르지 않다. 아버지가 억지로 입속으로 들이미는 고기를 거부하면서 영혜는 결국 칼을 들고 자신의 손목을 벤다. 그때 “손목에서 분수처럼 피가 솟구친다”(51). 앞서 말했듯이 영혜의 채식 욕망은 잡식을 규범으로 하는 현실에 대한 무의식적 위반이다. 이를 관철하기 위해서 영혜의 손목에서 솟구치는 선혈의 이미지는 얼핏 폭력적으로 느껴질 수도 있지만, 이는 피처럼 솟구치는, 영혜의 강렬한 욕망, 위반을 통해 성취되는 원초적 생명력을 상징한다. 영혜의 엄마는 딸의 몸을 보할 목적으로 흑염소를 다려 온다. 그러나 영혜가 질색하면서 이를 내다 버리자, 엄마는 딸을 질책한다. 이때 영혜의 "붉은 피"가 "역류하여 링거액 주머니 속에 흘러"(60) 든다. 이 역시 무덤덤한 무채색 영혜의 반항적 열정과 원색적인 생명력을 분출하는 장면이다.

그리고 또 모든 평자들에게 해석 불능의 장면이 있다. 즉 첫 장의 마지막 장면에서 영혜는 손에 죽은 새를 움켜쥐고 있다. "아내의 손아귀에 목이 눌려있던 새 한 마리," "포식자에게 뜯긴 듯한 거친 이빨 자국 아래, 붉은 혈흔이 선명하게 번져있"(65)는 장면이다. 영혜가 육식에 대한 죄의식 때문에 채식을 하고 있으며, 마침내 누구도 해치지 않고자 나무가 되고자 한다고 해석하면, 새를 움켜쥐고 있는 영혜의 모습은 이러한 해석틀에 도저히 맞지 않는다. "루즈가 함부로 번진 듯 피에 젖은 입술을 하고"(64) 살생의 폭력을 거부하는 채식주의자, 나무가 되려고 하는 평화주의자와는 전혀 동떨어진 모습이다. 새를 죽인 후 손에 쥐고 있던지, 아니면 이미 죽어있던 새를 쥐고 있었던 지간에, 영혜는 죽은 새의 피를 핥고 있었음에 분명하다. 그렇지 않고서야 입술이 피에 젖어 있을 리가 없다. 그렇다면 영혜가 새를 물어뜯고, 피를 빨아먹는 평화적 채식주의자라는 해석은 전혀 앞뒤가 맞지 않는다. 여기서도 피에 굶주린 듯한 영혜는 원시성, 시원, 야성성에 굶주려 있는 것이다. 법과 금기가 없었던 아득한 시원, 경계가 없는 곳, 그래서 위반이 없는 원시적 순수성에 대한 갈망이라고 해석할 수밖에 없다. 그래야 "몽고반점"의 주제와 연결된다.

영혜는 세 번째 꿈에서 이렇게 말한다.

> 입안에 침이 고여. 정육점 앞을 지날 때 나는 입을 막아. 혀뿌리부터 올라와 입술을 적시는 침 때문에. 입술 사이로 새어나와 흘리는 침 때문에. (42)

명백하게 영혜를 고기를 원한다. 피를 갈망한다. 다섯 번째 꿈이다.

> 번들거리는 짐승의 눈. 피의 형상. 파헤쳐진 두 개 골. 그리고 맹수의 눈, 내 뱃속에서 올라온 것 같은 눈. (43)

영혜는 꿈속에서는 이미 피를 갈망했었고, 철저히 짐승 같은 야생성을 갈망했었다. 그러면서도 아직 완전히 현실의 상징계를 떠나지 않은 영혜는 자신의 야생적 전회를 두려워했다. 그래서 그녀는 자신의 두려움을 이렇게 표현한다. "나는 내 젖가슴이 좋아, 젖가슴으로는 아무 것도 죽일 수 없으니까. 나는 왜 이렇게 말라가지? 무엇을 찌르려고 이렇게 날카로워지는 거야?"(43) 그러나 결국 영혜는 꿈속의 야생 맹수처럼 동박새를 찢고 피를 핥는다. 꿈속에서 "뭔가의 뒤편에 들어와 있는 느낌"(37)이 이제 현실화되는 것이다. 나중에 인혜가 말하듯이, 영혜는 "경계를 넘어 훌쩍 나가버린 것"이다. "어느 찰나 일상으로 이어지는 가느다란 끈을 놓아버린"(203) 것이다. 일상적 가치 외엔 어떤 것도 이해 불가능한 영혜의 부모나, 고정관념과 통념에 갇힌 남편 같은 사람들은 전혀 이해할 수 없는 현실의 '이면' 속으로 영혜는 뛰쳐 나가버린 것이다. 형부는 그 이면을 함께 갈망했던 사람이고, 나중에 인혜는 서서히 이면의 의미를 깨닫는다.

"피"는 가부장제하에서는 폭력의 상징이다. 가부장제 이후 인류의 역사는 위계적 권력과 정복과 전쟁으로 얼룩진 역사였다. 그래서 정복과 전쟁의 역사에서 "피"는 유혈적 전쟁 폭력의 상징일 수밖에 없다. 그러나 가부장제 이전 태고적 "피"는 언제나 여성의 생식력과 풍요를 의미했다. 우리의 꿈, 무의식은 고태의 잔재를 보존한다. 프로이트의 문학관에 따르면, 문학은 잠재된 무의식적 욕망의 실현wish-fulfillment라고 했다. 한강의 소설은 본인조차 의식적으로 알지 못했을지도 모르는 "피"의 태고적 의미, 원시적 생명력의 충만한 실현을 이 소설에서 극화하고 있는지도 모른다. "피"의 원초적 생명력과의 연관성에 대해서는 시인 문정희도 지적한 바 있다. 그는 『여자의 몸』에서 부엌이 억압된 공간일 뿐만이 아니라 "무섭고 거칠고 살벌한 공간"(116)이라고 말하면서, "기본적으로 야생, 날것을 다루는데다 여자는 한 달에 한 번 생리를 통해 피를 보니 원시적 생명성이 강하다”(116)고 주장한다.

“젖가슴”에 대해서도 잠시 언급할 필요가 있다. 브래지어를 거부하고, 젖꼭지가 훤히 드러나는 옷을 입은 영혜는, 현실의 표면으로부터 깊이의 차원으로 침투할 수 없는 상투적 인간인 남편에게는 수치스럽고 혐오스러운 존재다. 그러나 영혜는 정신병원에서 분수대 옆에 앉아 환자복 상의를 벗은 채 “앙상한 쇄골과 여윈 젖가슴, 연갈색 유두를 고스란히 드러”(63)냄으로써, 젖가슴은 꼭꼭 싸매두고 사람들의 눈에 보이지 않아야 정숙하다는 관념이 굳혀진, 바로 이 문명의 경계를 너머 먼 태고적 시간으로 넘어가 버린 것이다.

크레타의 여신상

에페수스의 아르테미스

위의 사진에서 보는 바와 같이 왼쪽은 기원전 3650년에서 기원전 1179년에 지중해에 존재했던 미노아문명 혹은 크레타문명에서 출토된 여신상이다. 크레타는 모계적 가족제도가 기본 패턴을 이루고 있는데, 어디에서도 남자 신상은 발견되지 않는다. 유명한 크레타 여신상은 젖가슴을 훤히 드러내고 있다. 바바라 모어에 따르면 "젖가슴을 드러내는 행위는 위대한 어머니의 풍요로운 생명줄을 상징하는 성스러운 몸짓이었다"(213). 젖가슴은 감춰야 할 부끄러운 신체부위가 아니라 자랑스럽게 내보일 여성적 힘이었던 것이다. 다만 섹스에 대한 강박관념을 지닌 가부장제에서 여성의 젖가슴이 성적 흥분을 불러일으킬 것을 두려워한 남성들이 노출을 금지시켰을 것이다.

그렇다면, 피, 젖가슴, 모두 태고적부터 지녀온 여성의 생명력을 상징한다. 월경하는 여성은 더럽고, 젖가슴을 드러내는 여성은 음란하다는 관념은 절대적이거나 영원한 것이 아니다. 인류 역사의 어느 지점부터 시작된 상대적이고 자의적인 관념일 뿐이다. 우리가 과거로 되돌아갈 수는 없다. 그러나 과거를 제대로 아는 것은 중요하다. 그래야 현재 절대적이라고 여겼던 것들이 단순히 역사적 산물임을 알게 되고, 현재 너무나 고정적인 관념의 인위성과 자의성을 앎으로써 보다 넓은 의식으로 열어나갈 수 있기 때문이다.

## 꽃과 나누는 섹스

꽃처럼 피어나는 피로 상징된 영혜의 원시적 생명력에 대한 욕망은 결국 형부와의 근친적 성교로 실현된다. 피가 생명력의 메타포이듯, 근친 성교 역시 일종의 메타포다. 근친 성교는 인류에게 주어진 최초의 금기 중 하나다. 그러므로 형부와의 근친성교는 최초로 인간이 만든 금기의 경계를 넘어, 법이 없는 최초 시원, 원시적 생명력으로 충만했던 상태에 대한 갈망을 상징한다. 형부가 처제의 엉덩이에 남아있는 몽고반점을 "태고의 것, 진화 전의 것, 혹은 광합성의 흔적"(101)처럼 느끼는 이유가 바로 이것이다. 진화의 선상에서 본다면, 생명의 시원은 바다에서 출발하고, 박테리아를 거쳐 식물로, 그리고 동물로 진화했다. "광합성의 흔적"처럼 보이는 몽고반점은 동물 이전의 식물의 원시적 생명성을 상징한다고 볼 수 있다.

형부는 별명이 "오월의 신부"였고, "의식 있는 신부" "강직한 성직자"(135)였다. 그는 오랫동안 자본주의와 상업주의적 사회를 비판하는 작업을 해왔지만, 그는 좀더 "본질적이고 어떤 영원한 것"(115), "더 고요한 것, 더 은밀한 것, 더 매혹적이며 깊은 것"(70)을 원한다. 상투적인 현실에서 불안한 부적응자인 그는 인혜의 "선량함, 안정감, 침착함, 살아간다는 게 조금도 부자연스럽지 않은 태도"(161) 때문에 그녀와 결혼했지만, 상호 간의 깊이 있는 이해를 결여한 부부다. 그는 아들이 2살이었을 때

"알 수 없는 생명의 빛이 번쩍이는 눈"(162 필자 강조)으로 아들이 한발 한발 디딜 때마다, 발자국에서 '꽃'이 피어나도록, 혹은 나비떼가 날아오르는 애니메이션을 넣겠다고 말했다.

형부는 현실의 야트막한 표면이 아니라, 현실 이면의 깊고 은밀하고 매혹적인 중심, 시원을 욕망하게 된다. 생명력으로 충만했던 시원, 그 시원을 구현하는 것, 그것이 그의 예술의 목표가 된 것이다. 그때 벌거벗은 남녀의 나신과 그 위에 부드럽고 둥근 꽃잎이 그려진, 서로 교합하는 이미지가 "그의 뱃속에서부터 꿈틀거리며 올라오기"(73) 시작한다. 여기서도 한강은 "뱃속" 이미지라는 단어를 사용한다. 영혜의 "뱃속 얼굴"과 상응하는 표현이다.

형부는 영혜의 "태고적 흔적"과도 같은 몽고 반점, "가지를 치지 않은 야생의 나무"(78)같은 영혜의 길들여지지 않은 원시적 야성적 생명력에 매혹된다. 게다가 영혜는 이미 "일상으로 이어지는 가느다란 끈을 놓아버린 듯", 집안에서 벌거벗은 채 있다가 형부가 들어와도 전혀 부끄러워하지 않고 언제나 "수도승처럼 담담하다"(93). 이미 현실의 경계를 넘어, 걸림 없고 위없는 어떤 경지로 들어선 듯한 모습이다. 그런 영혜는 성적으로도 거침이 없다. 영혜는 성에 대한 강력한 금기와 도덕을 확립한 현대문화의 경계를 넘어 아득한 시원 속으로 걸어 들어간 듯, 그녀의 섹슈얼리티는 현실적 금기나 윤리를 초월해있다. 그래서 형부는 영혜의 몸을 이렇게 묘사한다.

> 모든 욕망이 배제된 육체, 그것이 젊은 여자의 아름다운 육체라는 모순, 그 모순에서 배어나오는 기이한 덧없음, 단지 덧없음이 아닌, 힘이 있는 덧없음, 넓은 창으로 모래알처럼 부서져 내리는 햇빛과, 눈에 보이지 않으나 역시 모래알처럼 부서져 내리고 있는 육체의 아름다움. (104)

모든 욕망이 배제되어 있지만, 어떤 욕망도 문제적이지 않는 몸이다. 섹스를 하든, 피를 먹든, 전혀 걸림이 없는 몸이다. 몸은 언젠가 먼지가 되어버릴 육신이기 때문에 덧없지만, 생명의 에너지가 고도로 응축된 생명은 그 자체로 아름답다.

선홍색 피에 대한 영혜의 욕망과 그녀의 걸림 없는 섹슈얼리티는 모두 원시적 생명력의 분출로 등치 가능한데, 구체적으로 "생생한"이란 형용사의 사용이 이러한 해석의 단서가 된다. 첫 번째 단편, 꿈속에서 피에 대한 욕망을 묘사할 때, 그리고 두 번째 단편에서 영혜의 성적 욕망을 묘사할 때 모두, 한강은 "생생한"이란 형용사를 사용한다. 의도적일 수도 있고, 아닐 수도 있지만 명백하게 주목할 만하다. 형부가 마련한 파트너와 영혜가 교합 포즈를 잡는 장면이다.

> 느릿느릿, 마지못한 듯 J는 몸을 앞뒤로 움직여 섹스의 흉내를 냈다. 그녀의 발바닥이 한껏 오그라져 있는 것을, 두 손이 J

> 의 등을 간절히 껴안고 있는 것을 그는 보았다. J의 몸이 무덤덤한 것을 충분히 상쇄할 만큼 그녀의 몸은 **생생하게** 살아, 달아올라 있었다. (128-29, 굵은 글씨 필자 강조)

앞서 인용한 영혜의 꿈에서도 "뱃속 얼굴"이 "생생"하다고 언급한 적이 있다. 섹스를 할 때도, 피를 욕망할 때에도 영혜는 "생생"하다. 생생한 활력, 원시적 생명력으로 충만한 이미지다. 영혜는 형부가 자신의 몸에 그려준 꽃처럼 섹스하면서 그녀 자신이 꽃처럼 피어난다. 문제적 장면이 찍힌 비디오를 인혜에게 들키고, 파국으로 치닫게 된 형부는 잠시 3층 베란다에서 새처럼 뛰어내는 상상을 하지만 오히려 그는 영혜의 모습에 매혹되어 굳은 듯 제자리에 서있다.

> 삼층 아래로 떨어져 머리를 박살낼 수 있을 것이다. 그렇게 할 수 있을 것이다. 그것만이 깨끗할 것이다. 그러나 그는 그 자리에 못박혀 서서, 삶의 처음이자 마지막 순간인 듯, **활활 타오르는 꽃 같은 그녀의 육체**, 밤 사이 그가 찍은 어떤 장면보다 강렬한 이미지로 번쩍이는 육체만을 응시하고 있었다. (147, 굵은 글씨 필자 강조).

꽃은 생명력의 절정이다. 형부는 영혜를 꽃으로 바라본다. 야성성이 절정에 이른 꽃으로 황홀하게 바라본다. 형부는 원시적 생명력에 강하게 매료되어 남성인 자신도 그 생명력을 소유하고 싶어 한다. "널 삼켜서, 녹여서, 내 혈관 속을 흐르게 하고 싶다"(142)고 영혜에서 말한다. 그러나 근친상간을 금지하는 문화를 깊이 내면화한 그의 "자기검열"은 이를 불가능하게 만든다. 그는 경계를 넘는 것에 대한 불안으로 가득하다. 모어에 따르면 원시적 생명력은 본시 여성의 힘이라고 한다. 생명을 여성만이 생산할 수 있기 때문이다. 모어는 "남성들이 이뤄낸 5000년의 가부장 문명은 바로 생명 생산의 불가능성에서 비롯되는 열등감을 보상한 것"(33)이라고 말한다. 남성이 생명력을 소유할 수 있는 방법은 생명력을 가진 여성을 소유함으로써만 가능할 것이다. 영혜를 삼켜서 녹여서 그의 피안에 흐르게 하고픈 형부처럼. 가부장제 문명의 주체였던 남성들이 주도권을 잡기 위해서는 여성과 자연과 성의 억압, 억압을 통한 소유가 필수적이었을 것이다.

꽃이 식물 생명의 절정이듯, 섹스는 인간 생명의 절정이다. 모어에 따르면, 피가 성스러웠듯이 섹스도 성스러운 행위였다. 모두가 생명과 관련되었기 때문이다. 고대엔 생명과 관련된 모든 것이 성스러웠다. 피가 곧 생명이고, 섹스는 생명을 생산하는 근원적 행위였기 때문이다. 뿐만 아니라, 인간의 섹스는 생식을 위주로 한 동물의 섹스로부터 한층 진화했다. 애초 단성생식을 하던 생명체가 유성생식을 하게 된 이유는 유전체를 다양하게 만듦으로써 생존의 가능성을 높이기 위해서였다. 그러나 인간의 섹스는 특정한 기간에만 가능한 일반 동물과 달리 언제나 섹스가 가능해지도록 진화했고, 리수충이 지적하듯이, 후배위를 하는 동물과 달리 인간이 정상위를 시작하면서 서로 얼굴을 마주 보고 정신적인 교감이 중요해졌다고 한다(42). 즉, 인간에게 섹스는 단순한 생식행위가 아니라, 정서적 교감과 쾌락, 관계성의 증진을 위해서 행해졌다는 것이다. 즉 인간의 생명력이란 단순히 생명을 유지하는 것만이 아니라, 정서적 교감과 즐거움, 관계성 등이 생명력을 충만하게 하는데 필수적인 요소가 되었다. 이제 나홀로가 아니라 함께 더불어 존재하는 생명력이야말로, 생존의 가능성을 높이고, 생명을 더욱 풍성하고 충만하게 만드는 관건이 된 것이다. 섹스는 자위로도 가능한 몸적 쾌락을 너머, 다른 생명체와의 관계를 통한 통전적 쾌락과 충만함의 상징이 된 것이다. 특히 여성의 섹스는 정신적 교감과 충만감이 매우 중요하다.

섹스에 관해 바바라 모어를 다시 인용한다.

> 가부장적 혁명이 도래하기 전, 여자와 남자가 평등하게 협력하고, 함께 생산하고 창조하고 숭배하는 시대가 있었다. [⋯] 섹스는 인간이 신성과 분리될 때 이를 결합하는 의미를 지니고 있었다. 섹스 의례, 섹스 숭배, 의례적 섹스는, 풍요제와는 별도로, 어디에서나 여신 신비제의 한 부분이었다. 히에로스 가모스(성스러운 결혼), 즉 여신을 상징하는 여사제와 희생제를 앞둔 그해의 왕(후엔 영원한 왕)가 나누는 섹스는 우리가 알기론 기원전 6500년 보다 더 오래되지 않았다. [⋯]  가부장제가 시작되면서

섹스의 의례적 중요성은 끝난다. 가부장제는 세속적 관계, 사유 재산에 기반을 두고 있기 때문에 **황홀경적 하나됨의 경험**은 완전히 배제되었다. 물론 가부장제는 여성의 성적 수동성, 연약함, 의존성에 기초를 두고 있다. 그래서 성스러운 결혼은 침대 이불 속에서, 하렘에서, 아니면 성적 노예로 가득한 남성의 천국에서 지배와 굴종의 더러운 일이 되고 있다. 엄마와 아이의 성스러운 관계는, 아이가 엄마와 마찬가지로 아버지의 소유물이 되면서, 방 안에 갇혀지고, 심리학적 문제가 되고, 공적 영역에서 사라지게 되었다. 오로지 아버지를 통해서만 엄마와 아이의 관계는 사회적, 경제적, 정치적 권리를 지니게 되는 것이다. 가부장제와 함께 우리는 남자들이 서로 뽐내며 걸어가는 남성 전시의 세계에 살고 있다. 여자와 아이들, 종교적 문화적 예술품과 더불어 축적된 부의 한 아이템으로서만 존재하고 있다. (218, 굵은 글씨 필자 강조)

고대 섹스는 의례적 중요성을 지니고 있었는데, 바로 신성과 하나됨을 회복하는 종교적 의미를 지녔다는 것이다. 즉 섹스는 그 자체가 생명을 탄생시키는 근원적 행위라는 면에서 성스러울 뿐만 아니라, 인간의 섹스가 유발하는 타자와의 독특한 정서적 교감과 쾌락은 분리된 개체들을 하나로 연결시켜 원초적 생명력을 체험하는 황홀경과 유비적 상동성을 지니기 때문에 성스럽다는 것이다. 그런데 성스러운 섹스는 가부장제 이후 단순히 생식의 수단으로 축소되거나, 정복과 소유의 수단으로 악용되거나, 정서적 교감이 없는 말초적 쾌락으로 타락한다. 한강의 「몽고반점」에서 섹스는 개인이 가진 생명력을 타자의 생명력과 결합함으로써 각자의 생명력을 극대화하여 절정에 이르게 한다. 섹스는 타자와의 결합을 통해 개체의 생명력을 충만하게 흘러넘치게 하는 바타유적 에로티즘이다.

밤과 낮은 존재론적으로 의존한다. 마찬가지로 너와 나의 대립은 동시에 의존이다. 네가 있음으로 내가 있는 것이니, 나와 타자 역시 존재론적으로 의존한다. 그리하여 나와 타자가 하나될 때, 존재론적 생명력이 폭발하고, 원초적 생명력의 시너지가 흘러넘치면서 절정으로 치닫는다. 섹스는 생명력이 온갖 절정에 이르는 차원에 대한 유비analogy다.

영혜는 여성의 섹슈얼리티에 가해지는 문화적 금기를 가볍게 뛰어넘는다. 그녀는 아무런 규범이 존재하지 않는 순수한 낭만적 시원으로 회귀한다. 그래서 형부의 눈에 비치는 영혜는 어린아이 이전의 상상계로 퇴행해버리고 만다.

> 그녀의 눈이 어린아이 같다고 생각했다. 어린아이가 아니면 가질 수 없는, 모든 것이 담긴, 그러나 동시에 모든 것이 비워진 눈이었다. 아니, 어쩌면 **어린아이도 되기 이전의, 아무것도 눈동자에 담아본 적이 없는 것 같은 시선이었다**. (146 굵은 글씨 필자 강조)

영혜는 원시적 생명력의 충만함으로 흘러넘치고, 영혜 자체가 하나의 상징, 온전하게 실현된 원시적 생명력의 기호가 된다.

그러나 상징계를 떠나 상상계로의 회귀한 인간은 퇴행적이며, 정신병원에 수감될 수밖에 없다. 상징계가 비록 언젠가 깨어날 꿈일지라도, 생명체로서 이 3차원의 우주에 사는 동안 상징계는 피할 수 없는 운명이다.

그러나 인혜는 다르다. 인혜는 상징계를 떠나지 않으면서 상상계를 "어둡고 끈질기게"(221) 응시하는 인물이다. 이제 인혜를 볼 차례다.

## 불꽃이 되는 나무

세 번째 단편 「나무불꽃」은 아예 나무가 되고자 하는 영혜와, 나무가 되어버리는 영혜의 차원을 응시하는 인혜에 대한 이야기다. 영혜는 먹기를 거부하고 나무가 되고자 한다. 나무들이 형제 같다고, 나무들이 자신을 부른다고 말한다.

> 언니, 내가 물구나무 서 있는데, 내 몸에 잎사귀가 자라고, 내 손에서 뿌리가 돋아서… 땅속으로 파고들었어. 끝없이, 끝없이… 응, 사타구니에서 꽃이 피어나려고 해서 다리를 활짝 벌렸는데, 활짝 벌렸는데… (156)

비교종교학자 M. 엘리아데M. Eliade에 따르면 나무는 일종의 "성스러운 기둥"으로서 "사람들의 세계를 떠받들고 하늘과의 교류를 보증"하며, "동시에 신들의 세계로 갈 수 있는 길을 열어주는 우주의 기둥”(65)이다. 그래서 세계의 신화에는 언제나 나무(세계수)가 등장한다. 기독교신화는 선악과가 등장하고, 불교에서는 붓다가 명상했던 보리수나무, 미국원주민의 신화에도 어김없이 세상의 중심으로서 나무들이 등장한다. 또한 인간보다 수명이 긴 나무는 언제나 숭배의 대상이었다. 한국에서도 고목은 신성한 존재로 민간신앙의 대상이었다. 그러므로 영혜의 나무-되기는 단순히 평화주의자가 되려는 욕망 그 이상이다. 영혜의 나무-되기는 존재의 중심으로 돌아가려는 일종의 존재론적 욕구다. 존재의 중심 안에서 온전하게 생명을 피우고픈 욕망이다.

그런가 하면, 페터 볼레벤Peter Wohlleben의 『나무 수업』에 따르면 “나무들은 뿌리를 통해 서로 연결되어 있다… 그런 네크워크를 통해 영양분을 나누고 이웃이 위험에 처할 때 도움을 준다”(13)고 말한다. 영혜는 형제처럼 서로 돕는 나무가 되어 땅속으로 깊이 뿌리를 내리고, 뿌리를 통해 서로 공동체를 형성하면서, 위로 꽃을 피우고자 한다. 죽기까지 생명을 불꽃처럼 피우고자 한다. 즉 영혜의 나무-되기는 자폐적 고립이 아니라, 다른 존재들과 함께 생명을 꽃처럼 피우려는 욕망을 의미한다.

그렇게 상식적 차원을 초월한 영혜는 상식에 ‘길들여진’ 인혜에겐 이해 불가능하다. 영혜와 남편의 정사는 “값싼 추문”(166)에 불과하고, “이 진창의 삶을 그녀에게 남겨두고 혼자서 경계 저편으로 건너간 동생의 정신을, 그 무책임을 용서할 수 없다"(173)며 은밀하게 적개심을 품는다.

그러나 그것이 전부는 아니다. "추문"이 있기 몇 달 전 인혜는 하혈을 하고 있었다. 그녀는 이미 자신의 선량한 삶이 껍데기 삶이었음을 깊이 인식하기 시작했었다.

> **피**에 젖은 속옷을 빨 때마다 수개월 전 영혜의 손목에서 허공으로 솟구치던 **선혈**이 떠오르는 까닭을 그녀는 알 수 없었다. … 그때 그녀가 처음으로 **생생하게** 의식한 것은 그와 함께 살아온 긴 시간이었다. 기쁨과 자연스러움이 제거된 시간, 최선을 다한 인내와 배려만으로 이어진 시간, … 문득 이 세상을 **살아본 적**이 없다는 느낌이 드는 것에 그녀는 놀랐다. 사실이었다. 그녀는 살아본 적이 없었다…. 다만 견뎌왔을 뿐이었다. (196-97 필자 강조)

인혜가 각성하는 순간에 다시금 "피"의 상징이 반복된다. 죽음은 삶의 인식으로의 출발이다. 인혜의 하혈은 문득 죽음이 가까이 왔을지도 모른다는 두려움과 더불어 자신의 삶을 밑바닥으로부터 다시 성찰하는 순간이다. 자신이 '성실의 관성'으로 단지 견디어왔을 뿐, "살아본 적"이 없다는 말은, 살되 생명력으로 충만한 삶을 살지 못했다는 뜻일 것이다. 남편과의 결혼은 그저 그의 교육자, 의사 집안에 대한 매력이었을 뿐, 남편의 예술에 대한 이해가 전혀 없는 상태에서 정서적 교감은 전혀 없었다. 새벽녘 그가 왜 빈 욕조에서 웅크리고 자는지 이유를 알지 못할

만큼 인혜는 상징계의 법에 충실한 상식적 인물이었다.

그로부터 얼마 후 새벽에 들어온 남편이 억지로 잠자리를 요구하던 날, 그날 새벽 인혜는

> 이 모든 것은 무의미하다
> 더 이상은 견딜 수 없다
> 더 앞으로 갈 수 없다.
> 가고 싶지 않다. (200)

고 느낀다. 강한 생활력, 인내심, 상냥하고 싹싹한 여성스러움으로 살아왔던 인혜, 그것을 건강함으로 인식하도록 길들여진 인혜로서는 환상이 벗겨진 생경한 진실 그 자체, 생명의 본질, 즉 생의 "기이한 덧없음"을 깨닫는 순간이다. 성실의 관성으로 열심히 가게를 일구면서, 생활력 없는 남편 대신 살림을 꾸려왔지만 사실은 자신은 생명력을 상실한 채 "오래전부터 죽어 있었다는 것을"(201)을 깨닫게 된다. 현실을 표면으로부터 깊이로 성찰을 시작하는 순간이다. 그러나 생명이 그렇게 덧없기만 한 것인가. 그녀는 이제 한 발 짝 더 나아간다. 한없이 덧없으면서도 한없이 아름다운 기이한 생명의 힘으로 나아간다.

그날 새벽 뒷산에 이르는 좁은 길에서 그녀가 보았던 숲은 후에 이렇게 기억된다.

> 박명 속에서 일제히 **푸른 불길처럼 일어서던 나무들**은 또 무슨 말을 하고 있었는지. 그것은 결코 따뜻한 말이 아니었다. 위안을 주며 그녀를 일으키는 말도 아니었다. 오히려 무자비한, 무서울 만큼 서늘한 **생명**의 말이었다. (205, 굵은 글씨 필자 강조)

세 번째 장의 제목이 응축된 장면이다. "나무불꽃," 나무가 지닌 생명의 힘을 이번엔 "불꽃"이라는 이미지로 형상화하고 있다. 불의 꽃이다. 첫 장에서 피의 꽃, 두 번째 장 섹스의 꽃에 이어, 나무의 불꽃이라는 이미지가 등장한다. 아직은 상징계의 법과 의무에 성실한 인혜에게 생명의 불꽃은 서늘하고 무자비할 수도 있다. 자신의 삶을 "모래산처럼"(166) 무너뜨린 장본인들이기 때문에.

> 그와 영혜가 그렇게 경계를 뚫고 달려 나가지 않았다면, 모든 것을 모래산처럼 허물어뜨리지 않았다면, 무너졌을 사람은 바로 그녀였을지도 모른다는 것을. 다시 무너졌다면 돌아오지 못했으리라는 것을. 그렇다면, 오늘 영혜가 토한 피는 그녀의 가슴에서 터져 나왔어야 할 피일까. (220)

인혜는 생명력을 상실한 채 일상적 표피에만 머물렀던 삶의 덧없음을 깨달음으로써 한층 성숙한다. 그러나 표피의 경계 너머, 깊이의 차원으로 가버린 영혜와 달리 인혜는 그 차원을 의심스럽게, 그러나 끈질기게 응시한다.

> 조용히, 그녀는 숨을 들이마신다. 활활 타오르는 도로변의 나무들을, 무수한 짐승들처럼 몸을 일으켜 일렁이는 초록빛의 불꽃들을 쏘아본다. 대답을 기다리듯, 나, 무엇인가에 항의하듯 그녀의 눈길은 어둡고 끈질기다. (221)

그녀의 발은 여전히 현실에 발을 두고 있다. 그러나 적어도 꿈을 깨고 나면 그때엔 꿈이 전부가 아니었음을 알게 되듯이, "언젠가 우리가 깨어나면 그때는"(221) 모든 진실이 밝혀질 거라는 확신을 갖고는 있다. 이 현실이 꿈일 수도 있다는 가능성을 염두에 두고 있다는 말이다. 다시 말하면, 이 현실만이 전부라고 여기지는 않을 만큼 그녀의 세계가 한층 넓어졌다는 뜻이다.

## 나오는 말

한강의 『채식주의자』는 단순히 육식의 폭력성에 저항하는 채식주의자의 이야기가 아니다. 오히려 모두 안에 억눌려있는 원시적 생명력의 충만한 복원과 실현에 대한 이야기이다. 원초적 생명력을 실현하는 삶이란 길들여지지 않는 삶, 무채색의 삶이 아니라 선혈처럼 생생한 삶, 금기에 아랑곳하지 않고 온몸을 던져 타자와 합일하는 삶, 땅속에 깊이 뿌리내리고 "형제 같은" 다른 나무들과 양분을 공유하는 삶이다. 또한 여성을 특정한 고정관념에 묶어버리는 가부장 문명에 길들여지지 않고, 깊이 멀리 응시하는 삶이다. 홀로 자신 안의 원초적 생명력을 100%

실현하면서, 또한 더불어 다른 이들도 원초적 생명력을 100% 실현하도록 공유하고 격려하는 삶이다. 우주 전체가 구원받을 때까지 개체는 구원받을 수 없으므로.

그러나, 억눌려 있는 원시적 생명력의 충만한 복원과 실현은 특유의 위반을 수반하기 때문에 폭력적이면서도 동시에 기이하게 아름답다. 한강은 맨부커상 수상 직후 인터뷰에서 이렇게 말했다. "『채식주의자』는 '우리가 이토록 폭력과 아름다움이 뒤섞인 세계를 견딜 수 있는가, 껴안을 수 있는가'라는 질문으로 끝나는 소설"(채널예스)이라고 말한다. "폭력과 아름다움이 뒤섞인 세계"를 "견디고" "껴안는다"는 말은 무슨 말일까.

인간 사회의 규모가 점점 커짐에 따라 각종 금기와 법의 숫자도 점점 늘어난다. 행동을 구분하고 규정하는 선악의 개념들도 탄생한다. 금기와 법과 선악 개념은 질서를 유지하기 위해 필수적인 규제였겠지만, 그런 규제들은 인간이 지닌 원초적 생생한 생명력을 제한하고 길들인다. 모든 일엔 얻는 것과 잃는 것이 있을 터, 규제는 인간사회를 안전하게 만들고 생존의 가능성을 높였겠지만, 인간은 원초적 직관과 예리한 감각을 상실하고, 삶에 내재한 무수한 환희와 황홀을 망각하게 되었을 것이다. 파선하는 배, 곧 다가오는 지진을 예감하고 도망치는 동물적 감각, 계절과 자연의 순환적 감각, 섹스의 즐거움, 이면 깊이에 대한 감각은 급급한 현실 생존의 뒷전에서, 불법의 규제

속에서, 이성의 과잉 속에서 총총히 사라져버렸다. 모어에 따르면 동물들이 다니는 길은 땅속 에너지 선을 따라 만들어진다(125)고 한다. 동물은 본능적으로 그 선을 따라 길을 만든다. 동물 같은 감각을 지녔던 고대인들도 속에 흐르는 에너지 선을 감각하고 그 선을 따라 열석을 세웠다. 그러나 우리는 더 이상 그런 감각이 남아있지 않다. 배가 파선해도 모르고, 지진이 일어나도 속절없이 당한다.

한강이 주장하듯이 그런 감각과 동일시되는 원초적 생명력을 온전히 되살린다면 어떻게 될까. 영혜처럼 근친상간의 금기를 가볍게 위반하는 폭력을, 스스로 나무가 되기 위해 죽음을 자청하는 폭력을 행사하게 될지도 모른다. 조셉 캠벨은 그의 저서 『신화의 힘』에서 "삶은 금기를 위반함으로써 시작한다"(60)고 말한다. 이브가 금단의 열매를 먹음으로써, 푸른수염의 아내가 금지된 벽장문을 엶으로써 자신의 삶에 입문하게 된다. 위반과 죽음의 폭력은 경계를 넘는 까닭에 저편에서는 지극히 아름다울지 모르나, 경계의 이편에서는 지극히 폭력적일 수밖에 없다. 폭력과 아름다움이 뒤섞인 세계는 과연 견디고 껴안아질 수 있을까.

그것은 바로 인혜의 문제다. 인혜는 경계에 서 있는 인간이다. 대체로 경계의 이편에서 인혜는 영혜를 은밀히 미워하고, 가끔은 경계의 저편에서 인혜는 영혜가 보았을 이 삶의 기이한 덧없음, 푸른 나무불꽃으로부터 "생명"의 소리를 듣는다. 그러면서 경계선상에서 영혜의 차원을 "끈질기게" 응시하는 인혜는 바로 우리들 자신이다. 인혜는 과연 폭력과 아름다움이 뒤섞인 세상을 견디고 껴안을 수 있을까. 그녀가 지극한 폭력 속에서 죽지 않고 "견딘" 것은 확실한데, 그녀는 과연 "껴안을" 수 있을까. 현실 이면의 깊이, 그 깊이가 상기시키는 기이한 덧없음, 원초적 생명력이 저지르는 폭력적이고도 아름다운 위반을 과연 껴안을 수 있을까, 이것이 『채식주의자』에서 한강이 던지는 질문이다. 그래서 캠벨은 "예술가들이야말로 현대인의 샤먼"(122)이라고 말한다.

## 인용문헌

구자욱. 「전문가의 세계-뇌의 비밀 9; 경험도 유전된다」. http://biz.khan.o.kr/print.html.

김명주. 『여성의 性이 聖스러웠을 때』. 대전: 충남대학교 출판문화원, 2018.

리수충. 『역사를 바꾼 성 이야기』. 주은주 옮김. 서울: 시그마북스, 2010.

문정희, 유인경. 『女子의 몸』. 서울: 여백, 2015.

방정민. 「한강 소설, 「몽고반점」연구: 라캉의 욕망이론을 중심으로 에로티시즘의 상관관계 연구」. 『용봉인문논총』 45(2014): 59-89.

볼레벤, 페터. 『나무수업』. 장혜경 옮김. 서울: 이마, 2016.

월콕, 데이비드. 『소스필드』. 박병오 옮김. 서울: 라의눈, 2013.

암스트롱, 카렌. 『신을 위한 변명』. 정준형 옮김. 서울: 웅진 지식하우스, 2010.

엘리아데, M. 『성과 속』. 이은봉 옮김. 서울: 한길사, 1998.

이귀우. 「『채식주의자』에 나타난 음식 모티프와 "소극적"저항」, 『한강, 채식주의자 깊게 읽기』. 서울: 더스토리, 2016. 127-139.

임옥희. 『채식주의자 뱀파이어: 폭력의 시대 타자와 공존하기』. 서울: 여성문화이론연구소, 2010.

정미숙. 「욕망, 무너지기 쉬운 절대성」, 『한강, 채식주의자 깊게 읽기』. 서울: 더스토리, 2016. 9-33.

주은경. 「〈채식주의자〉, 〈몽고반점〉, 〈나무불꽃〉 그리고 에코페미니즘」. 『한강, 채식주의자 깊게 읽기』. 서울: 더스토리, 2016. 95-122.

한강. 「채널예스 인터뷰」. http://ch.yes24.com/Article/View/30861

_____. 『채식주의자』. 파주: 창비, 2007.

Bettelheim, Bruno. *Symbolic Wounds: Puberty Rites and the Envious Made*. New York: AMS Press, 1967.

Campbell, Joseph. *The Power of Myth with Bill Moyers*. New York: Anchor Book: 1991.

Gimbutas, Marija Gimbutas. *The Living Goddesses*. Berkeley, Ca: U of California Press, 1999.

Irigaray, Luce. *This Sex Which is Not One*. Trans. Catherine Porter and Carolyn Burke. Ithaca, NY: Cornell UP.

Mor. Babara and Monica Sjoo. *The Great Cosmic Mother: Rediscovering the Religion of the Earth*. New York: HarperOne, 1987.

# 13장
# 페미니즘과 종교적 영성
# 뤼스 이리가레이, 주디스 버틀러, 벨 훅스[1)]

## Introduction

The common association of spirituality with institutionalized religions would make it difficult to imagine that spirituality does not oppress but empowers women. Many feminists have refused to consider spirituality as a vital vehicle to empower women by thinking that religions of all types are oppressive especially to women, as reflected in some major religious texts. It is true that Christianity as an institution has actually oppressed women to be subject and inferior to men by fabricating a misogynic myth and by misrepresenting divinity only as male. Buddhism may have been slightly better than Christianity in simple comparison, but still its central soteriology is based on male supremacy.

However, in 1970s and 80s, such patriarchal churches and

1) 본 논문은 "Feminism and Spirituality: Luce Irigaray, Judith Butler, and bell hooks"라는 제목으로 『문학과 종교』(한국문학과종교학회)(19.1(2014): 71-90)에 발표되었다.

misogynic theology were challenged by many conscientious and creative feminist theologians like Mary Daly, Carol Christ, Rosemary Reuther, Elizabeth Fiorenza and many more.[2] Some of them attempted to reform the traditional theology and church rituals in order to do justice to women, and others, dissatisfied with mere reform, stormed out of traditional boundaries and searched for a new tradition in ancient history of goddess or other women-centered cultures. Yet, either reformists or radicals still thought themselves as religious although they were not often committed to particular organized religions. They seemed quite comfortable with their status as religious feminists.

However, as Kristin Aune's statistics evince in her article "Much Less Religious, a Little More Spiritual: the Religious and Spiritual Views of Third-wave Feminists in the UK," 1,265 third-wave feminists, most of whom are in their twenties and thirties at the point of interview, turn out to be "significantly less religious and somewhat more spiritual than the general population"(32). Why are they so? First, there is no singular capitalized religion any more, but only small letter religions in the modern world, denying any of absolute truthful religions and accepting some partial truth inherent in any religions. So, not all religions turn out to be hostile to women. There are

2) See *Womanspirit Rising: Feminist: A Feminist Reader In Religion*, and *Weaving the Vision:New Patterns in Feminist Spirituality* for the revision of traditional religions from feministperspectives.

some religions that tend to help women assert their rights and identities in a certain context, while others do not. Like in Korea, the introduction of Christianity in the early period of the modern Korean history provided women with educational and career opportunities to a certain extent. Realizing this, 1,265 young feminists, who were more exposed to various kinds and shades of religions, came to an idea that the complexities of religions cannot be reduced into a religion, and so some positive commonalities need to be abstracted from various religions. For the reason, spirituality becomes an alternative to religions. In another strain, most western feminists of younger generation, unlike their earlier predecessors, seem reluctant to be associated with any religions which often remind them of dogmatic bigotry and sexual oppression. For them, being religious is equated with regular attendance to churches or synagogues, irrational exuberance, and complete commitment to patriarchal organizations, giving up intellectual adventure and often spiritual exploration.

While younger feminists refuse to be "religious," however, there is still a widespread hunger for spiritual nourishment in order to make sense of the world's almost chaotic complexities. Spiritual hunger is rather a universal phenomenon as Charles Taylor points out in his book *A Secular Age*. He is insightful to discern a dominant discontent of modernity about its material preoccupation, observing a general pattern of spiritual pluralism in the way in which people pursue fullness. Likewise, feminists, besides the attainment of political rights in the public sphere, recognize women's spiritual needs like self-esteem and self-assertion as much urgent and fundamental as political equality and voting rights. In America, *The Women Alliance for Theology, Ethics and Ritual (WATER)* is a great example of organizations which address women's spiritual needs. There are more organizations like *The Yin Project, The Goddess Collective,* and Key to *Feminine Power*. In Korea also, it is noteworthy that *One line If*, which is a famous webzine published by strong feminists, recently started af eminist spirituality study group, which seems to me to mark a significant turning point in feminist political activism and discourses in Korea, too.

My thesis here is that such a redirection toward spirituality among feminists is observed in the core of feminist discourses like in Luce Irigaray, Judith Butler, and bell hooks. Why go for such a redirection? Answering that question requires another long essay. An easy answer would be that it is due to a certain historical condition like Terry Eagleton's quick answer to the same question why he turned toward religion.

To see it briefly, the recent publication of a book entitled *The Power of Religion in the Public Sphere* reflects a certain cultural transformation toward religion, which is clearly gaining ground in the discipline of philosophy and cultural theory. It involves Jurgen Habermas, Charles Taylor, Judith Butler, and Cornel West, all high-profile public intellectuals. It attempts to explain the sudden and undeniably stationed phenomenon of the post secular age. All of them ward off religions' dysfunction such as fundamentalistic intervention with political matters and dogmatic bigotry, but welcome their spiritual insights into human soul and potentiality as an antidote against global violence, rampant capitalism, and strident consumerism.

Perhaps to go in tandem with this post secular spirit of the age, or perhaps out of just inner dynamics of historical condition, whatever the reason, it is evident that Irigaray, Butler, and hooks bring into their feminist discourses an added dimension of spirituality. Before getting further into specific details, I must define what I mean by spirituality. As an evolutionary product and social construct, spirituality may vary in the historical and cultural context. Spirituality in its general sense involves, first of all, an inner quality or tendency to believe in divine spirit, whether it is God or Goddess, Spirit, or just transcendence. It is an introspective propensity to believe that what is seen by physical eyes is not all there: there is something more, though mysterious and unknown beyond physical sight and rational comprehension. It enables us to imagine into hidden or invisible or interior dimensions below surface or beyond superficiality and exteriority. For example, spirituality makes it possible to envision a full-fledged bird in an egg, or a fully grown tree in a seed. Spirituality thus enables us to imagine beyond here and now. extending time and space far into the future or the past, or sometimes even into infinity. Above all, by those qualities, people with it aspire to get closer to the dimension of the Unseen, the Impossible, the Ultimate, by going deep into the interior (Eros) and performing love and mercy toward other human and natural beings (Agape).

In the meantime, spirituality does not necessarily presume a certain presence; it often glimpses a gap, an abyss, emptiness, rather absence instead of presence, which are thus 'unrepresentable.' In the modern sensibility whose rational honesty prohibits any speculative presumption, an omega point is often perceived in negativity or some recognition of epistemic limits. Spirituality is also a capacity to embrace both presence and absence and negate them at the same time. It thus encourages double vision to see both sides as the same entity, light/shadow, sound/silence, plane/margin, presence/absence, present/future, and the sacred/the secular, interior/exterior on the same plane.

Some might think that the spirituality defined as such would be apolitical and non-ethical, erroneously associating it with a private sphere. However, it is not true. When spirituality is defined as a human faculty to see through the hidden and unknown in matters and all beings, it absolutely engages a matter of relations, that is, how to relate to others and furthermore how to build a community as mentioned in passing earlier by defining spirituality as performance of love and mercy for its outer manifestation. Then spirituality is not of personal or private matter but pertains to political and ethical domains, because there is no personal salvation; my salvation is always contingent on yours and others'; salvation is always communal.

Why have those central figures in feminist discourses turn to spirituality? I think their redirection happens to share some certain commonalities. First, it has something to do with successful implementation of identity politics and its consequent withering to a certain degree. Although identity politics is far from ultimate completion, its discourses give way to another since discourses always precede actuality. What is at stake now is how such identity-accomplished individuals can coexist without unilateral appropriation or violent expulsion, that is, how to get along with each other. Such a concern inevitably makes an ethical turn, taking up an issue of I-you relationship. It is natural that many contemporary intellectuals get interested in ethical matters recently, specially after 9/11. But I claim that at least three figures discussed here are more spiritual than ethical in that their arguments transcend immediate sensory experiences and presume some divinity which creates both interconnectedness and interdependency beyond our epistemic boundary. Second, their redirection also has something to do with a need for introspection. As mentioned earlier, feminism had aimed at political equality and failed to attend women's spiritual need. In an age of ruggedi ndividualism and excessive materialism represented by capitalism and consumerism, feminist discourses need to satisfy women's spiritual hunger. Also, emphasis on communal spirit and in-depth spirituality as opposed to materialism and self-centeredness emerges as an antidote to what they consider today's problems. Now let's turn to Luce Irigaray.

### Luce Irigaray: Spirituality of Difference

French feminists started out by pursuing political equality between men and women, aligned with leftist politics. But later, they began to question conventional strategies of working for change within the system. Aiming at disrupting the very structures of the social order, they found "sexualized politics" necessary, and such sexualized politics was concerned with the articulation of sexual difference through literature, art, and poetry. Before long, they came at last to religion to criticize how deeply the Western subjectivity has been based on God conceived on the model of father-son-spirit. When French feminists engage religion in their discourses, their engagement may appear to stand against religion. Looking closely, however, it is not true. They are "simultaneously critical and creative" (9) when they revision father-son religious structures, as introduced in *French Feminists on Religion: A Reader*. Julia Kristeva, for example, attempted to revision the central Christian concepts as love, sin, forgiveness, and the sacred. Luce Irigaray explored into a feminine divinity represented by the relation of mothers and daughters which would replace the father-son conventional religious structure. Other French feminists such Helene Cixous, Catherine Clement and Monique Wittig also offered the possibility of restoring goddess mythologies to reexamine the relationship between women and divinity.

For Irigaray's spiritual exploration, I am going to discuss some of her writings: "Plato's *Hystera*" (1974), "La Mysterique" (1974), *Thinking the Difference* (1989), *Between East and West* (1999), and finally *The Way of Love* (2002). Her spiritual concerns are already clear at a very early stage of development of her ideas. As well known, Irigaray posits the feminine as irreducibly 'not one', always at least two like the structure of women's sexual organs. This standpoint is contrasted to the masculine drive for identity, unity, and sameness, a drive that she identifies as "phallogocentric," a drive to appropriate the whole universe into his own narcissistic self. In her "Plato's Hystera," she claims that Plato's equation of cave to ignorance reflects his hysteria about the feminine which is often associated with the cave or womb. Making the feminine a mere mirror reflecting himself only, he encloses himself in the repetitive but distorted self-image. Such a type of self-identity is extended to the concept of divinity which is "lofty, and all-powerful, absolute model of sovereignty" ("*Hystera*" 22). In this divinity, "he only recognizes himself: that is to say, once again, the organization of his field of projection" ("*Hystera*" 24). In this "autarchic" divinity, there is no space for the feminine divinity; it is buried below.

In "La Mysterique," Irigaray furthers her argument that mysticism is the proper domain of the feminine divinity because of its overturning of reason in favour of other, more embodied, ways of knowing. Alluding to the mystical experience of Teresa of Avila, Irigaray claims that mysticism is the domain of the feminine. Here the unconscious speaks; and the western masculine identity breaks down altogether. She describes the mystic moment as follows:

> The soul escapes outside herself, opening up a crack in the cave so that she may penetrate herself once more. The walls of her prison are broken, the distinction between inside-outside transgressed. In such ex-stasies, she risks losing herself or at least seeing the assurance of her self-identity-as-same fade away. ("Mysterique" 31)

This rupturing moment of spirituality represents a possibility of woman becoming a speaking subject. Irigaray notes that it is spirituality that liberates women from patriarchic and clerical fetters, making it possible to imagine a better and freer dimension of the world beyond the experiential and temporary patriarchy, where a woman becomes an active agent of her own destiny.

In *Thinking the Difference For a Peaceful Resolution*, Irigaray suggests a "cultural transformation" after the nuclear accident at Chernobyl. She says "Patriarchal culture is based on sacrifice, crime and war" (*Thinking* 5) whose horrible consequence is Chernobyl. She continues to say, "The entire male economy demonstrates a forgetting of life, a lack of recognition of debt to the mother, of maternal ancestry, of the women who do the work of producing and maintaining life" (*Thinking* 7). Her solution to the "male economy" is a "sex-specific cultural and political" (*Thinking* 6) spirituality which is represented by Aphrodite, a goddess of love.

> Aphrodite—in her time—was the embodiment of love becoming human freedom and desire. This embodiment is female and represents almost the exact opposite of Eve the seductress. She is the spirit made flesh, especially in relations between the sexes… The elevation of love to its human and divine identity is, from the point of view of the genesis of our culture, woman's concern. And when women are banished from love or dispossessed of it, when their divinity as lovers is forgotten, love once more

> becomes drives that verge on animality, disembodied sublimation of them, or death. (*Thinking* 95)

Irigaray presents a love medicine to remedy social ills, and claims that women are the main player in the domain of love. Such a human faculty to love is not just passing passion but is elevated to divine one. So women's spiritual love is presented as an antidote to "male economy."

Irigaray's *Between East and West* illustrates her deep interest in Eastern religions, especially Hinduism. What she attempts to do here is to cultivate the "ability to enter into one (man or woman) who is other than oneself in the respect of difference(s)" (*Between* xi), actually differences in breathing. Instead of Plato, she here presents Schopenhauer as a representative male philosopher who blindly wills to reproduce species, another narcissistic drive to project himself everywhere. In contrast, "Thanks to this presence of feminine traditions, India has retained traces of pre-patriarchal cultures··· In India men and women are gods together, and together they create the world, including its cosmic dimension" (*Between* 29). They are interdependent. Since they are different, they are to learn from each other. So Irigaray celebrates sexual difference as a basis of reciprocity, by saying that "It is in sexual difference that the split between human and divine identities can be overcome, thanks to a cultivation of energy, in particular a cultivation of breathing" (*Between* 90). She thinks "breathing is what can make us spiritual" (*Between* 76). Here again, she suggests that it is through spirituality, each different spirituality in each sex that relational conflicts among men and women can be resolved.

In *The Way of Love*, Irigaray develops a new philosophy not as a love of wisdom but as a wisdom of love (*Way* 2). She claims that philosophy should be an academic field that studies about love as a subject. Love between two—man and woman—by co-belonging to each other at the same time but maintaining its own attributes without appropriation is an ideal type of intimacy which presupposes the distance between the two. Love means approaching the other as closely as possible but never giving up differences. So Irigaray excludes any possibility of union between individuals, or sky and earth, or divinity and mortals, which constitutes an oriental spirituality, because in her frame of mind any kind of union or identity is likely to entail appropriation. She permits only connection or communication, not union nor identity, by saying that "Sky and gods, in what is most divine in them, are related to breathing and, through the breath, they can communicate with the earth and mortals, dwell in them and among them" (*Way* 51). The following is typical of Irigaray's spirituality of difference.

> I am not you and you will forever remain other to me, such is the necessary presupposition for the entering into presence of the one and the other, of the one with the other. The search for a

> link requires the respect for the strangeness of the one to the other, the recognition of a nothing in common calling into question the proper of each one. (Way 168)

As such, Irigaray as a western thinker seems reluctant to move onto the dimension where I am you and you are me, in spite of her early celebration of mysticism as the feminine realm where spirituality aspires into the unknown

actually becoming one with the ultimate. But still, Irigaray's concern sounds spiritual more than just ethical in that she moves beyond the physical dimension where all beings are separate entities and any relations among them are mere accumulation without any inner fusion. Her ethics moves beyond Kant's ethics where I am I, you are just you so that you must treat others as you are treated without any realization of mystical connection among beings. However, looking at the concept of "co-belonging" in *The Way of Love*, it is certain that Irigaray presumes a certain area which two beings co-belong to, although she would be reluctant to believe two can be completely merged on a certain dimension, namely Kong(空).

## Judith Butler: Spirituality of Epistemic Limits

Now let's move on to Judith Butler. It may be awkward to regard her intellectual endeavor as spiritual rather than ethical.

Butler is well known as an out-and-out rationalist feminist who negates sexual and gender categories insisting that not only gender but also sex is socially constructed by repeated performance. Her recent turn to ethical matters after 9/11 was to address how to get along with others and secure peace without "arresting cycle of violence"(*Precarious* xii). Such concerns are first illustrated in her *Precarious Life: The Powers of Mourning and Violence*. There she attempts to persuade people into the fact that America is not self-sufficient nor sovereign over the world, but interdependent as part of global community. To promulgate non-violence ethics instead of an immediate "cry for war" (*Precarious* xii), Butler draws on Levinas who she thinks "offers, within a tradition of Jewish philosophy, an account of the relationship between violence and ethics" (*Precarious* 140). Like Levinas, Butler seems to presume that human condition is precarious and vulnerable just like all identities as insisted in all throughout her early writings. To be human means to apprehend the precariousness and vulnerability of human life. In reality, however, representation of human life is impossible, and often merely partial by willful distortion or inherent "unrepresentability" (*Precarious* 144). By illustrating real cases by CNN or Fox reports, Butler points to the fact that we are prohibited from apprehending the precariousness of the Other. She deplores, "We cannot, under contemporary conditions of representation, hear the agonized cry or be compelled or commanded by the face" (*Precarious* 150). In such a way, she only explains about the mechanisms through which people rush to violence expunging the precariousness of human life from their framework of thinking. However, in this argument, Butler fails to argue how people are interdependent as part of global community, which might have been a core of her ethical argument. She herself admits her failure by saying "I confess not knowing how to theorize that interdependency" (*Precarious* xiii). It is in *Giving an Account of Oneself* that she further attempts to explain more about the mystical interdependency.

From the outset, Butler starts to consider how to pose a moral question in this contemporary world. Drawing on Adorno's critique of "collective ethos"(*Giving* 4), Butler makes us aware that collective ethos inflicts violence on the human mind and conduct in the name of universality. Against such an ethical violence, she urges us to realize "my own opacity to myself occasions my capacity to confer a certain kind of recognition in others" (*Giving* 41), which again echoes Levinas in a way that an inability to apprehend myself leads to a recognition that others cannot also be completely apprehended, which would constitute the base of ethics. She makes her point much clearer here:

> Suspending the demand for self-identity or, more particularly, for complete coherence seems to me to counter a certain ethical violence, which demands that we manifest and maintain self-identity at all times and require that others do the same. (*Giving* 42)

Here again, Bulter repeats her theory of gender identity as something generated by repeated performance under a certain language over time, thus as "contingent and incoherent"(*Giving* 41). But immediately she goes further that it is difficult to suspend the demand for self-identity and coherence, because we live "within a temporal horizon"(*Giving* 42), meaning that we must transcend the "temporal horizon" to be ethical. That's the point where Butler is being not just ethical but also spiritual. She continues to say that people can be ethical "only on the condition that one becomes disoriented from oneself by something which is not oneself, that one undergoes a de-centering and 'fails' to achieve self-identity"(*Giving* 42). What kind of condition is it? Butler seems to point to a certain other dimension beyond the temporal horizon, which transcends our knowledge and so would make it possible to forgive others by generating "humility and generosity"(*Giving* 42). The acknowledgement of epistemic limits becomes an ethical base for Butler. Here she sounds very much like Levinas.

When Butler talks about transference as an ethical base of

any address and receiving, she reveals her awareness that any talk presumes the transcendence of the "temporal horizon," again.

> To be more precise, transference is living proof that the past is not past, since the form that the past now takes is in the present orchestration of the relation to the other that is the transference itself. In this sense, for the past to be lived in the present, narration is not the only route, and not necessarily the most affectively engaging: the past is there and now, structuring and animating the very contours of a default relationality, animating the transference, the recruitment and use of the analyst, orchestrating the scene of address. (*Giving* 68)

Here, the "temporal horizon" is not just two fold but multi-fold. Speaking subjects are multiple by existing in each temporal horizon. What is more surprising is that at the moment when we finally manage to forge a certain coherent "I" as a speaking subject, we ironically lose our relation to the other by "achieving self-sufficiency" (*Giving* 68) in Butler's terms. However, in reality, we can never reach the self-sufficiency. She takes up Laplanche to complement Levinas. Laplanche's concept of "decentering" is said to be inherent in all relationships, maybe in all ethical relationships. Butler says,

> This decentering follows from the way in which other, from the outset, transmit certain messages to us, instilling their

> thoughts in our own, producing an indistinguishability between the other and myself at the heart of who I am. (*Giving* 75)

Based on this decentering and transference, finally Butler suggests a new ethics that "in the beginning I am my relation to you, ambiguously addressed and addressing, given over to a 'you' without whom I cannot be and upon whom I depend to survive"(*Giving* 81). This position of "I am my relation to you" signifies a step further from Irigaray who says "I am in relation to the other." Here Butler puts more emphasis on insubstantial relation itself than substantial individuals. We often look at the night sky, and don't see the darkness which connects sparkling stars. Stars are not hanging in the void but connected by the void.

Before, Butler confessed she did not know how to theorize interdependency. Now in this book she successfully theorizes it by announcing "I am my relation to you." This equation of "I" to "relation" itself negates speaking subjects' substantiality as each whole self-sufficient entity but promotes the importance of relationship, which in turn states more than just the concept of relational subject. It is more than that "I" should be context-specific. It means that the constitution of "I" totally depends on the other. Without the other, I wouldn't exist at all. It is interesting to remember that Butler as a child were profoundly influenced by Jewish mystics, especially Martin Buber who presents a "I-Thou" relation as a primary spiritual attitude. The dimension on which "I am the relation to you" is not just ethical but spiritual by presuming the transcendence of the temporal horizon.

In the process of her attempt to theorize interdependency, Butler sounds very much like Buber's mysticism. However, she seems to go back to her western self in her article "Is Judaism Zionism" written in 2011. Confronting Palestinian problems, she suggests "cohabitation" as a remedy for the chronic regional problem. On political agenda, it may have been difficult for her to sound like a mystic who would recommend the acknowledgment of epistemic limits or relational constituency of beings. Yet, I suppose that her 2005 deliberation of I-you relation would continue to be a basis of her critical and ethical thinking.

## bell hooks: Spirituality of Communal Love

bell hooks is known as an outspoken black feminist who calls for resistance not only against sexism but also against racism within feminism. Her first book, *Ain't I a Woman?: Black Women and Feminism*, expresses a black feminist manifesto which criticizes the racist exclusive tendency within middle class, white woman feminism. The title, of course, comes from Sojourner Truth's famous speech, "Ain't I a Woman?" resisting against the common denial of black womanness. Remembering that Truth's feminist activism was based on her religious belief, it is not so difficult to understand hooks's black feminism was, from the outset, obviously very much spiritual.

In *Feminism for Everybody*, bell hooks claims she has been walking on a spiritual path even before her career as a feminist theorist and practitioner because she was fully confident that "both feminism and spirituality would lead her to self-love and self-acceptance as necessary for self-actualization"(105). What she needed as a black woman was healing trauma inflicted on her and her people, and consequently affirming themselves against constant societal denial of their humanity. So her feminism and spiritual life were not separate but conducive to the promotion of self-esteem. hooks constantly insists that feminism needs to attend women's spiritual needs by helping them affirm themselves and restoring their integrity of being.

In the meantime, hooks is often asked to explain how she reconciles political activism to quiet spiritual life. It is common that political activism contradicts a seemingly private world of spirituality. hooks says, "Identifying liberation from any form of domination and oppression as essentially a spiritual quest returns us to a spirituality which unites spiritual practice with our struggles for justice and liberation" (*Feminism is for Everybody* 109). If the personal is the political indeed, any spiritual endeavor becomes political and vice versa. hooks makes it very clear by saying "Spiritual life has much to do with self-realization, the coming into greater awareness not only of who we are but our relationship within community which is so profoundly political" (*Yearning* 219). Thus the dichotomy between political activism and personal spirituality collapses merging into one.

hooks's direct concern with spirituality as a feminist leads to her own definition of it. She says, "it[spirituality] has to do with the fundamental belief in divine spirit—in God and in love as a force that enables one to call forth one's godliness and spiritual power"(*Yearning* 218). Restoring such a spirituality in the black community becomes her mission from that point. *All about love and Salvation: Black People and Love* both published around the year 2000 mark a peak of her spiritual concerns in her discourses. She says in *Salvation*, "I conceive of God, in fact, as a means of liberation and not a means to control others. Love does not begin and end the way we seem to think it does. Love is a battle, love is a war; love is a growing up. No one in the world··· knows more—knows Americans better o r··· loves them more than the American Negro"(xxi). What she claims is that the black is capable of spirituality and love all the better for their suffering. Their love is active and communal, aiming at the spiritual growth of self and others.[3)]

3) The communal quality of black spirituality in general pertaining both men and women was elaborated by me as one of three qualities in another article entitled "Three Distinctive Features of Black Religious Imagination: Malcolm X, James Cone, and Alice Walker."

Unlike Irigaray or Butler, hooks did not have to add some spiritual dimension to her feminism, because she, like most black womanists, has been already spiritual as she admits. But it is also true that at the beginning of her career, her feminism was more foregrounded than her spiritual concerns, because of political urgency of the 1980s. Now facing consumerism and rugged individualism necessitates her to foreground spiritual values of communal love.

## Conclusion

Not only political activists but also academics are concerned with a struggle to deal with quandaries that global or regional communities commonly face. Feminists are no exception. It is quite clear that the 9/11 (perhaps death of Derrida, too) put an end to postmodern relativism, theoretical playfulness, and even identity politics at least for a while. Moral and ethical issues have been suddenly foregrounded to deal with more urgent problems, that is, materialism(capitalism and consumerism) and violence. What could be an antidote to such a chronic but newly recognized disease? Academics seem to find a hope in something very old, that is, spirituality, which has been around from the very early years of human civilization. Of course, they redefine and regenerate spirituality as something similar and different at the same time.

Butler's spiritual turn is in accordance with this timely

redirection. But it is true that Irigaray's and hook's turn occurred much earlier in their careers. Anyhow, the addition of spirituality to their theoretical endeavors is expected to have a significant implication in literary criticism. Irigaray, Butler, and hooks are all frequently referred for some theoretical feminist frameworks of interpreting literary texts. Among various theories, their theories have helped look deep into the text from a feminist perspective. Now their spiritual addition to feminism will help not only discern feminist issues but also adumbrate mysterious dimensions, cracks or abysses, their 'unrepresentable' interplay of presence and absence along with political agenda.

The significant change in feminist discourses as proven so far is that feminists are reluctant to be militant or oppositional if possible, but tend to be more reciprocal and spiritual than before. Oppositional politics is not likely to solve problems but reproduce the same inequality, only this time in a reversed position. All problems including sexual inequality have a social origin and so need structural analysis, but any step for solution is to be taken on a personal and spiritual transformation of consciousness as well as a collective and political revolution of institutional laws. Feminism enlightens the way to a better world where women and men are equal and happy. Its added dimension of spirituality will make the way even more brighter.

## Works Cited


Aune, Kristin. "Much Less Religious, a Little More Spiritual: the Religious and Spiritual Views of Their-wave Feminists in the UK." *Feminist Review* 97(2011): 32-55.

Butler, Judith. *Giving an Account of Oneself.* New York: Fordham UP, 2005.

______. "Is Judaism Zionism?" *The Power of Religion in the Public Sphere: Judith Butler, Jurgen Habermas, Charles Taylor, Cornel West.* Eds. Eduardo Mendieta and Jonathan Van Antwerpen. New York: Columbia UP, 201170-91.

______. *Precarious Life: The Power of Mourning and Violence.* London: Verso, 2004.

hooks, bell. *Feminism is for Everybody: Passionate Politics.* Cambridge, MA: South End P, 2000.

______. *Salvation: Black People and Love.* New York: Perennial, 2001.

______. *Yearning: Race, Gender, and Cultural Politics.* Boston: South End P, 1990.

Irigaray, Luce. *Between East and West: From Singularity to Community.* Trans. Stephen Pluhacek. New York: Columbia UP, 2002.

______. "La Mysterique." *French Feminimists on Religion: A Reader.* Ed. Morny Joy, Kathleen O'Grady and Judith L. Poxon. London: Routledge, 2002. 28-39.

______. "Plato's Hystera." *French Feminimists on Religion: A Reader.* Eds.

Morny Joy, Kathleen O'Grady and Judith L. Poxon. London: Routledge, 2002. 19-27.

______. *The Way of Love*. Trans. Heidi Bostic and Stephen Pluhacek. London: Continuum, 2002.

______. *Thinking the Difference for a Peaceful Revolution*. Trans. Karin Montin. New York: Routledge, 1994.

Joy, Morny, Kathleen O'Grady and Judith L. Poxon. Ed. *French Feminists on Religion: A Reader. London: Routledge*, 2002.

Kim, Myung-Joo. "Three Distinctive Features of Black Religious Imagination:Malcolm X, James Cone, and Alice Walker." *A Journal of American Studies* 42.3 (2010): 171-201.

Mendieta, Eduardo and Jonathan VanAntwerpen. Eds. *The Power of Religion in thePublic Sphere: Judith Butler, Jurgen Habermas, Charles Taylor, Cornel West*. New York: Columbia UP, 2011.

# 3부

—

# 위기 소론

# 14장
# 노드롭 프라이의 문학적 상상력의 옹호
## 문학의 위기에 대응하여[1)]

문학의 위기는 이미 여러 학술지와 학술 포럼을 통해서 다뤄졌다. 대체로 인문학 전체의 관점에서 폭넓게 위기를 논의하고 있는데, 특별히 1994년 가을 겨울호 『현대비평과 이론』과 1997년 11월에 전국 인문과학연구소 주최로 열렸던 "현대사회의 인문학--위기와 전망"이란 제목의 학술 심포지엄에서 다양한 논의가 이뤄졌다. 논의에 참여한 모든 학자들은 인문학이 위기에 처해있음에 동의하고 그 원인에 대한 분석과 더불어 앞으로 인문학이 생존하기 위한 처방을 제시하고 있다. 본 고는 이미 지적된 문제들을 되풀이하여 논의하기를 피하고 단지 인류가 추구하는 자유와 평화, 평등의 이상으로 가는 길에서 문학이 얼마나 중요한 역할을 하는지 실용적 측면에서 논의한다.[2)] 즉 현재

1) 본 논문은 「문학의 위기와 노드롭 프라이의 문학적 상상력의 옹호」라는 제목으로 『영어영문학』 (한국영어영문학회) (45.2(1999): 295-309)에 발표되었다.

2) 문학이 자체에 대한 성찰을 시도할 때 여러 각도에서 논의될 수 있다. 1)문학이란 무엇인가에 대한 존재론적 논의, 2)문학을 어떻게 해석할 것인가에 대한 인식론적 논의, 3)또한 문학이 개인 혹은 사회와의 관계, 혹은 역할이라는 측면에서 다양하게 논의될

의 문학 연구나 문학교육이 살아남기 위하여 어떤 변신을 꾀하고 어떻게 전화해야하는지를 논의하는 것이 아니라, 현재 이루어지고 있는 모든 문학 행위가 갖는 효용성을 기술적descriptive으로 논의하려 한다. 문학이 상상력과 창의력을 키우는 유용한 도구임은 누구나 다 인정하는 상식이지만, 구체적으로 인문학적 상상력이 의미하는 바가 무엇이고 인문학 중에서도 특별히 문학이 어떻게 인문학적 상상력을 교육하는가에 대하여 노드롭 프라이Northrop Frye의 저서들을 통하여 살펴보려 한다.

## 왜 프라이인가:

문학이 사회와 관련하여 수행하는 역할과 효용성에 관하여는 현대의 포스트모던적 감각에 맞는 이론가들이 얼마든지 있다. 푸코Michel Foucault, 알뛰세르Louis Althusser, 가다머Hans-Georg Gadamer 등을 제치고 구태여 많은 막시스트와 포스트구조주의자들이 공격의 대상으로 삼았던[3] 노드롭 프라이의 통찰을 빌리려 하는

---

수 있다. 본고는 마지막 측면에서 문학을 성찰하고 있으며 따라서 부분적인 논의임을 밝혀 둔다.

3) "A Power to Fight," *The Guardian* (12 November 1970)에서 윌리엄즈(Raymond Williams)는 프라이를 "흔히 있는 적의 모습"("the features of a familiar enemy")를 갖고 있다고 말한다. 이글튼 (Terry Eagleton) 역시 그의 *Literary Theory: An Introduction*에서 프라이를 자유주의적인 휴머니스트라고 부르면서 "후기자본주의의 이데올로기를 맞서 싸우기엔 역부족인 부르조아사회의 불구적 의식" ("the impotent conscience of bourgeois society") 이라고 비판한다. 렌트리치아 (Frank Lentricchia) 역시 *After the New Criticism*에서 프라이를 형식주의자 혹은 구조주의자로 폄하한다.

것에는 나름대로 그만한 이유가 있다. 우리 문화의 고질병인 획일적 성향과, 묵은 것은 덜떨어진 진실로 간주하고 오로지 새로운 유행만을 뒤쫓는 성향을 거스르려는 의도인데 그러한 시도 자체가 인문학적 상상력을 필요로 함을 메타포적으로 말하고 싶기 때문이다. 흔히 프라이는 형식주의자 혹은 구조주의자로 범주화된다. 문학 작품의 역사성을 무시하고, 문학의 다양성을 공시적 구조인 신화나 원형으로 축소하면서 거대한 체계를 세우려 했다는 다분히 피상적인 이해로 인하여 프라이는 공격의 대상이 된다. 그러나 그는 반역사적인 형식주의자도 아니고 단일한 중심의 구조만을 추구했던 구조주의자도 아니다. 문학을 사회적 맥락에서 천착하고 있는 그의 저작 『문학의 길』*The Critical Path*을 보면 단순한 어떤 카테고리 안으로 범주화시킬 수 없음이 분명하다. 그 역시 한 사회의 한 계층에 속하기에 특정한 이데올로기를 반영할 수 있고 따라서 그를 자유주의적(브르죠아적) 휴머니스트로 비난한다해도 그가 제시하는 통찰은 상당히 보편적이다. 개인과 개인이 속한 사회가 어쩔 수 없이 가질 수 밖에 없는 편견과 이데올로기에도 불구하고 진실을 향한 열망은 존재해 왔고, 짐짓 "순수해" 보이는 담론 뒤에 숨어있는 권력과의 영합을 읽는 것도 중요하지만, 이상을 향한 "순수한" 시도는 계보학을 외치는 그들의 "순수한" 해체시도 만큼이나 역사 속에 늘 실재해 왔음을 부인할 수 없다. 어차피 순수한 "선"이란 존재하지 않고 "선"을 향한 의지만을 선하다고 정의할 수 있는 것이라면, 오로지 남는 것은 개인과 사회의 편견을 넘으려는 시도뿐이고 그 시도는 존중될 가치가 있다. 더욱 중요한 사실은 프라이가 문학을 바라보는 시각이 그를 비판하는 사람들과 많은 면에서 궁극적으로 흡사하다는 점이다. 특히 막시스트이면서 포스트구조주의자인 알튀세르와 프라이는 많이 닮아 있다. 알튀세르는 문학은 이데롤로기가 이데올로기임을 볼 수 있도록 하는데 전력한다면 비슷하게 프라이도 문학이 교육하는 상상력은 궁극적으로 신화가 신화임을 알게 해주는 능력이라고 말하면서 유사성을 보인다. 그러므로 한물 간 구조주의자에게서도 유행하는 비평가들 못지않은 유용한 통찰을 발견할 수 있음을 보여주면서 학문 분야에서도 횡행하는 획일적 유행에서 벗어나고자 한다.

또한 절대적 진리를 부정하고 모든 담론을 역사화historicize하면서 진리를 다원화하고 다양화하려는 시대적 조류는 그것이 표방하는 상대주의를 언제든지 절대주의로 탈바꿈 할 수 있다는 위험을 지적하고자 프라이를 택하였다. 프라이는 흔히 다양한 문학 현상을 단일하게 체계화한다고 비난받는다. 그러나 다원성과 상대주의를 표방하는 프라이의 비판자는 단일성을 추구했던 프라이를 다양성의 한 부분으로 인정하지 못하고 제외시키면서 오히려 절대주의에 빠지는 오류를 범한다. 그런데 사실상 프라이가 추구했던 단일성unity은 환원적이기 보다 오히려 "다양성 가운데의 단일성"unity-in-diversity이다. 그의 단일성unity의 개념은 조화의 개념이며, 양극단 사이의 어정쩡한 절충이 아니라 상위질서 속에서 일관성을 지니는 조화이다. 따라서 포스트 구조주의가 표방하는 다원적 다양성과 프라이가 말하는 단일성을 결코 대립되거나 모순되는 개념이 아니라, 오히려 일체의 일관성도 없이 카오스적 무질서로 치닫는 포스트 구조주의보다 오히려 더욱 높은 차원을 의미화한다. 인간의 자유를 향하여 모든 형태의 권위를 부정하면서 근대 이후 숨가쁘게 달려온 20세기의 끄트머리는 양극단 사이를 수없이 오락가락한 후 마지막으로 무질서의 극단에 아슬아슬하게 매달려 있는 듯하다. 이제는 질서와 무질서 사이에서의 고단한 왕복운동에서 벗어날 때다. 블레이크의 오크Orc 싸이클을 박차고 나와야 한다. 그것은 다원주의와 상대주의 안에 함몰하는 것이 아니라, 상위질서 안에서 조화를 구하는 것인데, 이런 차원에 대하여 프라이는 매우 쓸모 있는 통찰을 제공한다.

이러한 맥락에서 프라이는 위기에 처한 문학을 옹호할 수 있는 근거를 마련한다. 후기 해체주의Post-deconstruction 시대라고 불리는 1990년대에 들어서면서 프라이에 대한 관심이 되살아나는 중이다. 프라이의 권위 있는 연구자인 해밀튼A.C. Hamilton은 미래에도 여전히 프라이는 그들의 동시대인으로 끊임없이 재발견될 것이라고 말한다.[4)] 문학이 과학적 지식과는 다른 형태의 앎인 지혜를 추구한다는 면에서, 인간 삶에 불가피한 질서의 신화를 견제하고 진리와 이데올로기를 구별하는 능력을 배양한다는 면에서, 인간 삶을 총체적으로 유추하는 상상력을 배양한다는 면에서 프라이는 문학의 효용성을 누구보다도 설득력 있게 주장한다.

## 문학의 위기에 대한 기존의 논의들

먼저 문학의 위기에 대한 기존의 논의를 요약한다. 위기에 대한 논의는 인문학의 위기로 볼 것인가, 아니면, 범위를 좁혀서 문학의 위기로, 혹은 더욱 범위를 좁혀 영문학의 위기로 볼 것인가에 따라 논의의 내용이 사실상 약간씩 달라진다. 폭넓게 인문학에 대한 위기 담론을 살펴보면, 학자들 모두 인문학의 본질을 인간과 사회에 대한 반성과 비판, 그리고 새로운 비전의 제시로 보고 있으며, 위기의 원인으로는 외부적 원인과 내부적

4) 해밀튼은 『노드롭 프라이: 그의 비평에 대한 해부』에서 다음과 같이 말한다. "프라이의 비평은 그의 백과사전적인 포괄성과 원하기만 하면 언제나 다가갈 수 있는 풍부한 인접성으로 인하여 결코 어느 것의 '후기'가 될 수 없다. 심지어 '후기' 아리스토텔레스도 될 수 없다. 따라서 미래는 프라이를 언제나 그의 동시대인으로 그를 부활시키기 위하여 렌트리치아의 "쓰레기통"을 탐색하게 될 것이다." ("Since his[Frye's] criticism, in its encyclopedic inclusiveness and always flourishing immediacy, is never post-anything, not even post-Aristotle, the future may well search through Lentricchia's dump in order to revive him as its contemporary.") (217)

원인으로 나누어 고찰한다. 외부적 원인의 하나로서 시장경제 논리에 입각한 교육부 정책에 의하여 소위 "돈 안 되는" 인문학 분야에 대한 경제적 지원이 상대적으로 미미하고, 장래의 직업에 대한 보장성이 적은 인문학을 학부제 이후 학생들이 외면함에 따라 학과의 존립이 위태로워졌다는 매우 현실적인 위기이다. 또 다른 외부적 원인으로서 문화 자체가 문자문화로부터 컴퓨터를 포함한 전자 영상매체로 전환되고 있다는 사실을 지적하고 있다. 가치와 유용성의 논란을 떠나서 문자문명의 전환이 기정사실로 된 바에야 문학도 그에 걸맞게 새로운 정의를 필요로 한다는 인식이다. 내부적인 원인으로는, 인문학 자체가 갖는 테두리와 방법상의 모호함, 인문학의 기본적 도구인 언어 자체에 대한 회의, 객관적 지식과 이론에 대한 회의, 분과학문적 폐쇄성, 그리고 서구이론에 대한 무비판적 수용 등을 지적하고 있다. 이런 방식으로 각자 원인을 분석하고 자신들이 분석한 원인에 따라 각기 다른 처방을 내리고 있다.[5)]

그러나 인문학의 위기에 대하여 어떠한 현학적인 분석이 이루어진다 해도 가장 피부에 와 닿는 직접적인 원인은 인문학이 실용성이 떨어진다는 점이다. 인문학은 본시 세습되는 신분과

---

5) 일일이 인용하지 않았지만, 인문학과 문학의 위기에 대한 담론은 열거되는 다음의 국내 책들을 참조하였다: 1994년 가을 겨울호 『현대비평과 이론』, 1997년 인문학연구소 학술 심포지엄 「현대사회의 인문학--위기와 전망」, 경상대학교 인문학연구소 편 『현대의 새로운 패러다임과 인문학』, 조동일『우리 학문의 길』, 김욱동 『문학의 위기』, 김용권 외 『영문학 교육과 연구의 문제들』.

지위가 보장하는 명예와 재력으로 인하여 먹고사는 일상적 필요가 이미 해결되었던 상위 계층의 전유물이었다. 과거와는 달리 현대의 복잡한 기술사회는 누구든지 일해야 기본적인 삶을 유지할 수 있는 시대이다. 의식주가 해결되지 않은 상태에서 사람답게 사는 방법을 연구하는 인문학은 설득력을 잃는다. 인문학의 위기는 학문 자체의 특성으로 인한 위기가 아니라 실용성을 추구하는 사회가 인문대학을 외면하여 결국 인문학을 전담하는 인문 대학의 위기인 것이고, 즉 인문대학에서 연구하는 학자들의 위기다. 이런 측면에서 위기를 진단한다면 위기를 극복하기 위한 처방은 어느 정도 실용성과의 타협일 터인데 전통적인 철학, 사학이 실용성과 타협할 수 있는 가능성은 매우 희박해 보인다.[6)]

그런데 문학의 경우는 약간 다르다. 문학은 인문학 중 실용성과 타협하기에 가장 유연한 분야인데, 우선 언어 숙달을 교육목표의 하나로 두고 있다는 면에서 그러하다. 특별히 영문학의 경우 영문학이 영어를 교육하는 훌륭한 재료가 된다는 측면에서 그나마 존폐의 위협은 면한다. 반면에 문학은 인문학 중 가장 늦게 제도화된 학문이고 서양의 경우 애초부터 근로자와 여성을 위한 가벼운 인문학을 제공하기 위하여 시작되었음에 주

6) 학문적인 엄격함과 체계로 인하여 전통적 의미의 상아탑에서 가장 대표적인 인문학이면서도 실용성에 밀려 제일 먼저 위협을 받는 철학과 사학은 실용성과의 타협이 문제의 해결 방법이 될 수는 없다. 경제 사정이 어려운 사학들은 어쩔 수 없다하여도 최소한 국립대학 만큼이라도 정책적으로 기초 인문학 분야를 보호육성해야 한다고 믿는다.

목할 때(김욱동, 107) 학문으로서의 문학은 그 입지가 불분명하다. 실용성은 있는데 학문적인 엄격한 체계가 부족하다는 것이 오히려 문학이 위기에 처한 원인이기도 하다. 그래서 실용성을 잃지 않으면서도 학문적인 체계를 갖추기 위하여 문학이 문화학이나 문화 공학으로 전화할 것을 제안한다(강내희, 76-9).[7]

이러한 문학에 대한 논의 모두는 문학이 살기 위해서는 문학 아닌 다른 무엇으로 변화해야 한다고 믿는 공통점이 있다. 물론 그러한 시도는 어쨌든 의미있고 필요하다. 실용성과 타협도 필요하고 학제간 연구도 필요하고 문화학도 유의미하다. 그러나, 문학이 다른 무엇으로 변화하지 않으면서--철학과 사학처럼--그 자체가 갖는 고유한 특성을 기반으로 문학의 위기를 극복할 수는 없는 것인가? 이제까지 문학을 심미적 대상으로 혹은 귀중한 문화유산으로 읽고 토론하고 쓰는 방식을 그대로 유지하면서 문학 연구와 교육은 살아남을 수 없는 것인가? 물론 인기는 없을 것이 분명하다. 그렇다고 아예 없애버리거나 무작정 다른 무엇으로 전화해야 할 것인가?

인간은 본능적으로 쉽고 편한 것, 감각적이고 선정적인 것을 선호한다. 그리고 근래 들어 부쩍 인간의 본능을 자유롭게 발

7) 물론 강내희교수는 문학연구가 학제적 성격을 가져야 한다는 측면에서 문화학을 제안하고 있다. 그러나 실제로 학제(學制)를 문학과가 아닌 문화과로 전환하는 예는 실용성에 초점을 맞춘 결과임을 부인할 수 없다.

산하는 것을 선으로 여기고 이를 억제하는 모든 사회적 기제들을 악으로 분류한다. 부당한 우열이 내포된 이분법을 해체하고 억압받고 소외된 계층과 개념을 해방시키는 것은 분명히 필요하다. 상아탑 속 학자들의 대중문화에 관심을 두는 것도 필요하다. 그러나, 대중문화에 대한 학자들의 관심에는 언제나 비판적 안목이 필요하다. 고급문화와 대중문화의 이분법을 없앤다는 것은 자체가 가진 고정관념에 매이지 않는다는 뜻이지 가치판단과 기준이 사라졌다는 말은 아니다. 마찬가지로, 컴퓨터와 영화가 인쇄문학을 능가하는 인기를 끌고 있다하여 무작정 교과과정 속에 하이퍼텍스트와 영화를 집어넣는 것만이 능사가 아니다. 물론, 하이퍼텍스트나 영화가 가진 예술성을 인정한다는 면에서 포함시킬 수도 있지만 그것들이 결코 문자문화로서의 문학이 갖는 고유한 특성을 대체시킬 수는 없다. 모두에게 필요한 비판적 안목은 글로 쓰인 문학 속에서 배워질 수 있기 때문이다.[8] 문학이 영화나 컴퓨터에 비하여 어렵고 불편하고 고답적이고 억압적이라고 할지라도 대학이 무작정 인간의 본성이

---

8) 마이클 하임은 그의 저서 『가상현실의 철학적 의미』에서 컴퓨터와 책을 비교한다. 컴퓨터의 검색 논리인 "불의 검색 논리는 사고의 좁은 터널을 통해 관계없는 것을 제거하면서 목표에 이른다. 그러나 이러한 검색은 우리의 심적인 건강에 영향을 미친다. 즉 좁은 터널에서 심적인 숙고는 줄어들고 편협한 의식이 직관을 희생시킬 것이다"(59)라고 말한다. 반면에 책은 "우연한 탐색이 가능하며 효율적은 아니지만 예측 불가능한 방법으로 우리를 풍요롭게 한다. 도서관에서 뭔가를 수시로 찾다보면 우리가 애초에 물었던 질문을 뒤엎을 만한 것을 발견할 수도 있다"(60-1)고 말한다. 또한 컴퓨터는 컨텍스트가 부재하는 "단편적인 정보의 축적에만 매달리는 습관을 갖게 되고 지식의 저편에 있는 지혜를 잃게 된다"(42)고 말한다.

원하는 대로 내맡길 수는 없다. 대학이 기술적descriptive으로 현재를 진단하는 동시에 미래사회에 대한 대안을 제시하는 곳이어야 한다면, 본능에만 내맡기는 것만이 대안은 아니다. 문학은 다른 무엇으로 변화되지 않고 인문학의 한 분야로서 계속 존속해야 한다.

그렇다면 문학은 왜 존속되어야 하는가? 최근의 논의를 살펴보면, 문학은 비판의식과 창조적 사고를 함양, 제도의 비판, "속지"에서의 탈피, 독단의 경계, "개념화나 도식화보다 더욱 근접한 삶의 질감"을 획득하게 한다고 말한다. 이러한 다양한 문학의 효용성은 사실상 문학이 다른 과학들과 다른 인문학적 상상력을 필요로 하고 또 함양하기 때문에 생기는 일종의 결과들이다. 상상력 때문에 지배계급의 이해관계가 반영된 제도와 "상식적 다수파"가 지배하는 사회를 비판할 안목을 얻게 되는 것이고, 그들의 독단을 경계하는 것이다. 또한 상상력 때문에 개념과 도식이 빠뜨리고 단순화하는 부분들을 입체적으로 실재와 근접하게 그려낼 수 있는 것이다. 프라이는 이러한 인문학적 상상력을 옹호하고 있다. 그렇다면 이 상상력이란 무엇인가?

## 프라이의 문학적 상상력

프라이는 그의 여러 저서에서 상상력을 다양하게 정의하고 있는데, 그가 상상력을 정의하고 옹호하는 것은 진실에 접근하는 태도에서 문학이 과학과 다른 차이점을 밝히려는 맥락에서다. 그가 『비평의 해부』를 출간하였던 당시에도 요즘과 마찬가지로 문학은 스스로의 학문적 과학성의 결핍으로 다른 인접 학문과 구별되는 독립적인 입지가 불분명했다. 『비평의 해부』에서 프라이는 "체계적인 비평의 부재가 힘의 공백을 만들었고 모든 인접 학문 분야가 침입해 들어왔다"(12) 라고 말하면서 문학 연구 즉 비평을 체계화하는 작업을 시도한다. 다른 인문학과 달리 문학이 학문적인 엄격함과 체계가 부족한 것은 예나 지금이나 마찬가지여서 문학연구, 비평[9] 역시 학문적 과학적 체계를 갖춰야 할 필요가 그때도 절박했다. 즉 과학만이 진실을 주장하던 시대에 프라이는 문학 연구를 과학화하는 작업을 시도한다. 그러나 실상 그가 하는 작업들은 문학을 과학과 비슷하게 만드는 것이 아니라 정반대로 문학이 과학과 얼마나 다른지를 결과적으로 입증한다. 다시 말하면, 문학의 언어가 과학의 언어와 얼마나 다르고, 문학이 그리는 세계가 과학이 제시하는 세계와 어떻게 다른가를 증명하기에 이른다. 이러한 증명하는 과정에서 상상력이 중심에 선다.

프라이에 의하면 문학의 언어가 과학의 언어와 다른 특성은

9) 문학연구(a study of literature)와 문학비평(literary criticism)은 동일한 개념으로 사용한다. 즉 인문대학의 모든 문학강의는 이러한 의미에서 모두 비평이라고 할 수 있다. "문학비평"이라는 이름으로 특별히 개설되는 과목은 사실상 "문학비평이론"이라고 이름함이 적절하다.

메타포적 성격에 있다고 말한다. 그리고 이러한 메타포를 이해하기 위해서는 상상력이 필요하다고 말한다. 그는 상상력을 지각력perceptive power과 창조력constructive power 두 개의 능력으로 나누어 설명한다. 간단하게 설명하면, 지각력이란 메타포를 이해할 수 있는 능력이고, 창조력이란 메타포를 창조할 수 있는 능력이다. 후자는 시인이 작품을 만들어내는 능력이고, 전자는 문학을 이해하는 능력인데 둘다 문학을 통하여 교육될 수 있는 능력이다. 메타포는 일상적인 논리나 일대일 대응의 과학적 논법으로 이해되기 어렵다. 예를 들어 내 마음은 호수라고 말할 때, 말 그대로literally 본다면 내 마음은 결코 호수가 될 수 없기 때문이다. 즉 일상적 논리로 보면 억지에 불과한 메타포가 어느 차원에서는 분명하고 순순하게 이해되는 것을 우리는 흔히 발견한다. 위의 예는 이미 일상화되어 진부하게 사용되므로 쉽게 이해될 수 있는 메타포이지만 상식으로 이해되지 않는 메타포는 특별한 능력이 요구된다. 언듯보면 모순되어 보이지만 더 넓고 깊은 차원에서 일관성을 갖는 메타포를 이해하는 것은 따로 많은 상상력이 요구된다. 메타포를 메타포로서 볼 수 있는 상상력이 결여될 때 많은 대립과 갈등이 일어날 수 있다. 현실사회에 흔히 볼 수 있는 다툼은 표면상의 대립을 넘어서는 상위의 세계, 즉 상상력으로서만이 이해될 수 있는 세계를 지각할 수 없기 때문에 일어나는 경우가 허다하다. 프라이는 특별히 종교의 세계에서 직역주의literalism가 얼마나 잔인한 미움과 공포 그리고 전쟁을 일으키는가를 예로서 설명한다.10) 사랑을 가르치는 종교가 자구 해석에 얽매여 자신과 다르다는 이유로 행했던 엄청난 잔인함은 역사가 증명하고 있으며, 바로 이러한 일탈은 성경의 메타포를 메타포로서 이해하는 상상력이 부족하기 때문에 생기는 결과로 프라이는 보고 있다. 그래서 심지어 종교도 마찬가지로 도그마나 역사와 같은 이성적 언어보다 시적인 상상력을 통해서 더욱 효과적으로 교육될 수 있다고 말한다.

프라이는 "시의 역할 중의 하나는 사물을 메타포적으로 보는 습관을 갖게 하는 것이다" ("The Survival of Eros in Poetry" 31) "one of the functions of poetry, as I see it, is to keep alive the metaphorical habit of mind…."고 말한다. 즉 표면상으로 대립되어 보이는 사물들을 갈등으로 보지 않고 상위의 질서 속에서 일관성 있는 조화로서 이해할 수 있는 이중적 시각Double vision을 시가 혹은 문학이 훈련한다는 뜻이다. 이것이냐 저것이냐를 각각 따로 보는 것이 아니라 함께 동시에 바라 볼 수 있는 능력을 말한다. 키이츠의 "부정적 능력" "Negative capability"도 같은 뜻으로 볼 수 있다. 모순되고 대립되는 것들을 선불리 해결하지 않고, 모순을 모순 그대로, 대립을 대립된 그대로 내버려 둘 수 있는 능력을 말한다.

10) 프라이는 그의 저서 『이중적 시각』(*The Double Vision*) 에서 "잔인함, 공포, 편협, 미움은 잘못된 직역주의와 항상 함께 한다"(15) ("such things [cruelty, terror, intolerance, and hatred] are always accompanied by a false kind of literalism.")

평범한 사람들은 거의 본능적으로 이것이냐 저것이냐를 분명히 해야만 직성이 풀리고 마음의 평화를 얻을 수 있는 것이 보통이다. 그러나 이것이냐 저것이냐를 가리는 것은 일상적 논리의 차원이고, 가리지 않아도 편안하고 대립된 두 개 모두를 있는 그대로 포용할 수 있는 차원이 바로 메타포를 이해하는 상상력의 차원이다. 문학은 이러한 상상의 세계를 형상화하고 있으며, 문학 작품을 개별적으로 연구하여 나갈 때 그러한 상상력이 훈련될 수 있다고 프라이는 주장한다.

대립이 깨어지고 부서지는 지점, 모순이 더 이상 모순으로 인식되지 않은 세계, 범속한 일상이 깨어진 작은 틈으로 엿보는 상상의 세계를 문학은 하나의 신비로 형상화하고 있다. 에코Umberto Eco가 『장미의 이름』에서 그리는 그림도 언어가 표현할 수 없는 경지를 표현하는 메타포이고, 포스터E.M. Forster의 『인도로 가는 행로』역시 마라바동굴의 울림을 통해 신비의 체험을 형상화하고 있다. 프라이는 모든 문학, 철학, 종교가 "이상적 체험"ideal experience을 목표로 하고 있다고 말한다(*CP* 31). 즉 잃어버린 낙원에 대한 체험인데 문학은 이를 상상적 유추analogy를 통해 구체화한다고 보고 있다. 선악을 비롯한 모든 이분적 대립이 종식된 낙원을 상상적으로 체험할 수 있다면 우리의 삶은 현재와 많이 달라져 있을 것이다. 문학은 이상을 체험하게 하고 우리의 삶에 존재론적 변화를 일으킨다.

그의 저서 『문학의 길』에서 프라이는 문학적 상상력이 사회에 어떻게 공헌할 수 있는가를 논한다. 인간이 세계를 이해하는 태도를 구분하는 개념적 틀로서 프라이는 질서의 신화myth of concern와 자유의 신화myth of freedom를 사용한다. 우선 개념들을 설명할 필요가 있다. 프라이에 따르면 문학은 기존의 사회적 이데올로기 안에서 출발한다. 그러나 이념보다 선행하고 더욱 근원적인 것은 신화라고 말한다. 왜냐하면 사람들은 처음부터 체계적인 도그마를 만들기보다는 먼저 이야기를 만들어내는데 이 이야기가 바로 신화다.[11] 다시 말하면 신화란 인간이 세계를 어떻게 이해했는가를 표현한 다양한 이야기라고 볼 수 있고 인간이 세계를 이해하는 방식에는 두 가지 태도가 있다고 프라이는 말한다. 그 하나로 질서의 신화가 있는데 이는 인간이 이해하는 객체로서의 세계를 있는 그대로 객관적으로 바라보는 것이 아니라 자신의 주관에 의하여 인간화된 세계를 규범화prescribe하는 태도다. 이는 경험적으로 증명할 수 없더라도 공동체 속에서 자연스럽게 받아들여지는 믿음과 같은 것이며 어느 정도 사회를 결속하는 비전을 제시하는 긍정적인 면을 지니는 반면, 자신과 다른 것에 대하여 억압적이고 권위적인 단점을 지닌다. 나머지 하나인 자유의 신화는 세계를 있는 그대로 객관적으로 바라보는 시각이고 논리적인 타당성과 대응의 진리가

---

11) 신화에 대한 프라이의 정의는 『사회에서의 비평』(*Criticism in Society*)의 31쪽에서 간략하게 정리되어 있다.

신화의 진위를 분별하게 된다. 자유의 신화는 자신과 다른 것에 대하여 관용적이며 억압적 질서 신화의 횡포를 비판할 수 있는 능력을 지니고 있다. 그러나 객관적 검증을 거친 개별적 지식의 축적만으로는 훈련할 수 없는 능력이다. 자유 신화의 견제 없이 단 하나의 질서 신화가 사회를 지배하게 되면 오웰George Orwell의 『1984』과 같은 경찰국가나 마가렛 앳우드Margaret Atwood의 『시녀의 이야기』와 같은 억압적인 근본주의 종교국가로 타락한다. 마찬가지로 질서 신화의 결속적 비전 없이는 자유 신화도 올더스 헉슬리Aldous Huxley의 『멋진 신세계』처럼 게으르고 이기적인 권력구조의 기생물로 전락한다.

프라이는 이러한 믿음의 영역(질서 신화)과 지식의 영역(자유 신화)은 하나로 통합될 수 없다고 말한다. 통합시키려는 어떠한 시도도 양쪽 모두를 불구로 만든다고 말한다. 두 개는 항상 갈등하고 대립할 수밖에 없다. 경험적으로 증명될 수 없는 믿음의 세계는 과학에 의하여 항상 도전받을 수밖에 없듯이 말이다. 그런데 문학은 질서 신화적 요소와 자유 신화적 요소를 동시에 지닌다. 대응의 진리 세계를 다루는 과학이 외부세계에 대한 사실을 아무리 많이 축적 하더라도 그 지식을 사용할 개인적 사회적 비전이 없다면 아무런 의미가 없다. 문학은 자체 질서 신화적 요소를 지님으로써 사회에 비전을 제시할 수 있다. 그러나 문학 그 자체가 단순히 하나의 도그마를 숭배하는 질서 신화는 아니다. 문학은 “모든 질서 신화로부터 만들어지는 허구적 언어구조, 모델, 이미지 메타포 등을 총망라하면서 상상가능한 모든 질서 신화를 포함하는”(*CP* 98) 총합체이다. 따라서 서로 다른 질서 신화들이 충돌하지 않으면서 서로를 인정할 수 있는 상대주의와 인내심을 문학이 교육할 수 있다. 서로 다른 믿음을 가지면서도 스스로 검증할 수 없음을 알기에 서로를 존중하고 인정할 수 있는 사회를 프라이는 개방적 신화 체제라고 부른다. 각각 다른 질서의 신화가 충돌하지 않고 공존할 수 있는 개방적 신화 체제를 유지하기 위해서는 상상력이 필요하다. 믿음과 지식의 영역이 각각 다르고 다름을 다른 대로 내버려두어도 마음이 자유로울 수 있는 것은 어디까지나 상상력의 도움인 것이다.

또한 문학은 자유 신화로써 과학이 줄 수 없는 사회전체 구조를 조망하고 더 나은 사회를 유추하는 상상력을 교육함으로써 지식이 사용되는 방향을 제시할 수 있다. 문학은 상상력에 의하여 이상적 세계를 제시함으로써 현실사회를 바라보는 비판적 안목을 훈련한다. 이러한 능력은 문학의 자유 신화적 요소와 자연스럽게 연결된다. 자유 신화로서의 문학은 질서의 신화의 허구를 인식하게 하고 그 허구적 권위에 도전하며 그에 대한 보완책을 제공할 수 있는 개방적 상상력을 지닌다. 즉 문학은 제도를 비판하고 제도를 거부하게 만든다.

프라이가 그리는 유토피아는 개인성을 초월한 사회와 개인이 더 이상 충돌하지 않는 사회다. 현실적으로 볼 때 그러한 사회는 찾아보기 힘들다. 단지 그것이 이상사회의 잣대가 되어 우리의 현실을 살필 수 있는 기준을 제시한다. 그래서 "세익스피어의 연극은 그러한 기준이 되고 그 기준은 우리 시대의 편견과 질병을 조명해 줄 수 있다"("The Survival" 37)고 말한다. 즉 문학이 그리는 세계는 열심히 추구하여 현실 세계에서 성취할 수 있는 목표가 아니라, 현실을 제대로 볼 수 있게 하는 잣대로서 유용하다. "진정한 예술은 우상숭배가 아니라 우리가 지금까지 주시하여 왔던 질서의 신화에 대해 굳건히 마주 서서 그것을 응시할 수 있게 하는 것이다" (『문학의 길』 196).

요약하면, 상상력은 자유와 질서의 대립을 대립 그대로 보면서 메타포적 역설로 이해할 수 있는 지각력perceptive power이며, 동시에 대립과 충돌이 없는 이상의 세계를 상상적 유추로 건설하는 창의력constructive power이다. 문학은 그러한 상상력의 소산이고 문학은 상상력을 교육할 수 있는 도구다.

프라이에게 문학비평은 개별문학을 해석하거나 선별하기보다는, 문학 즉 창조적 상상력이 사회에서 차지하는 역할을 기술하고 규정하는 것이 비평가의 임무라고 말한다. 흔히 프라이를 형식주의자로만 보는 오해가 여기에서 해소될 수 있다. 프라이는 문학이 다른 인접 학문들, 즉 정신분석학이나 사회학으로 변질되는 당시의 현실에 매우 민감하여 문학은 반드시 문학 전체의 맥락에서만 이해되어야함을 강조한다.[12] 그러나 문학 자체의 신화체계와 구조를 밝히는 작업이 궁극적으로 사회적 맥락으로 연결되어야 함을 잊지 않고 강조한다. 프라이는 "문학을 하나의 단일체로 보는 것이 그것을 사회적 맥락에서 빼내는 것이 아니라 오히려 문명 속에서 문학이 차지하는 위치를 더 잘 볼 수 있게 한다"(CP 24-4)"seeing literature as a unity in itself does not withdraw it from a social context: on the contrary, it becomes far easier to see what its place in civilization is"고 말한다. 문학을 문학 자체의 구조 속에서 의미를 파악하는 것이 사회적 관심과 결코 대립하는 것이 아니고 양립할 수 있다고 보는 견해 역시 사실상 인문학적 상상력의 결과이다. 어쨌든 프라이는 비평가란 개별작품을 연구하는 동시에 사회 전반의 신화체계를 연구하는 문화비평가로 그 개념을 확대한다. 바로 이것이 프라이가 생각하는 대학에서의 문학 연구이며, 문학비평가, 즉 문학 연구자는 문학을 통하여 문화 현상을 읽어야 한다고 말한다. 그래서 프라이는 문학비평이란 넓은 의미에서 사회과학이라고 말한바 있다. 문학을 통하여 훈련된 상상력으로 문화를 이해하고, 또한 그 상상력으

12) 프라이의 사회비평가로서의 측면은 덴햄(Robert D. Denham)의 『노드롭프라이: 문화와 문학』이라는 책에서 집중적으로 다뤄지고 있다. 또한 프라이가 후대 비평에 남긴 유산에 대하여는 리(Alvin A. Lee)와 덴햄이 편집한 『노드롭 프라이의 유산』에서 다뤄지고 있다.

로 유추된 이상사회를 기준으로 문화를 비판할 수 있는 능력을 획득한다.

전통적인 인문교육liberal education이란 이런 의미에서 상상력 훈련이다. 모든 억압적 질서의 신화로부터 자유롭게 하며 현상적 대립을 본질적 조화로 볼 수 있는 상상력을 훈련하는 교육이다. 그것이 인간으로 진정으로 해방시키는 것이라고 『비평의 해부』에서 프라이는 다음과 같이 말한다.

> 인문교육의 목적은 자유롭게 하는 것이다. 즉 자유롭고 계급이 없고 점잖은 이상사회를 인식하도록 만드는 것이다. 그러한 사회는 존재하지 않으며, 존재하지 않기 때문에 인문교육이 상상력의 작품인 문학에 깊은 관심을 갖는다. 예술 작품에 존재하는 상상적 요소는 역사의 굴레에서 벗어나게 해준다. (…) 그러므로 인문교육은 교육받는 정신을 자유롭게 할 뿐 아니라 예술 작품까지도 자유롭게 한다. (347-8)

이처럼 문학은 인문교육의 핵심이다. 문학은 상상력으로 인하여 인간을 제도의 억압에서 자유롭게 하며, 자유로운 상상력으로 인하여 독단을 피할 수 있도록 한다.

미국 소설가인 플래너리 오코너Flannery O'Connor는 "문학은 신비를 존중한다""Literature respects mystery"라고 말한다. 신비란 인간의 언어가 설명할 수 없는 세계를 말한다. 언어로 설명할 수 없는 것을 구태여 설명하지 않지만 하나의 그림으로, 하나의 메타포로 제시하는 것이 문학이다. 그것은 상상력으로만 이해될 수 있는 역설적 세계이고 논리적 언어로 설명될 수 없는 아포리아의 세계이다. 매튜 아놀드Matthew Arnold는 말하길,

> 문학의 위대한 힘은 해석하는 능력이다. 그것은 우주의 신비를 흑백논리로 설명하는 것이 아니라, 우주의 신비를 충만하고 신선하게, 그리고 친밀하게 느낄 수 있도록 하는 것이며 우주의 신비와 우리와의 관계를 일깨우는 것을 의미한다. (Fischer 7 재인용)

신비의 세계는 언어나 논리로 설명할 수 없다. 오로지 상상력에 의하여 유추된다. 문학은 그 신비를 더욱 진실하게 더욱 근접하게, 그리고 더욱 구체적인 그림으로 그려낸다.

인문학적 상상력이란 모든 대립과 다름이 종식된 것, 태초의 혼돈과도 같고 죽음과도 같은 신비의 세계를 염화미소로서 이해할 수 있는 능력이다. 우리 사회를 횡행하는 독단적 획일주의와, 학연과 지연으로 얽히는 갈등들, 기득권층의 횡포와 그에 따른 불평등, 일상 속의 크고 작은 오해, 의도하지 않는 상처와 수근거림, 수많은 매듭들을 풀어나가는데 인문학적 상상력이 큰 도움이 된다. 개인의 삶을 보다 자유롭고 평화롭게 하며 공평한 사회를 만들어 가는데 인문학적 상상력은 훌륭한 모델을 제시할 수 있다. 문학은 그러한 상상력을 교육할 수 있다. 문학의

위기는 문학을 다른 어떤 것으로 변화시키기보다는, 문학의 원론적인 이야기로 돌아가서 인문학적 상상력이 개인과 사회에 미치는 영향과 역할을 재고하고 상상력을 교육하는 문학의 효용성에 대한 관심을 환기시킴으로써 극복 가능하다.

## 인용문헌


경상대학교 인문학연구소 편, 『현대의 새로운 패러다임과 인문학』, 서울: 백의, 1994.

김영민, 『탈식민성과 우리 인문학의 글쓰기』, 서울: 민음사, 1996.

김용권 외, 『영문학 교육과 연구의 문제들』, 서울: 한신문화사, 1996.

김욱동, 『문학의 위기』, 서울: 문예출판사, 1993.

여홍상, 「영문학교육의 정체성과 문학적 언어능력--비판적, 창조적 사고를 위하여」,「1998년 한국영어영문학회 봄 학술발표회 발표논문집」

인문학연구소 학술심포지엄, 「현대사회의 인문학--위기와 전망」 중앙대학교 인문과학연구소 주최, 1997.

조동일, 『우리 학문의 길』(제 2판), 서울:지식산업사, 1996.

프라이(노드롭), 『문학의 길』고부웅 역, 서울: 심지, 1984.

하임 (마이클), 『가상현실의 철학적 의미』여명숙 역, 서울: 책세상, 1993.

『현대비평과 이론』 1994 가을 겨울호. (인문학의 위기에 대한 특집호)

『현대비평과 이론』 1995 봄 여름호. (문학, 문학교육, 문학제도에 대한 특집호)

Denham, Robert D. ed. *Northrop Frye on Culture and Literature* : A Collection of Review Essays. Chicago: The Univ. of Chicago Press, 1978.

Eagleton, Terry. *Literary Theory: An Introduction*. Minneapolis: University of Minnesota Press, 1983.

Fischer, Michael. *Does Deconstruction Make any Difference?* Bloomington: Indiana University Press, 1985.

Frye. Northrop. *Anatomy of Criticism: Four Essays*. Princeton: Princeton

University Press, 1957

______. *The Critical Path: An Essay on the Social Context of Literary Criticism*. Bloomington: Indiana University Press, 1971.

______. *The Double Vision: Language and Meaning in Religion*. Toronto: University of Toronto Press, 1991.

______. *The Educated Imagination*. Bloomington: Indiana University Press, 1964.

______. "The Survival of Eros in Poetry," *Romanticism and Contemporary Criticism*. ed. by Morris Eaves and Michael Fischer. Ithaca: Cornell University Press, 1986.

Hamilton, A.C. *Northrop Frye: Anatomy of his Criticism*. Toronto: Univ. of Toronto Press, 1990.

Lee, Alvin A and Robert D. Denham. *The Legacy of Northrop Frye*. Toronto: Univ. of Toronto Press, 1994.

Lentricchia, Frank. *After the New Criticism*. Chicago: University of Chicago Press, 1980.

Williams, Raymond. "A Power to Fight," *The Guardian*, 12 November, 1970.

Salusinszky, Imre. *Criticism in Society*. New York: Methuen, 1987.

# 15장

# 테리 이글턴의 종교적 전회

## 포스트모더니즘이 초래한 위기에 대응하여[1)]

꽤 오랫동안 서구의 담론을 지배해온 것은 주체 담론이었다. 주체 담론은 어떻게 주체로 거듭날 것인가, 나를 억압하는 체제들, 이를테면, 정치권력, 자본주의, 가부장제, 제국주의, 제도 종교와 같은 억압 체제들부터 어떻게 자유로운 주체가 될 수 있는지에 관한 논의를 담론화했고, 이를 실천하는 것을 목표로 삼았다. 또한 모두가 자유로운 주체로 살 수 있는 사회는 어떤 사회이고, 그런 사회는 어떻게 만들어질 수 있는지를 담론의 중심으로 삼았다. 그리고 자유와 평등은 주체 담론이 이상으로 표방하는 이데올로기였다.

주체 담론은 인류의 자유와 평등을 확대하는데 지대한 공헌을 했다. 그러나 자유와 평등이 담론적 차원에서 현실로 대중화되면서 자유는 천박한 자기중심주의와 소비지상주의로 변질

1) 본 논문은 「테리 이글턴의 종교적 전회: 전회의 역사적 조건, 종교의 문학적, 실천적 가치 재조명」이라는 제목으로 『문학과 종교』 (한국문학과종교학회)(17.2(2012): 51-73)에 발표되었다.

되고, 평등은 계층 간의 갈등과 폭력을 오히려 심화시키는 결과를 낳았다[2]. 최근 들어 윤리학의 부상은 주체 담론의 과잉 내지는 변질로 인해 노정된 문제점들과 무관하지 않을 것이다. 특별히 해방된 주체들이 보여주는 자기중심적인 행태는, 해방된 주체들이 서로 어떻게 공존할 것인가에 대한 문제의식을 낳았다. 저마다의 자유가 첨예하게 부딪칠 때, 과연 어느 범위까지 내 자유를 주장하고, 어디까지 타인의 자유를 인정해줄 것인가의 문제가 중요한 윤리적 문제로 대두된 것이다.

게다가 2001년 충격적인 9/11사건은 인간 이성과 세계평화에 대한 낙관적 전망을 송두리째 깨뜨려버렸을 뿐 아니라, 무엇보다도 사물과 사태를 보는 시각이 전혀 딴판인 사람들이 어떻게 서로 공존할 수 있는지에 대한 고민을 환기시켰다. 여러 철학자들이 해결방안을 모색했다. 주디스 버틀러Judith Butler는 9/11 이후 엄청난 슬픔에 대해 폭력으로 대응하지 않으면서, 참으로 애도할 수 있는 방식이 무엇인가를 고민한다. 한 방법으로서 버틀러는 인간이 자족적 존재가 아니라 상호의존적 존재임을 인식하고, 타자를 지배하려는 욕망이 궁극적 가치가 될 수 없음을 지적함으로써 '공존'을 위한 방법을 제시한다(13). 뤼스 이리가레이Luce Irigaray의 『사랑의 길』*The Way of Love*은 딱히 9/11을 언

---

2) 이에 대한 보다 심도 있는 논의는 졸고 「인문학의 새로운 이상, 자유와 평등을 넘어 사랑으로: 인문학 주체로서 여성의 역할」(『인문학 연구』 통권 86 충남대학교 인문학연구소 발간 2012.3)을 참조할 것.

급하지는 않지만, 2002년에 나온 책임을 감안할 때 9/11의 충격을 간접적으로 흡수하고 있는 저서임이 분명해 보인다. 이리가레는 자유의 평등의 성취가 아니라, 서로 사랑하는 것이야말로 문제 해결과 이상의 핵심으로 파악하면서, 모든 사람들이 공존할 수 있는 길로서 사람들 간 "환원할 수 없는 차이"(35)를 인정하자고 제안한다. 또한 9/11 사건 직후 미국이 일방적으로 선악을 규정하고, 그들의 적을 악의 축으로 지목하면서 대대적인 전쟁으로 돌입하자, 과연 악이란 무엇인지, 악에 대한 개념적 성찰이 쏟아져 나온다. 수잔 네이먼Susan Neiman의 『현대사상에서의 악』*Evil in Modern Thought*, 리처드 번스타인Richard Bernstein의 『근본 악』*Radical Evil*, 테리 이글턴Terry Eagleton의 『악에 대하여』*On Evil*는 그런 문제의식에서 비롯된 책들이다.

이처럼 주체 담론의 문제점과 더불어 9/11 사건으로 윤리적 관심이 전반적으로 부상하고 있을 때, 마르크스주의 문학비평가 이글턴의 종교적 전회도 비슷한 맥락에서 일어난다. 종전의 철학과는 달리 마르크스의 철학이 세상을 설명하거나 기술하는 것이 아니라 세상을 "변화"(Neiman 103, 재인용)[3]시키는 것이었듯이, 좌파 지식인 이글턴의 사유도 파탄에 빠진 세상을 '변화'시키려고 모색하는 가운데 종교를 핵심적인 문제로 부각시킨다. 철학

3) 재인용한 영어원문은 다음과 같다. "But Marx made it easier by leaving the best summary of his own approach to the problem of evil. 'Philosophers have hitherto interpreted the world. The point, however, is to change it'" (Neiman 103).

의 한 분과로써 윤리학이 추상적인 기술(記述)에 전념한다면, 종교는 기술과 더불어 윤리의 실천에 더욱 관심을 갖는다. 좌파 지식인들이 부쩍 종교에 관심 갖게 된 배경은 바로 세상을 변화시키려는 실천에 있어서 종교만한 것이 없다는 통찰이 있었기 때문일 것이다. 마르크스 자신이 "종교 비판이 모든 비판의 선결 조건이다"(Neiman 102, 재인용)라고 말할 때, 이 말은 서구의 역사에서 전통적으로 종교가 차지하는 비중을 반증하고 있으며, 종교의 실패를 마르크스가 그토록 신랄하게 비판하는 것은 그만큼 인간의 역사에서 종교가 강력한 사명을 지니고 있었음을 그가 기억하고 있기 때문이다. 그래서 마르크스는 "종교가 세상의 일반적 원리이며, 백과사전이며 [⋯] 세상에 대한 열정과 도덕적 제재, 엄숙한 보충, 이 세상을 완성하고 정당화하는 보편적 기초가 된다"(Neiman 105, 재인용)[4]고 말한 것이다. 현대의 여러 좌파 지식인들이 한때 "보편적 기초"였던 종교로 눈을 돌려보는 것도 마찬가지 이유일 것이다.

하지만 종교가 중요한 만큼이나 비판 일색인 마르크스와 달리 이글턴은 현실과 동떨어진 환상으로서의 종교는 여지없이 비판하지만, 종교가 연마해온 실천적 삶, 존재의 혁명을 추동하는 종교의 '실천적' 가치를 재조명하면서 현대문화에 대한 해독

4) 재인용한 영어원문은 다음과 같다. "Religion is the general theory of this world, its encyclopedia, its logic in popular form, its spiritualistic point d'honneur, its enthusiasm, its moral sanction, its solemn complement, and the general ground for the consummation and justification of this world⋯" (Neiman 102).

제를 종교에서 발견하고 있다. 또한 그가 재조명하는 종교적 가치는 문학비평가로서 이글턴답게 기존의 제도종교의 도그마적인 측면보다는 상징체계로서의 종교를 다룬다는 면에서 상당히 '문학적'이라고 할만하다. 2001년 이후 나온 이글턴의 최근 저서들은 초점을 바꿔가면서 비슷한 주장을 반복하는데 다양하게 변주되는 그의 주장은 한결같다. 현대문화에 대한 대안으로서 기독교에서 '오래된 미래'의 통찰을 찾을 수 있다는 주장이다. 본 논문은 이글턴의 종교적 전회가 어떤 역사적 맥락에서 이뤄지는지 그의 저서를 통해 살펴보고, 그가 새삼스레 종교에 대해 호의적으로 방향을 선회할 때 그가 부각시키는 종교의 실천적 · 문학적 가치에 대해 논해 본다.

단 본격적인 논의에 앞서 선결해야 할 문제가 하나 있다. 이글턴의 종교적 전회에 즈음하여 그가 한국을 방문한 후 많은 한국 학자들은 이글턴의 변화를 '윤리적' 전회로 규정했는데, 본 논문에서 이글턴의 전회를 '종교적'이라고 규정한 것에 대한 일종의 변(辨)을 위하여 한 장을 할애한다. 차츰 논의하겠지만, 이글턴의 전회가 종교적이라고 규정하는 이유가, 더러 우려하듯이 교조적인 틀에 얽매어 호교적인 입장을 취하는 태도와는 거리가 멀다. 흔히 '종교'라는 말만 들어도 편협한 도그마를 떠올리면서 '교조적'이라고 무턱대고 비난하려는 사람들이야말로 오히려 '교조적'이라 할 만한데, 후자의 '교조적'인 태도야말로 이글턴이 매우 경계하는 부분이다.

## 종교적 전회인가 혹은 윤리적 전회인가

이글턴은 마르크스주의자이면서 포스트구조주의자로 널리 알려져 있다. 1983년 그의 저작 『문학이론입문*Literary Theory: an Introduction*』이 창비출판사에서 번역되어 한국에 처음 소개된 것은 1986년이었다. 언어의 사회성, 지식의 사회성, 존재의 사회성, 혁명, 실천이라는 잣대로 20세기의 치밀하고 난해한 문학이론들을 명쾌하게 비판·정리하는 그 책은, 내밀한 사적 자아보다는 사회적·공적 자아에 대한 관심이 가뜩이나 치열하고 획기적인 사회 변화를 갈망했던 우리의 시대적 욕구에 부응하면서 특별히 한국에서 많은 문학인들의 관심을 사로잡았다.

이후 이글턴은 여러 책을 출판하면서도 그의 마르크스주의적 잣대는 늘 변함이 없었다. 문학 이론이 모든 "담론행위"에 적용 가능해지면서, 문학에서 문화로 성찰의 폭을 넓혀 나갈 때에도 그는 여전히 마르크스주의자였다. 그러던 중 서서히 변화가 감지된다. 2003년 『이론 이후』*After Theory*에서부터 그의 관심이 어느 정도 윤리 쪽으로 돌아서는 듯하더니, 2009년 『이성, 믿음, 혁명』*Reason, Faith, Revolution*에 이르면 이번엔 윤리가 아니라 아예 종교를 논의의 중심에 놓게 된다. '마르크스주의와 윤리' 라면 몰라도, '마르크스주의와 종교'라는 조합은 이글턴을 포스트구조주의 마르크스주의자로만 알고 있던 사람들에겐 다소 충격적이었을 것이다.

절대적 진리나 확실성을 부정하는 포스트구조주의가 마르크스주의와 함께 언급되는 것이 얼핏 보기에도 그리 매끄러운 것은 아니다. 그러나 이글턴은 포스트구조주의를 1968년 학생운동의 좌절로 인하여 사회 대신 언어를 전복시키려는 지하 담론으로 규정하면서, 마르크스주의와 탈구조주의의 연속성을 주장했었다(『문학이론입문』123). 그렇게 본다면, 마르크스주의와 포스트구조주의의 표면적인 이질성과 상호모순은 절대적으로 간주되었던 유산계급의 지배 신화를 해체시킨다는 면에서 별 무리 없이 해결된다.

그런데 이번엔 마르크스주의와 종교다. 마르크스주의의 근간이 유물론임을 감안할 때, 유신론인 종교와 유물론적 마르크스주의가 어떻게 조화롭게 공존할 수 있을지 통념상 많은 사람들이 의아해했다. 특별히 2010년 이글턴이 한국을 방문했을 때, 그에게 쏟아진 질문의 상당 부분이 이에 관련된 것들이었다. 그들이 알았던 마르크스주의자 이글턴과 종교를 논하는 이글턴이 도무지 어색했다.

초점이 조금씩 다르긴 해도 이글턴의 종교적 전회에 대하여 국내에서 이제까지 세 개의 글이 나왔다. 글이 나온 순서대로 나열하면, 2010년 10월 『이론 이후』의 번역본이 출간되면서 그

책의 역자인 이재원이 쓴 "이론의 문지기, 이론의 과거와 현재와 미래를 말하다"라는 제목으로 역서의 해제가 첫 번째다. 두 번째로 비슷한 시기 2010년 12월 필자가 "어떤 역사적 조건이 이글턴이 종교로 돌아서게 만들었는가?"[5] 라는 제목으로 짤막한 논문을 발표했다. 그리고 거의 일 년 후 2011년 12월 윤조원이 "'이론 이후'의 이론?"이란 제목의 논문을 발표했다. 해외의 경우 이글턴의 최근 변화까지 포함하는, 본격적으로 이글턴의 지적 행보를 다루는 논문은 아직 보지 못했다. (이글턴이 왜 유독 우리의 관심을 끄는지, 그 자체도 꽤 흥미로운 일이다.) 이재원과 윤조원의 공통점은, 이글턴이 명백하게 종교, 특별히 유대기독교를 논의 대상으로 삼고 있음에도 불구하고, 그의 변화를 '종교적 전회'가 아닌 '윤리적 전회'로 보고 있다는 사실이다. 분명히, '종교적 전회'라고 말하기엔 껄끄럽고 개운치 않은 뭔가가 작동하고 있음에 틀림없다. '마르크스주의와 윤리'라면 괜찮은데, '마르크스주의와 종교'는 도무지 양립할 수 없을 것만 같았으리라. 오랜 역사를 통해 축적된 전통으로서의 종교, 제도와 현실로서의 종교는 초월성에 대한 독단적 교조적 신념을 지칭할 뿐 아니라, 리처드 도킨스 Richard Dawkins나 크리스토퍼 히친스 Christopher Hitchens

---

5) 2010년 12월 대전에서 개최된 한국영어영문학회 국제학술대회에서 "What historical conditions have made Terry Eagleton turn to religion?: a little thought on the question"이라는 제목으로 발표했다. 여기서는 이글턴이 종교로 전회하면서도 그가 마르크스주의를 버리는 것이 아니라 원래부터 있었던 그의 종교적 정체성이 전경화된 것이기 때문에 처음부터 끝까지 이글턴은 일관성을 지키고 있다고 주장하고 있다.

가 조목조목 비판하듯이 종교가 역사상 저지른 수많은 만행만을 특별히 기억한다면, 명망 있는 학자 이글턴의 변화에 차마 '종교적'이란 수식어를 붙이기가 꺼림직했을지도 모른다. 또한, 앞서 지적했듯이, 최근 이론의 변화 추이를 볼 때 윤리적 관심이 부각되는 추세이기 때문에 이에 맞춰 종교 대신 윤리라는 수식어가 훨씬 적절하다고 보았을 것이다.

그러나 이글턴의 새로운 관심이 다름 아닌 '주류 기독교 신앙 전통'이었음을 사람들이 끝내 확인하게 된다면, 나이가 지긋해진 이글턴이 시대착오적 보수의 길로 선회한 것일까, 짐짓 많은 이들이 실망할 가능성도 꽤 있다. 혹은 마르크스주의자 이글턴이 행여 신화적 종교의 어리석은 세계로 전회했을리 만무하다며, 필시 종교로부터 허구적 초월성은 빼고 현실 윤리만을 선별해낸 윤리적 전회일거라고 애써 이글턴을 합리화시키고 싶을지도 모르겠다.

당연히 이글턴은 갑자기 우파로 돌변한 것이 아니다. 또한 굳이 그의 명백한 종교적 전회를 윤리적이라고 규정하면서 그를 어색한 틀에 맞춰 합리화시킬 까닭도 없다. 이글턴은 지금의 역사적 상황에서 '그가 생각하는' 기독교야말로 가장 혁명적이고, 현실적이며, 희망적이어서 사회를 변화시킬 수 있는 가장 효과적인 힘이라고 믿었기 때문에 단지 그의 종교를 전경화시킨 것 뿐이다. 따라서 엄밀하게 말하면 그의 전회는 굳이 전회랄 것이 없을지도 모른다. 소위 역사적 상황이 그럴만해서 종교를 특별히 사유의 중심으로 끌어들인 것이지, 그가 마르크스주의와 포스트구조주의의 통찰을 저버리고 갑작스레 특정 종교로 개종한 것은 아니라는 뜻이다. 그는 늘 마르크스주의자였고, 가톨릭이었으며, 리비스 이후 포스트구조주의의 세례를 받은 후엔 그것의 장점을 선별적으로 수용한 포스트구조주의자였다. 지금도 마찬가지다. 단지 시기에 따라 전체의 각각 다른 부분을 부각시키고 있을 뿐이다. 물론 필요에 따라 전경화된 주제를 이전보다 훨씬 더 주의 깊게 성찰하고 주제의 가치를 더욱 강조했을 가능성은 있겠지만 말이다.

2011년 3월 그는 다시 책을 발간했다. 이번엔 『왜 마르크시즘이 옳은가? Why Marxism Was Right?』다. 인간의 노동과 유리된 자본, 생산과 유리된 금융 세계 자본이 전 지구를 휩쓸고 있다는 절박한 현재 인식이 그가 다시금 마르크스주의의 유효성을 재강조하게 만드는 것뿐이다. 한동안 종교에 열광하면서 마르크스주의에는 뜸하더니 종교는 이제 버리고 다시 열렬한 마르크스주의자로 거듭난 것일까? 물론 그렇지 않다. 역사적 상황에 따라 그의 다양한 정체성의 일부가 적절히 전경화되고 있을 뿐이다.

이글턴의 전회가 '윤리적'이 아니라 '종교적'이라는 주장이 이 글의 주요쟁점은 아니다. 다만 이글턴의 변화를 그저 윤리적이라고 하기엔, 종교와의 관련이 너무 깊고, 또 이글턴이 직접적으로 종교라는 단어를 훨씬 더 많이 사용하고 있기 때문에 나는 이 글의 제목을 "윤리적 전회" 대신 "종교적 전회"로 정했다. 종교가 윤리와 다른 점은 초월성의 유무라고 생각한다. 종교는 눈에 보이지 않는 세계를 인정하고, 비가시적 세계와 가시적 현실 세계의 연결성에 관심을 갖는 반면, 윤리는 비가시적 세계를 인정하지 않고, 가시적 세계 안에서만 상호공존을 모색한다는 차이점이 있다[6]. 윤리와 종교라는 오래된 전통에 대해 이와 같은 가장 일반적인 용례를 따른다면, 이글턴의 관심이 초월성을 배제한 '행위규범'을 다루는 윤리적 관심이라고 보다는, 초월성을 내재화한 '행위'의 영역을 다룬다는 면에서, 종교적 전회라고 부르는 편이 낫다고 생각한다.

## 종교적 전회의 역사적 조건: 포스트모더니즘이 초래한 위기

이글턴이 그의 사유에서 종교를 전경화시킨 것은 분명히 역사적 산물이다. 이유는 간단하다. 그는 현재의 절박한 문제를 해결하는데 종교가 상당한 통찰을 제공할 수 있다고 믿었다. 그렇다면 어떤 역사적 조건에서 종교를 전경화하는 것일까.

---

6) 윤리와 종교에 대한 정의가 다소 자의적인 감이 있겠으나, 이에 대한 논의는 상당히 방대한 양을 필요로 하고, 본고의 핵심 논의에서는 벗어나므로 다른 지면에서 따로 논의하기로 한다. 그러나, 추후 논의의 핵심이 여기에서 크게 벗어나지는 않으리라 생각한다.

20세기 들어 지금까지 서구인들에게 가장 충격적인 사건은 무엇보다도 홀로코스트와 9/11인 듯하다[7]. 그리고 이글턴은 9/11을 언급할 때마다 아메리카대륙 최초의 사회주의 정권 칠레의 살바도르 아옌데Salvador Allende를 무너뜨렸던 쿠데타가 일어났던 날인 또 하나의 9/11도 늘 함께 덧붙인다. 날짜가 같은 것은 우연이지만, 9/11 하나는 떠들썩하게 반응하는 반면, 다른 9/11에 대해서는 조용한 것 자체가 그의 사유 안에서는 중대한 의미를 지니기 때문이다. 이들 모두 인간이 이제까지 축적한 모든 지성적 업적들을 한순간에 산산조각 낼만한 거대한 충격들이었고, 각 사건은 각 시대 안의 문제들이 뒤죽박죽 엉켜 곪고 곪다가 마침내 한꺼번에 터져버리는 지점들이기도 하다.

홀로코스트를 먼저 보자. 이글턴이 홀로코스트에 대해서 많이 언급하는 것은 아니다. 홀로코스트는 인간의 이성에 대한 낙관적 확신을 산산이 부숴버리는 전환점이었다. 이성중심적 근대성에 대한 비판이 본격적으로 시작된 지점이다. 육백만 명을 살해한 인간은 더 이상 이성적인 존재일 수 없었다. 게다가 하이데거처럼 기라성같은 지식인조차 동조했던 그야말로 신비스럽기조차 한 인간의 광기는 계몽시대 이후 진보에 대해 더 이상 낙관할 수 없음을 확인시켜주었다. 이러한 광기는 역설적으로

7) 희생자들의 숫자로만 친다면, 홀로코스트와 9/11보다 훨씬 더 많은 사상자를 낸 비극적 학살이 수없이 많은데, 왜 하필 두 사건이 특별히 충격적인지 좀 의아하긴 하다. 『악에 대하여』에서 이글턴은 홀로코스트가 충격적인 이유는 현대국가의 이성주의로 저지른 만행이기 때문이다(96)라고 설명한다.

이성의 결여가 아닌 이성의 과잉이 빚어낸 참사였다. 이성의 이면은 감성이 아니라 냉혹한 무감각이었기 때문이다.

인간의 이성중심주의에 대한 회의에서 출발하는 포스트모더니즘[8)]은 홀로코스트가 남긴 충격에 대한 지식인들의 담론적 반응이라고 볼 수 있다. 문제는 이성의 과잉이었는데도 이성 자체를 신뢰할 수 없다고 믿게 된 지식인들은 이성의 반대 쌍과 균형을 잡기 위해 근대적 이성으로 대변되던 모든 중심을 해체하고 다원화한다. 물론 순기능도 있다. 다원화과정에서 억압된 것들이 해방된다. 개인의 차원에서 보면, 근대의 견고한 이성적 자아는 분열된 욕망의 자아로 다원화되고, 이성에 의해 억압되었던 욕망은 해방된다. 사회적 차원에서는, 이성을 대변하던 서구, 남성, 백인, 인간의 중심이 해체되고, 억압되었던 제3세계 국가, 여성, 소수인종, 그리고 자연이 해방을 맞이한다.

그런데 세상만사가 그러하듯 애초의 의도는 균형을 잡는 것이었을지라도, 늘 소홀했던 것들을 제대로 대접하는 과정에서 부득이 또 다른 부분을 소홀히 여기게 되면서 또 다른 형태의 불균형이 생기기 마련이다. 억압되었던 것을 해방시키면서 이성 쪽으로 기울었던 배의 균형을 잡으려고 했던 포스트모더니즘은

8) 포스트모더니즘은 아직도 그 실체를 명확하게 정의하기 힘든 것 같다. 여기서는 단순히 근대 이후 근대에 대한 반성 혹은 반발으로서의 포스트모더니즘을 의미한다. 포스트모더니즘 안에는 아주 다양한 사조가 포함되는데, 문화이론도 통상 그 사조에 포함된다. 하지만 이글턴은 포스트모더니즘을 정치성을 잃어버린 퇴폐적인 문화로 폄하하고, 문화이론에서는 여전히 혁명적 힘을 기대하면서 둘을 구분하고 있다.

그 자체가 가진 문제 때문에 다시금 침몰의 위기에 놓이게 된다.

이러한 문제의식의 결과가 바로 『이론 이후』다. 이글턴은 2차 세계대전 이후 시작된 혁명의 물결이 1968년을 기점으로 퇴조하고 문화이론이 최고조였던 1970년대부터 오히려 문화이론이 "퇴폐적인 포스트모더니즘"(『이론 이후』 29)으로 서서히 바뀌고, 1980년대가 되면 문화이론은 완전히 힘을 잃고 이글턴이 폄하해마지 않는 포스트모더니즘 일색이 되어버린다고 기술한다. 마르크스주의 후예라고 믿는 문화이론을 애써 옹호하려는 기색이 역력하지만, 내 생각엔 문화이론을 굳이 포스트모더니즘과 구분할 까닭이 없어 보인다. 아무리 건강하고 싱싱한 세포도 시간이 지나면 쇠락하기 마련인데, 쇠락이 아쉬워 한때 싱싱한 세포가 늙었다하여 굳이 다른 실체로 동강낼 필요는 없다.

애초 해체와 더불어 해방에 무게를 두었던 포스트모더니즘은 홀로코스트 문제에 대한 해결은커녕 오히려 자체가 문제로 변질되어버렸다고 본다. 그래서 이글턴은 책의 말미에 이제 "포스트모더니즘이라고 알려진 사유 양식은 끝에 다다랐다"(『이론이후』 21)고 선언한다. 해석의 다원주의, 대중문화에 대한 관심, 권력과 문화의 관련성 등에 주목한 것은 포스트모더니즘 문화이론의 장점이다. 하지만 이글턴은 포스트모더니즘이 단순히 현상을 기술하는데 그치고 있을 뿐, 현실을 비판하고 전복하고 해방시키는 힘을 상실한다고 비판한다.

절대성, 권위, 다수, 통일성, 합의, 전통을 거부하면서 포스트모더니즘은 뭐든지 옳다는 상대주의를 표방하지만, 결국 아무것도 옳지 않다는 결론에 이르게 된다. 그래서 상대주의의 이면은 절대주의가 아니라 허무주의일 수 있다. 왜냐하면 무엇이 옳은지 그른지 판단할 수 있는 준거가 사라진 것이다. 그러니 비판이 있을 수 없다. 전복시킬 대상도 사라져버렸다. 이글턴은 페리 앤더슨Perry Anderson을 인용하면서 포스트모더니즘이 표방하는 거대서사 거부, 보편성의 거부는 결국 "의미를 학대하고, 진리를 짓밟으며, 윤리와 정치의 허를 찌르고, 역사를 깡그리 없애버렸다"(『이론 이후』 51)고 개탄한다.

한편 보편성을 억압과 동일시했던 포스트모더니즘은 자연스럽게 개별성의 존중을 강조했다. 보편성에 대한 반발로서 존중받게 된 개별성은 다시금 과잉의 늪에 빠져, 자아 확대 혹은 자기폐쇄적인 나르시시즘에 빠지게 된다. 사회문화적으로 이러한 개별성의 과잉은 소위 '문화주의'culturalism로 타락하게 되면서, 자기 문화의 타당성을 절대성으로 확신하는 오류에 빠져버린다는 것이다. 소위 "내재적으로 접근"한다면 어떤 개인이든 집단이든 문화가 어떻게 행동하든지 간에 간섭할 여지가 없어져 버린다. 이글턴이 즐겨 인용하는 아퀴나스에 따르면 '존재란 실체라기보다는 행위'인데, 이렇게 되면 행위할 수 있는 근거가 사라져버리게 된다. 어떤 정치적 행동도 무기력해진다. 홀로코스트의 반이성적 행동에 대한 대응 담론으로 시작된 포스트모더니즘은 이렇게 무기력한 담론으로 타락하게 되었다고 이글턴은 개탄한다. 이글턴은 1968년 이후 정치는 실패했고, 문화가 정치를 대신했지만, 문화도 실패했다고 본다.

포스트모더니즘과 관련해서 이글턴이 특별히 더욱 애석해하는 것은 포스트모더니즘이 자본주의와 결탁하는 현상이다. 본시 저항적으로 출발했던 포스트모더니즘이지만, 금기에 대항한답시고 포르노를 연구하고, 엘리트 문화에 대한 저항으로서 대중문화에 몰두하면서 비판은 뒷전에 두고 문화적 자유를 향유하는 동안, 결국 자본이 최고의 권력자로 등극하고 있었다고 지적한다. 낭비를 부추기는 대중 조작적인 광고, 축적 그 자체를 위한 자본의 축적, 거대기업의 이익 추구, 세계의 시장화, 거대자본의 세계 침투, 비판이 주 업무인 학자와 전문가조차 자본에 고용되고, 자국의 경제적 이득을 위해서라면 전쟁도 불사하는 일들이 가볍게 벌어졌다.

한편 도덕과 윤리는 절대성의 영역에 속한 것으로서 입에 담는 것조차 부끄러운 일이 되어버렸었다. 포스트모더니즘이 도덕과 윤리의 문제를 다루지 못하는 동안, 도덕과 윤리는 근본주의자들의 전유물이 되어버렸다. 근본주의자들은 타락한 현대생활에서 자신들만이 도덕과 윤리를 수호하는 신의 군대라고 결연히 무장했다. 자본주의의 경쟁적 삶 속에서 정신적으로 공허해진 대중은, 영혼 없는 몸뿐인 근본주의에 투항하거나, 몸 없이 영혼뿐인 뉴에이지와 같은 영적 운동에 몰입했다.

그런 가운데 9/11이 터졌다. 9/11은 서구 포스트모더니즘이 실패했음을 증명하는 거대한 상징처럼 보였다. 단순한 문명의 충돌은 아니라고 이글턴은 말한다. 9/11은 기독교 근본주의와 이슬람근본주의의 충돌일 뿐 아니라, 서구 제국적 자본주의와 그에 대한 저항 세력의 충돌, 또 문명과 문화의 충돌로 본다. 어쨌거나 9/11은 서구사회의 실패를 적나라하게 보여준 사건으로 인식되었다. 지배담론이 비판 능력을 상실하고, 이글턴같은 정치적 좌파들조차 정치와 윤리를 따로 구분하면서 윤리적 측면을 등한시하는 동안, 다른 한 편에서는 서구에 대한 피해의식과 자국의 문화적 자긍심이 묘하게 뒤엉키면서 전쟁은 성전(聖戰)으로 둔갑하고 거룩한 전쟁에 기꺼이 목숨을 버리는 지경에 이르렀다고 해석한다. 그런데도 미국은 이를 제대로 깨닫지 못하고, 자본의 확대에만 급급했다. 칠레의 9/11역시 서구의 실패를 보여주는 사건으로 인식되고 있다. 제국적 자본주의가 자생적 사회주의를 괴멸해버린 또 다른 충격적 사건으로 보고 있다. 양심도 연민도 없이 자신의 이득에만 급급해 다른 나라를 짓밟은 대표적인 예인 것이다.

이렇게 실패에서 실패로 이어지는 역사적 상황에서 이글턴은 이제 종교로 눈을 돌린다. 홀로코스트와 9/11 같은 악을 다루는데 포스트모더니즘 담론이 무력하기 때문에 다른 담론이 필요해진 것이다. 그게 종교다. 정치와 문화가 실패한 후에도, 여전히 사회의 변화를 꿈꾸는 정치적 좌파들에겐 새로운 아이디어가 시급하다. 이글턴은 『이성, 믿음, 혁명』에서 이렇게 말한다. "오랫동안 좌파들이 부끄러운 침묵을 유지했던 주제들, 즉 죽음, 고통, 사랑, 자기 비우기, 자기 포기와 같은 문제에 대해 유대 경전에서 많은 것을 얻을 수 있다"(xii)고 말한다. 죽음, 사랑, 고통, 자기 비우기, 자기 포기에 대해 종교만큼 심오하게 연구하고 실천해 온 분야는 없다는 것이다. 이런 역사적 조건에서 이글턴의 종교적 전회가 이뤄진다.

## 종교의 문학적 · 실천적 가치

흔히 종교는 형이상학적 우주론과 신론, 인간론을 가진 도그마의 체계로 이해된다. 혹은 종교는 현실과 동떨어진 "환상"[9)]이거나 고통에 무감각하게 만드는 "아편"으로 이해되기도 한다. 이글턴은 『이성, 믿음, 혁명』의 첫머리에서 천사의 존재라든가, 교황이 절대적으로 옳다든가, 예수가 물 위를 걷거나 승천했다

9) 종교를 환상으로 본다고 해서, 반드시 폄하적으로 표현하는 것은 아닐 수도 있다. 지그문트 프로이트(Sigmund Freud)의 경우는 다분히 폄하적이지만, 쥘리아 크리스테바(Julia Kristeva)는 『태초에 사랑이 있었다(In the Beginning was Love』에서 환상의 유용성을 적극적으로 옹호하기도 한다.

는 것들을 결코 믿지 않는다고 천명한다(xi). 또한 대부분의 경우, 종교가 역사적으로 "편협함과 미신, 뜬금없는 희망 사항, 억압적인 이데올로기에 불과했음"(xi)을 인정한다. 이처럼 종교에 대한 세간의 비판에 이글턴은 상당 부분 수긍한다. 『문학이론 입문』에서도 종교를 꽤나 직접적으로 비판한다. 종교는 신의 변덕에 따라 구원을 결정하면서 자의성이 농후하고, 종교는 합리성을 결여하고 있으며, 구체적 현실의 맥락으로부터 유리되고, 물질적 맥락을 간과하고 있다고 비판한다. 또한 종교는 "합리적인 탐구가 뚫을 수 없는 자기 폐쇄적인, 신비화된 철옹성"(xi)과 같다고 비판한다.

그러나 그렇다고 해서 종교를 무조건 가치 없는 쓰레기처럼 희화하는 것은 종교를 "값싸게on the cheap"(『이성, 믿음, 혁명』xi) 취급하는 것이고, 종교의 진면목을 모르는 무지와 편견의 소치라고 이글턴은 말한다. 그가 도킨스와 히친스를 신랄하게 비판하는 것은 바로 이런 맥락이다. 종교의 참된 가치를 모르고 제도종교의 역사적 허점만을 나열하면서 종교의 진실을 외면하는 도킨스와 히친스를 이글턴은 신랄하게 비판한다. 그렇다면, 종교의 진면목은 무엇이고, 그 진면목이 어떻게 현재의 제반 문제들에 대한 통찰을 줄 수 있다는 것일까? 즉 이글턴이 파악하는 종교의 가치란 무엇일까?

결론부터 말하면, 이글턴은 종교를 역사적 사실이 아니라 문학적 상징체계이며, 종교의 본질을 우주론이나 조직신학적 이론 체계가 아니라 궁극적으로 실천적 이웃사랑으로 파악하고 있다. 종교를 역사적 사실이 아니라, 상징체계로 파악하고 있음은 여러모로 의미심장하다. 종교로 인한 숱한 역사적 폐해들은 실상 종교는 역사적 사실로 보았기 때문에 발생한 경우가 허다하다. 종교는 최초의 종교적 경험을 후세에 전달하기 위하여 부득이 상징 안에 담아야 했다. 종교적 경험은 개념적 언어 속에는 담아질 수 없었기 때문이다. 그런데 상징을 상징으로 해석하지 않고 사실로 해석하기 때문에 수많은 전쟁과 갈등이 초래되었다. 종교를 역사가 아닌 상징으로 이해하는 것은 다분히 문학적 태도다. 그렇다면, '문학적'이란 말은 무슨 뜻인가? 한 권 책의 분량이 필요한 광대한 질문이지만, 이글턴 자신이 한국 방문 중 「문학이란 무엇인가What is Literature」를 발표하면서 문학을 의외로 짤막하면서도 명쾌하게 정의 내리는데, 이를 활용해보자. 이글턴은 말한다.

> 문학적인 것의 다섯 가지 구성요소는 무엇인가? 사람들이 문학적 글쓰기라고 할 때 몇 가지 요소들 중 어느 하나나 몇 가지 조합을 생각하게 된다. 첫째 허구성이다. 두 번째 인간의 경험에 대해 의미 있는 도덕적 통찰을 제공한다. 세 번째 언어를 독특하게 창의적으로, 자의식적으로 사용한다. 네 번째 길거리 표지판과 같은 실용적인 목적이 없다. 다섯 번째 가치 있는 글이다. (10)

위의 다섯 가지 구성요소를 내용과 형식으로 나누어 요약하면, 이글턴은 문학을 도덕적 통찰을 제공하는 가치 있고 비실용적 내용이면서, 표현 양식 면에서는 독특한 언어를 사용하는 상징적 허구라고 본다. 이러한 이글턴의 문학 정의에서 문학 대신 종교를 대체해도 이글턴의 사유 안에서는 하등 문제가 되지 않을 듯하다. 다시 말해서, 종교의 내용은 도덕적 통찰을 제공하는 가치 있고 비실용적이며, 종교의 형식은 독특한 상징적 허구라도 해도 무방하다는 뜻이다. 특히 종교를 상징체계로 보는 이글턴의 견해—종교학자들에게는 상식적이지만—를 보면, 그의 종교관을 독특하게 "문학적"이라 규정해도 지나치지 않을 것이다.

실제로 이글턴은 종교를 이와 같이 정의한다.

> 종교는 지금까지 인류가 이루어낸 가장 강력하고 끈질기며 보편적인 **상징형식**이다. 절대적이고 보편적인 진리와 개별적 일상을 그렇게 직접적으로 연결시켜주었던 **상징형식**이 어디 있었단 말인가? 어떤 삶의 양식이 가장 심오한 사상과 가장 구체적 현실을 그토록 친밀하게 묶어놓을 수 있단 말인가? 종교적 믿음은 개인의 내면과 초월적 권위를 연결시켜주는 핫라인이다. 문화를 옹호하는 사람들이 부러워할만한 업적이 아닐 수 없다. (『이성, 믿음, 혁명』165-66 필자 강조)

종교는 "보편적 진리", "심오한 사상", "초월적 권위"를 '개념적'으로 진술하는 것이 아니라, "개별적 일상"과 "구체적 현실"

과 "개인의 내면"이라는 객관적 상관물, 즉 상징으로 표현하는 것이라고 이글턴은 주장한다. 짐짓 역사적 사실처럼 보이는 일상과 현실은 실상 '상징'이라는 뜻이다. 창세기의 신화들, 유대인들의 역사, 예수와 사도들의 행적을 담은 신약도 마찬가지로 모두 상징이라는 뜻이다. 그렇다면 이글턴 종교관은 '문학적 종교관'임에 틀림없다. 그렇다면 종교가 문학적이기 때문에 어떤 가치를 발휘할 수 있을까.

이글턴은 본래 문학비평가이며, 종교가 쇠퇴하던 시기에 문학을 종교 대신 구원으로 삼으려던 F. R. 리비스Leavis의 기획에 찬성하든 반대하든, 어쨌거나 청년 시절 이모저모로 영향 받았음을 이글턴 스스로 인정하고 있다. 즉 종교의 사회적 기능을 문학이 대체할 수 있다고 믿었던 리비스처럼, 어느 정도 종교와 문학이 서로 같은 기능을 수행할 수 있다고 믿었음직하다.

또한 이글턴이 종교의 문학적 측면을 계속해서 강조하는 이유는 문학적 종교야말로 도치킨스류의 도구적 이성주의자들로부터 파탄에 빠진 종교를 구제할 수 있다고 믿기 때문이다. 문학의 상징적 체계가 실제 현실과 일치하지 않는다고 진실이 아닐 수 없듯이, 도치킨스처럼 종교의 상징적 체계가 과학적 발견에 맞지 않는다 해서 퇴물로 취급할 수는 없다고 이글턴은 주장한다. 종교를 문학으로 본다면 역사적 부정확성으로 인하여 종교의 진실성을 부정하는 오류를 피할 수 있게 된다. 한편 종교를 역사적 사실로 착각하는 근본주의자들이 과학적 발견을 무조건 거부하는 것도 물론 오류임을 이글턴은 지적하고 있다. 이글턴이 보기에 도치킨스류이든 근본주의자들이든, 상반되는 입장이면서도 공통되는 그들 모두의 오류는 종교를 문학이 아닌 역사적 사실로 보기 때문임을 누누이 강조하고 있다.

또한 문학은 극단으로 치닫거나 과잉될 수 있는 위협적 상황에서도 어느 한 쪽으로 치우지지 않고, 어찌 보면 가장 자유로운 상징체계인지도 모른다. 오래 전 I. A. 리처즈Richards가 말했듯이 문학은 본성상 확실한 진술이 아니라 유사 진술pseudo-statement 이기 때문에, 진술이 과잉될 수 있는 가능성에서 문학은 한결 자유로운 편이다. 자유의 이면은 억압이 아니라 방종이며, 상대주의의 이면은 절대주의가 아니라 허무주의다. 의심의 이면은 확신이 아니라 염세주의며, 개별성의 이면은 보편성이 아니라 무질서다. 사랑의 이면은 증오가 아니라 무관심이고, 정체성의 이면은 타자에의 함몰이 아니라 나르시시즘이듯이 말이다. 문명의 이면은 야만이 아니라 제국주의며, 종교의 이면은 무신론이 아니라 근본주의다. 이들 모두의 이면은 과잉으로 인해 생기는 폐단들이다. 과잉으로 치닫는 본성에 브레이크를 걸고, 걸어온 길을 되돌아보게 만드는 것이 문학적 성찰의 힘이다. 이글턴의 잘 훈련된 문학적 성찰이 종교를 전경화하면서도 다시금 치우치지 않도록 만드는 힘이 되고 있음에 틀림없다.

한편 이글턴은 초월적 신의 실재와 절대적 신에 대한 신앙을 강조하는 대신 실천적 행위를 강조한다. 이글턴 종교관의 실천적 특성을 논의하기 위하여 편의상 몇 가지 범주—신/신앙, 인간, 예수—로 나눠 설명한다. 이글턴은 이렇게 말한다.

> 하나님의 실재에 관해 지금까지 우리에게 알려진 증거가 가치가 없다거나 완전히 의심스러운 것은 아니지만, 히말라야의 예티나 스코틀랜드 네스 호수의 괴물, 혹은 사라진 섬 아틀란티스에 관한 증거들이 그렇듯이 원칙적으로 모호하다고 생각한다. (『이성, 믿음, 혁명』 110-111)

이처럼 그는 창조주로서 신의 '실재'에 대해서는 모호한 태도를 취한다. 즉, 있다 없다 확실한 태도를 취하지는 않는다. 하지만 신의 존재를 무의식에 빗대어 마치 무의식을 보지 못했어도 무의식이 의식의 표면에 끊임없이 영향을 끼치는 것으로 보아 무의식의 존재를 믿을 수밖에 없듯이, 그렇게 신의 존재를 믿는다고 이글턴은 말한다. 그러면서 덧붙이길, "종교적 믿음은 초월적 존재가 실재한다는 주장을 인정하느냐 않느냐의 문제가 아니다"(『이성, 믿음, 혁명』 111)고 말한다. 더욱 중요한 점은 이글턴이 신에 대한 "믿음은 대체로 진위에 대한 선언propositional이라기보다는 **수행적performative 성격**을 지닌다"(『이성, 믿음, 혁명』 111, 필자 강조)고 말한 점이다. 그래서 신에 대한 믿음은 신이 존재하느냐 아니냐에 대한 믿음이 아니라, “우리가 처한 소름끼치는 상황을 바꿀 수 있다는 믿음”(『이성, 믿음, 혁명』37)이며, “주린 자를 먹이고, 이민자를 환대하고, 병든 자를 방문하고, 가난한 자와 고아된 자, 홀로 된 자를 부자의 폭력에서 보호하는”(『이성, 믿음, 혁명』19) 실천적 행위를 의미한다.

그런가하면, 또 믿음은 “이성을 포용하는 동시에 초월하는 내면적 깊이interior depth”(『이성, 믿음, 혁명』139)라고 이글턴은 정의한다. 다시 말해서 이글턴이 강조하는 실천적 이웃사랑은 단순한 행위는 아니다. 이글턴의 실천은 이성을 포용/초월하는 믿음으로부터 나오는 행위라는 점에서 일반적 윤리 실천과 차별화된다. 특별히 이성을 초월하는 믿음은 보이지 않는 세계, 부재하는 세계를 현존하도록 희망하는 행위다. 이성을 초월하는 믿음은 그리하여 현실을 변화시키는데 헌신하도록 하고, 누추한 현실은 고집스럽게 바뀌지 않아도 그런 현실에 대한 철저한 비극적 인식을 바탕으로 변화에 대한 희망을 잃지 않도록 만든다. 결국 이글턴의 종교관은 이웃사랑의 실천적 행위를 강조하는 것이며, 그 실천은 근본적으로 이성을 초월하는 믿음에 근거한다는 점에서 일반적 윤리 실천과는 다르다.

또한 이글턴의 신은 우주를 창조하고 우주와 멀리 떨어져 있는 신이 아니다. 만일 신이 우주를 창조했다면 신과 우주는 필시 별개의 실체가 되어버린다. 그래서 이글턴은 창조주로서의 신을 받아들일 수 없다. 그에게 "세상과 신은 둘이 아니다"(『이성, 믿음, 혁명』8). 세상이 곧 신이고, 신이 곧 세상이다. 또한 「신앙과 기반주의」"Faith and Foundationalism"라는 논문에서 이글턴은 신이 "어떤 기반이라거나 실체, 현상, 심지어 인격적 존재도 아니다"(5)라고 말한다. 그의 신은 심지어 어떤 초월적 실체도 아니고, 인간이 기댈 수 있는 기반이 되어주는 것도 아니고, 인간과 같은 감정과 이성을 지닌 실체도 아니다. 굳이 정의하자면, "신은 존재하는 모든 것을 지탱하는 사랑이다"(『이성, 믿음, 혁명』7)[10)]라고 말한다. 심지어 신은 "우리가 기댈 수 있는 바위가 아니라, 깊이를 알 수 없는 심연이며, 그의 무지막지한 테러리스트 같은 사랑은 자신이 확신하는 도그마를 늘 위협하고, 그는 사랑의 테러리스트다" (『이성, 믿음, 혁명』 5)라고 말한다. 다시 말해서 이글턴은 저 하늘 어딘가에 인간과 비슷한 형상으로 실재하는 신을 믿지도 않고, 우주를 창조한 신으로도 믿지도 않는다. 이글턴에게 신은 사랑이다. 초월적 존재로서의 신은 사랑 자체이기 때문에, 인간이 주린 자를 먹이고 소름끼치는 세상을 바꾸기 위해 사랑을 '실천'할 때, 신과 인간은 하나가 된다고 말한다. 즉 이글턴의 신은 사랑의 실천 그 자체다.

그렇다면 이글턴은 인간을 어떤 존재로 보았는가? 기독교의 인간관에 따르면, 인간은 신과 본질적으로 구별되는 유한하고

10) 원본: "He is rather what sustains all things in being by his love"다. 원문에서는 신이 사랑을 동격으로 놓진 않지만, 그렇게 번역했다.

죄성을 지닌 피조물이다. 이글턴도 비슷하게 인간은 누구나 홀로코스트와 9/11을 저지를 수 있고, 언제든지 기회만 되면 자본의 축적을 위해서 모든 미덕을 유보하고, 탐욕과 망상에 사로잡힐 수 있는 잠재적 가능성을 지닌 존재로 보았다. 바로 이런 잠재적 가능성이야말로 기독교가 오랫동안 주장해온 "원죄"에 다름 아니다. 이글턴은 『악에 대하여』에서 이런 잠재적 가능성을 프로이드 심리학의 "죽음 충동"으로 설명하면서, "현대의 심리학이 얼마나 전통적 신학에 충실한지"(17) 증명한다. 그리고 그러한 악의 횡포는 역사의 어느 시점보다 현재 더욱 심각하다고 본다. 이글턴은 계몽주의자들처럼 인간을 무한정 신뢰하거나 낙관하지 않는다. 탐욕, 우상, 환상, 지배하고 소유하려는 욕망, 불의와 착취, 미움과 고통, 질병과 절망으로 가득한 인간 조건, 이것을 기독교는 원죄라고 부른다(『이성, 믿음, 혁명』 24). 이글턴은 원죄이든 죽음충동이든 인간은 '부정적 충동을 내재하고 있는 존재'로 보고 있다. 그런데, 인간의 부정적 충동은 한동안 낙관적 전망으로 인하여 관심의 대상에서 벗어났다. 계몽 시대이후 악의 문제를 자연악과 도덕악으로 구분하면서, 도덕악의 경우 인간의 힘으로 언제든지 해결할 수 있다고 낙관해왔다. 그래서 한동안 담론은 악의 문제를 등한시했던 것이다. 그러나 만연한 악의 문제는 과학과 담론이 제아무리 발전해도 근본적으로 해결되지 않자, 이글턴은 오랫동안 원죄라는 이름으로 악의 문제를 다뤄왔던 기독교에서 문제 해결의 통찰을 찾으려한다. 기독교로 눈을 돌린 사람이 이글턴만은 아니다. 계몽주의의 한복판에서 불가지론자 칸트도 인간의 근본악에 직면하여 기독교의 역사적 신앙에 눈을 돌렸다. 악을 포함하여 설명 불가능한 신비들을 기독교의 역사적 신앙이 그 신화와 상징을 통해서 구체적이고 생생하게 표현해주었기 때문이다(신옥희 260).

"원죄"로 표현된 인간의 타락 가능성은 인간이 유한한 존재임을 증명할 뿐 아니라, 인간이 자율적이고 독립적인 존재일 수 없음을 의미한다고 이글턴은 강조한다. 인간이 자율적 존재라는 믿음은 신화라고 누누이 강조한다. 앞서 말했듯이, 이글턴이 『문학이론입문』에서 언어와 지식과 존재의 사회성을 강조할 때, 그 '사회성'이란 인간이 홀로 존재하는 것이 아니라, 나의 존재가 끊임없이 타자에 의해 영향받아 새롭게 구성되어가는 존재임을 함축하고 있다.[11] 그런 의미에서 이웃사랑의 실천은 존재론적 요청이다. 나의 존재가 타자의 존재에 필연적으로 의존하고 있다면, 존재의 총체적 완성을 위하여 타자에 대한 사랑의 실천은 필수적이다.

이글턴에게 예수는 누구인가? 예수는 원죄에 갇힌 인간의 실존적 상황을 가장 생생하게 표현하는 기독교 상징이다. "인간

11) 이글턴은 인간이 사회적 존재, 즉, 존재의 상호의존성에 대해서는 힘주어 강조하지만, 인간의 자율성과 독립성을 동시에 지닌다는 역설에 대해서는 그다지 설명하지 않는다.

조건의 가장 궁극적인 기호는 바로 정치범[예수]의 고통받고 살해당한 몸"(『이성, 믿음, 혁명』 37)이라고 이글턴은 말한다. 사랑하기 위해서 죽기까지 헌신한 것, 비록 사랑이 성취될 거라는 낙관적 확신은 없어도 단지 희망하며 죽어가는 것, 이글턴은 그것을 비극이라고 부른다. 비록 세상이 바뀔 것 같진 않아도 바꾸기 위한 희망을 놓지 않고 부단히 실천하는 것, 그것이 바로 예수가 상징하는 것이다. 고통과 어둠, 당혹, 남루한 인간 조건의 끄트머리에서도 변화에 대한 사랑과 희망에 충실한 충직함, 사명감, 헌신적 실천을 이글턴은 예수 안에서 발견한다. 그리고 "오로지 모든 것을 잃고, 아무것도 아닌 것으로 떨어져버리고, 자기를 완전히 버리게 되었을 때 비로소 인간은 자기 자신이 된다"(38)는 역설적 진리를 예수 안에서 발견하는 것이다. 자신을 온전히 비울 때 충만해진다는 역설이다. 예수가 죽은 후 지옥으로 가는 것은, 죽어야 살 수 있다는 역설, 또한 하늘의 왕국은 죽음, 무, 광기, 상실, 덧없음을 통해서만 실현될 수 있다는 진실의 상징이라는 것이다. 기독교의 핵심은 예수다. 예수는 자기를 온전히 비워서 비로소 충만해진 삶, 어쩌면 아무것도 이룰지 못할지도 모르지만 아니 확실히 아무것도 이루지 못할 테지만, 그래도 죽기까지 사랑을 실천한 삶, 그런 삶의 상징이다. 그리하여 예수를 신격화하고 신격화된 예수에 대한 맹목적 충성이 아니라, 이글턴은 예수의 실천적 삶에 더욱 주목하고 있다. 이처럼 이글턴은 기독교를 창조주와 그의 화신에 대한 맹목적 신앙이나 신념 체계로 보는 것이 아니라, 이웃사랑을 실천하는 삶에 대한 상징체계로 본다는 면에서 종교의 문학적, 실천적 가치를 강조하고 있다.

결론적으로 말하면, 결국 이글턴이 종교로 전회하는 이유는 종교의 문학적·실천적 가치가 도탄에 빠진 현대를 구할 수 있는 해독제가 될 수 있다고 보았기 때문이다. 앞서 말했듯이, 과잉 이성에 대한 회의에서 출발한 포스트모더니즘이 개별성을 존중한답시고 폐쇄적 나르시시즘으로 빠져버리고, 자본주의와 결탁하여 대중문화와 소비를 향유하면서 본연의 비판적 소임을 소홀히 하게 되었다고 비판한다. 뿐만 아니라 포스트모더니즘은 도덕과 윤리를 외면하면서 이들 영역을 근본주의자들에게 양도했기 때문에 현대는 파탄에 빠졌다고 이글턴은 진단한다. 나르시시즘으로 인한 공동체의 붕괴, 근본주의자들의 득세, 근본주의적 문화 주의들 간의 첨예한 갈등에 대한 해독제로서 이글턴은 종교의 문학적·실천적 가치를 전면에 부각시키는 것이다. 근본주의적 적대감과 갈등은 종교를 상징적 체계가 아닌 역사적 사실로 보기 때문에 생겨난다. 종교를 문학적 상징을 볼 수만 있다면 적어도 근본주의적 갈등은 해소될지도 모른다. 또한 종교를 도그마적 신앙이나 신념 체계가 아니라 실천적 사랑으로 인식할 수 있다면 이념적 차이에서 비롯되는 허다한 갈등은 해결될 수 있을지도 모른다. 오랜 세월 동안 축적된 실천적 상징체계로서의 종교에서 이글턴은 현대 사회 문제들에 대한 해결책을 모색한다.

서론에서 밝혔듯이 주체 담론이 다양한 억압으로부터의 해방을 목표로 삼고 그 목표 성취를 위해 노력해 오면서 인류의 발전에 지대한 공헌을 한 것은 사실이지만, 해방된 주체들 간의 윤리적 관계로 담론의 방향이 전환되고 있다. 윤리적 담론에 대한 관심이 높아지는 시대적 맥락에서 이글턴의 경우는 전통적으로 윤리적 담론의 보고라고 할 수 있는 종교에 관심을 돌린다. 그러나 이글턴의 종교는 근본주의적이거나 교조적 도그마 체계로서의 종교가 아니라, 종교의 문학적 측면을 강조하고, 창조자에 대한 신앙이 아니라 이웃사랑의 실천을 강조하는 종교다.

이글턴만큼 시대적 변화에 민감하게 움직이는 문학비평가도 흔치 않다. 끊임없는 변신을 계속하는 가운데도 그의 기본 정체성은 사실상 변함없다. 그는 물질적 토대를 중시하고 자본주의의 폐해를 비판하는 마르크스주의자이며, 세상의 실질적 변화를 믿고 소망하면서 이웃사랑을 실천하는 현실적 기독교인이며, 마르크스주의와 기독교의 이상을 현실로 실현하는데 문학을 매개체로 삼는 문학인임엔 변함이 없다. 어떤 역사적 조건이 다시금 이글턴의 다른 면모를 전경화 시킬지라도 기본 바탕은 여전할 것이다.

## 인용문헌


김명주. "What Historical Conditions Have Made Terry Eagleton Turn to Religion?: A Little Thought on the Question." 한국영어영문학회 2010 국제학술대회발표문. 2010.

신옥희. 「칸트의 근본악과 신」. 『이성의 한계 안에서의 종교』임마누엘 칸트 지음. 서울: 이화여대출판부, 1984. 235-71.

윤조원. 「'이론 이후'의 이론?」. 『안과밖』31호(2011). 10-31.

이재원. 「이론의 문지기, 이론의 과거와 현재와 미래를 말하다」, 『이론 이후』. 테리 이글턴 지음. 309-343.

Butler, Judith. 『불확실한 삶』. 양효실 옮김. 부산: 경성대학교출판부, 2008.

Eagleton, Terry. *After Theory*. New York: Basic Books, 2003.

______. "Faith and Foundationlism," 『테리 이글턴 초청강좌』. 서울: 한국연구재단, 2010.

______. *Literary Theory: an Introduction*. 3rd ed. Minneapolis: U of Minnesota Press, 2008.

______. *On Evil*. New Haven: Yale UP, 2010.

______. *Reason, Faith, and Revolution*. New Haven: Yale UP, 2009.

______. "What is Literature?". 『테리 이글턴 초청강좌』. 서울: 한국연구재단, 2010.

Irigaray, Luce. 『사랑의 길』. 정소영 옮김. 서울: 동문선, 2009.

Neiman, Susan. *Evil in Modern Thought*. Princeton: Princeton UP, 2002.

# 16장
# 실비아 윈터의 『헤브론의 언덕』 이성중심적 휴머니즘의 위기를 넘어 포스트휴먼 되기[1)]

자메이카 흑인 작가이며 스탠포드 대학 아프리카 지역학과 교수인 실비아 윈터Sylvia Wynter(1928~ )의 소설 『헤브론 언덕』*The Hills of Hebron*은 1962년에 발표된 작가의 유일한 장편 소설인데 1920년대 자메이카의 식민지 현실을 다루는 웅대한 서사시 규모의 소설이다. 『헤브론 언덕』에 대한 다양한 해석[2)]이 있긴 하

1) 본 논문은 「실비아 윈터의 『헤브론의 언덕』: 폴리리즘, 광기, 신화를 통해 포스트휴먼 되기」라는 제목으로 『현대영어영문학』(한국현대영어영문학회)(68.1(2024): 19-40)에 발표되었다.

2) 실비아 윈터의 소설 『헤브론의 언덕』에 대해서만 본격적으로 다루는 논문은 많지 않고, 그의 탈식민적 후기 에쎄이를 다루는 논문은 많다. 소설에 대한 몇 안되는 논문으로 마가리타 카스트로만(Margarita Catroman)의 "Disenchating Freedom in Sylvia Wynter's *The Hills of Hebron*"과 셜리 톨랜드-딕스(Shirley Toland-Dix)의 논문 "*The Hills of Hebron*: Sylvia Wynter's Disruption of the Narrative of the Nation", 쉐리-마리 해리슨(Sheri-Marie Harrison)의 논문 "'Who worked this evil, Brought distiance between us?' The Politics of Sexual Interaction in Sylvia Wynter's *The Hills of Hebron*"을 찾아보았는데, 첫 번째 논문은 십자가에 못박는 모세의 죽음을 계몽주의적 인간의 죽음으로 보고, 그의 실패를 인간에 대한 새로운 정의의 필요성으로 해석하면서 모세에 집중한다. 전자의 해석은 상당히 타당해보이고, 본 논문이 주장하는 포스트휴먼 곤경과 흡사한 측면이 있다. 그러나 본 논문이 심혈을 기울려 논증하려는 본 소설의 아프리카 리듬의 기능과는 거리가 멀다. 두 번째 논문은 기본적으로 본 소설을

지만, 본 연구는 서구 이성중심적 휴머니즘의 쌍둥이인 식민주의(타인종, 타성별, 타민족, 타종에 대한 지배)가 만들어낸 가난, 재난(가뭄), 차별, 세뇌를 극복하고 '포스트휴먼'이 되는 메카니즘으로써 윈터는 이 작품에서 폴리리듬, 광기, 신화를 활용한다고 주장한다.

프랑크푸르트 비판이론가인 테오도어 아도르노Theodor W. Adorno는 『계몽의 변증법』에서 인간은 주체가 되고자 했으나 낯선 것에 대한 두려움으로 낯선 타자를 자기 안으로 흡수하고 지배함으로써 이성을 표방하던 계몽주의가 비이성적 신화로 퇴화했다고 주장한다. 서구의 소위 보편적 이성 주체의 퇴화는 18세기부터 타인종을 식민화하는 식민지 쟁탈전에서 시작되어 2차세계대전의 타민족을 살상하는 민족 청소로 이어지고, 마침내 20세기 후반부터는 오랫동안 지속된 타종에 대한 지배와 착취의 결과로써 2050년까지 전체 생명체 반의 대멸종을 야기하기에 이르렀다. 본 연구는 실비아 윈터의 소설 『헤브론 언덕』이 식민지 리듬에 대한 유럽적 표상을 해체하고 잘못된 지식을 버리고 식민지 자국의 리듬을 회복하려는 의지, 강고한 서구 이성을 무의식과 의식의 중간 어디쯤에 위치한 광기로 전복하려는 의지, 서구 기독교 신화를 해체하고 토속 신화로 회귀하려는 의지를 통해서 새로운 인간 장르인 포스트휴먼이 되는 길을 재현하고 있음을 논증하고자 한다.

---

한 국가를 시작하는 서사로 파악하고 있고, 세 번째 논문은 소설을 젠더관점에서 해석하려고 하기 때문에, 본 연구의 초점과는 거리가 멀다.

## 윈터의 소설과 포스트휴먼

윈터의 후기 에세이들로 인하여 윈터는 탈식민 사상가이면서 동시에 근래의 문제의식을 담은 포스트휴먼 사상의 선구자[3]로서 빈번하게 인용되지만 소설가로서 그의 탁월한 면모는 그다지 부각되지 않았다. 윈터는 자신의 에세이 「우리는 함께 앉아서 작은 문화에 대해 말하기를 배워야한다We Must Learn to Sit down Together and Talk a Little Culture: Reflections on West Indian Writing and Criticism」에서 이렇게 말한다.

> 소위 현실이 진실(unauthentic)하지 못하여 그 현실이 얼마나 비현실적인지 깨닫게 될 때 이는 그 현실을 **재해석한다(reinterprete)**는 뜻이다. 현실을 재해석(reinterprete)한다는 것은 그 현실을 혁명적으로 공격하는데 헌신하는 것을 의미한다. 내게 연극, 소설, 시, 비평 에세이는 이 목적에 헌신하는 수단이다. (25, 원저자 강조)

다시 말하면 아프리카 출신 흑인들로 구성된 자메이카에 대한 영국의 식민 통치가 토착민의 믿음과 진실을 가짜로 만들어버림으로써 현실이 오히려 비현실적일 때 윈터는 자신의 주 종

3) '포스트휴먼'의 대표적 사상가인 로지 브라이도티(Rosi Braidotti)는 그의 책 『포스트휴먼 페미니즘(*Posthuman Feminism*)』, 『포스트휴먼 지식(*Posthuman Knowledge*)』에서 일찌감치 인간의 새로운 장르를 기획했던 윈터를 빈번하게 인용한다. 뿐만 아니라, 또 다른 포스트휴먼 사상가인 스테이시 얼라이모(Stacy Alaimo)도 그의 책 『노출(*Exposed*)』에서 윈터가 제시하는 인간의 새로운 장르를 포스트휴먼의 제안과 동일시한다.

목인 비평 에세이 뿐만 아니라 소설 쓰기를 통해서 현실을 재해석하고자 한다. 윈터가 "재해석"을 강조한 이유는 윈터 특유의 의미를 담고 있기 때문이다. 그가 설명하듯이 "재해석"이란 진실을 가짜로 만드는 식민지 현실을 가차 없이 공격한다는 뜻이다. 즉 윈터의 소설은 자신의 비평 에세이와 동일한 목적, 즉 자메이카의 식민지의 비현실적 현실을 가차 없이 공격하기 위해 쓰였음을 추론할 수 있다.

그렇다면 '토착민의 믿음과 진실을 가짜로 만든다'는 말은 무엇일까. 영국의 식민 지배가 토착민의 믿음과 진실을 가짜로 만들 수 있었던 것은 서구 중심적인 이성 개념과 그에 따른 보편적 인간개념 탓이었다. 서구 중심적 '이성' 개념을 준거로 할 때 토착민의 믿음과 진실은 '비이성'적인 것으로 평가절하되었고, 서구의 '이성적 인간' 개념을 준거로 할 때 비이성적 믿음과 진실을 지닌 토착민은 소위 '인간'이 아니었다. 잠시 후에 다시 논의하겠지만, 미셸 푸코Michel Foucault는 그의 책 『광기의 역사Madness and Civilization』에서 중세, 르네상스, 고전시대, 근대에 걸쳐 서구적 이성이 광기와 같은 비이성을 어떻게 감금하고 정복했는가를 추적한다. 푸코는 서문에서 "이성이 비이성으로부터 광기, 질병, 범죄라는 비이성의 진리를 박탈함으로써 비이성을 명백하게 정복할 수 있게 한다"(12)고 말한다. 소위 서구의 '이성'이 '비이성'이 지닌 진리성을 박탈하고 거짓으로 만들어버렸다는 뜻이다. 푸코는 서구 안에서 벌어진 비이성에 대한 이성의 정복사를 기술하지만 똑같은 일이 서구 밖에도 자행되었다.

윈터의 문제 의식도 그런 점에서 푸코와 동일하다. 에밀리 앤 파커Emily Anne Parker에 따르면 윈터의 기획은 근대 서구의 인본주의적 '보편적 인간'(대문자 Man)에 문제를 제기하고 '구체적 인간'the human을 재출현시키는 것이다. 파커는 이렇게 말한다.

> 보편적 인간은 르네상스에 나타났고, 이는 다빈치의 비트루리안 인간에서 대표된다. [...] 윈터의 목적은 인간이란 무엇인가에 대한 객관적이고 진실한 정의를 찾아내는 것이 아니라, 그런 프로젝트가 **얼마나 객관성과 진실을 찾는 제국주의적 의지에 의해 왜곡되는가**를 보여주고자 한다. (440 필자 강조)

제국주의는 서구적 이성에 따라 객관성과 진실을 찾는다고 하지만, 실은 인간에 대한 진실을 오히려 왜곡시킬 수 있음을 간파하면서, 윈터는 서구적 이성이 식민지인의 진실을 어떻게 왜곡시키는지 보여주는 것을 자신의 프로젝트로 삼는다. 윈터의 『헤브론 언덕』의 서문을 쓴 앤소니 보그스Anthony Bogues도 윈터의 프로젝트는 "재인간화rehumanization"(xii)라고 천명한다. 당시 민족주의적 소설이 서구적 의미의 '국가'만을 상상할 뿐, 대중 계층, 소위 "시스템의 폐기물waste products of the system"(xvii)에 속한 소위 비이성적 인간들—광인, 빈자, 문맹—을 탐구하지 않는다는 것이다. 그래서 윈터가 소설에서 기획하는 것은 "아프로-자마이카 역사의 내적 인간의 세계an inner human world of Afro-Jamaican history"(xvii)를 탐구하는 것이다. 유럽인과 자메이카인은 인식 체계가 다르기 때문에 유럽인의 눈엔 광인일지라고 비유럽인에겐 현인일 수도 있으며, 비유럽인에겐 볼품 없는 가난뱅이일지라도 그들은 스스로 자연임을 자각할 수 있는 마음이 풍요로운 자이며, 비유럽인에겐 무식한 문맹일지라도 인과를 뛰어넘는 신화를 딛고 도약할 수 있는 자들이다.

이러한 윈터의 프로젝트는 최근 포스트휴머니즘과 비슷한 맥락이다. 즉 포스트휴머니즘도 인간이 새롭게 정의되어야 한다는 문제의식에서 출발한다. 윈터의 표현을 따르면, 포스트휴머니즘도 인간중심주의(인본주의) 이후의 "새로운 인간 장르"를 추구한다. 이때 새로운 인간 장르는 서구적 개념의 이성적 인간도 아니고, 더 이상 만물의 영장도 아니다. 새로운 근대 서구 인본주의는 '인간'을 이성적 존재로 규정한다. 이때의 이성은 논리적 인과관계와 더불어 위험과 보상을 면밀하게 계산하는 다분히 도구적 이성이며, 몸의 감각과 직관을 이미 타자화한 이성이다. 이처럼 협소하게 정의된 이성적 인간은 남성, 백인, 유럽인, 유산 계층, 이성애자, 비장애인을 잠정적으로 함축하면서 반대쪽 한 축의 여성, 유색인, 비유럽인, 무산계층, 동성애자, 장애인은 타자화한다. 자메이카 식민지의 현실에서 정복자인 영국인은 이성적 존재이며, 자메이카인은 비이성적 존재로 취급된다. 자메이카의 토착민들은 『헤브론의 언덕』의 피식민지인들처럼 "후진적이고, 정신적으로 퇴행적이고, 어린애이며, 스스로 다스릴 줄 모르고, 야만인, 원시인"(175)일 뿐이다. 그들은 스스로 존재하지도 못하고, 결코 행위자가 되지 못하며, 노예일 뿐 주인이 되지 못한다고 여겨졌다(250). 그들의 두툼한 입술, 고슬머리, 까만 피부는 "사악하고, 천박하며, 빛과 아름다움을 부정하는 모든 것"(250)으로 여겨졌다. 서구인의 협소한 정의에 따른 이성의 기준으로만 보았기 때문에 비유럽인인 자메이카인은 오로지 비이성적 인간으로만 보였다. 그리하며 이성의 범위를 확장하거나 재정의하려면, 소위 도구적 이성이 배제했던 감각, 몸, 직관, 영성, 광기, 섹슈얼리티의 영역이 포괄해야 한다. 그렇다면 도구적 이성이 아닌 포괄적 이성을 지닌 인간, 즉 비유럽인, 여성, 무산계층, 문맹, 장애인, 동성애자도 다시는 표준적인 인간 이하의 인간subhuman으로 분류될 필요가 없을 것이다. 따라서 '포스트휴먼'이란 서구의 협소한 이성주의가 배제한 인간 이후의 인간을 지칭하는 표현이다.

따라서 윈터는 이러한 근대 서구 중심 인본주의에 문제를 제기하면서, 인본주의적인 "이성적 대문자 인간Man of Reason"을 "인간 1(Man 1)"로 부르고, 다윈 이후 과학의 19세기 버전의 생물학적 인간을 "인간 2(Man 2)"로 부른다. 이들 둘 다 소위 비인간화된 타자들에게 부당한 분류다. 윈터는 부당한 분류를 바로 잡으려면 인간에 대한 모든 존재론이 인종화racialization되어있음을 인정해야 한다고 말한다. "인간 1"과 "인간 2" 이후 세 번째 사건을 요청한다. 세 번째 사건에서 선택되지 않았던 사람들이 자신이 실제로 무엇인지를 깨닫기 위해 힘을 합할 것이다. 세 번째 사건은 선택에서 탈락된de-selected 사람로부터 출현하는 새로운 종류의 정치학을 개발하는 것, 자본의 작동에 이의를 제기하는 것과 연관될 것이다. 그러나 윈터는 새로운 인간이 아직 오지 않았다고 본다. 알렉산더 G. 웨헬리예Alexander G. Wehelie는 지난 30년간 진행된 윈터의 대규모 지적 프로젝트를 "인간Man을 인간the human으로부터 분리하는 것"(234, 얼라이모 재인용)이라고 말한다. 이는 보편적/추상적 인간을 구체적 몸을 가진 인간과 구분하는 것을 의미한다. 그래서 윈터는 인간의 다양한 장르가 공존할 수 있어야 한다고 주장한다. 윈터가 '구체적 몸을 가진 인간'을 부각시킨다고 해서 생물학적 존재만을 의미하는 것은 아니다. 윈터는 캐더린 맥키드릭와의 대담에서 말하길 인간이 순전히 생물학적 존재라고 보다는 "신화와 생물학이 혼성된 존재"(31)임은 인정한다. 인간은 사회적 역할이 미리 정해진 꿀벌과 달리, 단순히 생물학에 갇히는 존재가 아니라 사회, 정치 환경적 요소에 의해 몸이 끊임없이 변화는 존재임을 인정한다.

포스트휴머니즘과 윈터는 여기에서 그치지 않는다. 포스트휴면 사상가인 로지 브라이도티Rosi Braidotti의 포스트휴먼 개념은 한 걸음 더 나아간다. 이성의 의미를 확대함으로써 이제 비유럽인, 여성, 무산계층, 장애인, 동성애자들도 '인간'일 뿐만 아니라, 이제 인간과 비인간의 경계도 허물어뜨린다. 브라이도티는 만물의 영장으로서 지구의 중심, 우주의 중심으로서의 인간이 아니라, 인간이 동물과 같은 비인간, 심지어 물질과도 동등한 다양한 조에Zoe 현현의 연속체 선상에 있다고 본다. 인간이 더 이상 이성적이고 제각각 분리된 개체적 주체가 아니라, 내적으로 분열되고 외적으로 습합하는 관계적/생성적 주체로 여긴다. 그래서 주체는 언제나 유목적이고, 맥락에 박혀있고, 체현되어 있는"nomadic, embedded, embodied(2019, 43) 주체다. 앞으로 논증하겠지만, 윈터가 『헤브론 언덕』에서 제시하는 대안적 인간도 바로 이런 종류의 인간이다. 자신의 역사와 장소로부터 나온 인간, 그 역사와 장소의 리듬을 체현한 인간, 네 개의 영혼을 지닌 광기의 인간, 역사와 장소의 맥락을 지닌 신화를 마침내 찾아내는 인간, 윈터가 제시하는 새로운 인간 장르는 바로 브라이도티가 제시하는 대안적 주체와 동일하다[4].

---

4) 포스트휴먼 사상가 브라이도티는 기계에 대해서도 우호적이다. 기계기술의 발전으로 초래된 포스트휴먼 곤경을 브라이도티는 생산적이고 긍정적인 시각으로 바라보는데, 그는 동물-되기, 지구-되기와 더불어, 기계-되기를 제안한다. "기계-되기 축은 인간과 기계로 분할하는 경계를 없애고, 생체와 기계가 서로 매개하는 관계를 주체형성의 근간으로 받아들이는 것이다"(2013, 67)라고 말한다. 그러나 포스트휴머니티의 이런 측면은 윈터가 다루지 않으므로 본 논문에서는 논의하지 않는다.

## 폴리리듬을 통해 포스트휴먼 되기

리듬은 일종의 담론이다. 리듬은 인식론과 의식, 영성, 몸, 사회 조직과 밀접하게 관련된다. 우리는 낮과 밤의 리듬, 계절의 리듬에 체화된 사유를 할 뿐 아니라, 각 문화 각 시대 마다 다르게 각인된 리듬을 무의식적으로 수행한다. 다른 리듬을 수행하는 것은 다른 인식론과 다른 의식을 추구하는 것이다. 한 문화의 리듬은 다른 문화에서는 소음일 수 있다. 한 문화의 리듬은 사회를 조직하는 문화적 수단을 재현하고 수행하는 것이다. 사회화 과정에서 중요한 것은 몸, 일상, 미적 감수성을 문화의 리듬에 맞추는 것이다. 이 리듬은 낮과 밤, 계절, 9시부터 6시까지 일하는 노동의 일상, 달과 조수, 신진대사, 조직의 일정, 순환적인 경제 변화와도 관련된다. 리듬에 대한 감수성은 질서와 무질서를 구분하게 하고, 리듬이야말로 음악과 소음을 구분하게 한다. 그래서 리듬은 일종의 지식이고, 지식은 권력이다. 분명히 한 종류 이상의 리듬이 있다. 훈련하고, 통제하고, 질서를 재생하는 리듬, 그리고 다른 질서를 만들어내는 전복적이고, 저항적 리듬이 있다. 과학적(이성적, 자본주의적, 전체화적, 근대적) 권력과 지식 형성은 리듬을 사용하고 상연한다.

서구의 지배적 리듬 개념은 균등하게 나눠진 분리된 시간 단위로 구성되어 있다. 서구의 리듬은 균등하고, 강세는 주요 비트에 놓인다. 심포니 공연의 청중은 육체적으로 수동적이며, 조용해야 한다. 지휘자가 앞에서 연주자를 지휘하고, 모든 이들이 함께 할 수 있는 비트를 유지한다. 타악기는 뒤쪽에 보통 감춰져 있고, 대부분 가만히 있다가 가끔씩 트라이앵글, 심벌, 티파니를 두드린다. 결국 서구의 음악에서는 하모니가 리듬보다 훨씬 더 중요하다. 리듬은 단지 "진짜" 음악이 이뤄지기 위해서 조정을 위한 부속품일 뿐이다.

이에 반해 서아프리카 음악의 특징은 폴리 리듬과 폴리포니인데, 이 두 특징은 공연 예술적 특징과 연관된다. 서구 음악이 마다마다 균등한 리듬을 지니고 있다면 아프리카 음악은 개개 악기가 다수의 다른 리듬을 수행한다. 서구의 음악이 하나의 주요 멜로디를 중심으로 다른 음들이 화음을 넣는 방식이라면, 아프리카 음악은 개개의 연주가 다른 상태에서 거대한 앙상블을 이루고, 그 앙상블은 단지 "환영적 윤곽으로만" 실재한다고 한다(아롬, 2004, vii. 김희정 43). 서구방식으로 폴리포니와 폴리리듬을 분리하지만, 실제로 아프리카 음악에서 선율과 리듬이 분리되지 않는다. 그래서 이들은 모두 유럽인들에겐 "완전히 이해불능"이고, "아프리카 음악은 너무나 단조롭게 반복적이서서 감각을 무디게 만든다"(Rogers 229)고 느낄 뿐이다. 리처드 로저스 Richard Rogers는 그의 논문에서 아프리카 리듬의 특징을 이렇게 설명한다.

서부 아프리카의 폴리리듬 음악은 서로 대조되는 리듬 패턴이 복잡하게 교차한다. 이러한 리듬 패턴은 그 리듬이 뭔가 알아낼 수 없는 서구 청중에겐 도무지 이해할 수 없게 들린다. 주요 비트도 없다. 서구인들은 종합하는 하나의 힘(a single, unifying force)으로써 리듬을 이해하는데, 아프리칸 리듬은 다수일 뿐만 아니라 미완성이다. 체르노프가 주장하길, 아프리카 음악이 뭔가 빠진 듯한 느낌이 든다면, 이는 청중이나 댄서가 폴리리듬 '융단'을 완성하기 위해서 빠진 리듬을 유지해야 하기 때문이다. 그래서 청중은 음악을 이해하기 위해서 적극적으로 참여해야 한다. 당신은 시간을 지키는 것이 아니라 시간을 완성한다. (230)

이런 아프리카 리듬은 분리되거나, 구분되거나, 독립된 실체가 없다. 각각의 리듬이 다른 리듬을 규정한다. 그래서 결과적으로 전체 앙상블을 연주하지 않는 한 어느 한 연주자가 연주하는 것은 불가능하다. 그런 의미에서 리듬은 주의를 기울여야 할 뭔가가 아니라, 반응해야 할 무엇이다. 이런 리듬 감수성에서 "시간"은 서구 음악이나 문화에서처럼 단 하나의 객관적인 현상이 아니다. 그래서 존 밀러 체르노프John Miller Chernoff는 "모든 아프리카 음악에서 배경이 되는 다수의 크로스-리듬은 안정된 기반이 물 흐르듯 보이게 만드는 장본인이다"(52)고 말한다. 아프리카 음악에서 청중은 참여자가 되어야 한다. 적극적으로 리듬을 매개할 수 있어야 한다. 음악이란 소리가 꽉 찬 패턴이 아니라 어쩌면 틈새의 배열이며, 누군가 리듬을 추가할 수 있다. 리듬의 갈등 속에서 역동적인 긴장은 노트 사이의 공간에서 나온다. 체르노프는 이런 리듬감을 "공동체적 감수성의 상연"an enactment of a communal sensibility(52)이라고 부른다.

아프리카 음악 전문가이며 CUNY 대학 교수인 V. 코피 아가우V. Kofi Agawu에 따르면 아프리카 음악의 공연성은 작곡가, 연주자, 관람자, 비평가가 함께 하는 무엇, "즉, 최초의 연주나 기원의 특권을 박탈하고, 매 순간 계속되는 생명력을 인정함으로써 작품의 유동적인 존재론을 부각"(177)한다. 아프리카 음악은 서구적 개념의 리듬을 갖고 있지 않기 때문에, 서구적 어휘로 기술하기는 어렵지만, 그 음악의 특징을 최초의 악보에 고정되지 않는 즉흥성과 유동성에 두고 있음이 분명하다. 사실상 그 즉흥성과 유동성을 가능하게 만드는 것은 굳이 서구적 언어로 표현하자면 폴리리듬, 폴리포니인데, (물론 아가우는 분리 자체가 서구적이라서 둘의 특징을 인정하기 꺼리지만) 이 둘의 기반으로 즉흥적이고 유동적인 공연 예술적 특성이 가능해지기 때문에, 세 개를 특징으로 꼽아도 무리가 없다.

이렇게 서로 다른 리듬이 함축하는 의미는 무엇일까. 로저스에 따르면, 서로 다른 리듬은 서로 다른 인식론과 관련된다고 한다. 니체의 경우, 플라톤 이래 서구의 지배적 인식론의 특징을 이루는 "진실을 향한 의지the will to truth"를 "힘을 향한 의지the will to power"와 구분한다. "진실을 향한 의지"는 세계, 물체, 진리는 안정적이라는 전제에 의존하여, 아리스토텔레스의 원리를 기초로 뭔가가 긍정하면서 동시에 부정할 수는 없다고 본다. 이러한 동일성과 비모순의 원칙은 세상을 안정되게 범주화하고 예측 가능하게 만드는데 도움이 된다. '진리'란 다수의 감각을 모두 정복하려는 의지로써, 현상을 일정한 범주로 분류한 다음 대상을 고정하고, 그 대상이 늘 동일하다고 주장한다. 하지만 감각은 다르다. 감각적으로는 세상이 다수이고 항상 변화하고 있음을 느낀다. 느낌을 부정해야 소위 '진리'가 가능하다. 이렇게 "진실을 향한 의지"는 기본적으로 기만에 기초한다. 세상이 생성becoming이 아니라 존재being라고 착각하는 것이다. 착각의 목적은 통제다. 서구의 인식론적 틀에서는 지식은 오로지 존재Being에 대한 신념의 기반에서만 가능하다. 인식 주체knowing subject는 세상을 동일하게 만들고, 거칠지만 단순하게 만들어야 이해하고 계산할 수 있기 때문이다. 그래서 로저스는 서구의 지배적 리듬감은 "분리된 시간 단위"discrete units of time, "하나의 이름과 단일성"a single rhythm and uni-formity(231)에 기반하고, 위로부터 아래로의 통제를 통해 조화를 성취하려는 욕구를 지닌다고 규정한다. 반면, 세상의 유동성, 다수성, 생성에 대한 이해를 기반으로 하는 인식론은 "힘을 향한 의지"라는 특징을 가지고 있다. 그러므로 리듬을 바꾼다는 것은 인식론의 변화를 의미한다. 서구적 단일한 리듬을 기반으로 한 인식론은 정복적이고 통제적인 반면, 아프리카의 다수적인 유동성은 일사분란한 집중력과 통제력을 발휘하기는 어렵지만, 정복적이고 통제적인 인식론에 대해 저항하는 것은 가능하다.

로저스는 리듬이 인식론뿐만 아니라 의식과도 연관된다고 지적한다. 특정한 리듬은 특정한 방식으로 인간 의식을 변형시킬 수 있는 내재적 능력을 지닌다. 하지만 리듬의 효과는 문화마다 다르다. 유전생물학적 구조주의와 신경 현상학은 몸이 모든 점에서 문화적임을 보여준다. 여러 문화에서 드럼에 의한 리듬은 영적 세계, 여정, 트랜스, 즉 "비일상적 의식 상태"로 들어가는 도구로 활용되었다. 귀는 두뇌에 연결된 직접적인 수용기관이다. 드럼은 광폭의 주파수를 가로질러 소리를 흩어지게 만들고 빠르게 소멸하게 만든다. 즉 드럼은 청각 메카니즘을 과부하에 걸리게 하면서 정상적인 뇌파를 변형하여 트랜스를 유도한다. 문자 그대로 뇌파 패턴은 외부의 리듬과 일치되면서 의식의 생리적 기반을 변형시킨다. 로저스는 신경생물학자 레오나드 하우에스Leonard Hawes를 인용하면서 문화적 패턴이 두뇌의 신경길에 기입되어 있다고 말한다. 어릴 적에는 두뇌의 뉴런이 분화되어 있지 않다. 그러나 인지적으로 발달하면서, 반복적인 활동을 통해서 신경에 홈이 파이고, 강화되고, 길이 생성된다. 활동하지 않는 뉴런은 퇴화한다. 대표적으로 언어 패턴도 신경구조 차원에서 기입된다. 유전생물학적으로 신경길이 서로 일동 조화entrainment를 이루면서 뉴런이 서로 연결되는데, 환경적 영향에 대한 반응에 따라 복잡한 네트워크를 형성하게 된다. 이런 모델에 따르면, 우리의 몸은 특정한 질서를 갖게 된다. 그런데 급진적으로 다른 질서와 리듬의 수행에 노출되면 생물학과 의식 차원에서도 변화를 요구받게 된다.

이처럼 리듬은 사회문화, 질서, 인식, 의식, 생리학과 연결되고 기저에서 깊은 영향을 끼치는 중요한 변수다. 본 논문에서 논의하는 폴리리듬은 서구적 개념의 리듬으로는 이해하기 힘든 폴리포니, 폴리리듬, 공연예술을 포괄하는 개념으로 사용한다. 서구의 음악이 단일한 주요 선율에 따른 하모니에 중점을 두고, 리듬은 부수적이며, 청중은 고요히 경청한다는 점에서 아프리카 음악과는 대조적이다.

자메이카의 토착민은 기원전 4,000년과 1,000년 사이에 그곳에 정착해서 살기 시작했고, 1655년 영국의 윌리엄 펜William Penn이 자메이카를 점령했다. 이후 그곳에 영국인들이 정착해서 살기 시작했고, 1834년 영국 의회는 노예제를 폐지하지만 1865년 영국 정부가 자메이카를 식민지로 삼았다. 이 소설의 배경이 되는 1920년대는 자메이카가 정치적 주체성을 찾기 위해서 민족주의자들이 고투하기 시작하는 역사적 시점이다. 이 소설이 발표된 1962년은 자메이카가 영연방의 독립국이 된 해다. 실비아 윈터는 「크레올리 비평Creoly Criticism: A Critique」에서 “거의 전

세계 문화가 교차하는 교차로에 서 있는 인간인 캐러비안 사람에게 가장 긴박한 문제는 새로운 정체성을 찾는 것이 아니라, 과거의 자신, 생성의 과정에 있는 자기 자신을 또박또박 기술하는 것"(157)이라고 말한다. 윈터는 『헤브론 언덕』에서 "새로운 정체성"을 찾기보다는 자신의 말처럼 "과거의 자신과 생성 과정에 있는 자신"을 기술하고 있다. "과거의 자신"과 "생성 과정 중의 자신"을 또박또박 기술하는 이 소설은 윈터는 새로운 생성의 가능성으로써 폴리 리듬을 서사의 표면과 내면에서 체현함으로써 식민지의 인식 체계에 도전한다.

푸코는 사람이 발화하기 전후의 비발화 지점에서 여러 힘들이 상호 작용한다고 말한다. 이 소설도 작가 한 사람의 내면에 존재하는 다양한 힘들이 여러 인물들을 통해 발화되면서 서로 부딪히고 흩어지는 모습으로 다가온다. 서구 모더니즘 소설이 주인공 개인의 내면에서 벌어지는 무수한 힘들의 교차를 기술하긴 하는데, 윈터의 소설 『헤브론 언덕』이 특이한 점은 딱히 주인공을 설정하기 힘들다는 사실이다. 독자는 주인공의 의식과 관점에 따라 사건들을 이해하고 판단하는 것이 보통이지만 이 소설은 다르다. 각자가 자신의 목소리를 주장하는데, 전체를 포괄하는 주된 목소리가 없다. 마치 주요 멜로디가 없는 아프리카 음악처럼 말이다. 그 뜻은 여러 인물들이 지닌 특이한 힘들이 서로 부딪히고 흩어지면서 전체적으로 밀려왔다 밀려가는 파도의 리듬을 느끼게 만듦으로써 작품을 개개인의 목소리의 합이 아니라, 개개인의 목소리가 마침내 구분되지 않은 채 전체를 완결되지 않는 "환영의 형태"로 느끼게끔 만든다. 이 같은 서사적 특성이 폴리리듬과 흡사한 점이다. 리처드 로저의 말대로 서구의 리듬은 종합하는 하나의 힘a single, unifying force인 반면, 아프리칸 리듬은 다수일 뿐만 아니라 미완성이다." 미완성된 아프리칸 음악이 공연처럼 청중에 의해 완성되듯, 이 작품도 독특하게 독자들 안에서 작품이 완성되는 공연적 요소를 지닌다.

이 소설은 한 사람이 주도하는 서사가 아니다. 계속해서 서사의 주도자가 바뀐다. 아프리카 음악의 연주자 개개인의 연주자가 모두 함께 음악을 주도하듯이, 이 소설에서도 등장인물 다수가 서사의 주도자다. 마치 연극 공연 무대를 보고 있는 듯하다. 실비아 윈터가 희곡 작가라는 사실도 중요하다. 어떤 면에서 이 작품은 모두가 주인공인 연극, 등장인물 각자가 주체인 독특한 연극적 소설을 읽는듯하다. 주도자가 없는 다수의 서사, 그것이 서사적 포스트휴먼 되기의 한 시도다.

## 광기를 통해 포스트휴먼 되기

광기는 증상이면서 동시에 치유의 문턱이다. 알제리의 정신과 의사이면서 탈식민주의 작가인 프란츠 파농Franz Fanon은 알제리인들의 정신장애와 광기를 치료하다가 그들의 광기가 식민지 사회의 폭력적 상황에 기인함을 알게 되었다. 그래서 치료는 사회의 완전한 독립과 해방 없이는 불가능함을 알게 되어 알제리의 민족해방운동에 뛰어들었다고 한다. 개인의 질병은 병적인 사회와 관련시켜야 한다는 사실을 이해했다. 즉 광기는 억압적 식민지 사회의 증상이다. 비슷하게 『여성과 광기』의 저자 필리스 체슬러Phillis Chesler도 "근친상간을 포함해 성적인 폭력에 대해 여성으로서(그리고 인간으로서) 보이는 정신질환은 정상적 반응"이라고 말한다(14). 성적 폭력을 당한 여성의 광기는 폭력적 가부장제 사회에서 오히려 건강한 반응이라는 것이다. 따라서 사회의 규범과 가치를 떠나서, 정상/비정상, 이성/광기를 구분할 수 없다. 식민사회나 독재국가, 병든 사회에서 사회에 잘 적응한다는 것이 반드시 정상이거나 건강하다고 볼 수는 없다. 광기가 오히려 정상의 증거이며 동시에 광기가 건강성을 회복하는 치유의 과정일 수 있다.

그런가 하면, 푸코의 『광기의 역사』에 따르면 중세에 광인은 따로 격리되지 않았고 오히려 광인은 일반인이 갖지 못하는 비밀스러운 힘을 지닌다고 생각했다. 르네상스 시대에는 광인을 일부 광인의 배에 태워 일반인으로부터 격리시켰지만, 여전히 광기는 매혹적이었다. 사람들은 광인이 "환상 속에서 인간 본성의 비밀과 사명을 발견한다"(42)도 믿었고, 광인은 금단의 영역에 대한 지식을 갖고 있다고 믿기도 했다. 그래서 푸코는 광기가 병이 아니고, 이성 중심의 서구 문화가 포용하지 못하고 배척했던 인간 인식의 한 요소라고 본다. 푸코는 이렇게 말한다. “광기는 거칠고 길들일 수 없는 언어로 자신의 고유한 의미를 주장한다. 광기는 망상 속에서 은밀한 진실을 토해낸다”(53). 이 때의 광기는 단순히 병의 증상이 아니라 창조적 천재성의 증거일 수 있다.

윈터의 『헤브론 언덕』에는 세 명의 광인—케이트Kate, 모세Moses, 오바다이어Obadiah—이 등장한다. 케이트는 10년 전 우물에 빠져 죽은 자신의 딸 매이버린Maverlyn이 우물 속에서 자고 있다고 믿으면서 우물가 흙바닥에 주저앉아 자장가를 부르는 광인이다. 그런가 하면 케이트는 헤브론 사람들의 공동체 의식인 새벽 예배가 “지어낸 게임make-believe game”(5)에 불과하고 “익살극charade”(11)임을 간파하는 인물이기도 하다.헤브론 사람들은 그들이 아직 콕피크Cockpit에 살고 있을 때 광인 모세가 하늘로 승천하고 황금마차와 함께 그들을 데리러 오리라는 그의 호언장담을 철썩같이 믿었던 사람들이고, 광인으로 5년간 수감된 후 다시 콕피트에 돌아와 신이 흑인이라고 주장하면서 콕피트의 토착인들을 그들의 가나안인 헤브론으로 이끌 때 순순히 따라나선 사람들이며, 모세가 자신이 믿는 신을 위해서 십자가에 못 박을 때 그를 흑인 예수로 칭송했던 사람들이다. 케이트는 순진한 헤브론 사람들의 예배가 모세가 지어난 게임이고 익살극이라는 진실을 알고 있는 광인이다. 헤브론에 가뭄이 들자 모세의 부인 가사Gatha는 가뭄에 대한 책임을 어린 아내와 색정에 빠진 오버다이어에게 돌릴 때 이를 "사적 농담"으로 보고 "간신히 웃음을 참고 있는"(28) 사람도 케이트다. 광인 케이트는 로즈Rose를 강간한 사람이 이삭임을 일찌감치 알고 있고, 헤브론을 살릴 마지막 공금(사실은 가사 소유)을 이삭이 훔쳤다는 사실도 알고 있고, 이삭이 가사의 희망대로 헤브론을 이끌지 않고 자신의 땅과 사람들을 버리고 영국으로 떠날 거라는 사실도 알고 있다. 광인인 케이트만이 진실을 알고 있다. 또한 윈터는 광인을 통해 다른 인물들이 알지 못하는 진실을 말한다. 케이트는 후에 광기에서 벗어난다. 케이트는 서사의 주변부에 있지만 가장 중심적인 메시지를 전달하기도 한다. 이후 가뭄과 비전 상실로 죽어가는 헤브론에서 유일하게 생명을 생산하는 로즈에게 제일 먼저 달려가는 사람이 케이트다. 소설의 마지막 오버다이어가 획득하는 토속 신화적 비전과 나란히 가뭄을 종식시키는 세찬 빗소리를 들으면서 가사와 함께 로즈의 아기에게 "선율없는 자장가tuneless lullaby"(310)를 부르는 사람도 케이트다. 광인 케이트는 서사를 시작하고 종결하는 서사의 주요 행위자다.

사실상 헤브론의 사람들은 광기에 대한 존경심을 가지고 있다. 오버다이어가 가뭄에 대한 책임을 지고 로즈와의 잠자리를 피하던 중 로즈의 임신 사실을 알게 되자 그는 "몸의 괴로운 숲속에, 질투적 환성의 사적 세계에 고립된 미치광이 예언자a moon-struck prophet shut away from them in the troubled forests of his flesh, in a private world of jealous fantasies"(59)처럼 나타나 간음자를 찾을 요량으로 사람들의 얼굴을 매만지기 시작한다. 이때,

> 사람들은 최면에 걸린 듯 했다. 그들은 광기에 대한 존경심을 가지고 있었다. 광기는 누군가 참을 수 없는 한계로 내몰렸을 때, 그의 영혼이 너무나 괴로워서 몸이 꿈의 사원이 될 때, 인간이 다가갈 수 있는 **사적인 열반(private nirvana)**이었다. 광기는 죽음이 함축하는 배신을 견딜 수 없는 자의 피난처였다. 광기는 삶의 긴급성에 대한 인간의 절대적 승리를 의미했다. (60 필자 강조)

이 말은 광기에 대한 헤브론 사람들의 존중을 잘 설명해준다. "더럽고, 좁은 길, 발이 뜨거운 콘크리트 인도, 더러운 물이 흐르는 도랑, 망고씨, 바나나 껍데기… 옹기종기 거리에서 자고 있는 사람들"(22)로 가득한 콕피트, 가뭄, 배고픔, 가난, 패배만 있는 헤브론에서 광기는 정상적인 반응일 수 있었다. 차라리 "열반"이고 "피난처"이며 "승리"를 의미할 수 있었다. 헤브론교회에서 예배하는 "사람들은 언제나 그랬듯이 시간과 공간과 이성을 잊어버린 채 고동치는 리듬에 무아지경이 되었다As before, they were carried away by the pulsing rhythms, oblivious to time and place and reason"(37). 헤브론 바깥의 사람들에게 헤브론 사람들은 광기에

빠진 것처럼 보일 수도 있지만, 이성을 넘어서는 그들의 비이성은 차라리 "열반"이고 "피난처"이며 "승리"일 수 있는 것이다.

모세도 이 소설의 주요 광인이다. 헤브론 사람들은 본래 자메이카 북쪽 카운티인 콕피트Cockpit에서 살던 사람들이다. "그들이 기억하는 한 아무리 뒤를 돌아보아도 그들이 결코 자신의 주인이었던 적이 없었"(66)던 사람들이다. 그들의 역사는 사실상 기록된 적도 없다. "그들의 역사는 행간에, 대시 기호 사이에, 쉼표의 쉼 가운데, 완전히 멈춤의 사이에 있는 미시적 그늘 안에서만 존재했다"(54). 그들 뒤에는 언제나 보스, 보스 뒤에는 정부, 정부 뒤에는 백인 총독, 총독 뒤에는 영국의 왕, 영국의 왕 뒤에는 백인 신이 존재했다(66). 그런데 그때 모세라는 인물이 나타난다. 자신의 과거를 가공해 신비화한 후, 그는 주인이 노예가 되고 노예가 주인이 되는 세상을 전파하자 그를 따르는 사람들이 수백 명에 이르게 된다. 그해 모세는 12월 31일 자신이 승천할 거라고 호언장담한다. 하지만 그날이 오기 전 그는 정신병원에 수용되고 승천에 대한 사람들의 기대는 흐지부지되어 버린다. 정신병원에서 모세는 오몰리O'Malley라는 아일랜드인 정신과 의사를 만나는데, 오몰리는 모세에게서 "과대망상의 괴이한 예a novel example of paranoia"(137) 뿐만 아니라, "세상에서 더 이상 찾기 힘든 이상하고 새로운 천재성some strange new genius [that] had been lost to the world"(137)을 발견한다. 광기가 천재성으로 인식된다. 오몰리는 모세가 셰익스피어와 공유하는 점이 있다고 말하면서, 그것은 바로 둘 다 "영국이 다른 사람을 지배하기 위해서 사용했던 **권력의 상징을** 무너뜨린 것"(140 필자 강조)이라고 말한다. 그 권력의 상징이 무엇일까. 그것은 바로 기독교의 신이다. 이 부분은 '신화'를 다루는 다음 섹션에서 보다 자세하게 논의될 것이다. 본 논의에 맥락에서 언급해야 할 것은 모세의 광기가 셰익스피어처럼 영국인이 식민지배에 활용했던 권력의 상징인 백인의 기독교를 파기하는데 필수적이라는 점이다. 모세의 아들 이삭Issac도 킹스톤의 식민지 토착 엘리트들이 권력의 지위에 대한 욕심만 있을 뿐 300년간의 식민상황에는 무지하고, 자유와 민주주의에 대한 지식은 있지만, "폭력과 씁쓸함에 대한 느낌을 가지고 있지 않았다"(257)고 말한다. "그들의 꿈은 귀동냥"(257)일 뿐이라고 실망한다. 이때 이삭은 처음으로 자신이 경멸해온 아버지 모세가 왜 미칠 수밖에 없었는지 어렴풋이 이해하기 시작한다. 식민지 교육의 세뇌에서 벗어나기 위해 광기가 필수적임을 이삭은 이해한다. 상황을 직관하는 광기, '열반'과 '피난처'와 '승리'로서의 광기, 식민지 교육의 정신적 속박에서 해방시키는 광기, 권력의 상징을 무너뜨리는 광기는 도구적 이성의 속박에서 벗어난 포스트휴먼을 지향하는 매개체가 된다.

## 새로운 신화를 통해 포스트휴먼 되기

서구의 근대는 탈신화화를 특징으로 하지만, 아이러니컬하게도 서구의 식민지 정복은 철저하게 기독교 신화(神話: 신 이야기)를 전면에 내세웠다. 영국의 제국주의자들은 그들의 신과 영제국이 동의어라고 믿으면서 성장했다. 그들의 제국은 운명이었고, 기독교적이며, 정당한 것이라고 믿었다(174). 그들은 식민지를 "힘과 교활함"(174)이 아닌 "신성한 의지Divine Will"로 정복했다고 믿었고, 그에 따라 열등한 민족에 대한 지배를 정당화했다. 콕피트의 목사 브룩Brooke의 부인 시실리아Cecilia는 "토속인은 가난하고 비참하고 저주받도록 창조되었다. 그들의 가난과 비참과 저주는 자신의 목적을 위한 신의 명령이었다"(176)고 믿는다. 그러나 누군가가 맹목적으로 우상화될 때 그는 스스로 인간이 되기 어렵다. 토속민을 인간 이하로 취급하는 시실리아는 아이러니하게도 그로 인해서 스스로 인간이 되기 힘들다. 그래서 콕피크에서 시실리아는 공허감에 시달리고 스스로 황폐해지면서 서사로부터 사라진다(179).

기독교의 신화는 오로지 백인의 지배를 정당화하고 자메이카인의 가난과 저주를 당연시할 뿐이다. 그래서 광인 모세는 기독교가 아닌 새로운 신화를 창조한다. 모세는 정신병원에서 나온 후 흑인의 이미지로 신을 만들고, 흑인을 애호하는 신을 창조한다. 신화는 도구적 이성의 관점에서 볼 때 비이성적이지만 신화는 도구적 이성을 뛰어넘어 포스트인간이 되는 매개체다.

윈터는 『헤브론의 언덕』 4편을 시작하면서 제사로써 도스토예브스키의 『악령』을 인용한다. 이 인용에서 도스토예브스키는 이렇게 말한다.

> 어떤 민족이든지 그들이 존재하는 어떤 시간에서든지, 모든 민족운동의 목적은 오로지 신을 찾는 것이다. 스스로를 위한 신 말이다. 그 신만이 단 하나의 참된 신이라고 믿는다. 신은 민족의 기원부터 끝까지 모든 사람들을 합성한 총체적 인간성(synthetic personality)이다. (278)

그런 의미에서 모세가 창조한 흑인 신은 일종의 민족운동이다. 아프리카인에게 종교는 언제나 공동체의 공론장 역할을 담당했다. 그리하여 모세는 자신을 따르는 사람들을 이끌고 헤브론으로 가서 새로운 마을을 건설한다. 모세는 자신이 식민주의자들로부터 자유를 성취했다고 한동안 의기양양하다. 자신은 이름 그대로 모세일 뿐 아니라 바울이라고 선언한다. 다마스커스에서 빛을 만난 바울처럼 자신도 눈부신 빛을 만났다고 말한다(184). 그는 마치 자신이 신이 된 것처럼 느낀다. 그는 태양을 멈추게 했던 여호수아를 상기하면서 바로 그때 자신이 불멸해지기를 비밀스럽게 욕망한다. 그리고 엉뚱하게도 자신의 “비밀스러운 욕망”(185)이 자신을 십자가에 못박음으로써 가능해질 수 있다고 믿게 된다. 한편 우연히 콕피트에서 신을 믿지 않는 흑인 마르크스주의자을 만나고 그들의 "신성모독"에 당황한다. 그는 불신자들에게 번개를 내릴 것을 신께 요청하지만, 당연히 번개는 내리지 않는다. 절망에 빠진 모세는 "흑인성을 비밀스러운 부끄러움으로 생각하는 흑인들을 구원하기 위하여, 흑인성이야말로 그들의 자랑이고 그들의 기쁨"(229)임을 증명하기 위해서 스스로를 십자가에 못박는다. 그러나 그는 실패한다. 금요일 자신을 십자가에 매달고, 토요일 그는 알료시우스Aloysius에게 이렇게 말한다. "날 풀어줘. 죽고싶지 않아. 풀어줘. 풀어줘"(242). 알료시우는 모세가 자신의 약속을 지켜야 한다고 믿기 때문에 풀어주지 않는다. 일요일 아침 모세는 "신은 결국 백인이야. 신은 백인이야"(243)라고 말하면서 죽는다. 모세의 새로운 신화는 왜 실패한 것일까. 그의 흑인신은 여전히 기독교 신화의 저변을 맴돌면서 도스토예프스키가 말한 "총체적 인간성"을 담아내지 못했기 때문이다.

그리고 그의 후계자 오바다이어의 신화가 대안이 된다. 모세가 죽은 후 자메이카 토속 종교인 포코마니아Pocomania 여사제의 아들인 오버다이어Obadiah가 모세를 계승하여 헤브론의 지도자 장로Elder가 된다. 모세가 죽은 다음부터 그는 전설이 되었지만 헤브론 사람들의 종교는 생기를 잃었다. "그가 죽은 후 신교도의 삶은 에필로그, 원천적 충동이 잊혀졌기 때문에 반복에 의해

화석화된 의례적 춤일 뿐이었다"(244). 게다가 "그들은 거의 익숙한 절망, 희망보다 더욱 안락한 절망으로 포기하다시피 되돌아갔다"(281). 오버다이어는 생각없이 질문없이 살았던 시간에 대해 되돌아보면서 결국 그가 하는 일은 강간당해 임신한 아내 로즈의 아기를 위해서 요람을 만드는 일이다. 아기에게 줄 장난감도 만든다. "인형이 거친 윤곽을 깎아내면서 그는 집중하기 시작했다. 그의 삶에서 처음으로 그는 자신과 헤브론에 대해 새롭게 인식했다."(283). 그리고 오버다이어는 "그 인형을 만들면서 그는 신을 만났었다"For, in carving the doll, Obadiah had stumbled upon God, 283고 묘사된다. 그리고 나서 그는 그 인형을 마치 페티쉬처럼 만지작거린다. 인형을 깎으면서 모세가 만났다는 신은 과연 무엇일까? 오버다이어의 관점에 집중하는 다음 장에서 더욱 자세하게 나온다. 그는 이제까지 눈먼 사람처럼 살아왔다고 말한다.

> 비전이 없으면 사람들은 파멸한다고 모세가 말했었다. 모세가 죽은 후 헤브론은 평범함으로 쇠락했다.… 오버다이어는 맹인처럼 살았지만 이제 보기 시작했다.… 누군가 그에게 다가왔다. 오버다이어는 모세가 십자가에서 최후의 순간에 보았던 그 백인을 보았다고 생각했다. 모세의 엉뚱한 시도(presumption)를 죽음으로 처벌했던 신. 그래서 그 신에 대한 오버다이어의의 두려움은 분노로 바뀌었다. 그는 모세에 대한 복수를 행하리라 생각했다. 그는 손을 뻗어 자신의 조각한 인형을 만졌다… 그는 인형을 백

인 신 앞에 내밀었다. 마치 무기처럼 내밀었다. 그의 푸른 눈은 사과하는 것 같았고, 익숙한 낯선 얼굴이었다. (297)

오버다이어가 백인 신이라고 잠시 착각했던 사람, 모세를 죽였기에 복수하겠다고 생각했던 사람은 실은 아프리카에서 온 한 백인 조각가였다. 그는 오버다이어의 인형이 다호미Dahomey의 조각과 같다고 말한다. 아프리카에서는 자신의 신념, 신, 악마 등 부족의 이야기를 조각에 담는데, 오버디어가 만든 조각의 다호미의 조각과 흡사하다는 것이다. 다호미의 인형이 담는 이야기에 따르면 사람은 누구나 네 개의 영혼을 지니는데 하나는 조상이 주는 것, 하나의 자신의 것, 또 하나는 창조주의 것, 나머지 하나는 다른 사람과 연결시키는 것이라고 말한다(300). 그러자 오버다이어는 자신이 조각한 인형도 자신의 꿈과 현실로부터 깎아낸 것이라고 말한다. 그는 여기서 희망을 발견한다. 자신의 회중으로 돌아가면서 그는 이렇게 생각한다.

그는 헤브론 사람들을 빛으로 채울 수 있을 것이다. 그 자신 비전의 순간은 물에 반사된 무지개처럼 짤막했다. 그들에게 그 비전을 설명하려면 말과 리듬이 필요할 것이다. 설교가 아니라 노래가 필요할 것이다. (305)

모세의 꿈이 기독교에 기반한 것이었다면 그의 후계자인 오버다이어는 보다 토착 신화에 기반한 새로운 인간 공동체를 창조할 것으로 보인다. 윈터가 주장하는 새로운 인간 장르는 토착민의 지배를 정당화하는 기독교를 벗어나 토착민의 기원부터 현재까지 그들을 합성하는 '총체적 인간성'에 기반한 새로운 신화를 통해서 창조될 수 있음을 보여준다.

이삭의 글쓰기도 또 하나의 새로운 신화일 수 있다. 이삭은 늘 헤브론에 대한 소설을 쓰리라 생각한다. 이삭은 하얀 고래를 찾는 서사인 『모비딕』처럼 검은 신을 찾는 아버지 모세에 대한 서사시를 쓰고자 한다. 자신은 이슈마엘, 오버다이어는 작살꾼, 휴는 요리사로 쓰리라 생각한다(266). 그런데 그는 포기한다. 왜일까? 그는 자신이 실패할 수밖에 없음을 깨닫는다.

> 그는 며칠 동안 글쓰기에 대해 고심했다. 그리고 어느 날 스스로 물었다. "누구를 위해서 글을 쓴단 말인가? 왜? 읽지도 못하는 사람들을 위해서? 읽을 수 있는 소수를 위해서? 야트막한 꿈의 가짜 돈(the false coin of shallow dream)에 매수당하여 모세와 그의 비전을 부정할 소수를 위해서 글을 쓴단 말인가? 외부에 있는 낯선 사람들에겐 뜬금없는 얘기일 수도 있다. 그의 현재를 설명하려면 가라앉아버린 과거를 얘기해야 할 것이다. 그들은 쇼비니즘적으로 착각할 터이기 때문에 이삭은 스스로 이야기를 왜곡하도록 유혹을 받을지도 모른다. 그렇게 되면 수세기에 걸친 벌거벗은 진실들과 차이는 사라져버릴 것이다. 오로지 잃어버린 울림만 남기면서. (266)

이삭은 절박한 역사에 대해 쓰긴 써야겠는데, 쓰게 되면 왜곡되거나 오해당할 수 있기 때문에 진실을 말하기 힘들다고 생각한다. 이삭은 창작의 열정을 지녔지만, 어릴 적 메이버린의 죽음을 유도하고, 로즈를 강간하고, 공동체의 유일한 자산인 돈통을 훔친 복잡한 성격의 인물이다. 그럼에도 불구하고 그는 헤브론으로 돌아와 그들과 함께 하고자 한다. 그런데 한계에 봉착하여 영국으로 떠나버린다. 어쩌면 윈터의 분신일 수도 있는 이삭의 실패는 의미심장하다. 그만큼 새로운 신화를 통해 포스트휴먼을 창조하는 작업이 험난한 길임을 암시하는지도 모른다.

영국 작가 올더스 헉슬리Aldous Husxley는 그의 책 『지각의 문 *The Doors of Perceptions*』에서 메스칼린을 복용한 후의 경험을 묘사하는데, 그는 자신의 눈앞에 꽃과 플란넬을 보면서 "순간 순간 벌거벗은 존재의 기적the miracle, moment by moment, of naked existence"(17)을 보았다고 말한다. 또 그는 신비주의자 마이스터 에크하르트Meister Eckhart도 역시 이런 기적을 경험했지만 그는 존재Being와 생성Becoming을 구분하는 실수를 범했기 때문에 헉슬리 자신이 경험한 것을 에크하르트는 경험하지 못했을 거라고 말한다.

> 그 불쌍한 사람[에카르트]은 꽃다발이 스스로의 안에서 흘러나오는 빛으로 빛나는 것을, 스스로 충만한 의미의 압력으로 떠는 모습을 보지 못했을 것이다. 장미, 아이리스, 카네이션이 그토록 강렬한 의미로 충만하여, 자신의 그 이상도 그 이하도 아

> 닌, 그들 자신이었음을 느끼지 못했을 것이다. 영원한 생명을 지니는 덧없음, 순수한 존재이면서 동시에 영원한 파멸, 하찮고 독보적인 개별성의 묶음, 그 안엔 말할 수 없으나 너무나 자명한 역설로써 모든 존재의 신성한 원천이 보인다. (17-8)

그러면서 헉슬리는 고흐, 세잔느는 에크하르트와 달리 그들이 본 독특한 실체를 그림에 담고 있다고 설명한다. 뿐만 아니라, 그는 음악에 대해서도 말한다. 헉슬리는 모차르트의 C 마이너 피아노 협주곡의 1장 후에 삽입된 미친 왕자 게슈알도Gesualdo가 작곡한 마드리갈(madrigal: 무반주 다성가)를 언급한다. 두 마디도 동일한 키를 사용하지 않는 반음계인데 그의 음악은 "완벽한 음조의 음악에 반대되는 모달에 내재하는 경향a tendency inherent in modal as opposed to fully tonal music"(50)을 극한으로 밀어부친다고 말한다. 결과적으로 나오는 음악은 후기 쇤베르그가 썼음직한 음악과 비슷해지는데 이 논문의 맥락에서 중요한 점은 게슈알도의 음악이 낱낱이고, 조직되어 있지 않아도 각각의 조각들은 질서를 갖추고 있고, 더 높은 질서를 재현한다는 점이다.

> 그러나 그가 조각조각이어도 괜찮다. 전체는 지리멸렬한다. 그러나 각각의 개별 조각은 질서를 갖추고 있다. 너 높은 질서를 재현한다. 가장 높은 질서는 분열 가운데서도 살아있다. 전체성은 부숴진 조각들에조차 존재한다. 어쩌면 완전하게 일관성 있는 곳에서 보다 더욱 전체성이 존재하는지도 모른다. (50-51)

이 말은 상당히 시사적이다. 서구의 음악이 논리적이고 정돈되어 있지만, 베르그송에 따르면 우리의 두뇌와 신경 시스템은 뭔가를 새롭게 생성하기보다는 뭔가를 계속 제외시키고 있는 것이 사실이라면, 논리와 정돈은 실재에서 뭔가를 계속 빼버리고 있을 공산이 크다(헉슬리 25). 적어도 헉슬리가 경험한 자체적 존재로 생동하고 빛나는 세계는 우리의 일상 세계의 실재에서 상실된 부분이다. 폴리리듬은 실재를 빼는 방식으로 인식하는 서구적 인식 습관의 영향에서 벗어나 어쩌면 더 큰 실재에 대한 인식을 재현하고 있는지도 모른다. 우리는 우리의 인식 범주 안에서만 인식한다. 그게 전부라고 믿는다. 나와 다른 인식 범주는 틀렸다고 열등하다고 말한다. 그러나 다만 다른 인식은 그저 낯설 뿐 틀렸다고 말할 수 없다. 비서구의 소위 비이성은 비이성이 아니라 그저 낯선 것일 뿐이다. 낯선 것을 실재에 재포함시키는 것이 바로 포스트휴먼이다. 윈터는 『헤브론의 언덕』에서 서구의 이성에 낯선 것들, 폴리리듬, 광기, 토속 신화를 통해서 새로운 인간 장르로서의 포스트휴먼을 기획한다.

## 인용문헌


김희정. “리케티의 〈피아노 연습곡 제 2권〉에 내재된 아프리카 폴리리듬과 역설,” 『음악교수법연구』 18.1(2017): 31-54.

아도르노, 테오도르, 막스 호르크하이머. 『계몽의 변증법』. 김유동 역. 서울: 문학과 지성사, 2001, c1969.

얼라이모, 스테이시. 『노출: 포스트휴먼시대 환경 정치학과 쾌락』. 김명주 외 번역. 대전: 충남대학교출판문화원, 2023.

이수완. “음악, 지역, 신화: 아프리카에 대한 서구적 신화에서 벗어나기: 아프리카 음악과 탈식민주의 비평,” 『음악사 연구』 3(2014): 162-186.

푸코, 미셸. 『광기의 역사』. 김부용 번역. 고양: 인간사랑, 1991.

체슬러, 필리스. 『여성과 광기』. 임옥희 번역. 파주: 위고, 2021.

하이젠베르크, 베르너. 『부분과 전체』. 파주: 서커스, 2016, c1969.

Alexander G. Weheliye, *Zhabeas Viscus: Racializing Assemblages, Biopolitics, and Black Feminist Theories of the Human*. Durham: DUke UP, 2014.

Arom, S. *African polyphony and polyrhythm*. Cambridge, MA: Cambridge UP, 2004.

Bogues, Anthony. “Sylvia Wynter and the Black Radical Anti-Colonial Intellectual Tradition: Towards a New Mode of Existence,” Sylvia Wynters's *The Hills of Hebron*. Kingston: Ian Randle, 2010, c 1962. viiii-xxviii.

Braidotti, Rosi. *Posthuman Feminism*. Cambridge: Polity, 2022.

______. *Posthuman Knowedge*. Cambridge: Polity, 2019.

______. *The Posthuman*. Cambridge: Polity Press, 2013.

Chernoff, John Miller, *African Rhythm and African Sensibility: Aesthetics and Social Action in African Musical Idioms*. Chicago: U of Chicago P, 1979.

Harrison, Sheri-Marie. "'Who worked this evil, Brought distiance between us?' The Politics of Sexual Interaction in Sylvia Wynter's *The Hills of Hebron*." Modern Fiction Studies 59.1(2013): 156-174.

Huxley, Aldous. *The Doors of Perception*. New York: HarperPerennial, 1990, c1954.

Parker, Emily Anne. "The Human as Double Bind: Sylvia Wynter and the Genre of 'Man,'" *Journal of Speculative Philosophy* 32.3(2018): 439-449.

Rogers, Richard. "Rhythm and the Performance of Organization," *Text and Performance Quarterly* 14(1994): 222-237.

Toland-Dix, Shirley. "*The Hills of Hebron*: Sylvia Wynter's Disruption of the Narrative of the Nation." *Small Axe: A Caribbean Journal fo Criticism* 12.1(2008): 57-76.

Wynter, Sylvia. *The Hills of Hebron*. Kingston: Ian Randle, 2010, c 1962.

______. "We Must Learn to Sit down Together and Talk a Little Culture: Reflections on West Indian Writing and Criticism." *Jamaica Journal* 2.4(1968): 23-32.

Wynter, Sylvia and Katherine McKittrick, "Unparalleled Catastrophe for Our Species? Or to Give Humanness a Different Future: Conversations," *Sylvia Wynter: On Being Human as Praxis*, ed. MaKittrick. Durham: Duke UP, 2015. 9-89.

# 색인

# 색인

## ㅇ

## ㅈ



## ㅊ



## ㅋ

## ㅌ



## ㅍ

## ㅎ